Photographische Anatomie des Menschen

Chihiro Yokochi
Professor Emeritus, M. D.
Kanagawa Dental College, Yokosuka, Japan

Johannes W. Rohen
Dr. med., Dr. med. h. c.,
Professor für Anatomie an der
Universität Erlangen-Nürnberg

Eva Lurie Weinreb
Ph. D., Professor am Department of Biology,
Division of Life Sciences and Allied Health Services,
Community College of Philadelphia, Philadelphia, Pennsylvania, USA

Deutsche Ausgabe herausgegeben von

Johannes W. Rohen

Fünfte Auflage

Mit 303 überwiegend mehrfarbigen Abbildungen

Schattauer Stuttgart – New York 1992

Titel der Originalausgabe: Photographic Anatomy of the Human Body
by Igaku-Shoin Ltd., Tokyo, New York 1969, 1978 and 1989

Die Deutsche Bibliothek – CIP-Einheitsaufnahme

Yokochi, Chihiro:
Photographische Anatomie des Menschen / Chihiro Yokochi ;
Johannes W. Rohen ; Eva Lurie Weinreb. Dt. Ausg. hrsg. von
Johannes W. Rohen. – 5. Aufl. – Stuttgart ; New York :
Schattauer, 1992
Einheitssacht.: Jintai <dt.>
ISBN 3-7945-1515-3
NE: Rohen, Johannes W.:; Weinreb, Eva Lurie:

Printed in Japan and Germany

Satz und Texteindruck: Mayr Miesbach, Druckerei und Verlag GmbH
Am Windfeld 15, D-8160 Miesbach, Germany

ISBN 3-7945-1515-3

Vorwort

Anatomie ist und bleibt eines der wichtigsten Gebiete im Rahmen des Medizinstudiums, auch für den Studenten der paramedizinischen Berufe. Für viele klinische Fächer ist die makroskopische Anatomie eine unentbehrliche Grundlage. Es gibt zahlreiche anatomische Atlanten, die auch den Studierenden der ärztlichen Hilfsberufe helfen können, die komplizierten anatomischen Verhältnisse zu verstehen. Die meisten dieser Werke basieren jedoch auf Zeichnungen, die die räumliche Architektur der anatomischen Strukturen oft nicht deutlich genug wiedergeben. Die Idee, hierfür auch die Photographie einzusetzen, geht auf Prof. Yokochi zurück, der 1962 erstmalig für die paramedizinischen Berufe einen photographischen Atlas herausgegeben hat, der 1971 dann auch in deutscher Sprache erschienen ist und inzwischen mehrere (auch englischsprachige) Auflagen erlebt hat. Die jetzt vorgelegte vierte deutsche Auflage basiert im wesentlichen auf der 3. amerikanischen, völlig neu gestalteten Auflage, für die erstmalig Frau Prof. Eva Lurie Weinreb, Philadelphia, als dritter Autor gewonnen worden ist. Frau Weinreb hat das einleitende Kapitel verfaßt und auch bei der Bildauswahl für die übrigen Kapitel wesentlich mitgewirkt.

Die neue Auflage des vorliegenden Atlasses enthält einen Großteil des Bildmaterials aus dem photographischen Atlas von J. W. Rohen und Ch. Yokochi (2. Auflage, Schattauer Verlag, Stuttgart 1988), das hier speziell für die Bedürfnisse der Studierenden aus den paramedizinischen Berufen zusammengestellt worden ist. Durch zusätzliche Schemazeichnungen wurde versucht, die systematischen Zusammenhänge so zu erläutern, daß die zwangsläufig kompliziert erscheinenden Makrophotos besser verständlich werden. Die Photographie des tatsächlichen anatomischen Präparates hat den unschätzbaren Vorteil, daß sie die Wirklichkeit des Objektes, auch in seinen natürlichen Proportionen und räumlichen Dimensionen, exakt abbildet, so daß sich der Leser ein klares Bild von den wirklichen anatomischen Verhältnissen machen kann. Von diesem Grundgedanken wurde auch in der vorliegenden, sonst völlig neugestalteten Auflage nicht abgegangen. Um jedoch das Verständnis der anatomischen Präparate zu erleichtern, wurden in Einzelfällen die Leitungsbahnen (Gefäße, Nerven, Lymphknoten usw.) durch Farbmarkierungen hervorgehoben. Neu ist auch die Einfügung von Abbildungen zur Oberflächenanatomie, die den jeweiligen Muskelpräparaten gegenübergestellt wurden. Dies soll den Leser anregen, die erlernten anatomischen Strukturen auch am Lebenden wiederzufinden. Zum Schluß wurden einige typische Querschnittsbilder zusammen mit den entsprechenden CT- bzw. MR-Aufnahmen abgebildet, um erste Hilfestellungen dafür zu geben, sich in die durch die bildgebenden Verfahren neu erschlossene Welt der Schnittbilder einzuleben und die erarbeiteten anatomischen Kenntnisse in praxi anzuwenden.

Die Darstellung folgt im wesentlichen den systematischen Zusammenhängen, schließt aber, besonders bei den Organen der Körperhöhlen, auch die regionale, d. h. topographische Anatomie mit ein.

Wir möchten auch an dieser Stelle allen Kollegen und Mitarbeitern, die uns bei der Herausgabe dieser völlig neugestalteten Auflage geholfen haben, insbesondere Frau Barbara Wahl und Herrn Dr. Georg Bermbach sowie Herrn D. Bergemann vom F. K. Schattauer Verlag, Stuttgart, herzlich für ihre ausgezeichneten und effektiven Hilfen danken.

Wir hoffen, daß der Atlas in seiner neuen Form wiederum zahlreiche Freunde und Interessenten findet und daß er die Lernenden anregt, ihre Kenntnisse über den bewundernswerten Bau des menschlichen Körpers zu erweitern und zu vertiefen, um mit diesen Kenntnissen letztlich den kranken Menschen helfen zu können.

Erlangen, Ostern 1992 J. W. Rohen

Abkürzungen

A. = Arteria
ant. = anterior
Art. = Articulatio
dext. = dexter, dextra
dist. = distalis
dors. = dorsalis
ext. = externus
For. = Foramen
Gl. = Glandula
Ggl. = Ganglion
inf. = inferior
int. = internus
lat. = lateralis
Lig. = Ligamentum
M. = Musculus
med. = medialis
N. = Nervus

NS = Nervensystem
post. = posterior

Proc. = Processus
prof. = profundus
prox. = proximalis

R. = Ramus
Rec. = Recessus
sin. = sinister, sinistra
sog. = sogenannte
sup. = superior
superf. = superficialis
V. = Vena
ventr. = ventralis
ZNS = Zentralnervensystem
z. B. = zum Beispiel

Die Mehrzahl eines lateinischen Ausdrucks wird durch Verdoppelung des letzten Buchstabens der Abkürzung ausgedrückt, also z. B. Aa. = Arteriae, Gll. = Glandulae, Mm. = Musculi, Nn. = Nervi, Vv. = Venae.

Inhalt

1. Einführung in die Anatomie

Die Anatomie beschäftigt sich mit Form und Funktion der den Organismus aufbauenden Organe und Gewebe. Das Wort stammt aus dem Griechischen und kommt von ana-temnein = zergliedern, zerschneiden. Demgegenüber bezieht sich der ebenso gebräuchliche Ausdruck **Morphologie** (griechisch morphe = Gestalt; logos = Wort, Lehre) auf die Gestalt als Ganzes, beschreibt also weniger die analytische Seite der Formenlehre des menschlichen Körpers als ihren synthetischen und ganzheitlichen Aspekt. Die **makroskopische Anatomie** beschreibt alle, gerade noch mit dem bloßen Auge sichtbaren Strukturen des Körpers, wogegen die **mikroskopische Anatomie** diejenigen Strukturen behandelt, die nur mit Hilfe des Mikroskops erkennbar sind. In der **systematischen Anatomie** werden die Organsysteme zur Grundlage der Beschreibung gemacht. So bilden z. B. die Blutgefäße, das Herz und das Blut zusammen das Kreislaufsystem; die peripheren Nerven, das Gehirn und die Sinnesorgane das Nervensystem; Lungen, Bronchialbaum, Kehlkopf, Luftröhre usw. das Respirationssystem; Magen, Speiseröhre, Dünndarm, Leber und Pankreas das Verdauungssystem. Die Knochen (Skelett), Muskeln und Gelenke bilden zusammen den Bewegungsapparat; die Nieren, Harnwege und Geschlechtsorgane das Urogenitalsystem. Auch die Hormondrüsen (Hypophyse, Schilddrüse, Epithelkörperchen, Nebennieren) stellen ein zusammenhängendes, funktionelles System dar, nämlich das System der endokrinen Drüsen. Diese Organe sind in den verschiedenen Körperhöhlen untergebracht (Abb. 1.1 A), so daß immer Organe verschiedener Funktionssysteme nebeneinander liegen. In der **topographischen** Anatomie werden die Lageverhältnisse der Organe zueinander zur Darstellung gebracht. Da die topographischen Verhältnisse für die Klinik von besonderer Bedeutung sind, nennt man dieses Gebiet auch die praktische oder angewandte Anatomie. Bei Operationen, Biopsien, Punktionen und anderen Eingriffen spielen die Lageverhältnisse der Gefäße und Nerven, der einzelnen Organe und Organabschnitte zueinander eine große Rolle. Sie sollten bei anatomischen Studien daher immer im Vordergrund stehen.

Der Mensch besitzt im Unterschied zu den Säugetieren eine aufrechte Körperhaltung. Die Fortbewegung erfolgt durch die unteren Extremitäten, die Arme sind für andere Tätigkeiten frei. Im Aufbau des menschlichen Körpers lassen sich drei allgemeine Gestaltungsprinzipien erkennen:

1. Das Prinzip der **Segmentation**, das vor allem im mittleren Bereich des Körpers (Rumpf, Thorax, Wirbelsäule) verwirklicht ist. Jedes Segment besteht aus gleichartigen Bauelementen (Wirbeln, Rippen, Muskel- und Nervenpaaren), die sich immer in ähnlicher Form wiederholen.
2. Das Prinzip der **bilateralen Symmetrie.** Beide Seiten des Körpers können durch eine in der Mitte durchschneidende Ebene in zwei spiegelbildlich gleiche oder ähnliche Hälften getrennt werden. Rechte und linke Körperhälfte sind zwar funktionell nicht gleichwertig (bei Rechtshändern z. B. dominiert die rechte, bei Linkshändern die linke Seite), strukturell gleichen sie sich aber doch wie Bild und Spiegelbild. Während die in der Kopf- und Brusthöhle untergebrachten Organe eine klare bilaterale Symmetrie zeigen, verwischt sich diese Symmetrie bei den Bauchorganen (z. B. im Darmtrakt) sehr stark. Erst bei den Nieren, den Genitalorganen und den Gliedmaßen tritt sie wieder deutlicher in Erscheinung.
3. Das Prinzip der **Polarität,** das vor allem in dem Gegensatz zwischen Kopf und Rumpf sichtbar wird. Der Kopf zeigt eine kugelähnliche Gestalt, während bei den Gliedmaßen eine mehr radiäre Gliederung der Formelemente vorherrscht. Funktionell ist der Kopf Zentrum des Informationssystems (Nervensystem und Sinnesorgane), während der Rumpf mit den großen Körperhöhlen Zentrum der Stoffwechsel-, Transport- und Fortpflanzungsorgane ist.

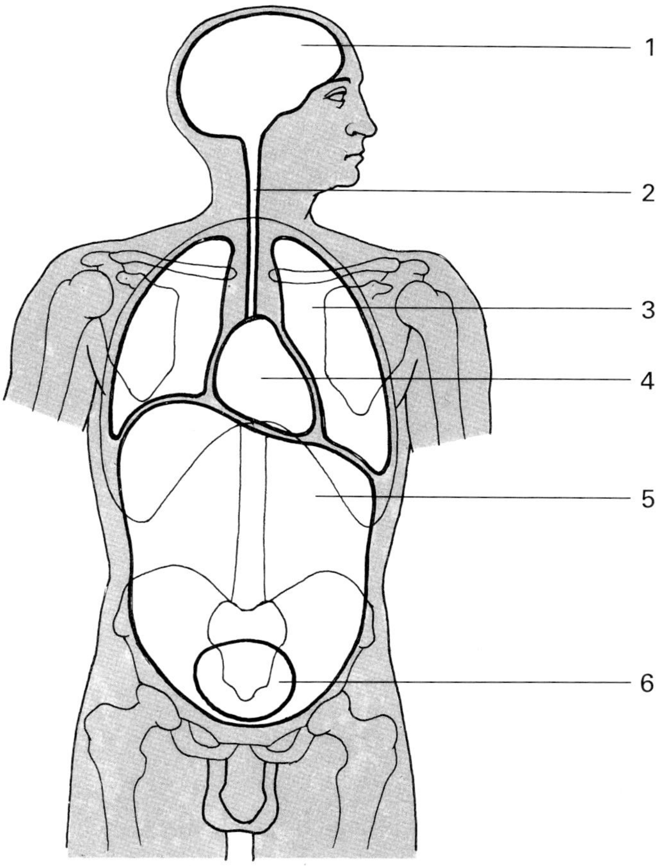

1.1 A Lage und Form der großen Körperhöhlen des Menschen.

1 Schädelhöhle (Cavum cranii)
2 Wirbelkanal (Canalis vertebralis)
3 Brusthöhle (Cavum thoracis)
4 Herzbeutelhöhle (Cavum pericardii)
5 Bauchhöhle (Cavum abdominis)
6 Beckenraum (Cavum pelvis)

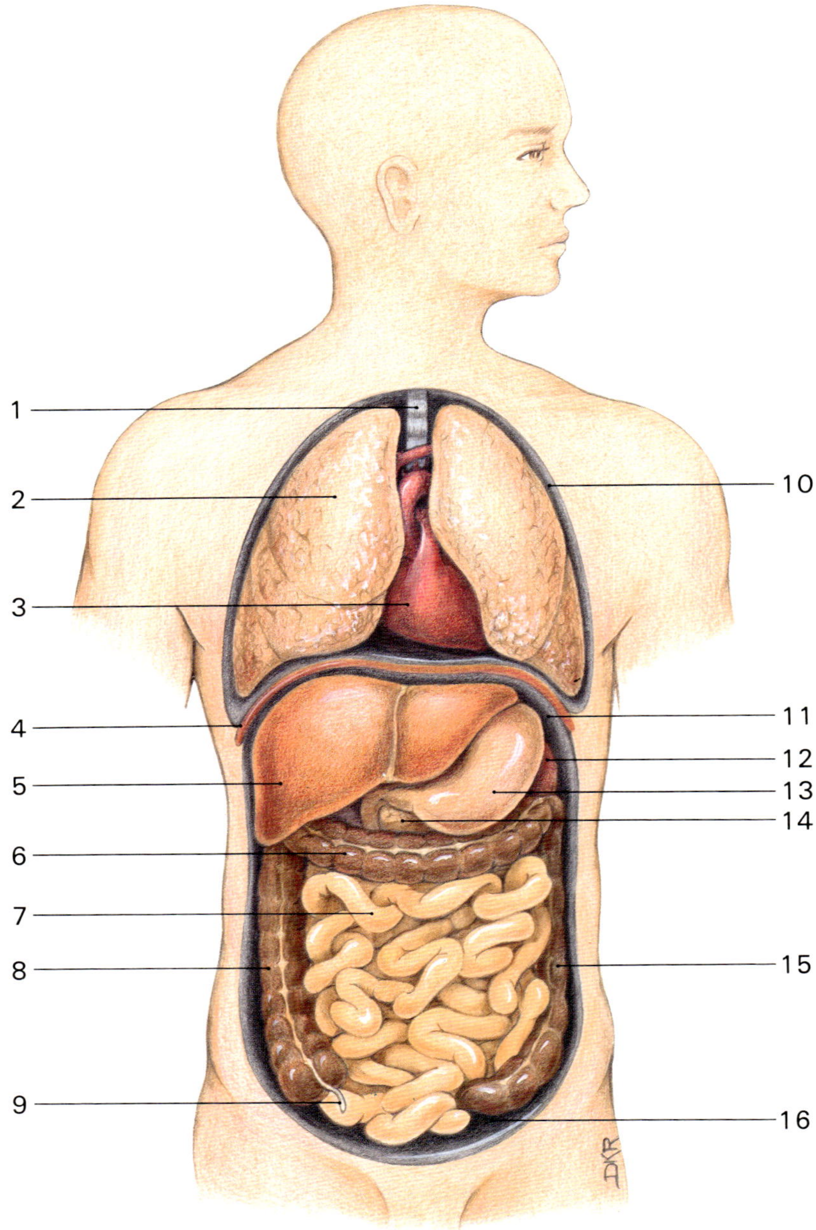

1 Luftröhre (Trachea)
2 Lunge (Pulmo)
3 Herz (Cor)
4 Zwerchfell (Diaphragma)
5 Leber (Hepar)
6 Querkolon (Colon transversum)
7 Dünndarm (Intestinum tenue)
8 Aufsteigender Kolonabschnitt (Colon ascendens)
9 Wurmfortsatz (Appendix vermiformis)
10 **Brusthöhle** (Cavum thoracis) mit Brustfell (Pleura) (blau)
11 **Bauchhöhle** (Cavum abdominis) mit Bauchfell (Peritoneum) (blau)
12 Milz (Splen, Lien)
13 Magen (Ventriculus)
14 Bauchspeicheldrüse (Pancreas)
15 Absteigender Kolonabschnitt (Colon descendens)
16 **Beckenhöhle** (Cavum pelvis)

1.1B Körperhöhlen des Rumpfes mit den darin untergebrachten Organen (von vorne). Oberhalb des Zwerchfells befindet sich die Brusthöhle, unterhalb davon die Bauch- und Beckenhöhle.

Der **Kopf** gliedert sich in zwei Abschnitte: 1. den Gesichtsschädel, der z.B. Mund- und Nasenhöhle beherbergt, und 2. den Hirnschädel, der von der Schädelkapsel *(Calvaria)* umschlossen wird und das Gehirn enthält. Die **Schädelhöhle (Cavum cranii)** setzt sich in den Wirbelkanal fort, der das Rückenmark und die zugehörigen Spinalnervenabschnitte enthält (Abb. 1.2).

Der **Rumpf** *(Truncus)* gliedert sich in drei Abschnitte: den Brustbereich, die Bauchhöhle und das Becken (Abb. 1.1B). Die **Brusthöhle (Cavum thoracis)**, die vom Brustkorb *(Thorax)* umgeben wird, schließt die Zentralorgane des Atmungs- und Kreislaufsystems (Herz, Lungen) ein und wird unten vom Zwerchfell abgeschlossen. Das Brustfell *(Pleura)* kleidet die Brusthöhlenwandung so aus, daß die Lungen in der Brusthöhle verschieblich sind. In ähnlicher Weise liegt auch das Herz in einer Höhle **(Herzbeutelhöhle, Cavum pericardii)**, die von einer gleitfähigen, serösen Haut ausgekleidet ist *(Perikard)*, so daß das Herz darin pulsieren kann (Abb. 1.1A u. B).

Die **Bauchhöhle (Cavum abdominis)** enthält vor allem die Organe des Verdauungssystems. Oberhalb des Querkolons *(Colon transversum)* befinden sich die Oberbauchorgane, die größtenteils noch vom Brustkorb umschlossen werden. Dabei handelt es sich hauptsächlich um Leber, Magen, Milz und Bauchspeicheldrüse. Der eigentliche Bauchraum beherbergt vor allem die zahlreichen Dünndarmschlingen, den Dickdarm und die zugehörigen Leitungsbahnen (Gefäße und Nerven). Die Bauchhöhle wird vom Bauchfell *(Peritoneum)* ausgekleidet, so daß die Darmschlingen aneinander vorbei-

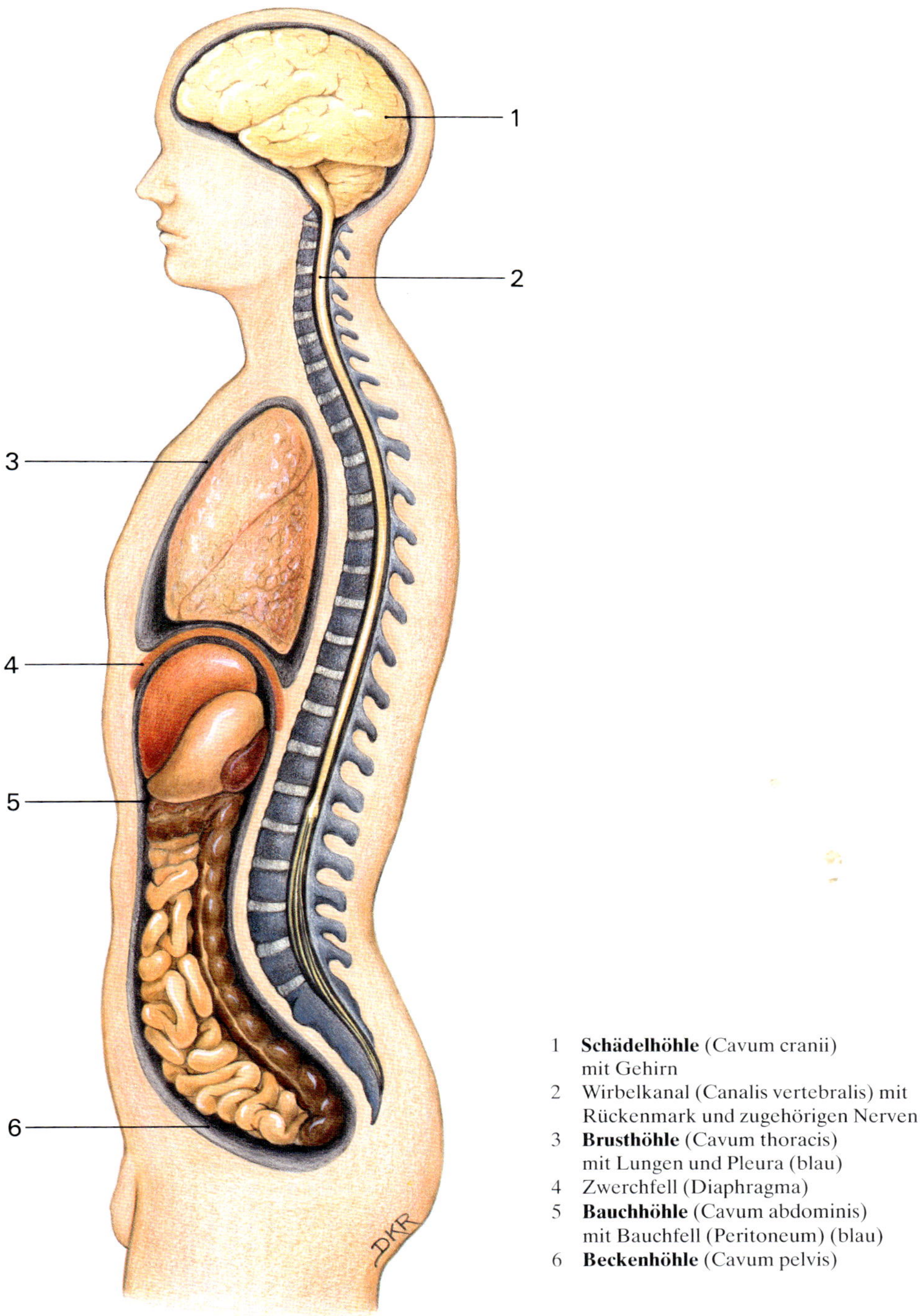

1.2 Körperhöhlen des Menschen mit den zugehörigen Organen in der Seitenansicht.

gleiten können. An der hinteren Bauchwand, hinter dem Peritoneum liegen die Organe des Nierensystems (Nieren, Harnleiter), weshalb man hier vom **Retroperitonealraum (Cavum retroperitoneale)** und von Retroperitonealorganen spricht. Dieser Raum setzt sich nach unten in das kleine Becken **(Beckenhöhle, Cavum pelvis)** fort, in dem die Harnblase, die inneren Geschlechtsorgane (bei der Frau Eileiter, Uterus und Ovarien, beim Mann Prostata und Samenblasen) untergebracht sind. Im Beckenraum befindet sich auch der Endabschnitt des Magen-Darm-Kanals, der Mastdarm *(Rectum)*.

Insgesamt ergibt sich dadurch eine **Dreigliederung der elementaren Funktionssysteme** des menschlichen Organismus. Das Informationssystem des Körpers, das vor allem die Sinnesorgane, das Gehirn und Rückenmark umfaßt, ist im Kopfbereich lokalisiert. Das Stoffwechselsystem ist umgekehrt hauptsächlich in der unteren Körperhälfte untergebracht. Das Zentrum der Stoffwechselorgane (Magen-Darm-Kanal, Leber) sowie auch der Fortpflanzungsorgane liegt im Bauchraum. In der Brusthöhle sind dann vor allem die Organe mit rhythmischer Tätigkeit (Herz, Lungen) untergebracht. Diese Organe gehören zum Transport- und Verteilungssystem (Kreislauf) sowie zum Atmungssystem. Sie nehmen funktionell eine Mittelstellung zwischen dem Informationssystem auf der einen Seite und dem Stoffwechsel- und Fortpflanzungssystem auf der anderen Seite ein.

Lage- und Richtungsbezeichnungen

Die den anatomischen Bezeichnungen zugrundeliegende Standardposition des Körpers ist die aufrechte Haltung mit gestreckten Beinen, parallelstehenden Füßen und herunterhängenden Armen, bei denen die Handflächen nach vorne zeigen (Supinationsstellung) (Abb. 1.3). Die Lage einzelner Körperteile wird immer anhand dieser Grundhaltung definiert. In der medizinischen Fachsprache sind korrekte Lagebezeichnungen sehr wichtig, um Mißverständnisse und Fehlbeurteilungen zu vermeiden. Die wichtigsten Bezeichnungen sind folgende (vgl. Abb. 1.1, 1.2 u. 1.3):

Kranial (kopfwärts) – bezieht sich auf die Richtung zum Kopf hin; z. B. liegt das Schultergelenk kranial vom Ellenbogengelenk.
Superior (oberhalb, weiter oben liegend) – im Gegensatz zu weiter unten (inferior); z. B. liegt das Schultergelenk superior vom Hüftgelenk, dieses aber wieder superior zum Kniegelenk.
Kaudal (schwanzwärts, zum Körperende oder zu weiter unten gelegenen Abschnitten zeigend). Das Rückenmark liegt kaudal vom Gehirn, die Lendenwirbel liegen kaudal von den Halswirbeln.
Inferior (unterhalb, unten – im Gegensatz zu weiter oben [superior] liegend).
Anterior/ventral (weiter vorne bzw. bauchwärts im Gegensatz zu weiter hinten oder rückwärts gelegen) – z. B. liegt das Brustbein anterior zum Herzen, dieses aber wieder anterior zur Wirbelsäule.
Posterior/dorsal (weiter hinten bzw. rückenwärts gelegen) – z. B. liegt die Wirbelsäule dorsal von Lungen und Herz, das Herz aber wieder dorsal vom Brustbein.
Beim Menschen sind die Bezeichnungen ventral/dorsal und anterior/posterior weitgehend gleich und werden synonym verwendet. Bei Säugetieren, die sich horizontal fortbewegen, wird ventral/dorsal nur für die Richtungsbezeichnung zur Bauch- bzw. Rückenseite hin verwendet, da anterior/posterior kopf- bzw. schwanzwärts bedeuten würde.
Medial/lateral (zur Mitte bzw. zur Seite hin gerichtet) – z. B. sind die Arme lateral vom Brustkorb, das Brustbein ist dagegen medial von den Rippen lokalisiert.
Proximal/distal (weiter zum Zentrum des Körpers bzw. weiter peripherwärts gerichtet, meist auf die Gliedmaßen bezogen) – z. B. liegt der Oberschenkelkopf proximal vom Schaft des Femur, das Kniegelenk dagegen distal vom Hüftgelenk.
Superficialis (superfiziell – oberflächlich) – mehr zur Oberfläche des Körpers oder eines Organs hin gelegen.
Profundus (tiefer gelegen – im Gegensatz zu einem mehr an der Oberfläche gelegenen Körperteil) – z. B. liegt der tiefe Fingerbeuger (M. flexor digitorum profundus) unter dem oberflächlichen Fingerbeuger (M. flexor digitorum superficialis).
Externus/internus (entspricht dem Begriffspaar außen/innen) – z. B. liegt der äußere schräge Bauchmuskel (M. obliquus externus abdominis) außen, der innere schräge Bauchmuskel (M. obliquus internus abdominis) darunter, d. h. weiter innen.
Palmar/plantar – bezieht sich nur auf die Richtung zur Handfläche (Palma manus) bzw. zur Fußsohle (Planta pedis) hin.

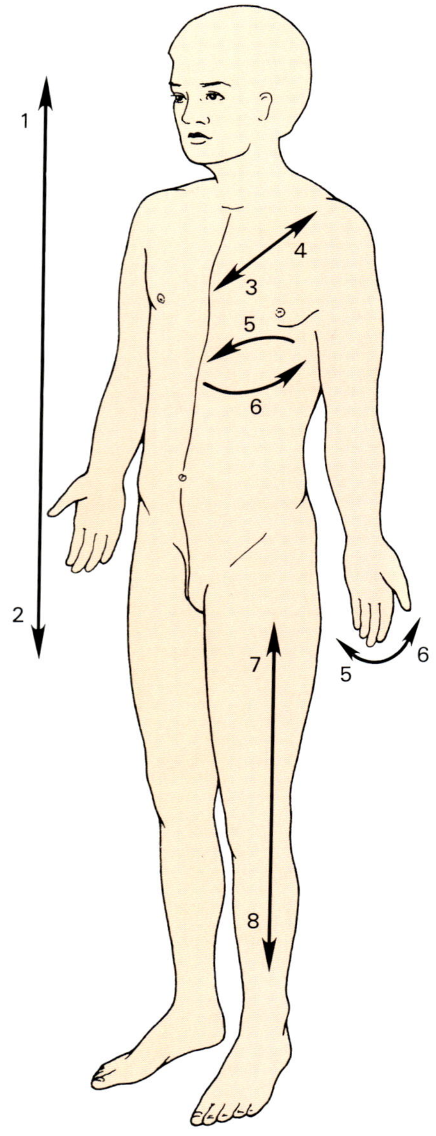

1.3 Schema der gebräuchlichsten Lage- und Richtungsbezeichnungen, bezogen auf den Körper in Standardposition

1 Superior/kranial (oben, kopfwärts)
2 Inferior/kaudal (unten, schwanzwärts)
3 Anterior (vorne)
4 Posterior (hinten)
5 Medial (zur Mitte hin)
6 Lateral (zur Seite hin)
7 Proximal (aufwärts)
8 Distal (peripherwärts)

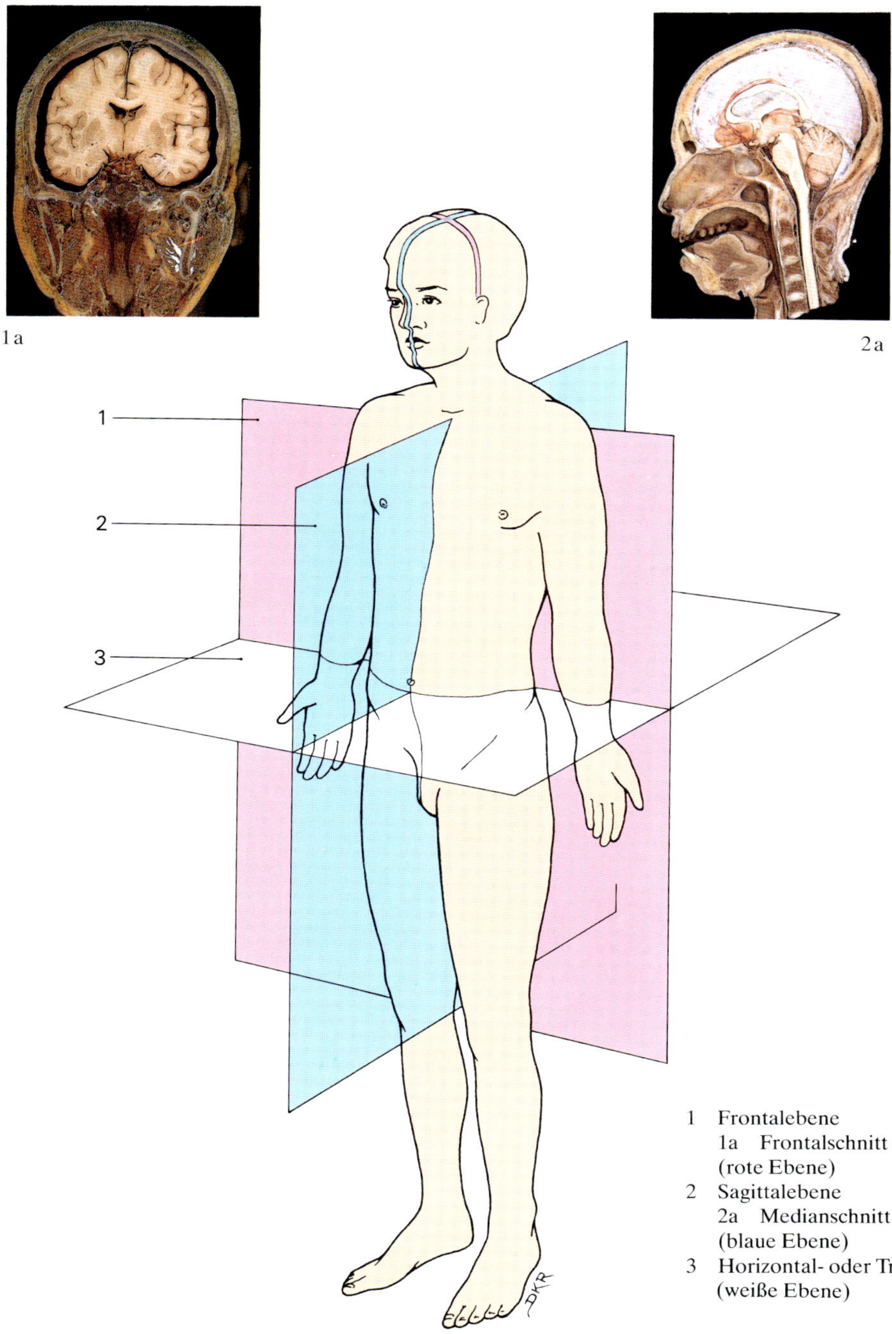

1 Frontalebene
 1a Frontalschnitt durch den Kopf (rote Ebene)
2 Sagittalebene
 2a Medianschnitt durch den Kopf (blaue Ebene)
3 Horizontal- oder Transversalebene (weiße Ebene)

1.4 Definition der Schnittebenen des menschlichen Körpers.

Ebenen des Körpers

Der menschliche Organismus entfaltet sich wie jeder Raumkörper in den 3 Dimensionen des Raumes, die durch folgende Ebenen charakterisiert werden:

1. **Sagittalebene**. Die Sagittale geht von vorne nach hinten durch den Körper (lateinisch sagitta = der Pfeil). Wenn sie genau durch die Mitte geht (Median-Sagittalebene oder kurz Medianebene), trennt sie den Körper in 2 spiegelbildliche Hälften (Prinzip der bilateralen Symmetrie). Parallel zur Medianebene verlaufende Ebenen werden als Paramedianebenen bezeichnet.
2. **Frontalebene**. Die senkrecht verlaufende Ebene (parallel zur Stirn, lateinisch frons = die Stirn), die den Körper in einen ventralen und dorsalen Abschnitt (Bauch- und Rückenseite) trennt, heißt Frontalebene. In der Vorne-hinten-Dimension entwickeln sich die Segmente des Rumpfes, in dem sich nach vorne die Rippenpaare und nach hinten die Wirbel und Wirbelbögen ausbilden.
3. **Transversalebene**. Diese Ebene liegt in der Horizontalen (lateinisch transversus = querverlaufend). Wird die Transversale durch die Mitte des Körpers gelegt, wird das dritte Gestaltungsprinzip, nämlich die Polarität zwischen der oberen Körperhälfte mit dem sphärisch gestalteten Kopf und der unteren Körperhälfte mit den radiär gegliederten Gliedmaßen deutlich.

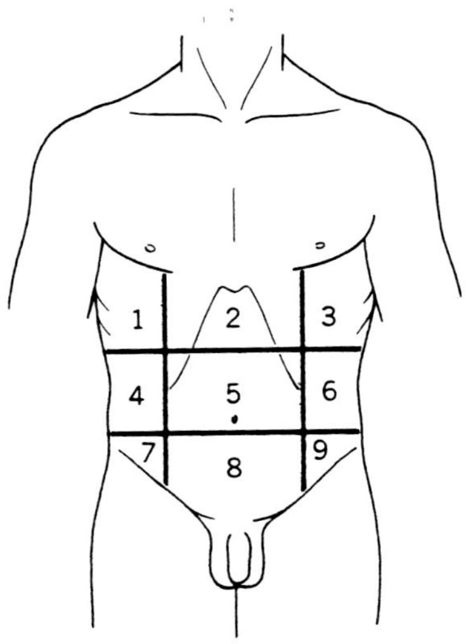

1.5 **Regionen der Bauchwand** (aus Weinreb, E. L.: Anatomy and Physiology. Addison-Wesley Publishing Co., Reading, Mass., 1984).

1 Rechte hypochondrische Region (Regio hypochondriaca dextra)
2 Epigastrische Region (Regio epigastrica)
3 Linke hypochondrische Region (Regio hypochondriaca sinistra)
4 Rechte Lumbalregion (Regio lateralis dextra)
5 Nabelregion (Regio umbilicalis)
6 Linke Lumbalregion (Regio lateralis sinistra)
7 Rechte Leistenregion (Regio inguinalis dextra)
8 Schamregion (Regio pubica)
9 Linke Leistenregion (Regio inguinalis sinistra)

Regionen des Körpers

In der topographischen Anatomie ist es üblich, bestimmte Regionen zu definieren, um die Lage von Organen oder Leitungsbahnen bzw. deren Projektion auf die Körperoberfläche besser beschreiben zu können. So werden z. B. an der Bauchwand 9 Regionen unterschieden, die durch 2 senkrechte Linien (durch die Mitte des Leistenbandes) und 2 horizontale Linien (einmal in Höhe der Rippenbögen und einmal in Höhe der vorderen Darmbeinstacheln) abgegrenzt werden (Abb. 1.5). In ähnlicher Weise werden auch die anderen Körperregionen definiert.

Knochen

Knochen sind keineswegs »tote« Gewebe. Sie erfüllen vielmehr eine Fülle biologischer, für den Organismus lebenswichtiger Funktionen. Außer, daß sie den Muskeln als Ansatz dienen, dem Körper seine Gestalt verleihen und für viele Organe eine schützende Hülle bilden (z. B. die Schädelknochen für das Gehirn), sind die Knochen auch ein wichtiges Reservoir für verschiedene Stoffe (z. B. Kalziumsalze, Phosphate), die der Körper für zahlreiche Stoffwechselprozesse benötigt. Der Knochen ist gewissermaßen das Mineraldepot des Körpers, aus dem jederzeit und sehr schnell verschiedene Substanzen (Ca, P, Mg usw.) mobilisiert werden können. Schließlich befindet sich im Inneren zahlreicher Knochenelemente (nicht in allen) rotes Knochenmark, in dem Blutzellen gebildet werden, so daß der Knochen auch als der Quell des Blutes angesehen werden kann.

Man unterscheidet flache und kurze sowie lange Knochen (Röhrenknochen). Die Gliedmaßen bestehen aus Ketten langer Röhrenknochen (z. B. Humerus, Femur), die Gliedmaßengürtel vorwiegend aus flachen Knochen (z. B. Scapula, Os coxae). Jedes Knochenstück besteht aus zwei strukturell und funktionell verschiedenen Elementen, nämlich einer festen **Compacta** und einer bälkchenförmig gebauten **Spongiosa.** Die Knochenkompakta ist besonders im Bereich des Schaftes (Diaphyse) der langen Röhrenknochen (Abb. 1.6) sowie als äußere Abgrenzung der Knochenelemente zu finden, während die Spongiosa vor allem an den Enden der Röhrenknochen, d. h. den Epiphysen, vorkommt. Das Bälkchengerüst der Spongiosa ist trajektoriell angeordnet, d. h., es entspricht genau den jeweiligen Druck- und Zugbelastungen des Knochens.

Das funktionelle Bauelement des Knochens ist das **Haverssche System** oder **Osteon.** Es besteht aus konzentrisch angeordneten Lamellen, zwischen die sich die vielfach verzweigten Knochenzellen (Osteozyten) in Reihen einlagern (Abb. 1.8). Die Zellfortsätze liegen in kleinen Kanälchen (Canaliculi) und stehen untereinander in Verbindung. Dadurch kann ein Stoffaustausch zwischen der Knochensubstanz und den Gefäßen, die im Inneren der Osteone verlaufen, erfolgen.

Die äußere Oberfläche der Knochen, mit Ausnahme der Gelenkflächen, wird von der gefäßreichen Knochenhaut **(Periost),** die innere, zum Knochenmark gerichtete Oberfläche vom **Endost** überzogen. Das Periost spielt beim Knochenwachstum und bei der Knochenbruchheilung eine große Rolle. Das Längenwachstum des Knochens wird von den knorpeligen Epiphysenfugen aus unterhalten. Wenn diese verknöchern, hört das Längenwachstum auf. Am Knochen kann man aber bis ins hohe Alter an dieser Stelle immer noch eine dünne Knochenlinie erkennen (Epiphysenlinie).

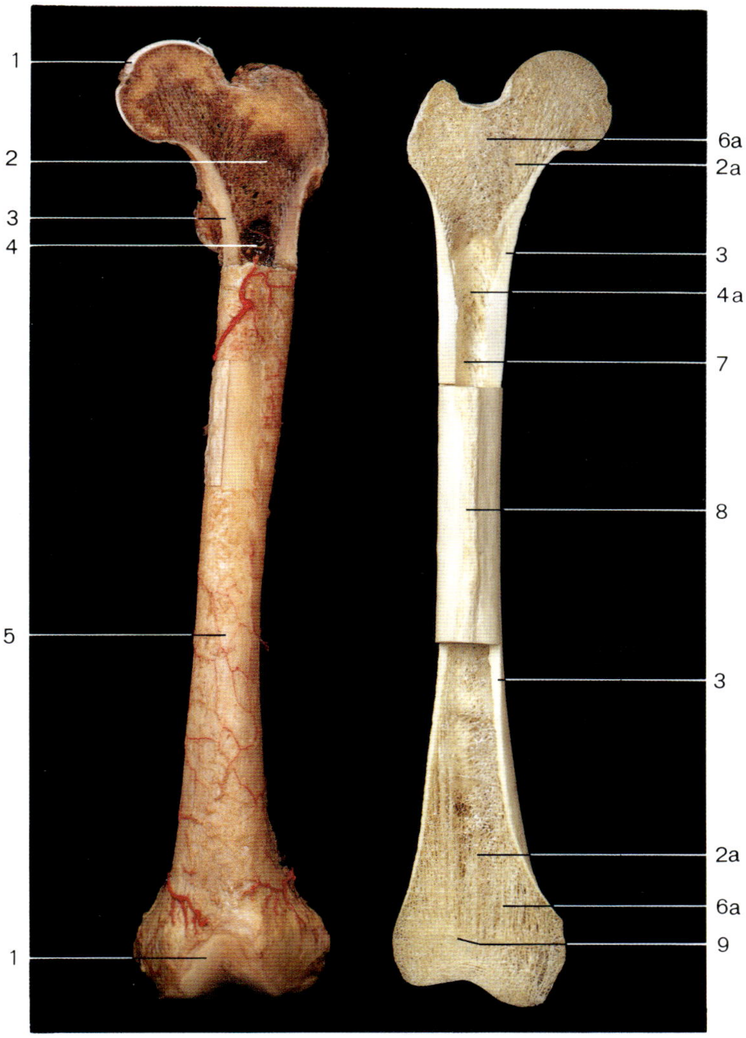

1.6 Oberschenkelknochen eines Erwachsenen (Femur). Am Femur links ist noch die gefäßreiche Knochenhaut zu erkennen. Die durchtrennten Knochenabschnitte zeigen das Bälkchengerüst der Spongiosa im Bereich der Epiphysen sowie die Compacta im Bereich der Diaphyse.

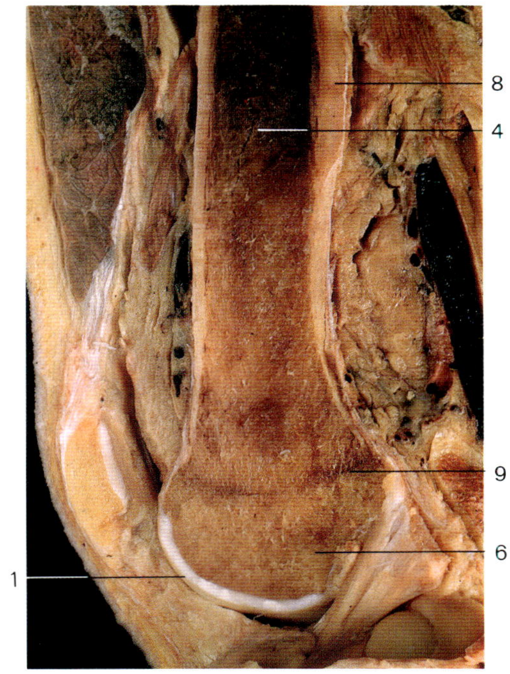

1.7 Unteres Ende eines Oberschenkelknochens (Femur, Längsschnitt, 20jähriger Mann).

1 Gelenkknorpel (Cartilago articularis)
2 Spongiöser Knochen mit Knochenmark
  a Substantia spongiosa (spongiöser Knochen)
3 Kompakter Knochen (Substantia compacta)
4 Markhöhle mit Fettmark
  a Knöcherne Markhöhle (Cavum medullare)
5 Äußere Knochenhaut (Periost)
6 Epiphyse mit rotem Knochenmark
  a Epiphyse
7 Innere Knochenhaut (Endost)
8 Knochenschaft (Diaphyse)
9 Wachstumsfuge (Epiphysenfuge)

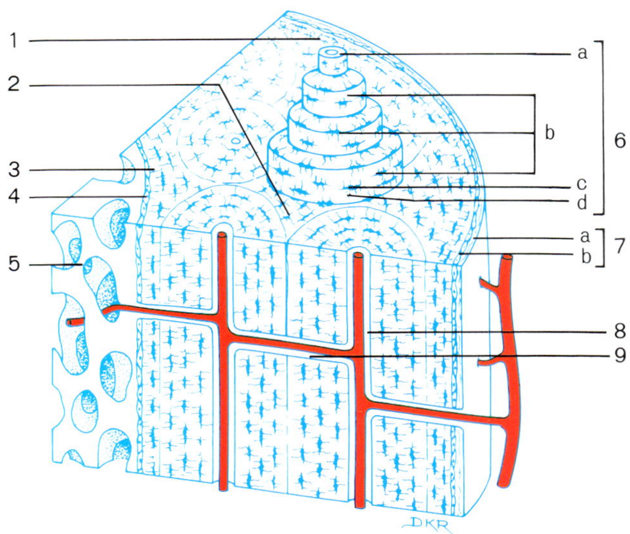

1.8 Struktur des Knochens. Ein Osteon wurde auseinandergezogen, um die Anordnung der Haversschen Lamellen zu zeigen.

1 Äußere Generallamellen
2 Schaltlamellen
3 Innere Generallamellen
4 Innere Knochenhaut (Endost)
5 Bälkchengerüst des spongiösen Knochens
6 Haverssches Lamellensystem
  a Zentralkanal
  b Lamellen
  c Knochenzellen (Osteozyten) in ihren Lakunen
  d Kanälchen
7 Knochenhaut (Periost)
  a Äußere fibröse Schicht (Stratum fibrosum)
  b Innere gefäßreiche, knochenbildende Schicht (Kambiumschicht)
8 Haversscher Kanal mit Blutgefäßen und Bindegewebe
9 Volkmannscher Kanal

Gelenke (Articulationes)

Gelenke sind Verbindungen zwischen einzelnen oder mehreren Knochenelementen. Sie werden je nach Struktur und Funktion verschieden bezeichnet (Tab. 1.1). Die Fugen (Juncturae) besitzen keine Gelenkhöhle zwischen den miteinander artikulierenden Knochen. Fibröse Fugen und Nähte (Syndesmosen, Suturen) werden durch faserreiches Bindegewebe zusammengehalten. Sie sind praktisch unbeweglich. Knorpelfugen wie z. B. die Symphyse des Beckens enthalten meist Faserknorpel und haben nur geringe Bewegungsmöglichkeiten. Die meisten Gelenke des Körpers sind jedoch echte Gelenke (Diarthrosen), die beweglich sind, einen mit Gelenkflüssigkeit gefüllten Gelenkraum besitzen und von einer Gelenkkapsel umschlossen sind (Abb. 1.9). Diese Kapsel besteht aus einer äußeren fibrösen Schicht, die in das Periost übergeht, und einer inneren Synovialschicht. Die Gelenkflächen der Knochen werden von hyalinem Knorpel überzogen. Bei einigen Gelenken existieren Zusatzeinrichtungen wie z. B. Sehnenscheiden oder Schleimbeutel, die das Gleiten der Sehnen über Knochenvorsprünge erleichtern.

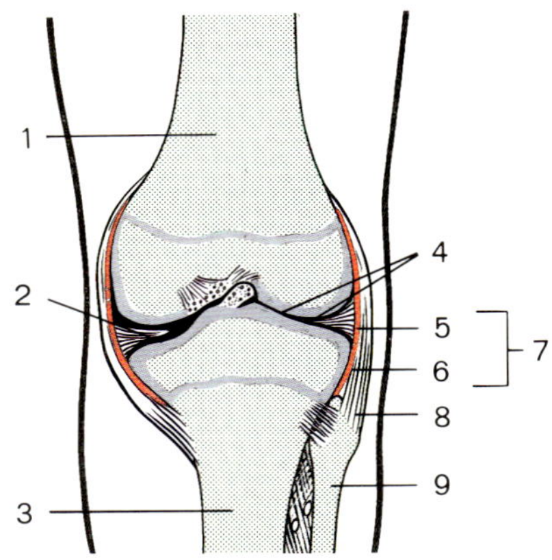

1 Oberschenkelknochen (Femur)
2 Gelenkraum (Cavum articulare)
3 Schienbein (Tibia)
4 Gelenkknorpel
5 Synovialmembran (Membrana synovialis)
6 Fibröse Kapsel (Capsula fibrosa)
7 Gelenkkapsel (Capsula articularis)
8 Seitenband (Lig. collaterale fibulare)
9 Wadenbein (Fibula)

1.9 Aufbau eines Gelenkes (Frontalschnitt, Kniegelenk). (Rot = Gelenkkapsel).

Tabelle 1.1 Einteilung der Gelenke (Art. = Articulatio bzw. Articulationes).

Gelenkformen	Bewegungsmöglichkeiten	Beispiele
A. Fugen (Synarthrosen)		
I. Fibröse Verbindungen (Juncturae fibrosae) – ohne Gelenkraum	Syndesmosen (praktisch unbeweglich)	
1. Naht (Sutura)		zwischen den Schädelknochen
2. Bandhaft (Syndesmose)		distales Gelenk zwischen Schien- und Wadenbein (Art. tibiofibularis distalis)
3. Einkeilung (Gomphosis)		Zähne in den Alveolarfortsätzen von Ober- und Unterkiefer
II. Knorpelige Verbindungen (Juncturae cartilagineae)	Synchondrosen (federnde Bewegungen)	
1. Knorpelfugen (Symphysen)		zwischen den beiden Schambeinknochen (Symphysis pubica), Zwischenwirbelscheiben (Disci intervertebrales)
III. Knochenfugen (Juncturae osseae)	Synostosen (unbeweglich)	zwischen Kreuzbeinwirbeln (Os sacrum) oder einigen Schädeldachknochen
B. Straffe Gelenke	Amphiarthrosen (federnde Bewegungen)	Becken-Kreuzbeinverbindung (Art. sacroiliaca), kleine Gelenke zwischen Hand- und Fußwurzelknochen (Art. intercarpales, Art. intertarsales)
C. Synovialgelenke mit Gelenkraum	Diarthrosen (frei beweglich)	
1. Scharniergelenk (Ginglymus)	1 Freiheitsgrad (Beugen – Strecken)	Humeroulnarer Teil des Ellbogengelenkes (Art. humeroulnaris), Fingergelenke
2. Radgelenk/Zapfengelenk (Art. trochoidea)	1 Freiheitsgrad (Drehung am Arm – Pronation – Supination)	zwischen 1. und 2. Halswirbelkörper (Art. atlantoaxiales), proximales Gelenk zwischen Elle und Speiche (Art. radioulnaris proximalis)
3. Eigelenk (Art. ellipsoidea)	2 Freiheitsgrade (Beugen – Strecken, Adduktion – Abduktion)	zwischen Hinterhauptsbein und 1. Halswirbelkörper (Art. atlantooccipitalis) proximales Handgelenk (Art. radiocarpea)
4. Sattelgelenk (Art. sellaris)	wie Eigelenk, aber freier beweglich	zwischen Handwurzel- und Mittelhandknochen des Daumens (Art. carpometacarpea pollicis)
5. Kugelgelenk (Art. sphaeroidea)	3 Freiheitsgrade (Beugen – Strecken; Adduktion – Abduktion; Innen-, Außenrotation)	Schultergelenk (Art. humeri) Hüftgelenk (Art. coxae)

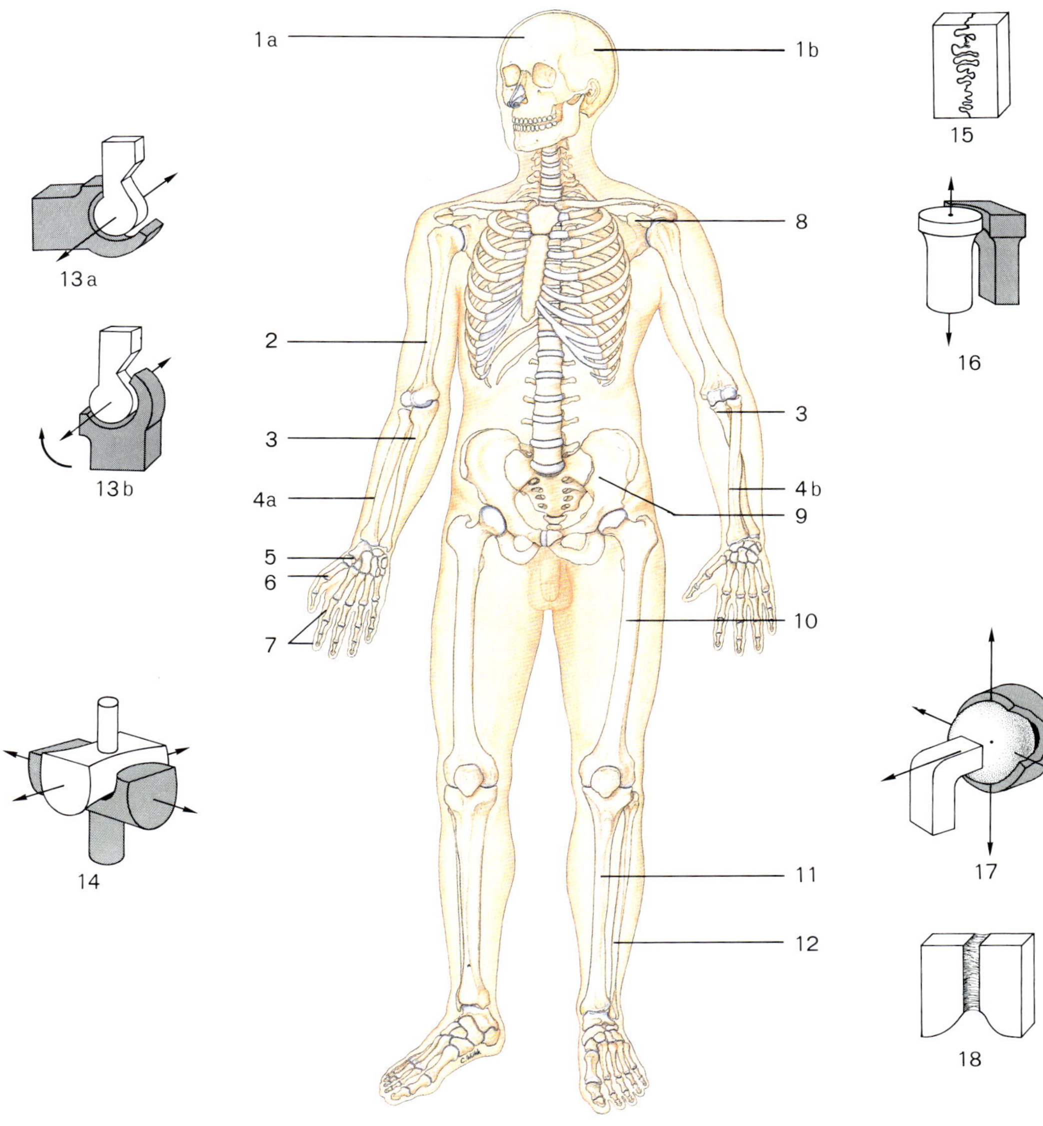

1.10 Lokalisation der Gelenke im menschlichen Körper.

Knochen (Ossa)

1 Schädeldach (Calvaria)
  a Stirnbein (Os frontale)
  b Scheitelbein (Os parietale)
2 Oberarmknochen (Humerus)
3 Elle (Ulna)
4a Speiche (Radius) in Supinationsstellung
4b Speiche (Radius) in Pronationsstellung
5 Handwurzelknochen: großes Vieleckbein (Os trapezium)
6 Mittelhandknochen des Daumens (Os metacarpale I)
7 Fingerglieder (Phalanges)
8 Schulterblatt (Scapula)
9 Hüftknochen (Os coxae)
10 Oberschenkelknochen (Femur)
11 Schienbein (Tibia)
12 Wadenbein (Fibula)

Gelenke und Fugen (Articulationes)
(Pfeile = Achsen und Bewegungsrichtungen; Art. = Articulatio)

13 Scharniergelenk, z. B. Ellbogengelenk (Art. humeroulnaris)
  a Beugestellung
  b Streckstellung
14 Sattelgelenk des Daumens (Art. carpometacarpalis pollicis)
15 Schädelnaht (Sutura)
16 Radgelenk (Art. trochoidea), z. B. proximales Gelenk zwischen Elle und Speiche (Art. radioulnaris proximalis)
17 Kugelgelenk (Art. sphaeroidea), z. B. Schultergelenk (Art. humeri) oder Hüftgelenk (Art. coxae)
18 Bandhaft (Syndesmose) z. B. distales Gelenk zwischen Schien- und Wadenbein (Art. tibiofibularis distalis)

Die echten Gelenke besitzen verschiedene Bewegungsmöglichkeiten, die der Klassifizierung zugrunde gelegt werden (vgl. Tab. 1.1). Einachsige Bewegungen sind z. B. Beugen und Strecken wie im Ellbogengelenk oder Drehbewegungen wie z. B. Supination und Pronation am Unterarm. Bei den Scharniergelenken erfolgt die Bewegung nur in einer Ebene (einachsig = monaxial). Sattel- und Eigelenke erlauben Bewegungen in zwei Ebenen (zweiachsig = biaxial). Radgelenke sind einachsig und ermöglichen eine Drehung (Rotation). Kugelgelenke lassen Bewegungen in allen drei Dimensionen des Raumes zu. Sie besitzen daher drei Freiheitsgrade (dreiachsig = triaxial).

Muskeln (Musculi)

Beim Muskelgewebe unterscheidet man in der Hauptsache zwei Formen: quergestreifte und glatte Muskulatur. Quergestreifte Muskeln sind die Skelettmuskeln, die Augenmuskeln und die Zungenmuskeln. Die Herzmuskulatur ist zwar quergestreift, nimmt aber eine Mittelstellung zwischen glatter und quergestreifter Muskulatur ein. Die Skelettmuskeln werden durch sogenannte motorische Nerven innerviert und sind willkürlich beweglich. Herzmuskel und glatte Muskeln werden durch vegetative (autonome) Nerven innerviert und sind nicht willkürlich beweglich. Glatte Muskeln finden sich in den Atmungsorganen, im Verdauungstrakt und den harnableitenden Wegen. Auch in den Geschlechtsorganen, z. B. Gebärmutter, Ei- und Samenleiter, sowie in den Blutgefäßen kommt glatte Muskulatur vor. Die Muskulatur macht über 40% des Körpergewichtes aus und spielt daher für den Stoffwechsel eine große Rolle. Die Skelettmuskeln bestehen aus Zellelementen (Muskelfasern), die zu Muskelbündeln zusammengefaßt werden und von Bindegewebe umscheidet sind. Durch das Bindegewebe kommt die innere Architektur der Muskeln sowie auch die Anordnung von Muskelgruppen in Logen zustande (vgl. Abb. 1.11 A). Das im Muskel gelegene Bindegewebe setzt sich auch in die Sehnen fort, die als langgestreckte, rundliche oder als flächenhafte Sehnen (Aponeurosen) ausgebildet sein können.

Jeder Muskel besitzt zwei Fixationsspunkte, nämlich 1. den Ursprung (Origo), wo der Muskel fixiert ist, und 2. den Ansatz (Insertio), wo der Muskel am Knochen angreift und Bewegungen ausführt. Zwischen Ursprung und Ansatz liegt der Muskelbauch, der ganz verschieden gestaltet sein kann (Abb. 1.11 B).
Große flächenhafte Muskeln finden sich z. B. in der Bauchwand und am Rumpf wie z. B. der gerade Bauchmuskel (M. rectus abdominis), die schrägen Bauchmuskeln (Mm. obliqui abdominis) usw. Die Bezeichnung von Muskeln richtet sich aber nicht immer nach der Form wie z. B. beim M. teres (runder Muskel) oder M. serratus (Sägemuskel), sondern oft auch nach seiner Lage, wie z. B. M. intercostalis (Zwischenrippenmuskel), M. frontalis (Stirnmuskel), oder der Anzahl seiner Muskelbäuche wie z. B. beim zweiköpfigen Bizeps (M. biceps brachii, M. biceps femoris), beim dreiköpfigen Triceps (M. triceps brachii) oder dem vierköpfigen Oberschenkelmuskel (M. quadriceps femoris). Häufig geht auch die Funktion in die Bezeichnung mit ein, wie z. B. bei den Flexoren, Extensoren, Pronatoren, Supinatoren. Manchmal wird der Muskel nur nach seinem Verlauf bezeichnet, wie z. B. bei dem schrägen Halsmuskel (M. sternocleidomastoideus).
Die jeweilige Anordnung der Muskelbündel und ihrer Sehnen läßt auf die Bewegungsrichtung des Muskels schließen (Abb. 1.11). Die Muskelbündel verlaufen entweder in der Längsrichtung (longitudinal), strahlenförmig (radiär), gefiedert (z. B. M. pennatus) oder zirkulär (sphinkterförmig). In den longitudinalen Muskeln sind die Bündel hauptsächlich parallel zur Längsachse des Muskels wie bei einem Riemen angeordnet, so z. B. beim Schneidermuskel (M. sartorius) oder beim geraden Bauchmuskel (M. rectus abdominis). In den radiär angeordneten Muskeln verlaufen die Bündel von einem breiteren Ursprungsgebiet zu einem schmalen Ansatzfeld wie z. B. beim Brustmuskel (M. pectoralis), beim Deltamuskel (M. deltoideus) und beim großen breiten Rückenmuskel (M. latissimus dorsi). In gefiederten Muskeln verlaufen die einzelnen Muskelbündel innerhalb des Muskelbauches schräg und konvergieren zum Sehnenansatz hin wie bei einer Feder. Wenn die Bündel nur nach einer Seite hin zusammenlaufen, wie beim M. semimembranosus, ist der Muskel halbgefiedert. Wenn die Bündel von beiden Seiten zu einer Mittelsehne zusammenlaufen, wie beim M. tibialis anterior, nennt man den Muskel doppeltgefiedert; und wenn es viele Sehnenansätze gibt, wie beim M. deltoideus, spricht man von einem mehrfachgefiederten Muskel. Zirkulär angeordnete Muskeln, wie z. B. der M. orbicularis oculi, umschließen eine Körperöffnung und erfüllen damit eine Sphinkterfunktion.

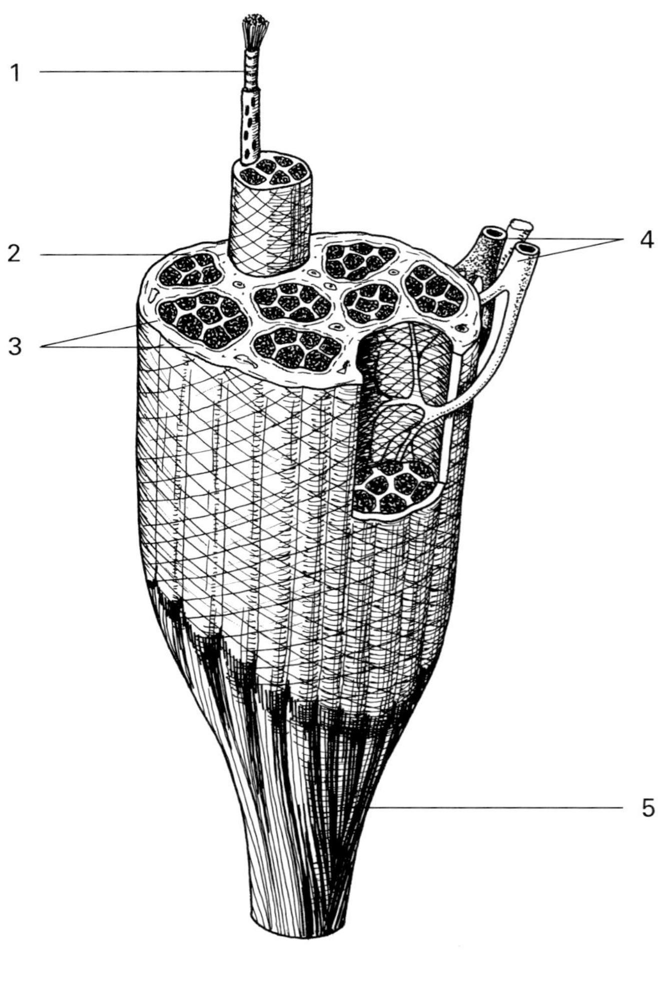

1.11 A Aufbau eines Skelettmuskels

1 Quergestreifte Muskelfaser
2 Muskelbündel mit bindegewebiger Hülle (Perimysium ext.)
3 Bindegewebige Hülle für den Muskel (Epimysium)
4 Blutgefäße und Nerven für den Muskel
5 Sehne (Tendo)

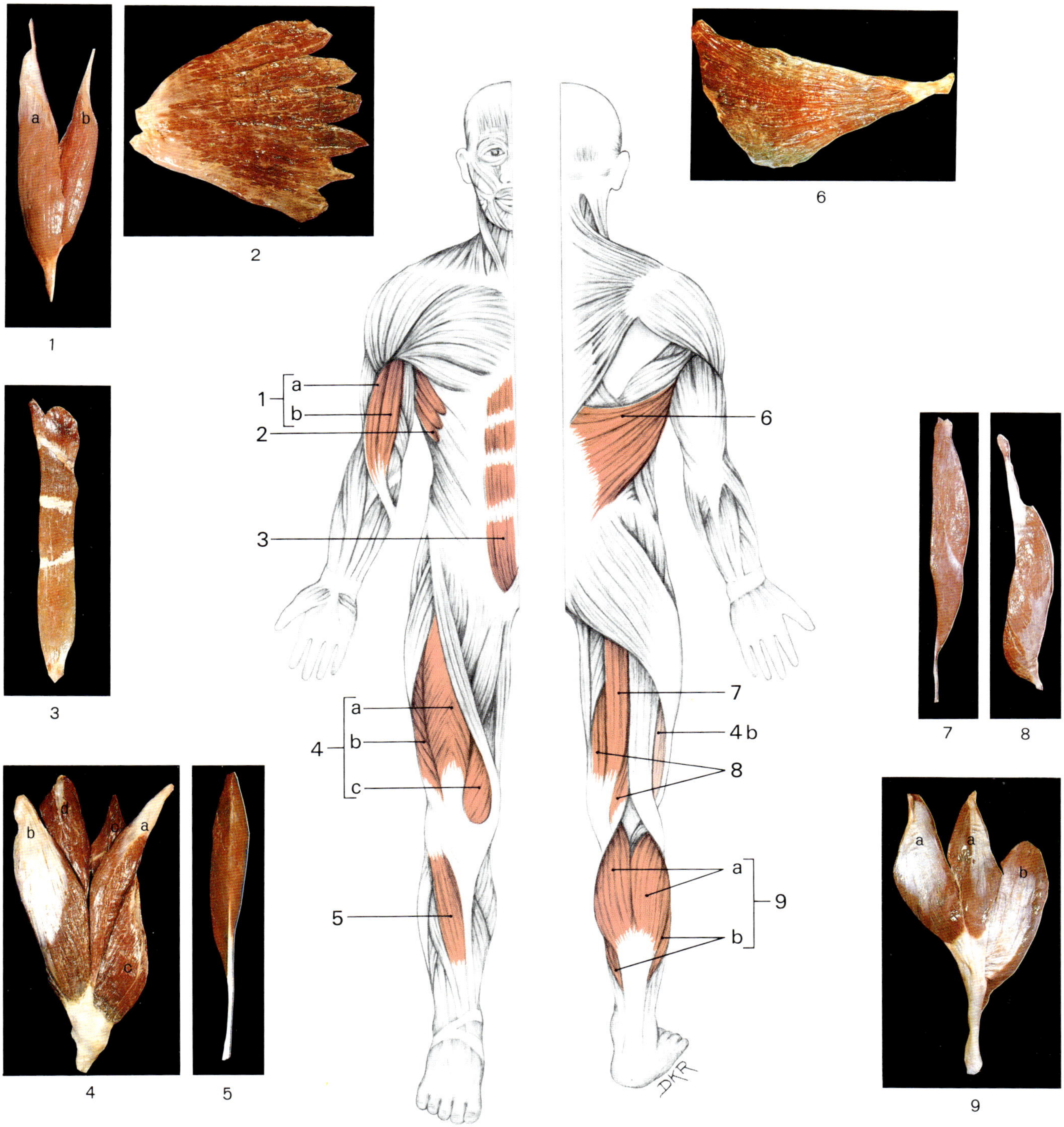

1.11 B Verschiedene Formen von Muskeln des Körpers. (Links: Ansicht von vorne; rechts: Ansicht von hinten.)

1 Zweiköpfiger Oberarmbeuger (M. biceps brachii)
  a Langer Kopf (Caput longum)
  b Kurzer Kopf (Caput breve)
2 Vorderer Sägemuskel (M. serratus anterior)
3 Gerader Bauchmuskel (M. rectus abdominis)
4 Vierköpfiger Oberschenkelstrecker (M. quadriceps femoris)
  a Gerader Anteil (M. rectus femoris)
  b Seitlicher Muskelbauch (M. vastus lateralis)
  c Innengelegener Muskelbauch (M. vastus medialis)
  d Dazwischengelegener Muskelbauch (M. vastus intermedius)
5 Vorderer Schienbeinmuskel (M. tibialis anterior)
6 Großer Rückenmuskel (M. latissimus dorsi)
7 Halbsehniger Muskel (M. semitendinosus)
8 Halbmembranöser Muskel (M. semimembranosus)
9 Dreiköpfiger Wadenmuskel (M. triceps surae)
  a Zwillingswadenmuskel (M. gastrocnemius), medialer und lateraler Kopf (Caput mediale und laterale)
  b M. soleus

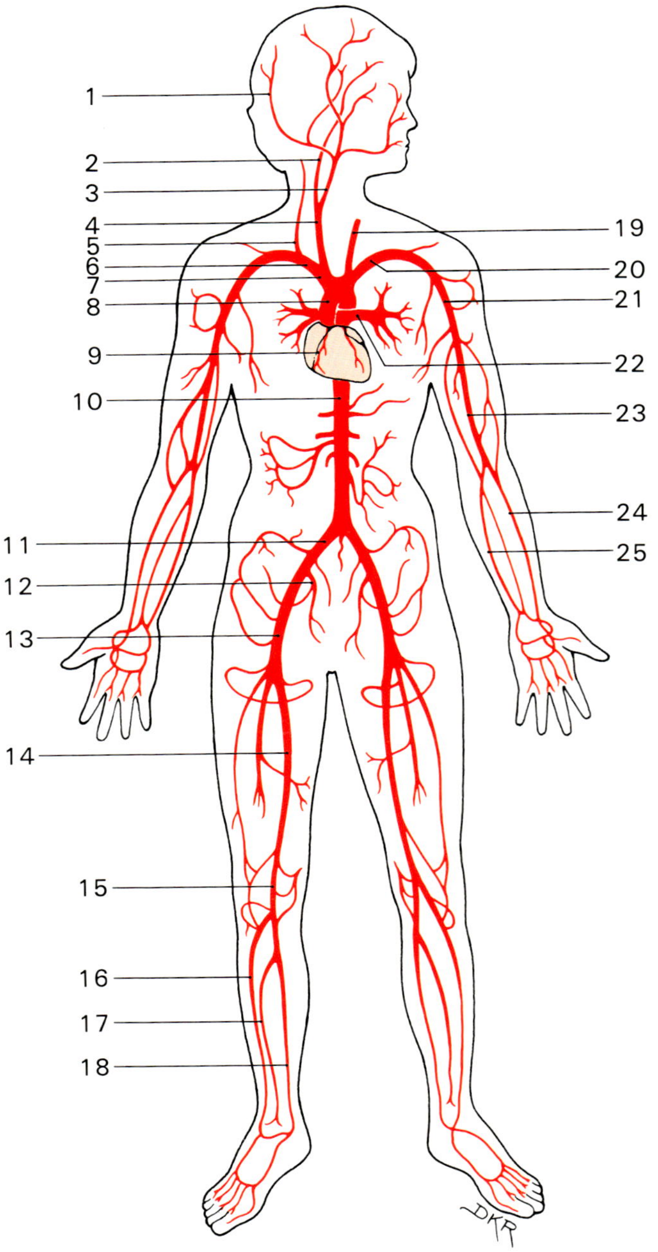

1 Hinterhauptsarterie (A. occipitalis)
2 Innere Halsschlagader (A. carotis interna)
3 Äußere Halsschlagader (A. carotis externa)
4 Rechte Karotis (A. carotis communis dextra)
5 Wirbelarterie (A. vertebralis)
6 Unterschlüsselbeinarterie (A. subclavia dextra)
7 Kopf-Arm-Schlagader (Truncus brachiocephalicus)
8 Aufsteigende Hauptschlagader (Aorta ascendens)
9 Rechte Herzkranzarterie (A. coronaria dextra)
10 Absteigende Hauptschlagader (Aorta descendens)
11 Gemeinsame Hüftarterie (A. iliaca communis)
12 Innere Hüftarterie (A. iliaca interna)
13 Äußere Hüftarterie (A. iliaca externa)
14 Oberschenkelarterie (A. femoralis)
15 Kniekehlenarterie (A. poplitea)
16 Vordere Schienbeinarterie (A. tibialis anterior)
17 Wadenbeinarterie (A. peronaea)
18 Hintere Schienbeinarterie (A. tibialis posterior)
19 Linke Karotis (A. carotis communis sinistra)
20 Linke Unterschlüsselbeinarterie (A. subclavia sinistra)
21 Achselarterie (A. axillaris)
22 Lungenarterienstamm (Truncus pulmonalis)
23 Armarterie (A. brachialis)
24 Speichenarterie (A. radialis)
25 Ellenarterie (A. ulnaris)

1.12 Arteriensystem des Körpers

Blutgefäße

Die Blutgefäße gehören zum Zirkulationssystem des Körpers. Man unterscheidet Arterien, Venen und Lymphgefäße. Mit dem Blut zusammen bilden sie ein Transport- und Verteilungssystem im Organismus, das die verschiedenen Organe und Körperteile funktionell miteinander verbindet. Der Blutkreislauf, in dessen Zentrum das Herz liegt, gliedert sich in den kleinen Kreislauf (Lungenkreislauf), durch den der Austausch der Atemgase (Sauerstoff, Kohlensäure) erfolgt, und den großen oder Körperkreislauf, der die Organe, die Muskulatur und Körpergewebe versorgt. Die Blutgefäße bilden ein geschlossenes System, bestehend aus Arterien, Kapillaren und Venen. Das arterielle System (Abb. 1.12) beginnt mit der Hauptkörperschlagader, der Aorta, welche die linke Herzkammer verläßt und in einem großen Bogen nach hinten und abwärts zieht (Aorta ascendens – descendens), um sich dann in immer kleinere Gefäße aufzuzweigen, die dem Gewebe Blut zuführen. Die großen Arterien (Aorta, Pulmonalarterien) enthalten viel elastisches Gewebe in ihrer Wandung (Arterien vom elastischen Typ). Die mitteldicken Arterien, z. B. Arm- und Beinarterien, besitzen eine kräftige Schicht glatter Muskulatur (Arterien vom muskulären Typ). Die kleinsten Arterien sind die Arteriolen, die den peripheren Gefäßwiderstand bestimmen und dadurch den Blutdruck im arteriellen System regeln. Die Arteriolen zweigen sich in kleinste Gefäße auf, die sog. Kapillaren, die in den Organen ein ausgedehntes Netzwerk für die Mikrozirkulation bilden. Hier findet der Austausch von Sauerstoff, Nährstoffen und Stoffwechselendprodukten zwischen Blut und Körperzellen statt.

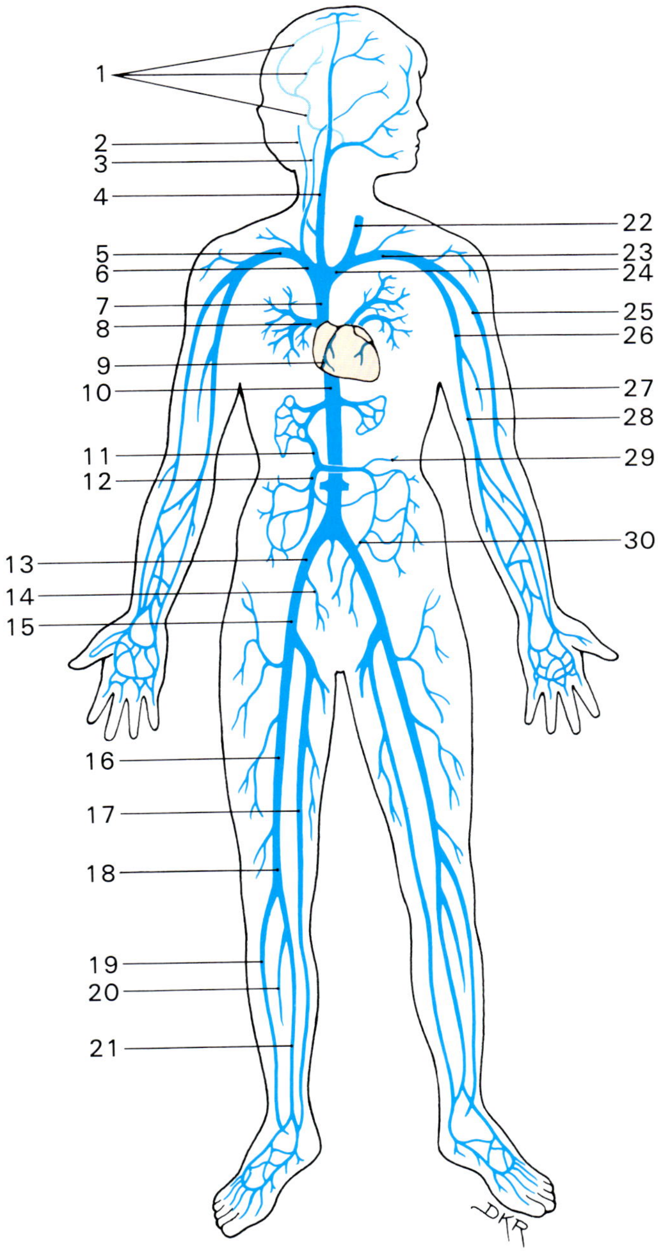

1.13 **Venensystem des Körpers.**

1 Hirnsinus (Sinus durae matris)
2 Tiefe Halsvene (V. cervicalis profunda)
3 Rechte äußere Drosselvene (V. jugularis externa dextra)
4 Rechte innere Drosselvene (V. jugularis interna dextra)
5 Rechte Unterschlüsselbeinvene (V. subclavia dextra)
6 Rechte Brachiocephalica (V. brachiocephalica dextra)
7 Obere Hohlvene (V. cava superior)
8 Lungenvene (V. pulmonalis)
9 Kleine Herzvene (V. cordis parva)
10 Untere Hohlvene (V. cava inferior)
11 Pfortader (V. portae)
12 Obere Mesenterialvene (V. mesenterica superior)
13 Gemeinsame Hüftvene (V. iliaca communis)
14 Innere Hüftvene (V. iliaca interna)
15 Äußere Hüftvene (V. iliaca externa)
16 Oberschenkelvene (V. femoralis)
17 Große Rosenader (V. saphena magna)
18 Kniekehlenvene (V. poplitea)
19 Vordere Schienbeinvene (V. tibialis anterior)
20 Wadenbeinvene (V. peronaea)
21 Hintere Schienbeinvene (V. tibialis posterior)
22 Linke innere Drosselvene (V. jugularis interna sinistra)
23 Linke Unterschlüsselbeinvene (V. subclavia sinistra)
24 Linker Hauptvenenstamm für Kopf und Arm (V. brachiocephalica)
25 Kopfvene des Armes (V. cephalica)
26 Achselvene (V. axillaris)
27 Armvene (V. brachialis)
28 Basilarvene (V. basilaris)
29 Milzvene (V. lienalis)
30 Untere Mesenterialvene (V. mesenterica inferior)

Das **Venensystem** beginnt in der Peripherie mit kleineren Venen, den sog. Venolen, die aus dem Kapillarnetz hervorgehen und sich zu immer größeren Venenstämmen vereinigen, die das Blut zum Herzen zurückführen. Die Venen verlaufen entweder oberflächlich oder in der Tiefe. Die tiefen Venen begleiten im allgemeinen die entsprechenden Arterien und tragen meist den gleichen Namen. Das venöse Blut vom Kopf, Nacken, Brustkorb und Arm fließt über die obere Hohlvene (V. cava superior) zum rechten Vorhof ab. Das Venenblut der unteren Körperhälfte, vom Becken und von den unteren Gliedmaßen gelangt über die untere Hohlvene (V. cava inferior) zum Herzen zurück. Die Herzvenen münden über den Sinus coronarius in den rechten Vorhof. Einige Gebiete des Venensystems zeigen Besonderheiten. So bilden einige Venen ausgedehnte Venengeflechte (Plexus), wie z. B. im Beckenbereich; oder sie bilden Blutleiter (Sinus) wie im Schädelinneren, wo z. B. der Sinus sagittalis das Venenblut des Großhirns und der harten Hirnhaut abführt. Die oberflächlichen Venen der Gliedmaßen, in denen nur ein geringer Druck herrscht, besitzen meist gut entwickelte Klappen, die den Rücktransport des Blutes zum Herzen unterstützen und das Zurückfließen des Blutes verhindern.

2. Das menschliche Skelett

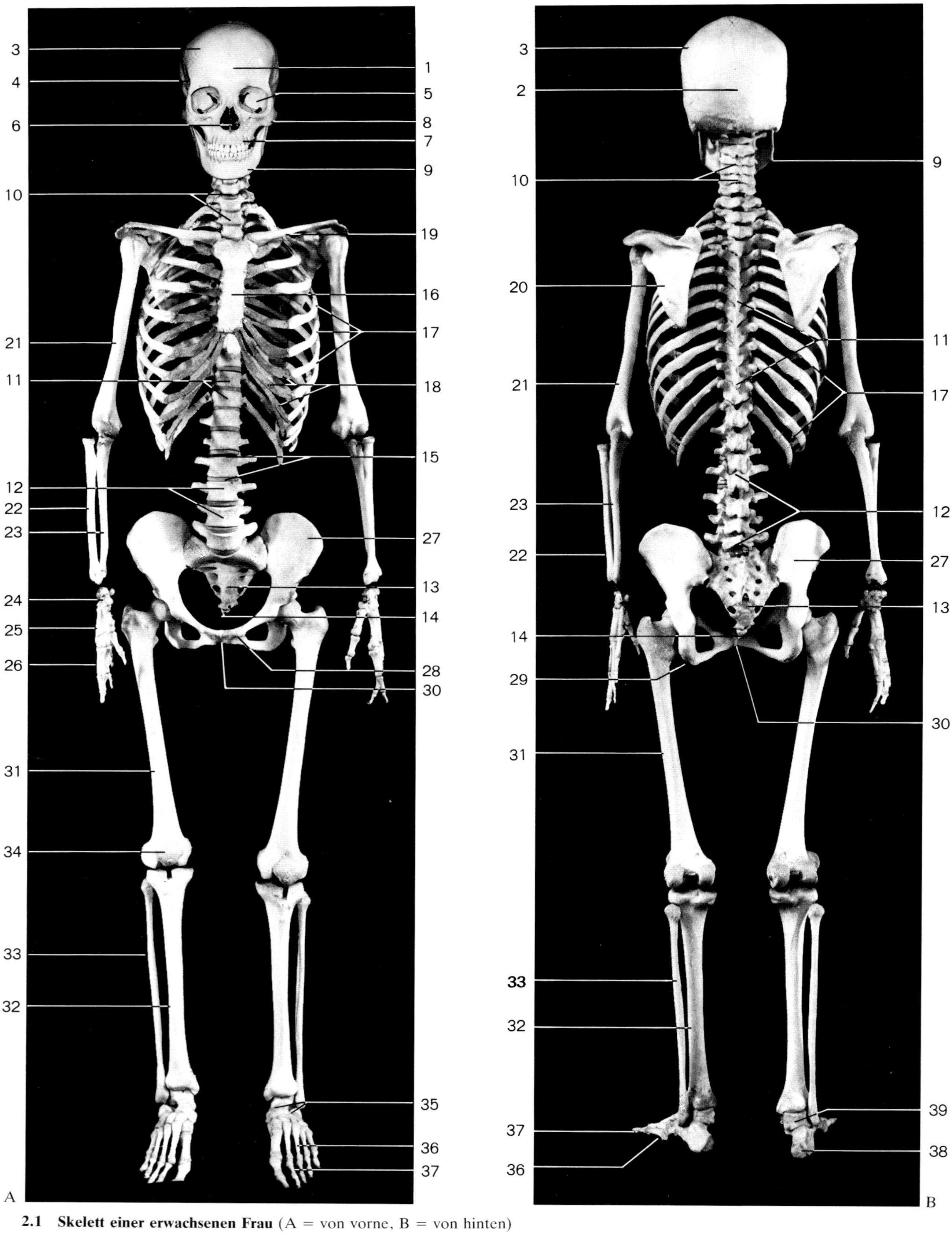

2.1 Skelett einer erwachsenen Frau (A = von vorne, B = von hinten)

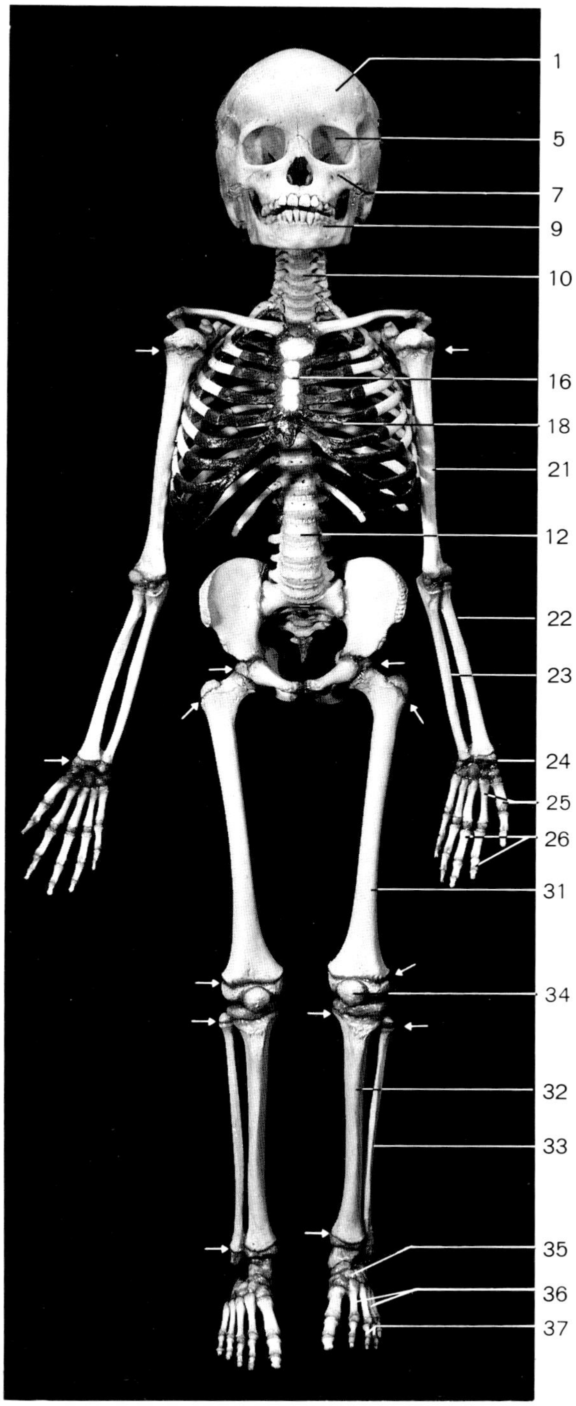

2.2 Skelett eines 5jährigen Kindes (Ansicht von vorne). Im Gegensatz zum Erwachsenen sind beim kindlichen Skelett die noch nicht verknöcherten Epiphysenfugen (Pfeile) deutlich zu erkennen. Darm-, Sitz- und Schambein des Hüftknochens sind noch durch Knorpelfugen getrennt. Die drei Teile des Brustbeins sind noch nicht miteinander verschmolzen. Die Rippen verlaufen noch fast horizontal.

Kopf

1 Stirnbein (Os frontale)
2 Hinterhauptsbein (Os occipitale)
3 Scheitelbein (Os parietale)
4 Schläfenbein (Os temporale)
5 Augenhöhle (Orbita)
6 Nasenhöhle (Cavitas nasi)
7 Oberkiefer (Maxilla)
8 Jochbein (Os zygomaticum)
9 Unterkiefer (Mandibula)

Rumpf und Brustkorb

Wirbelsäule (Columna vertebralis)

10 Halswirbelkörper (Vertebrae cervicales)
11 Brustwirbelkörper (Vertebrae thoracicae)
12 Lendenwirbelkörper (Vertebrae lumbales)
13 Kreuzbein (Os sacrum)
14 Steißbein (Os coccygis)
15 Bandscheiben (Disci intervertebrales)

Brustkorb (Thorax)

16 Brustbein (Sternum)
17 Rippen (Costae)
18 Rippenknorpel (Cartilago costalis)

Arm und Schultergürtel (Cingulum membri superioris)

19 Schlüsselbein (Clavicula)
20 Schulterblatt (Scapula)
21 Oberarmknochen (Humerus)
22 Speiche (Radius)
23 Elle (Ulna)
24 Handwurzelknochen (Ossa carpi)
25 Mittelhandknochen (Ossa metacarpalia)
26 Fingerknochen (Ossa digitorum manus)

Bein und Beckengürtel (Cingulum membri inferioris)

27 Darmbein (Os ilium)
28 Schambein (Os pubis)
29 Sitzbein (Os ischii)
30 Schambeinfuge (Symphysis pubica)
31 Oberschenkelknochen (Femur)
32 Schienbein (Tibia)
33 Wadenbein (Fibula)
34 Kniescheibe (Patella)
35 Fußwurzelknochen (Ossa tarsi)
36 Mittelfußknochen (Ossa metatarsalia)
37 Zehen (Ossa digitorum pedis)
38 Fersenbein (Calcaneus)
39 Sprungbein (Talus)

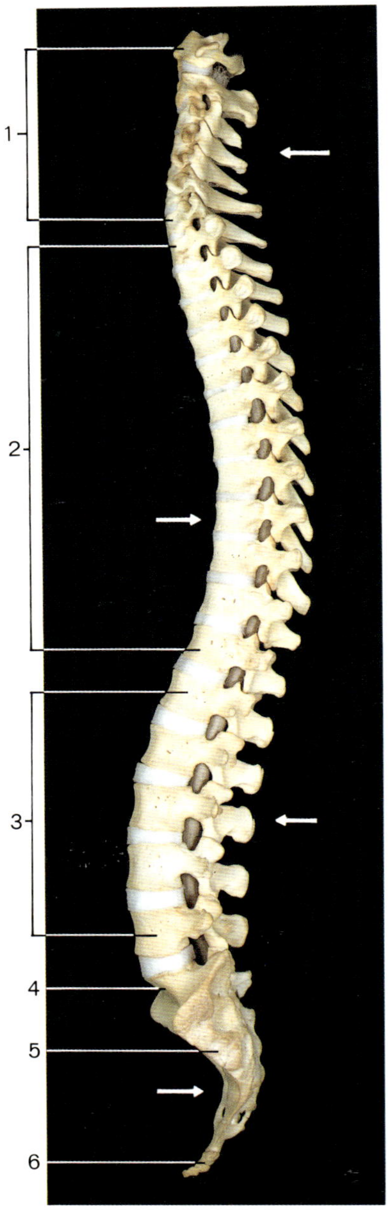

2.3 Wirbelsäule (Columna vertebralis) (von links). Die Pfeile weisen auf die Krümmungen im Hals-, Brust-, Lenden- und Kreuzbeinbereich hin.

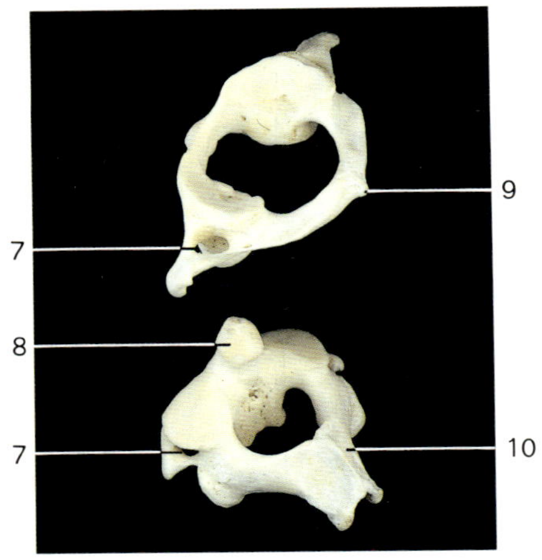

2.4 Atlas und Axis (von oben).

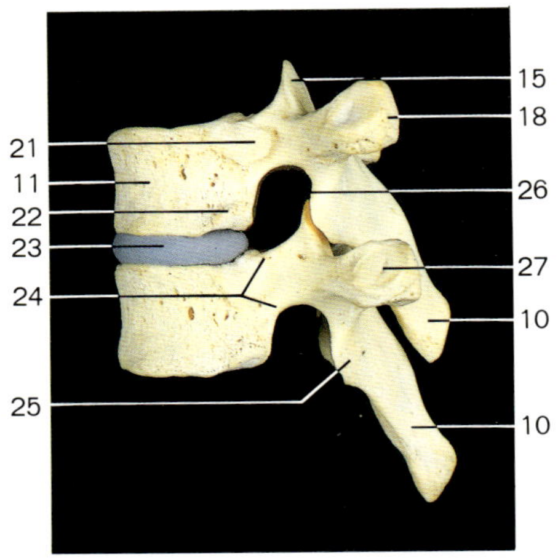

2.5 Zwei Brustwirbel mit Zwischenwirbelscheibe (Ansicht von links).

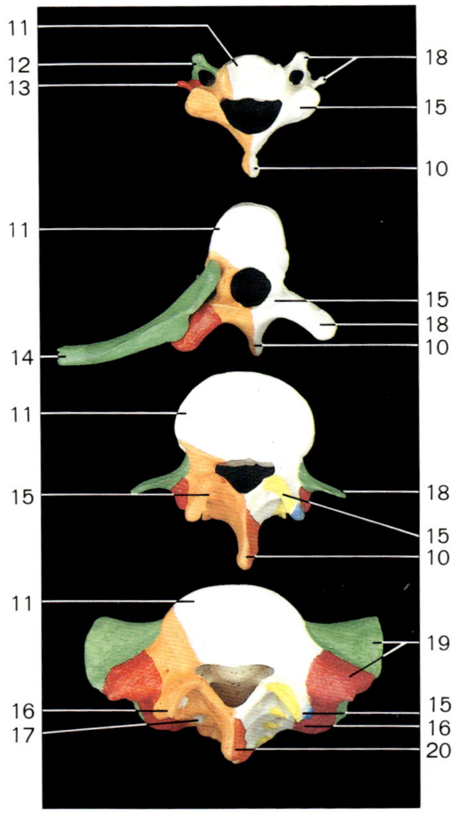

2.6 Formelemente der Wirbel (Vertebrae). Von oben nach unten je ein typischer Hals-, Brust- und Lendenwirbel sowie das Kreuzbein (Ansicht von oben).

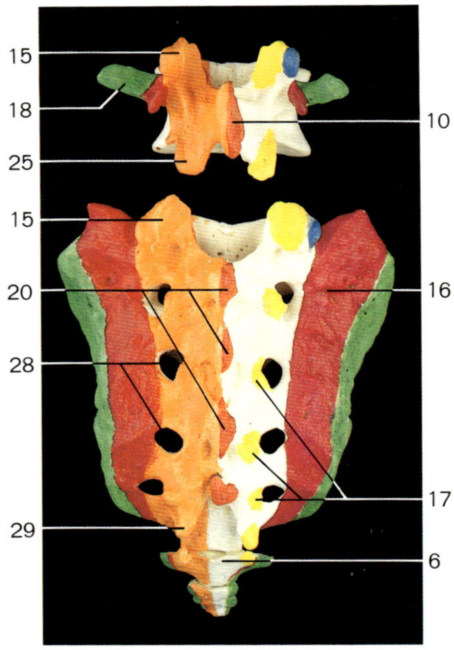

2.7 Lendenwirbel (Vertebra lumbalis) und Kreuzbein (Os sacrum) (von hinten).

Blau: Nebenfortsatz (Processus accessorius)
Grün: Rippen (Costae) oder deren homologe Fortsätze (Processus costarii)
Rot: Muskelfortsätze d. h. Quer- und Dornfortsätze (Processus transversi bzw. spinosi)
Orange: Gelenkfortsätze (Processus articulares) und Laminae
Gelb: Gelenkflächen (Facies articulares)

1 **Halswirbel (Vertebra cervicalis)** (Lordose)
2 **Brustwirbel (Vertebra thoracica)** (Kyphose)
3 **Lendenwirbel (Vertebra lumbalis)** (Lordose)
4 Promontorium
5 **Kreuzbein (Os sacrum)**
6 **Steißbein (Os coccygis)**
7 Foramen transversarium
8 Dens des 2. Halswirbels (Axis)
9 Hinteres Höckerchen des 1. Halswirbels **(Atlas)**
10 Dornfortsatz (Processus spinosus)
11 Wirbelkörper (Corpus vertebrae)
12 Vorderes Höckerchen des Querfortsatzes
13 Hinteres Höckerchen des Querfortsatzes
14 **Rippe (Costa)**
15 Oberer Gelenkfortsatz
16 Crista sacralis lateralis
17 Crista sacralis intermedia
18 Querfortsatz (Processus transversus bzw. costarius)
19 Kreuzbein (Pars lateralis)
20 Crista sacralis mediana
21 Fovea costalis sup.
22 Fovea costalis inf.
23 **Zwischenwirbelscheibe (Discus intervertebralis)**
24 Incisura vertebralis sup. und inf.
25 Unterer Gelenkfortsatz

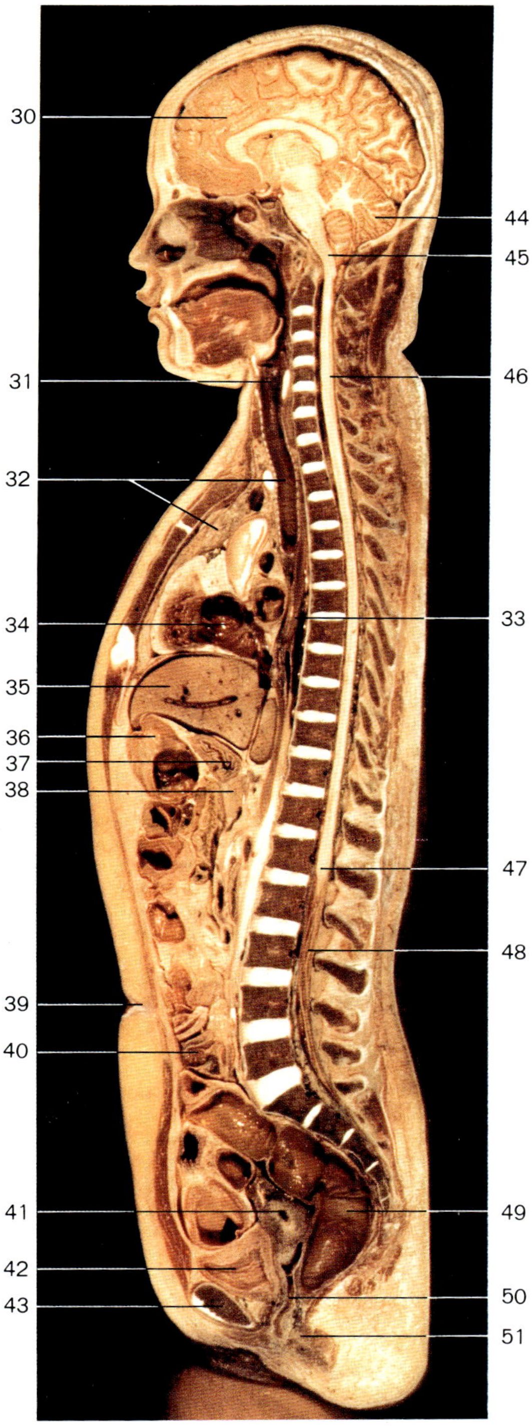

2.8 Längsschnitt durch einen weiblichen Körper. Das kegelförmige Rückenmarksende (Conus medullaris) liegt in Höhe des 1. Lendenwirbelkörpers (L_1).

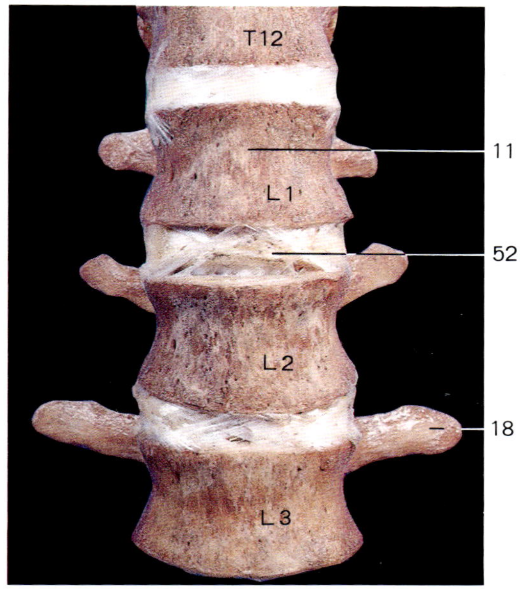

2.9 Lendenwirbel (Vertebrae lumbales) mit Zwischenwirbelscheiben (Disci intervertebrales) (von vorne). T_{12} = 12. Brustwirbel; L_1–L_3 = 1.–3. Lendenwirbel.

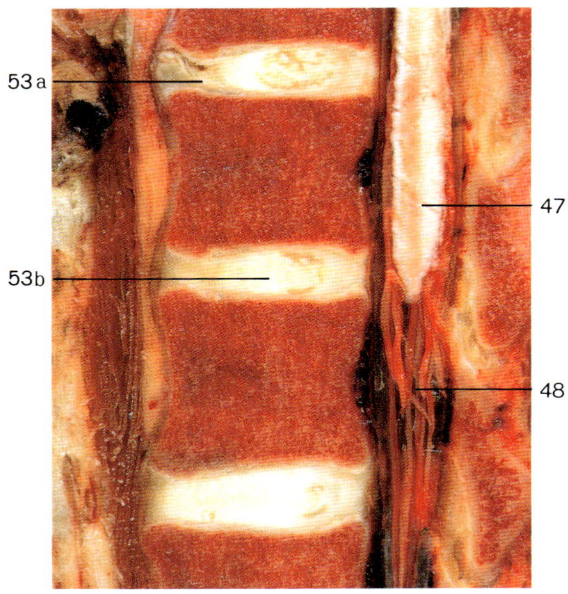

2.10 Längsschnitt durch den 1. und 2. Lendenwirbel (Vertebrae lumbales) und den Wirbelkanal mit Rükkenmark (Medulla spinalis).

26 Zwischenwirbelloch (Foramen intervertebrale)
27 Gelenkfläche für die Rippe
28 Foramina sacralia dorsalia
29 Kreuzbeinhorn (Cornu sacrale)
30 Großhirn (Cerebrum)
31 Kehlkopf (Larynx)
32 Luftröhre (Trachea), Bries (Thymus)
33 Speiseröhre (Oesophagus)
34 Herz (Cor)
35 Leber (Hepar)
36 Colon transversum
37 Magen (Ventriculus)
38 Bauchspeicheldrüse (Pancreas)
39 Nabel (Umbo)
40 Dünndarm (Intestinum tenue)
41 Gebärmutter (Uterus)
42 Harnblase (Vesica urinaria)
43 Schambeinfuge (Symphysis pubica)
44 Kleinhirn (Cerebellum)
45 Verlängertes Mark (Medulla oblongata)
46 Rückenmark (Medulla spinalis)
47 Ende des Rückenmarks (Conus medullaris)
48 Spinalnervenbüschel (Cauda equina)
49 Enddarm (Rectum)
50 Scheide (Vagina)
51 After (Anus)
52 Faserring (Anulus fibrosus)
53 Zwischenwirbelscheibe
a Faserring (Anulus fibrosus)
b Gallertkern (Nucleus pulposus)

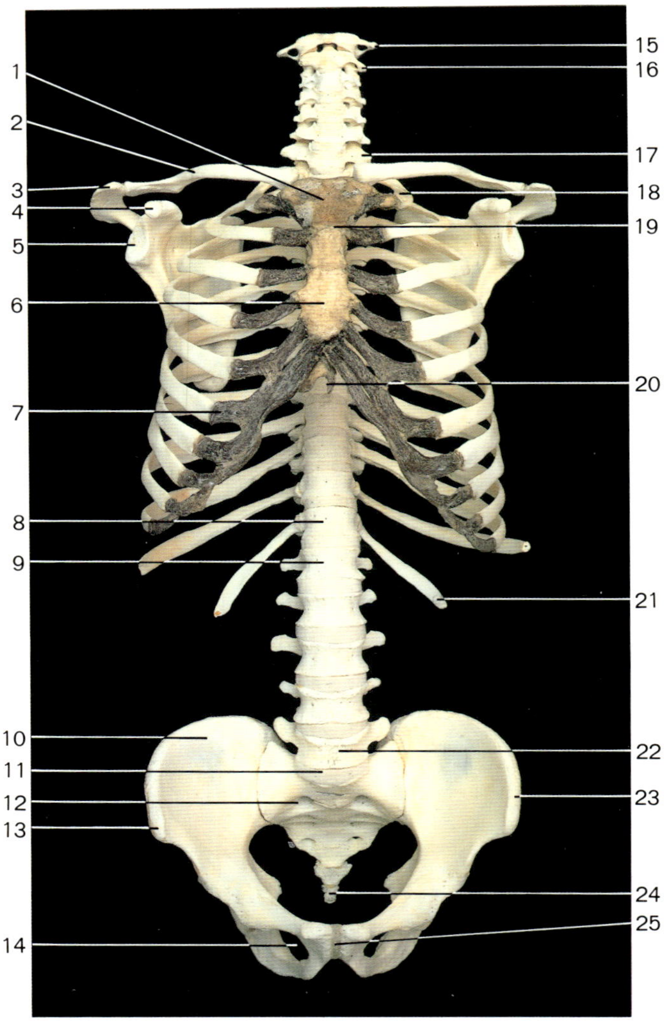

2.11 A Skelett des Rumpfes mit Schultergürtel, Brustkorb (Thorax), Wirbelsäule (Columna vertebralis) und Becken (Pelvis) (von vorne)

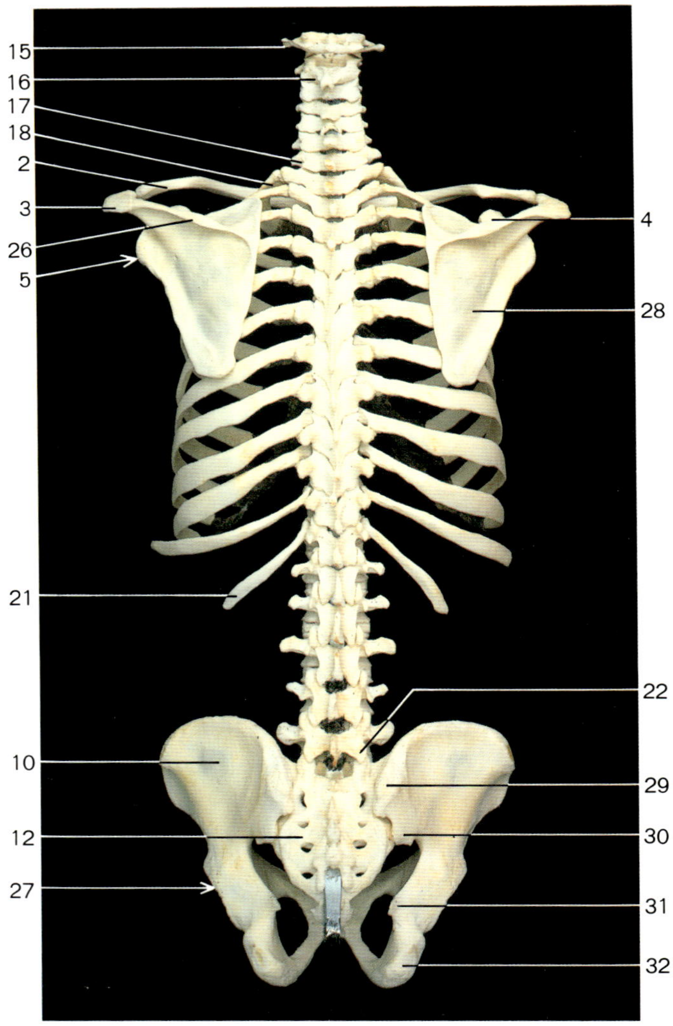

2.11 B Skelett des Rumpfes mit Schultergürtel, Brustkorb (Thorax), Wirbelsäule (Columna vertebralis) und Becken (Pelvis) (von hinten).

Die Rippen 1 bis 7 heißen wahre Rippen (Costae verae) und artikulieren direkt mit dem Brustbein. Die Rippen 8 bis 10 werden falsche Rippen (Costae spuriae) genannt; ihr Knorpel artikuliert nicht mit dem Brustbein, sondern heftet sich an den Knorpel der 7. und 8. Rippe an, wodurch der Rippenbogen (Arcus costalis) zustande kommt. Die beiden letzten Rippen (11. und 12. Rippe) enden frei zwischen den Muskeln der vorderen Bauchwand (Costae fluctuantes).

1 Brustbeingriff (Manubrium sterni)
2 **Schlüsselbein (Clavicula)**
3 Schulterhöhe (Acromion)
4 Rabenschnabelfortsatz des Schulterblattes (Processus coracoideus)
5 Schulterblattpfanne (Cavitas glenoidalis)
6 **Brustbeinkörper (Corpus sterni)**
7 Rippenknorpel (Cartilago costalis)
8 12. **Brustwirbel (Vertebra thoracis** XII**)**
9 1. **Lendenwirbel (Vertebra lumbalis** I**)**
10 Darmbein (Os ilium)
11 Promontorium am Kreuzbein (Promontorium ossis sacri)
12 **Kreuzbein (Os sacrum)**
13 Vorderer oberer Darmbeinstachel (Spina iliaca anterior superior)
14 Verstopftes Loch (Foramen obturatum)
15 1. Halswirbel (Vertebra cervicalis I = **Atlas**)
16 2. Halswirbel (Vertebra cervicalis II = **Axis**)
17 7. **Halswirbel (Vertebra cervicalis** VII = Vertebra prominens)
18 1. **Rippe** (Costa I)
19 Sternalwinkel (Angulus sterni)
20 Schwertfortsatz (Processus xiphoideus)
21 12. Rippe (Costa XII)
22 5. Lendenwirbel (Vertebra lumbalis V)
23 Beckenkamm (Crista iliaca)
24 **Steißbein (Os coccygis)**
25 Schambeinfuge (Symphysis pubica)
26 Schultergräte (Spina scapulae)
27 Hüftpfanne (Acetabulum)
28 **Schulterblatt (Scapula, Fossa infraspinata)**
29 Hinterer oberer Darmbeinstachel (Spina iliaca posterior superior)
30 Hinterer unterer Darmbeinstachel (Spina iliaca posterior inferior)
31 Sitzbeinstachel (Spina ischiadica)
32 Sitzbeinhöcker (Tuber ischiadicum)
33 Äußeres Schlüsselbeingelenk (Articulatio acromioclavicularis)
34 Sternoklavikulargelenk (Articulatio sternoclavicularis)
35 Brustbein (Sternum)
36 Höckerchen über der Schulterpfanne (Tuberculum supraglenoidale)
37 Höckerchen unter der Schulterpfanne (Tuberculum infraglenoidale)
38 Seitlicher Schulterblattrand (Margo lateralis scapulae)
39 **Rippenbogen (Arcus costalis)**
40 Schulterblatt (Scapula, Fossa supraspinata)
41 Unterer Schulterblattrand (Margo inferior scapulae)
42 Rippenwinkel (Angulus costae)

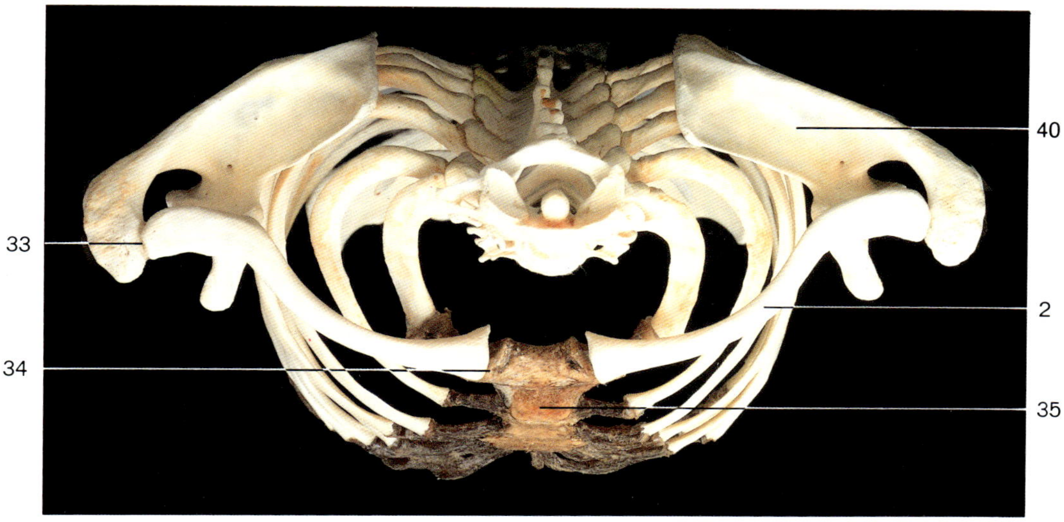

2.12 Skelett des Schultergürtels mit Thorax (von oben)

Jedes Rippenköpfchen artikuliert mit den Brustwirbeln an zwei Stellen, nämlich an den Wirbelkörpern und den Querfortsätzen. Beide Gelenke gehören funktionell zusammen und bilden ein Gleitgelenk, das die Rippenbewegungen ermöglicht, wodurch die Atmung zustande kommt. Das Thoraxvolumen vergrößert sich, wenn die Rippen durch die Kontraktion der äußeren Zwischenrippenmuskeln angehoben werden, was zur Einatmung (Inspiration) führt. Dagegen verkleinert sich das Thoraxvolumen, wenn die Rippen durch die Kontraktion der inneren Zwischenrippenmuskeln gesenkt werden (Ausatmung oder Exspiration).

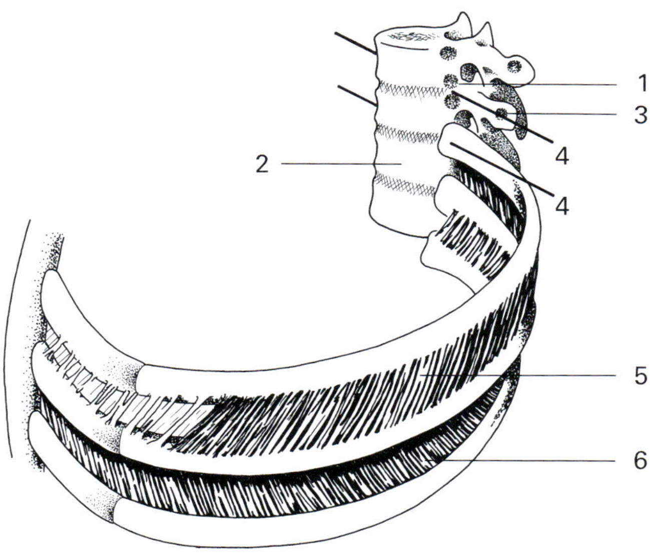

2.13 B Rippengelenke und Zwischenrippenmuskulatur (Art. = Articulatio)

1 Rippenköpfchengelenk (Art. capitis costae)
2 Brustwirbel (Vertebra thoracica)
3 Rippen-Querfortsatzgelenk (Art. costotransversaria)
4 Achsen der Rippengelenke
5 Äußerer Zwischenrippenmuskel (M. intercostalis externus)
6 Innerer Zwischenrippenmuskel (M. intercostalis internus)

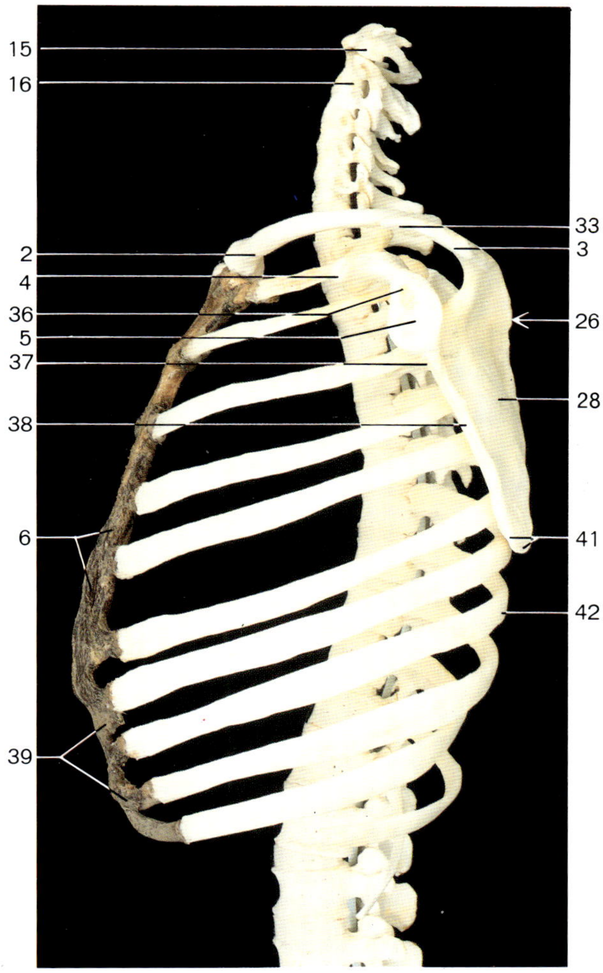

2.13 A Skelett des Schultergürtels mit Thorax (von links)

3. Rücken, Brust- und Bauchwand

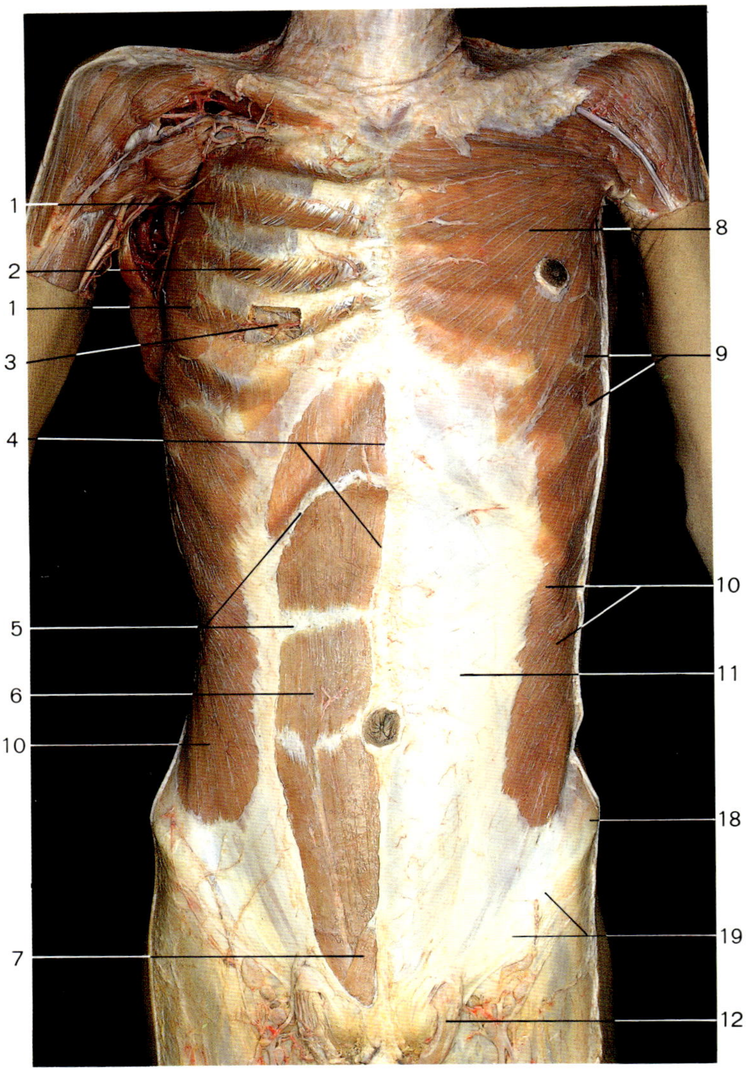

3.1 Muskeln der vorderen Brust- und Bauchwand beim Mann.
Die Aponeurose des rechten geraden Bauchmuskels (M. rectus abdominis) wurde entfernt.

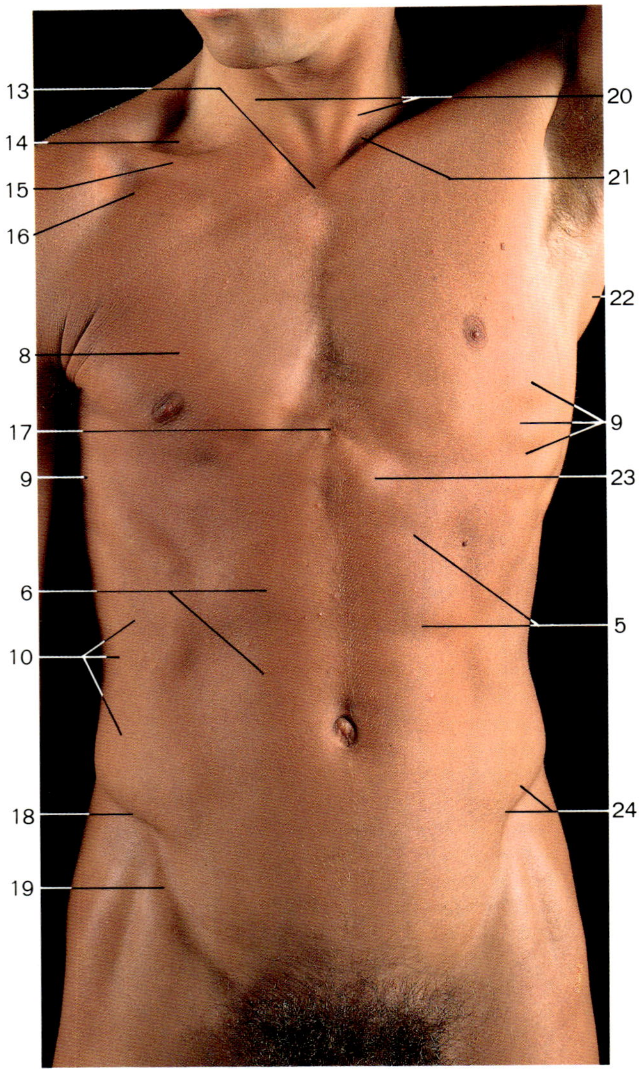

3.2 Oberflächenanatomie der vorderen Brust- und Bauchwand beim Mann

1 **Äußerer Zwischenrippenmuskel (M. intercostalis externus)**
2 **Innerer Zwischenrippenmuskel (M. intercostalis internus)**
3 Zwischenrippennerv, -arterie, -vene (N., A., V. intercostalis)
4 Mittellinie (Linea alba)
5 Zwischensehnen des geraden Bauchmuskels (Intersectiones tendineae)
6 **Gerader Bauchmuskel (M. rectus abdominis)**
7 Pyramidenförmiger Muskel (M. pyramidalis)
8 **Großer Brustmuskel (M. pectoralis major)**
9 Vorderer Sägemuskel (M. serratus anterior)
10 **Äußerer schräger Bauchmuskel (M. obliquus externus abdominis)**
11 Vorderes Blatt der Rektusscheide (Lamina anterior vaginae musculi recti abdominis)
12 Samenstrang (Funiculus spermaticus)
13 Drosselgrube (Fossa jugularis)
14 Große Schlüsselbeingrube (Fossa supraclavicularis major)
15 Schlüsselbein (Clavicula)
16 Dreieckige Muskellücke zwischen Deltamuskel und großem Brustmuskel (Trigonum deltoideopectorale)
17 Schwertfortsatz (Processus xiphoideus)
18 Vorderer oberer Darmbeinstachel (Spina iliaca anterior superior)
19 Leistenband (Ligamentum inguinale)
20 Kopfnickermuskel (M. sternocleidomastoideus)
21 Kleine Schlüsselbeingrube (Fossa supraclavicularis minor)
22 Breiter Rückenmuskel (M. latissimus dorsi)
23 Rippenbogen (Arcus costalis)
24 Beckenkamm (Crista iliaca)

Da die Bauchwand keine Rippen mehr besitzt, sind die Zwischenrippenmuskeln hier zu großflächigen Muskeln zusammengeflossen. Der M. obliquus externus abdominis entspricht in Form und Anordnung dem M. intercostalis externus, der M. obliquus internus abdominis dem M. intercostalis internus. Das Rektussystem ist im Bereich der Brustwand rudimentär.

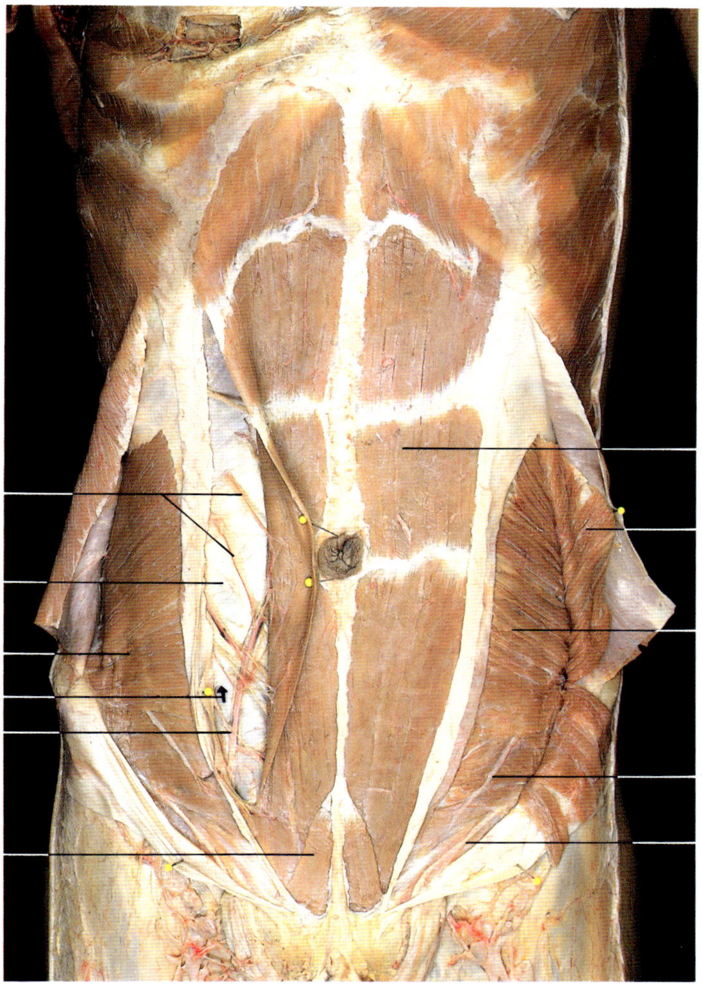

3.3 Muskulatur der Bauchwand beim Mann. Rechts wurde der schräge äußere Bauchmuskel (M. obliquus externus abdominis) durchtrennt und zurückgeschlagen, um den schrägen inneren Bauchmuskel (M. obliquus internus abdominis) zu zeigen. Links wurden beide äußeren schrägen Bauchmuskeln durchtrennt, so daß der darunterliegende querverlaufende Bauchmuskel (M. transversus abdominis) sichtbar geworden ist. Der gerade Bauchmuskel (M. rectus abdominis) wurde rechts etwas zur Mitte hin verlagert, um das hintere Blatt der Rektusscheide und die hier verlaufenden Gefäße und Nerven zu zeigen. Die Linea arcuata (Pfeil) markiert die Grenzzone, in deren Bereich das hintere Blatt der Rektusscheide aufhört.

1 Zwischenrippennerven, -arterien und -venen (Nn., Aa., Vv. intercostales)
2 Hinteres Blatt der Rektusscheide (Lamina posterior vaginae musculi recti abdominis)
3 **Innerer schräger Bauchmuskel (M. obliquus internus abdominis)**
4 Linea arcuata
5 Untere Bauchdeckenarterie (A. epigastrica inferior)
6 Pyramidenförmiger Muskel (M. pyramidalis)
7 **Gerader Bauchmuskel (M. rectus abdominis)**
8 Querverlaufender Bauchmuskel (M. transversus abdominis)
9 N. iliohypogastricus
10 N. ilioinguinalis
11 Medialer Strang der autochthonen Rückenmuskulatur
12 Lateraler Strang des M. erector spinae
13 Fascia thoracolumbalis mit tiefem und oberflächlichem Blatt
14 **Äußerer schräger Bauchmuskel (M. obliquus externus abdominis)**
15 Fascia transversalis
16 Vorderes Blatt der Rektusscheide (Lamina anterior vaginae musculi recti abdominis)

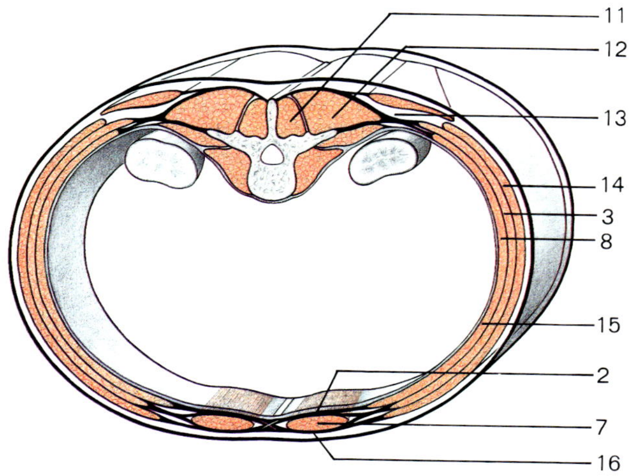

3.4 Querschnitt des Rumpfes oberhalb der Linea arcuata. Man beachte den Aufbau der Rektusscheide vorn und die Einscheidung der autochthonen Rückenmuskulatur durch die Fascia thoracolumbalis hinten.

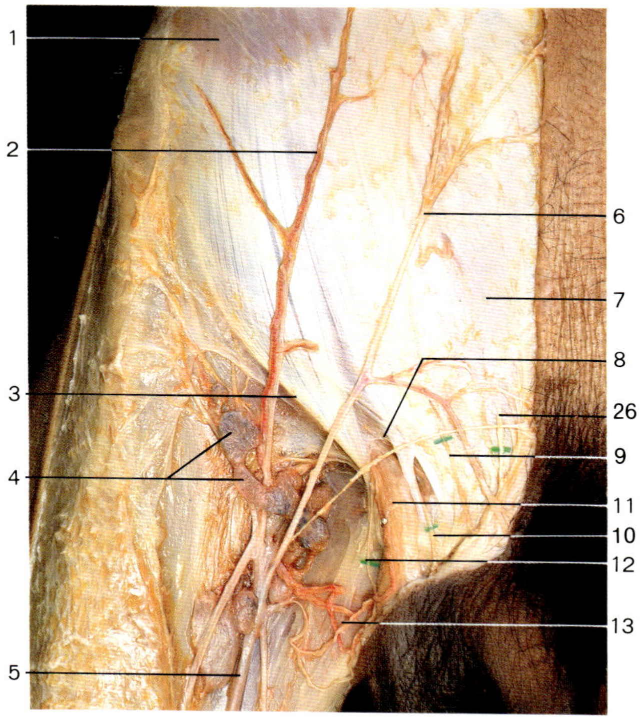

3.5 Rechte Leistenregion beim Mann, oberflächliche Schicht.

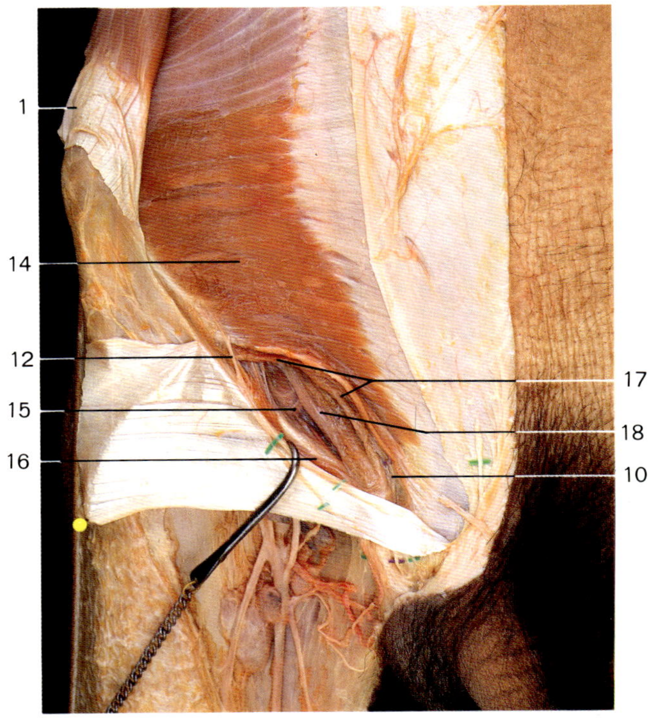

3.6 Rechte Leistenregion beim Mann, tiefe Schicht. Der Leistenkanal wurde eröffnet.

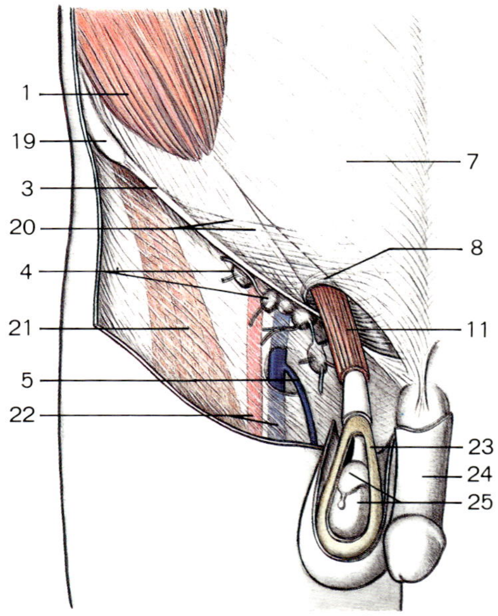

3.7 Struktur und Lage des Leistenkanals beim Mann sowie Aufbau des Samenstrangs und der Hodenhüllen.

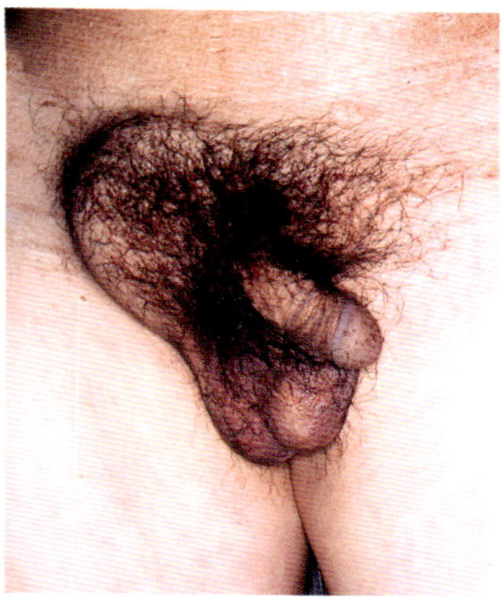

3.8 Rechtsseitiger Leistenbruch beim Mann. Baucheingeweide haben sich durch den Leistenkanal nach außen verlagert und einen Bruchsack gebildet.

1 Schräger äußerer Bauchmuskel (M. obliquus externus abdominis).
2 Oberflächliche Kranzgefäße des Beckens (A. und V. circumflexa ilium superficialis)
3 Leistenband (Ligamentum inguinale)
4 Leistenlymphknoten (Nodi lymphatici inguinales)
5 Große Rosenader (V. saphena magna)
6 Oberflächliche Bauchdeckenvene (V. epigastrica superficialis)
7 Vorderes Blatt der Rektusscheide (Lamina anterior vaginae musculi recti abdominis)
8 Oberflächlicher Leistenring (Anulus inguinalis superficialis)
9 N. iliohypogastricus
10 N. genitofemoralis
11 **Samenstrang (Funiculus spermaticus)**
12 N. ilioinguinalis
13 Äußere Schamgefäße (A. und V. pudenda externa)
14 Innerer schräger Bauchmuskel (M. obliquus internus abdominis)
15 Untere Bauchdeckenarterie und -vene (A. und V. epigastrica inferior)
16 Hodenmuskel (M. cremaster)
17 Unterer Rand des M. transversus abdominis
18 Samenleiter (Ductus deferens)
19 Vorderer oberer Darmbeinstachel (Spina iliaca anterior superior)
20 Quere Sehnenfasern (Fibrae intercrurales)
21 Breite Schenkelbinde (Fascia lata) und Schneidermuskel (M. sartorius)
22 Oberschenkelarterie und -vene (A. und V. femoralis)
23 Bauchfellartige Hodenhülle (Tunica vaginalis testis)
24 Penis
25 Hoden und Nebenhoden (Testis und Epididymis)
26 N. subcostalis

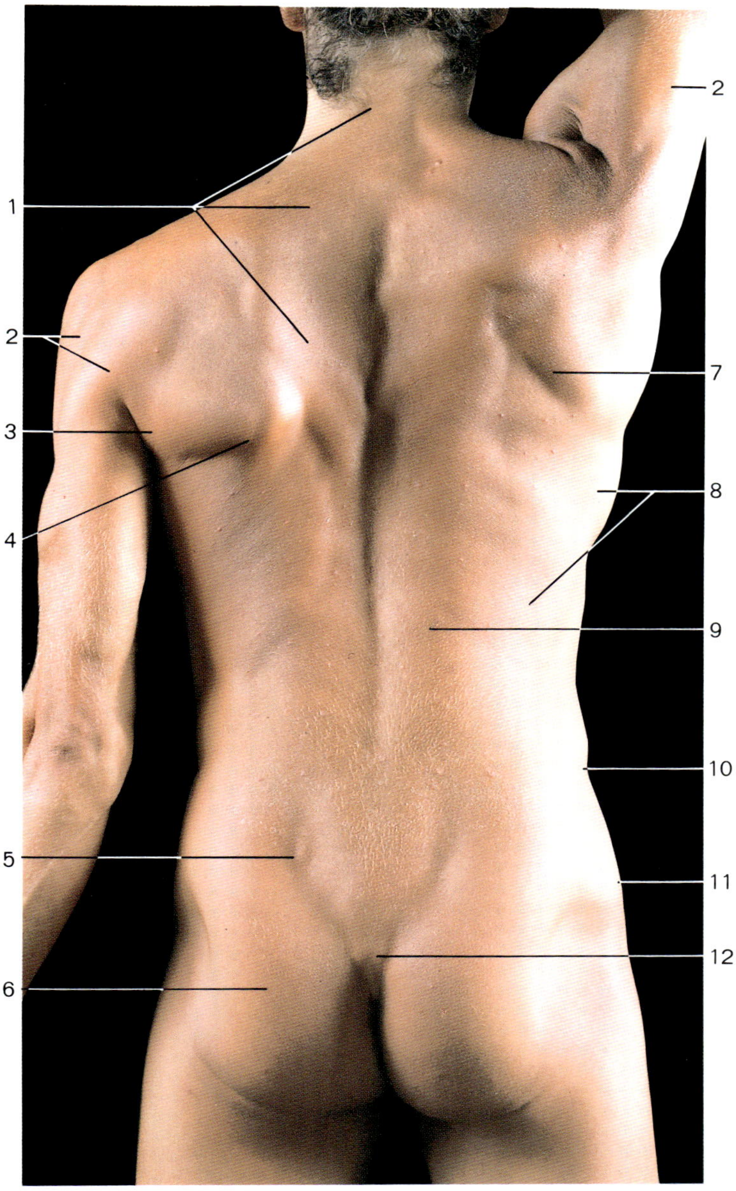

3.9 Oberflächenanatomie des Rückens beim Mann

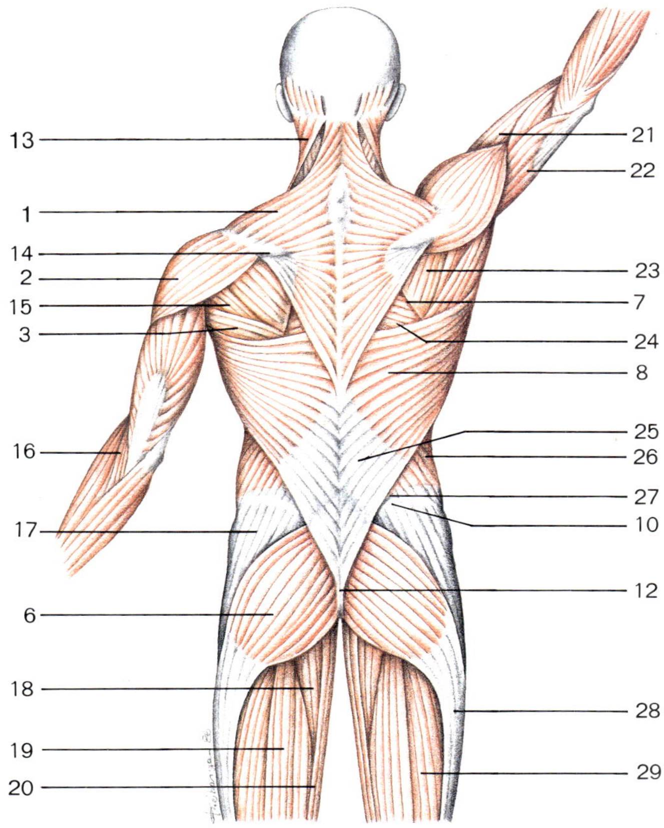

3.10 Muskeln des Rückens; Schemazeichnung.

1 Kapuzenmuskel (M. trapezius)
2 Deltamuskel (M. deltoideus)
3 Großer runder Schultermuskel (M. teres major)
4 Unterer Schulterblattwinkel (Angulus inferior scapulae)
5 Hinterer oberer Darmbeinstachel (Spina iliaca posterior superior)
6 Großer Gesäßmuskel (M. glutaeus maximus)
7 Innerer Schulterblattrand (Margo medialis scapulae)
8 Breiter Rückenmuskel (M. latissimus dorsi)
9 Rumpfaufrichter (M. erector spinae)
10 Beckenkamm (Crista iliaca)
11 Großer Rollhügel des Oberschenkelknochens (Trochanter major femoris)
12 Steißbein (Os coccygis)
13 Kopfnickermuskel (M. sternocleidomastoideus)
14 Schulterblattgräte (Spina scapulae)
15 Kleiner runder Schultermuskel (M. teres minor)
16 M. anconaeus
17 Mittlerer Gesäßmuskel (M. glutaeus medius)
18 Großer Heranzieher des Oberschenkels (M. adductor magnus)
19 Halbmembranöser Muskel (M. semimembranosus)
20 Graziler Oberschenkelmuskel (M. gracilis)
21 Zweiköpfiger Oberarmbeuger (M. biceps brachii)
22 Dreiköpfiger Oberarmstrecker (M. triceps brachii)
23 Muskel unterhalb der Schultergräte (M. infraspinatus)
24 Großer Rautenmuskel (M. rhomboideus major)
25 Rückenfaszie (Fascia thoracolumbalis)
26 Schräger äußerer Bauchmuskel (M. obliquus externus abdominis)
27 Lendendreieck (Trigonum lumbale)
28 Seitliche Schenkelbinde (Tractus iliotibialis)
29 Langer Kopf des zweiköpfigen Oberschenkelmuskels (Caput longum musculi bicipitis femoris)

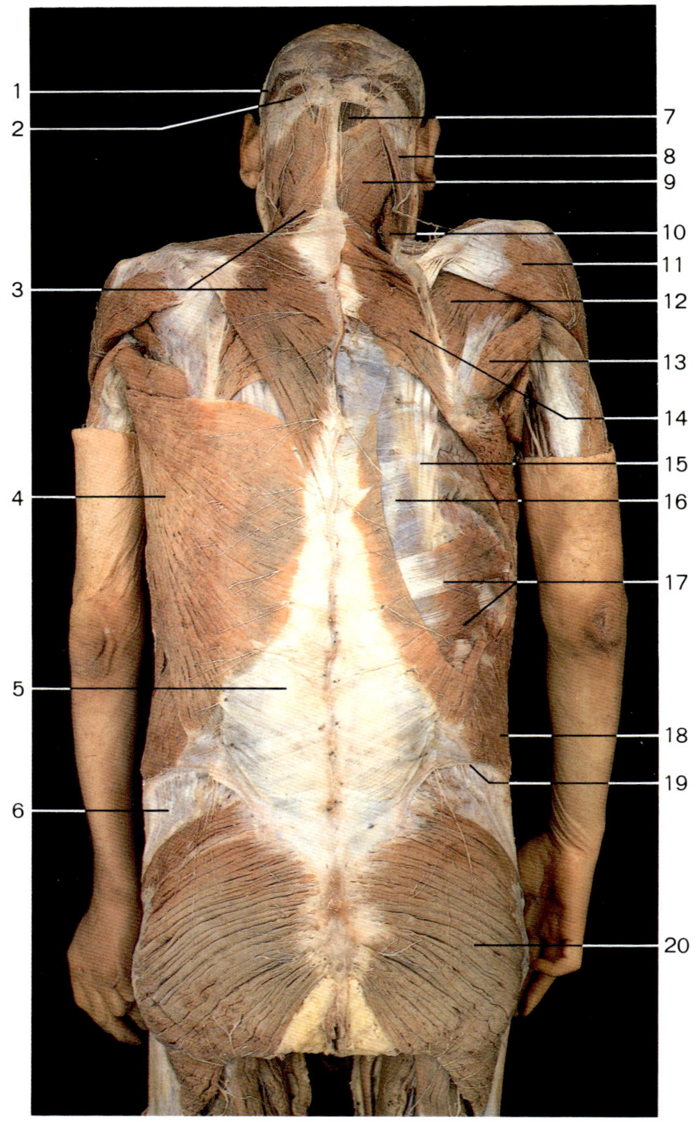

3.11 **Oberflächliche und mittlere Muskelschichten des Rückens**

1 Hinterhauptsmuskel (Venter occipitalis des M. occipitofrontalis)
2 M. transversus
3 Kapuzenmuskel (M. trapezius)
4 Breiter Rückenmuskel (M. latissimus dorsi)
5 Große Rückenfaszie (Fascia thoracolumbalis)
6 Mittlerer Gesäßmuskel mit Faszie (M. glutaeus medius)
7 Halbdornfortsatzmuskel des Kopfes (M. semispinalis capitis)
8 Kopfnickermuskel (M. sternocleidomastoideus)
9 Pflasterförmiger Muskel des Kopfes (M. splenius capitis)
10 Schulterblattheber (M. levator scapulae)
11 Deltamuskel (M. deltoideus)
12 Muskel unterhalb der Schultergräte (M. infraspinatus)
13 Großer runder Schultermuskel (M. teres major)
14 Großer Rautenmuskel (M. rhomboideus major)
15 Darmbein-Rückenmuskel, Brustabschnitt (M. iliocostalis thoracis)
16 Längster Rückenmuskel, Brustabschnitt (M. longissimus thoracis)
17 Hinterer unterer Sägemuskel (M. serratus inferior posterior)
18 Äußerer schräger Bauchmuskel (M. obliquus externus abdominis)
19 Beckenkamm (Crista iliaca)
20 Großer Gesäßmuskel (M. glutaeus maximus)
21 Vordere, motorische Wurzel des Rückenmarks (Radix ventralis)
22 Hintere, sensible Wurzel des Rückenmarks (Radix dorsalis)
23 Rückenmark (Medulla spinalis)
24 Mediale und laterale Äste der hinteren Spinalnervenäste (Rami mediales und laterales eines Ramus dorsalis nervi spinalis)
25 Hinterer Ast des Spinalnerven (Ramus dorsalis nervi spinalis)
26 Vordere Hautäste des Spinalnerven (Rami cutanei anteriores nervi spinalium)
27 Vorderer Ast des Spinalnerven (Ramus anterior nervi spinalis oder N. intercostalis)
28 Laterale Hautäste der vorderen Spinalnervenäste (Rami cutanei laterales der Rami ventrales nervi spinalium)
29 Sympathisches Ganglion mit Verbindungsästen (Ganglion des Truncus sympathicus mit Rami communicantes)
30 Grenzstrang (Truncus sympathicus)
31 Spinalnerv (N. spinalis)

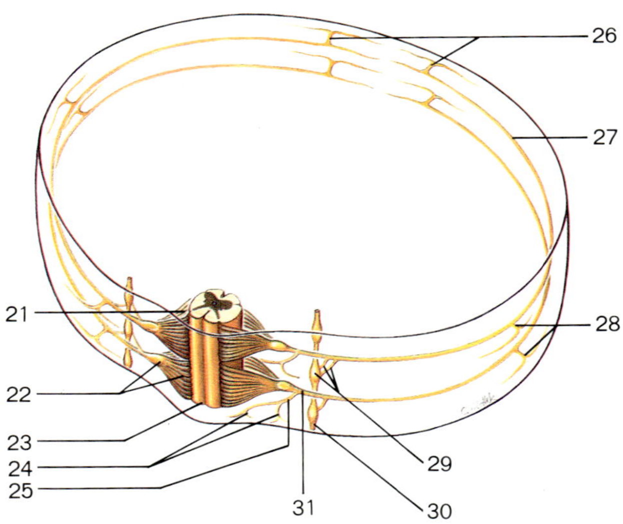

3.12 **Rückenmark mit 2 Paaren von Spinalnerven**
(schräg von rechts hinten gesehen)

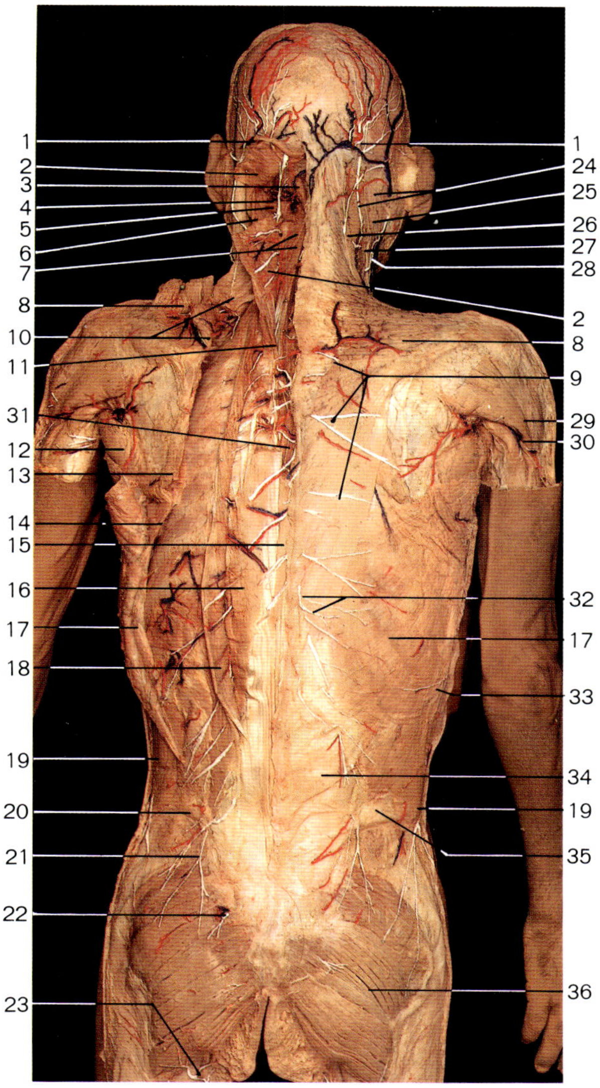

3.13 Innervation des Rückens (rechts: oberflächliche Schicht, links: tiefere Schicht), links wurden der M. trapezius und latissimus dorsi sowie der M. semispinalis capitis durchtrennt und zurückgeklappt. Man erkennt vor allem die Hautäste der Spinalnerven am Rücken.

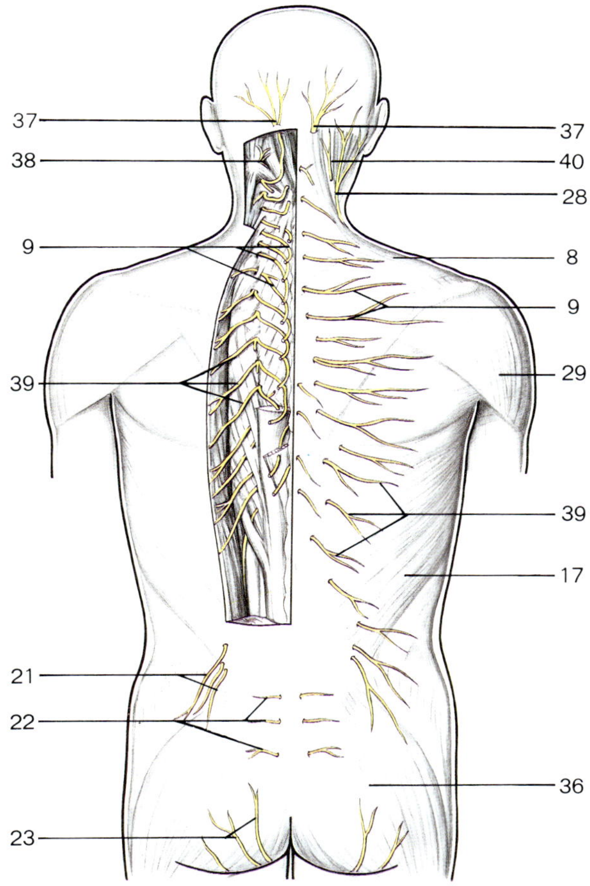

3.14 Schema der Innervation des Rückens. Dargestellt sind die dorsalen Äste der Spinalnerven, rechts in den oberflächlichen, links in den tieferen Schichten der Rückenmuskulatur. Man beachte die segmentale Anordnung der Nerven im Bereich des Rumpfes.

1 Großer Hinterhauptsnerv, Hinterhauptsarterie (N. occipitalis major, A. occipitalis)
2 Halbdornfortsatzmuskel des Kopfes (M. semispinalis capitis)
3 Großer, hinterer, gerader Kopfmuskel (M. rectus capitis posterior major)
4 Wirbelarterie (A. vertebralis)
5 Atlasbogen (Arcus atlantis)
6 Oberer schräger Kopfmuskel (M. obliquus capitis superior)
7 Halbdornfortsatzmuskel des Halses (M. semispinalis cervicis)
8 Kapuzenmuskel (M. trapezius)
9 Mediale Zweige der dorsalen Spinalnervenäste
10 Schulterblattheber (M. levator scapulae)
11 Längster Rückenmuskel, Halsabschnitt (M. longissimus cervicis)
12 Großer runder Schultermuskel (M. teres major)
13 Großer Rautenmuskel (M. rhomboideus major)
14 Vorderer Sägemuskel (M. serratus anterior)
15 Dornfortsatzmuskel (M. spinalis thoracis)
16 Längster Rückenmuskel, Brustabschnitt (M. longissimus thoracis)
17 Breiter Rückenmuskel (M. latissimus dorsi)
18 Darmbein-Rippenmuskel (M. iliocostalis)
19 Äußerer schräger Bauchmuskel (M. obliquus externus abdominis)
20 Beckenkamm (Crista iliaca)
21 Obere Gesäßnerven (L_1–L_3, Nervi clunium superiores)
22 Mittlere Gesäßnerven (S_1–S_3, Nervi clunium medii)
23 Untere Gesäßnerven (Nervi clunium inferiores)
24 Kleiner Hinterhauptsnerv (N. occipitalis minor), Kopfnickermuskel (M. sternocleidomastoideus)
25 Pflasterförmiger Kopfmuskel (M. splenius capitis)
26 Dritter Hinterhauptsnerv (N. occipitalis tertius)
27 Hinterer Hautast des 4. Spinalnerven des Halses (Ramus cutaneus posterior nervi spinalis cervicalis IV)
28 Großer Ohrmuschelnerv (N. auricularis magnus; C2,C3)
29 Deltamuskel (M.deltoideus)
30 Lateraler Hautast des N. axillaris (R. cutaneus lateralis des N. axillaris)
31 Vielgliedriger Rückenmuskel (M. multifidus)
32 Hinterer Hautast des 12. Brustnerven (Ramus dorsalis nervi spinalis thoracici XII)
33 Lateraler Hautast des Spinalnerven (Ramus cutaneus lateralis des Ramus ventralis nervi spinalis)
34 Lendenaponeurose (Fascia thoracolumbalis)
35 Lendendreieck (Trigonum lumbale)
36 Großer Gesäßmuskel (M. glutaeus maximus)
37 Großer Hinterhauptsnerv (N. occipitalis major, C2)
38 Erster Hinterhauptsnerv (N. suboccipitalis, C1)
39 Laterale Äste der Spinalnerven (Rami laterales der Rami dorsales nervi spinalium)
40 Kleiner Hinterhauptsnerv (N. occipitalis minor)

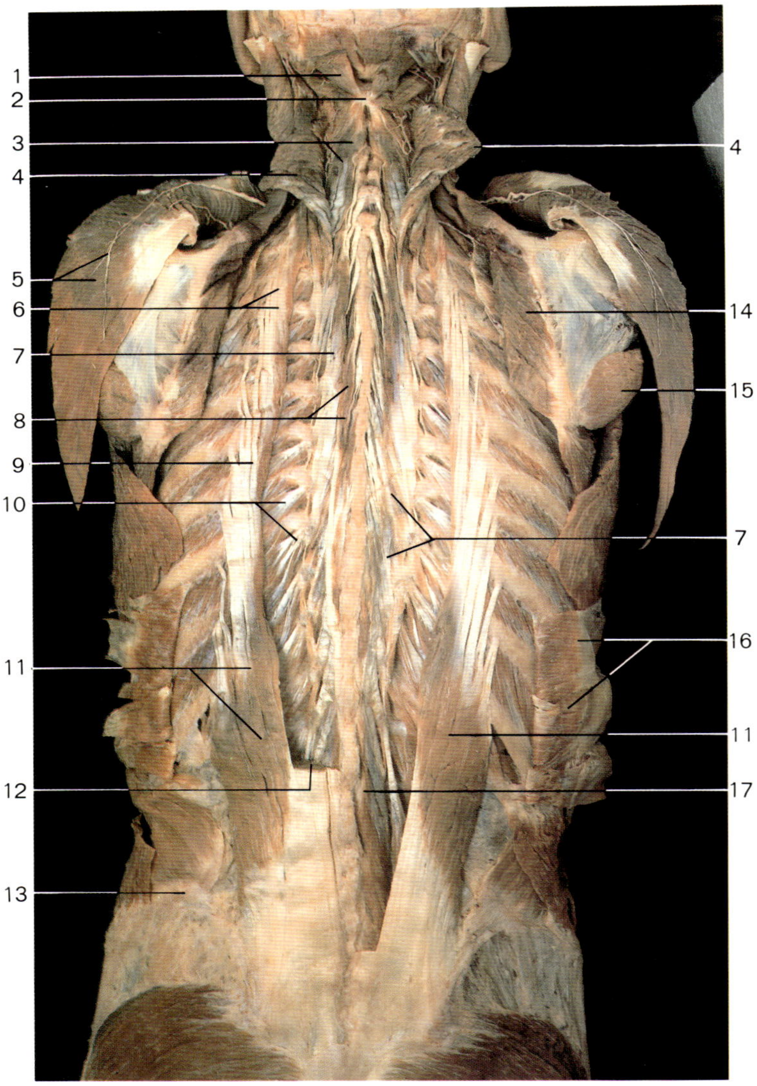

3.15 Tiefe Rückenmuskeln. Der längste Rückenmuskel (M. longissimus dorsi) wurde auf beiden Seiten entfernt. Der Halbdornfortsatzmuskel des Kopfes (M. semispinalis capitis) wurde durchtrennt und seitwärts verlagert.

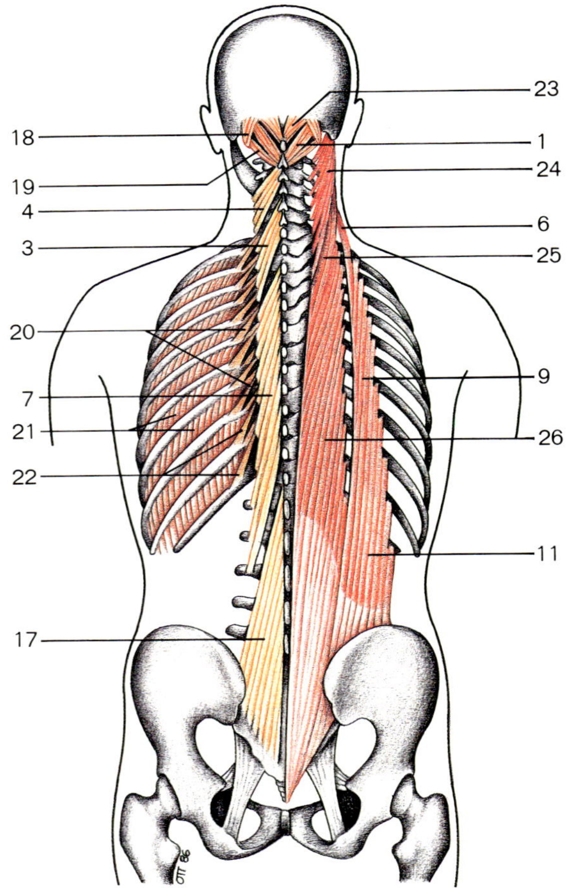

3.16 Autochthone Rückenmuskulatur. Rot = lateraler Strang; gelb = medialer Strang. Die Interkostalmuskeln (links) gehören nicht dazu. Sie sind ventraler Herkunft.

1 Großer hinterer gerader Kopfmuskel (M.rectus capitis posterior major)
2 Dornfortsatz des 2. Halswirbels (Processus spinosus axis)
3 Halbdornfortsatzmuskel des Halses (M. semispinalis cervicis)
4 Halbdornfortsatzmuskel des Kopfes (M. semispinalis capitis)
5 Kapuzenmuskel (M. trapezius) (seitwärts verlagert), XI. Hirnnerv (N. accessorius)
6 Darmbein-Rippenmuskel, Halsabschnitt (M. iliocostalis cervicis)
7 Halbdornfortsatzmuskel des Brustkorbs (M. semispinalis thoracis)
8 Dornforsatzmuskel des Brustkorbs (M. spinalis thoracis)
9 Darmbein-Rippenmuskel, Brustabschnitt (M. iliocostalis thoracis)
10 Lange Rippenheber (Mm. levatores costarum longi)
11 Darmbein-Rippenmuskel, Lendenabschnitt (M. iliocostalis lumborum)
12 Längster Rückenmuskel (M. longissimus dorsi) (durchtrennt)
13 Beckenkamm (Crista iliaca)
14 Großer Rautenmuskel (M. rhomboideus major) (durchtrennt)
15 Großer runder Schultermuskel (M. teres major)
16 Hinterer unterer Sägemuskel (M. serratus posterior inferior)
17 Vielgliedriger Muskel (M. multifidus)
18 Oberer schräger Kopfmuskel (M. obliquus capitis superior)
19 Unterer schräger Kopfmuskel (M. obliquus capitis inferior)
20 Kurze Rippenheber (Mm. levatores costarum breves)
21 Äußere Zwischenrippenmuskeln (Mm. intercostales externi)
22 Lange Rippenheber (Mm. levatores costarum longi)
23 Kleiner, hinterer, gerader Kopfmuskel (M. rectus capitis posterior minor)
24 Längster Rückenmuskel, Kopfabschnitt (M. longissimus capitis)
25 Längster Rückenmuskel, Halsabschnitt (M. longissimus cervicis)
26 Längster Rückenmuskel, Brustabschnitt (M. longissimus thoracis)

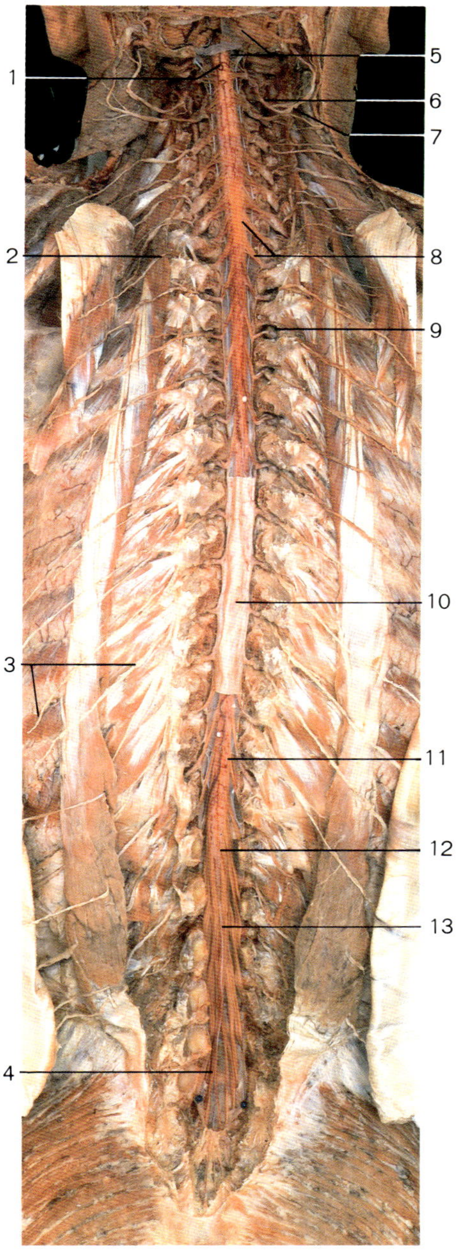

3.17 Innervation des Rückens. Der Wirbelkanal wurde eröffnet, um das Rückenmark zu zeigen. Der M. longissimus dorsi wurde entfernt und der M. iliocostalis etwas zur Seite verlagert.

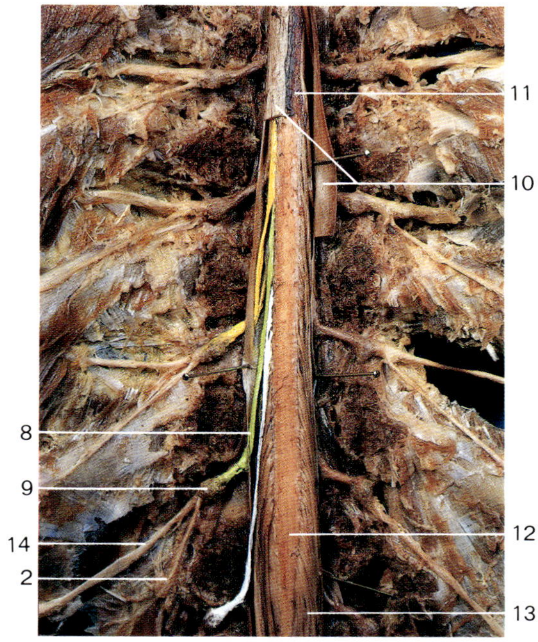

3.18 Rückenmark im Wirbelkanal (Lumbalbereich). Beachte die lang ausgezogenen Spinalnervenwurzeln (farbig markiert) der Cauda equina.

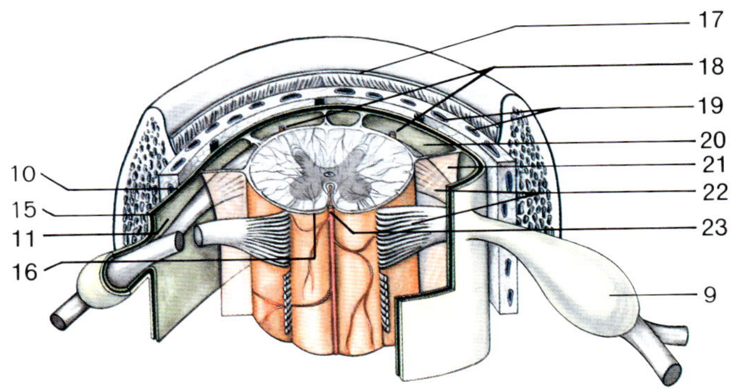

3.19 Rückenmark mit seinen Hüllen im Wirbelkanal (von vorne).

1 Verlängertes Mark (Medulla oblongata)
2 Hinterer Spinalnervenast (Ramus dorsalis nervi spinalis)
3 Laterale Äste der Spinalnerven (Rami laterales der Rami dorsales nervi spinalium)
4 Endfaden des Rückenmarks (Filum terminale)
5 Liquorraum zwischen Kleinhirn und verlängertem Mark (Cisterna cerebellomedullaris), Kleinhirn (Cerebellum)
6 Großer Hinterhauptsnerv (N. occipitalis major)
7 Dritter Hinterhauptsnerv (N. occipitalis tertius)
8 Hintere Wurzeln der Spinalnerven (Radices dorsales)
9 **Spinalganglion (Ganglion spinale)**
10 **Harte Hirnhaut (Dura mater spinalis)**
11 Spinnwebenhaut (Arachnoidea spinalis)
12 Kegelförmiges Ende des Rückenmarks (Conus medullaris)
13 Pferdeschwanzartig angeordnete Spinalnerven des Rückenmarks **(Cauda equina)**
14 Ventraler Ast eines Spinalnerven (Ramus ventralis nervi spinalis) oder Interkostalnerv (N. intercostalis)
15 Subduralraum (Spatium subdurale)
16 **Weiche Hirnhaut (Pia mater)**
17 Periost des Wirbelkanals
18 Hintere Rückenmarksarterie (A. spinalis posterior)
19 Epiduralraum mit Venenplexus und Fettgewebe (Spatium epidurale)
20 Subarachnoidalraum (Spatium subarachnoideum)
21 Ligamentum denticulatum
22 Hintere und vordere Wurzelfäden eines Spinalnerven (Fila radicularia ventralia und dorsalia)
23 Vordere Rückenmarksarterie (A. spinalis anterior)

4. Extremitäten

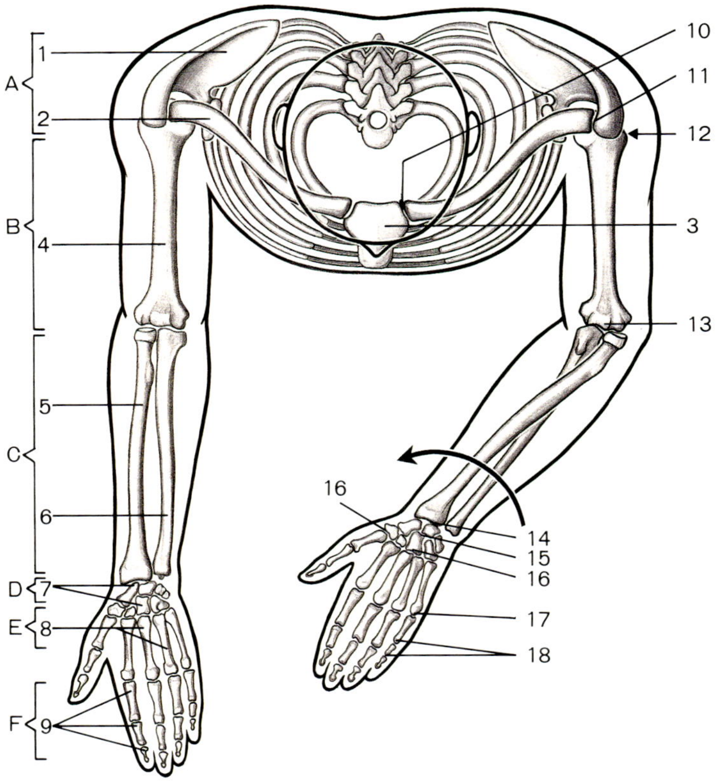

4.1 Aufbau von Schultergürtel und Arm (von oben gesehen). Die Zeichnung zeigt die zwei hauptsächlichen Bewegungsmöglichkeiten des Armes, nämlich die Supination (rechts) und die Pronation (links), die für die vielfältigen Tätigkeiten der Hand von großer Bedeutung sind.

A Schultergürtel (Cingulum membri superioris)
B Oberarm (Brachium)
C Unterarm (Antebrachium)
D Handwurzel (Carpus)
E Mittelhand (Metacarpus)
F Finger (Digiti)

1 Schulterblatt (Scapula)
2 Schlüsselbein (Clavicula)
3 Brustbein (Sternum)
4 Oberarmknochen (Humerus)
5 Speiche (Radius)
6 Elle (Ulna)
7 Handwurzelknochen (Ossa carpalia)
8 Mittelhandknochen (Ossa metacarpalia)
9 Fingerglieder (Phalanges)
10 Sternoklavikulargelenk (Articulatio sternoclavicularis)
11 Äußeres Schlüsselbeingelenk (Articulatio acromioclavicularis)
12 Schultergelenk (Articulatio humeri)
13 Ellbogengelenk (Articulatio cubiti)
14 Proximales Handgelenk (Articulatio radiocarpea)
15 Distales Handgelenk (Articulatio mediocarpea)
16 Gelenke zwischen den distalen Handwurzelknochen und den Mittelhandknochen (Articulationes carpometacarpalia)
17 Fingergrundgelenk (Articulatio metacarpophalangeae)
18 Mittel- und Endgelenke der Finger (Articulationes interphalangeae)
19 Schulterhöhe (Acromion)
20 Großer Oberarmhöcker (Tuberculum majus)
21 Oberarmkopf (Caput humeri)
22 Schulterpfanne (Cavitas glenoidalis)
23 Chirurgischer Hals (Collum chirurgicum)
24 Schulterblatteinkerbung (Incisura scapulae)
25 Rabenschnabelfortsatz (Processus coracoideus)
26 Höcker unterhalb der Schulterpfanne (Tuberculum infraglenoidale)
27 Anatomischer Hals (Collum anatomicum)
28 Schulterblattgräte (Spina scapulae)

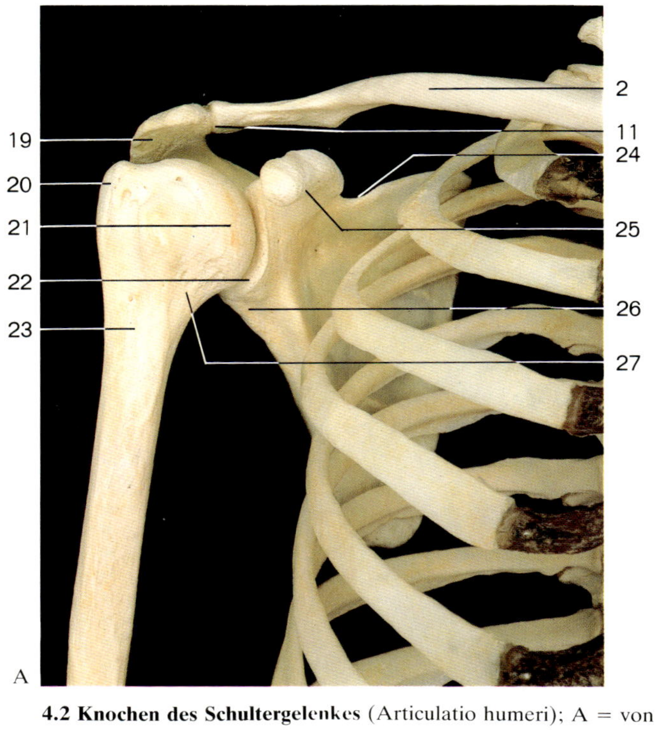

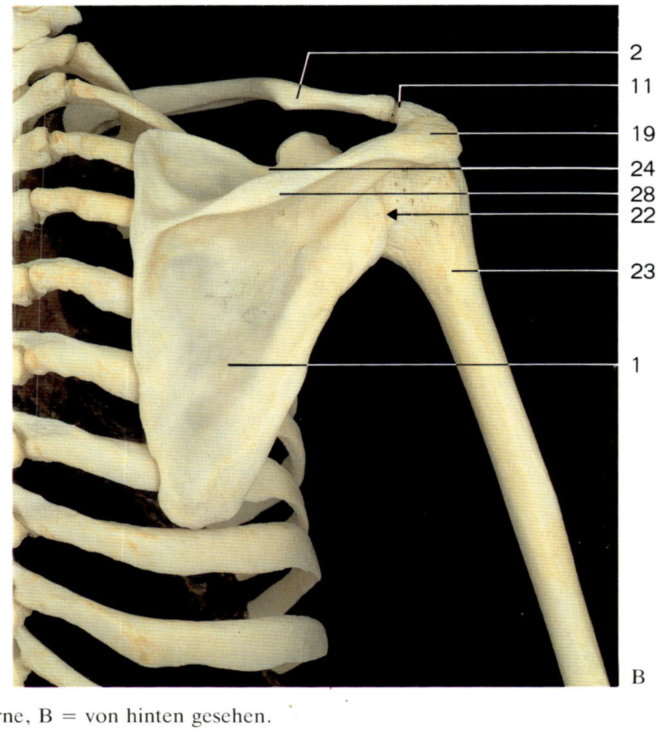

4.2 Knochen des Schultergelenkes (Articulatio humeri); A = von vorne, B = von hinten gesehen.

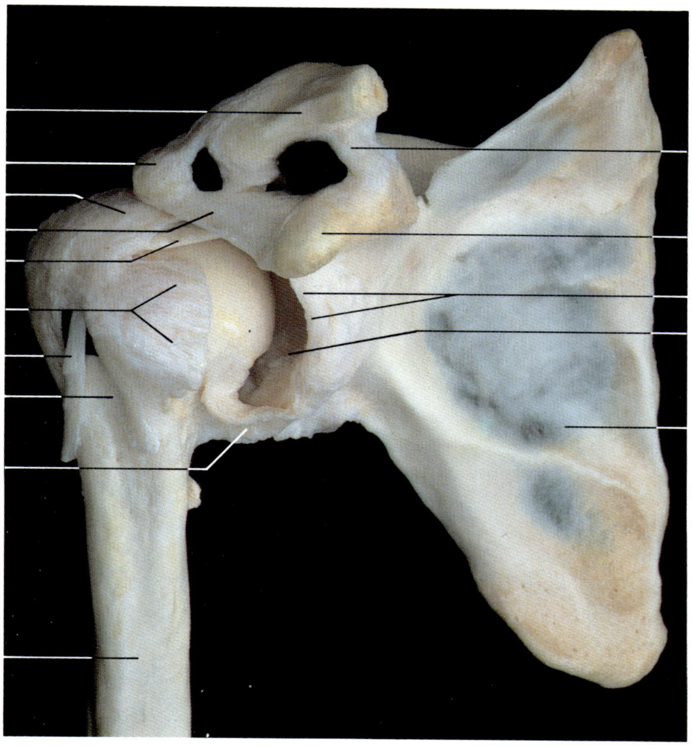

4.3 Rechtes Schultergelenk. Der vordere Anteil der Gelenkkapsel wurde entfernt und der Humeruskopf etwas nach außen gedreht, um die Gelenkhöhle zu zeigen.

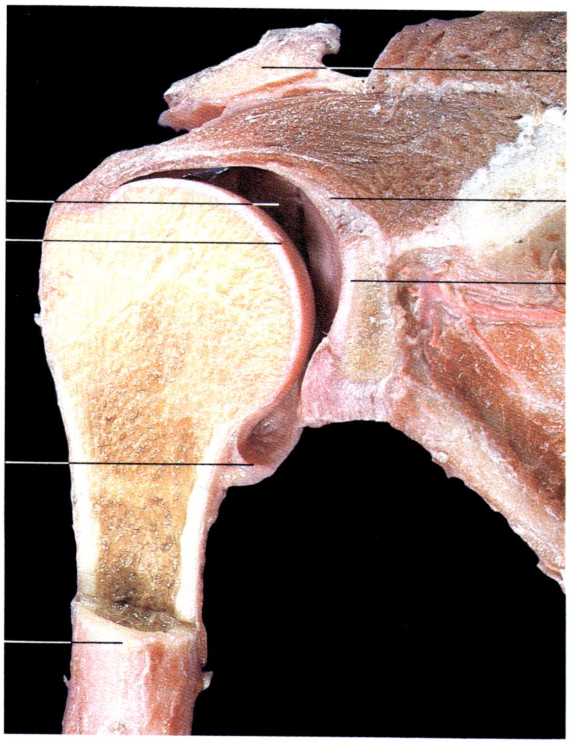

4.4 Frontalschnitt durch die rechte Schulter (von vorne).

Das Schultergelenk besitzt als Kugelgelenk mit flacher Gelenkpfanne die größten Bewegungsmöglichkeiten unter den echten Gelenken. Der Bewegungsspielraum des Schultergelenkes wird außerdem noch durch die Gleitbewegungen des Schultergürtels erweitert, so daß der Arm größtmögliche Bewegungsfähigkeit gewinnt.

29 Sehne des oberen Schultergrätenmuskels (M. supraspinatus), Verbindung mit der Gelenkkapsel
30 Band zwischen Acromion und Rabenschnabelfortsatz (Ligamentum coracoacromiale)
31 Sehne des langen Kopfes des M. biceps brachii
32 Sehne des Unterschulterblattmuskels (M. subscapularis), Verbindung mit der Gelenkkapsel
33 Rinne zwischen den beiden Oberarmhöckerchen (Sulcus intertubercularis)
34 Gelenkkapsel des Schultergelenks (Capsula articularis)
35 Trapezförmiges Band (Lig. trapezoideum)
36 Gelenklippe (Labrum glenoidale)
37 Gelenkknorpel (Cartilago articularis)
38 Crista tuberculi majoris
39 Ansatzstelle für den Deltamuskel (Tuberositas deltoidea)
40 Speichenköpfchengrube (Fossa radialis)
41 Seitlicher Knochenvorsprung des Humerus (Epicondylus lateralis humeri)
42 Oberarmköpfchen (Capitulum humeri)
43 Kleines Oberarmhöckerchen (Tuberculum minor)
44 Crista tuberculi minoris
45 Kronenförmige Grube (Fossa coronoidea)
46 Medialer Knochenvorsprung des Humerus (Epicondylus medialis humeri)
47 Walze (Trochlea humeri)
48 Schaft des Oberarmknochens (Corpus humeri)
49 Rinne für den Ellennerv (Sulcus nervi ulnaris)
50 Rinne für den Speichennerv (Sulcus nervi radialis)
51 Ellbogengrube (Fossa olecrani)

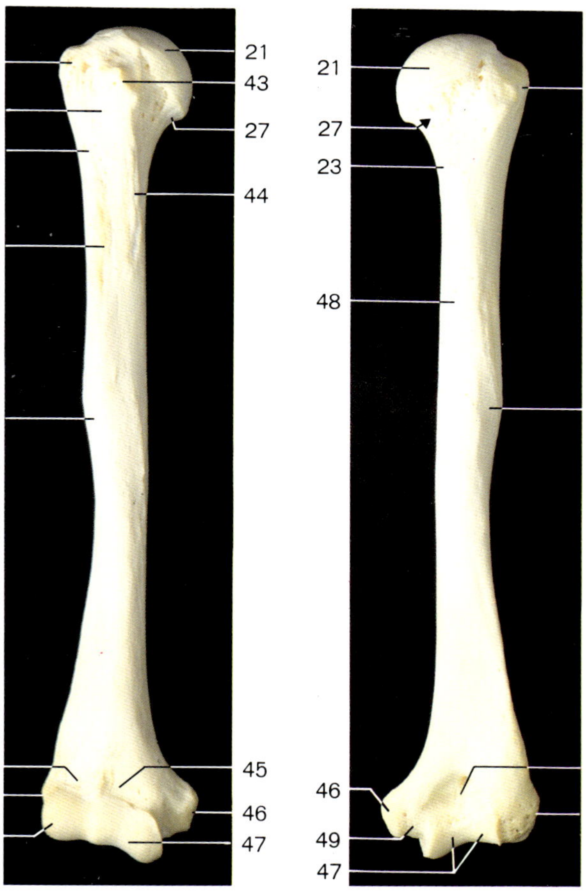

4.5 Rechter Oberarmknochen. A = von vorne; B = von hinten.

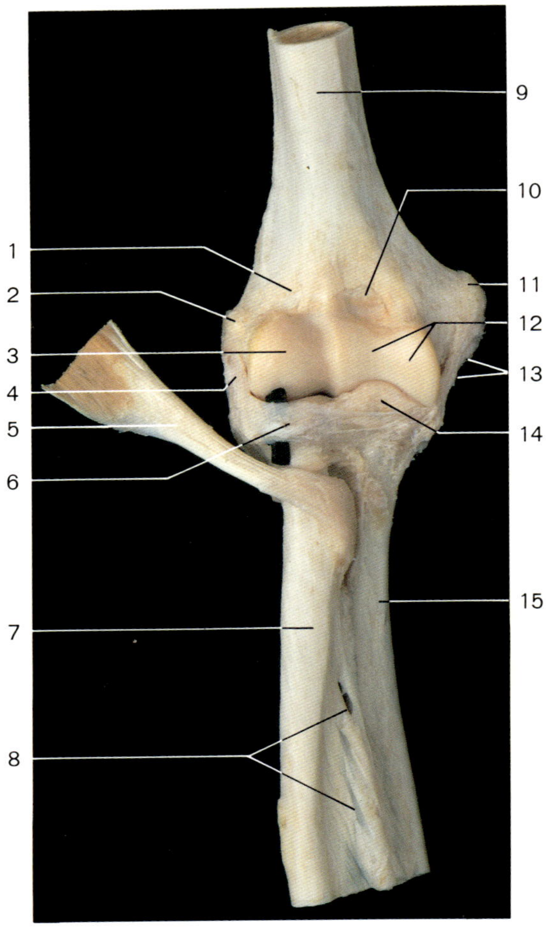

4.6 Ellbogengelenk mit Bändern (rechte Seite, von vorne). Die Gelenkkapsel wurde entfernt, um das Ringband zu zeigen.

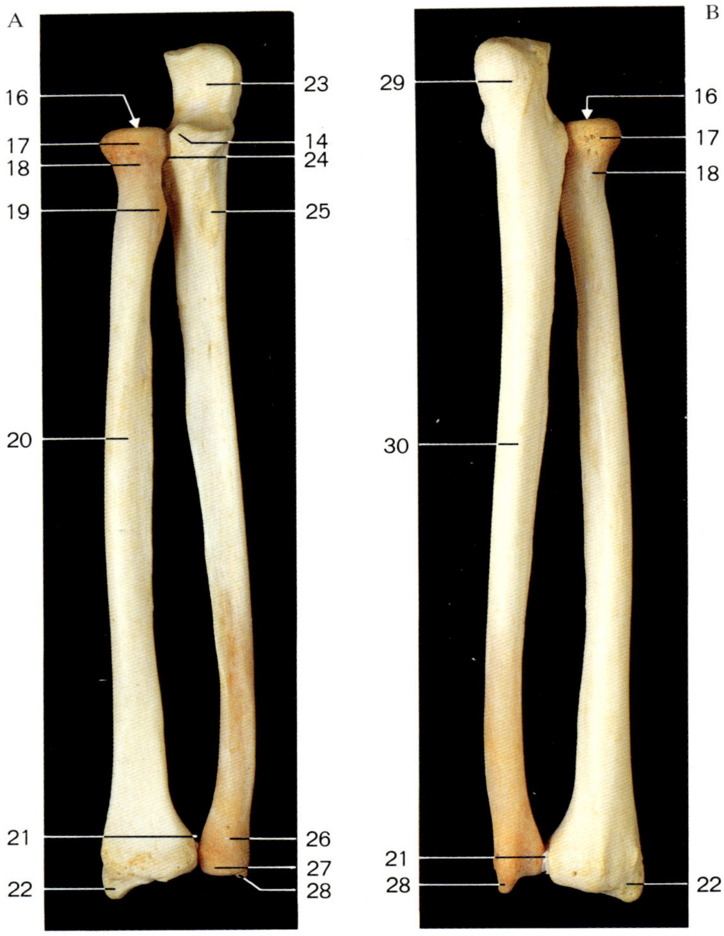

4.7 Knochen des rechten Unterarms, Speiche und Elle.
A = von vorne; B = von hinten.

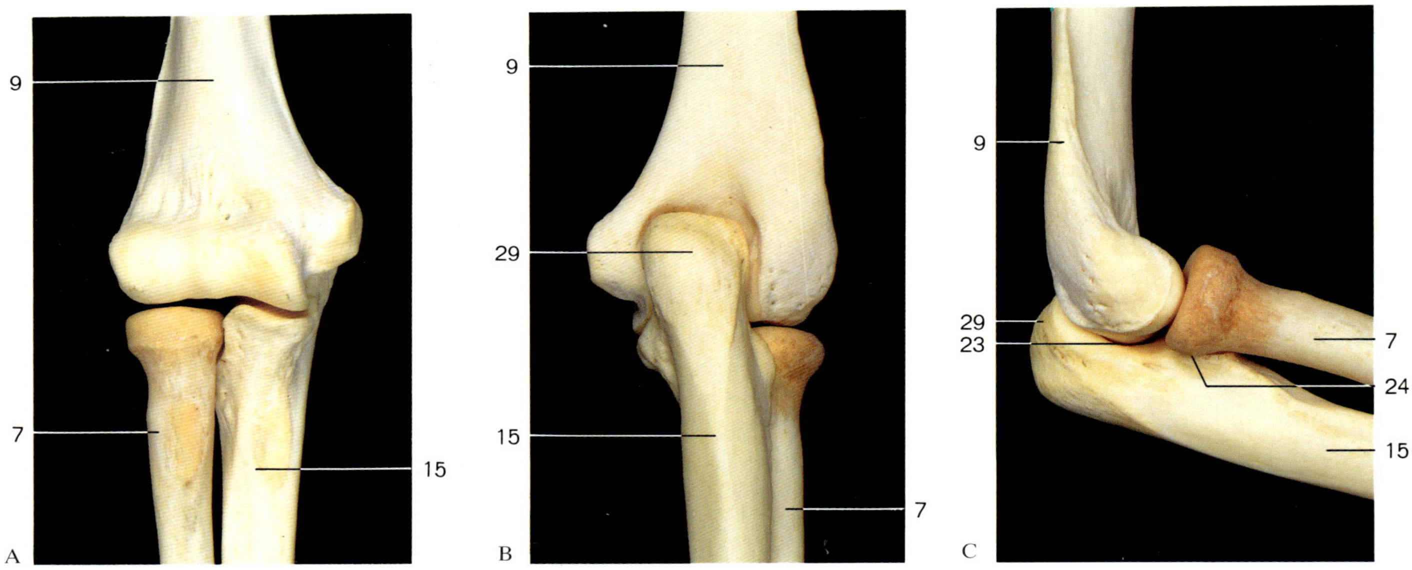

4.8 Rechtes Ellbogengelenk.
A = von vorne; B = von hinten; C = von der Seite gesehen.

Die beiden Unterarmknochen artikulieren mit den Handwurzelknochen im proximalen Handgelenk, das ein Eigelenk darstellt und Bewegungen der Hand in zwei Richtungen erlaubt, nämlich Radial- bzw. Ulnarabduktion und Dorsalextension bzw. Palmarflexion. Speiche und Elle liegen entweder parallel zueinander (Supinationsstellung, Abb. 4.9 B) oder der Radius überkreuzt die Elle (Pronationsstellung, Abb. 4.9 A). In der Supinationsstellung zeigt die Handfläche nach oben, in der Pronationsstellung nach unten. Pro- und Supinationsbewegungen können in jeder Beugestellung des Ellenbogengelenkes ausgeführt werden.

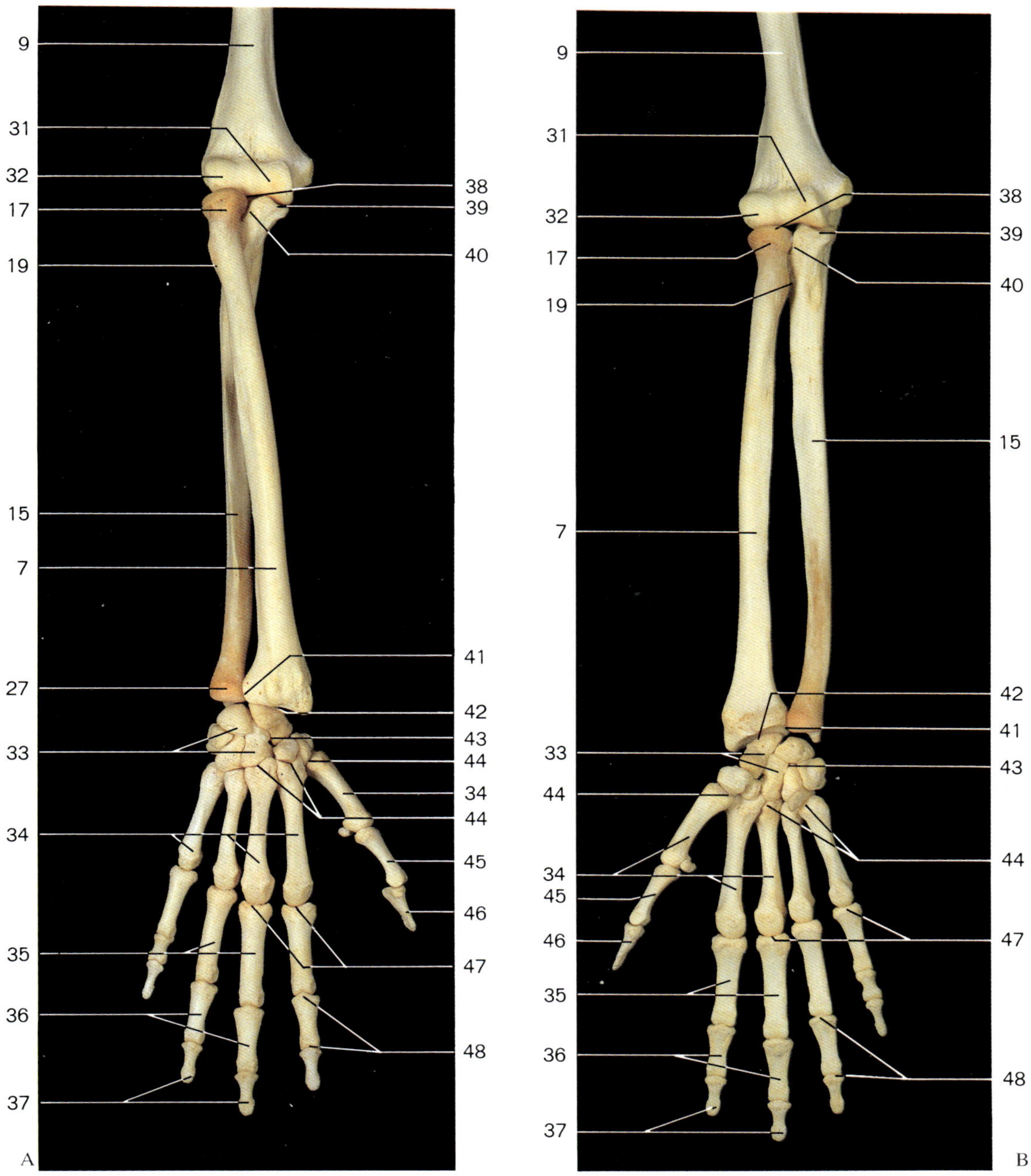

4.9 Skelett von Unterarm und Hand (rechter Arm). A = Pronationsstellung; B = Supinationsstellung.

1 Fossa radialis
2 Epicondylus lateralis humeri
3 Oberarmköpfchen (Capitulum humeri)
4 **Seitenband der Speiche (Lig. collaterale radiale)**
5 Sehne des M. biceps brachii
6 **Ringband der Speiche (Lig. anulare radii)**
7 **Speiche (Radius)**
8 Zwischenknochenmembran (Membrana interossea)
9 **Oberarmknochen (Humerus)**
10 Fossa coronoidea
11 Epicondylus medialis humeri
12 Trochlea humeri
13 **Seitenband der Elle (Lig. collaterale ulnare)**
14 Processus coronoideus ulnae
15 **Elle (Ulna)**
16 Speichenköpfchen (Caput radii)
17 Circumferentia articularis radii
18 Speichenhals (Collum radii)
19 Tuberositas radii
20 Speichenschaft (Corpus radii)
21 Incisura ulnaris radii
22 Processus styloideus radii
23 Incisura trochlearis ulnae
24 Incisura radialis ulnae
25 Ellenrauhigkeit (Tuberositas ulnae)
26 Ellenköpfchen (Caput ulnae)
27 Gelenkfläche der Elle (Circumferentia articularis ulnae)
28 Processus styloideus ulnae
29 Ellbogen (Olecranon)
30 Schaft der Elle (Corpus ulnae)
31 Trochlea humeri
32 Oberarmköpfchen (Capitulum humeri)
33 **Handwurzelknochen (Ossa carpalia)**
34 **Mittelhandknochen (Ossa metacarpalia)**
35 **Grundglieder der Finger (Phalanges proximales)**
36 **Mittelglieder der Finger (Phalanges mediae)**
37 **Endglieder der Finger (Phalanges distales)**
38 Articulatio humeroradialis
39 Articulatio humeroulnaris
40 Articulatio radioulnaris proximalis
41 Articulatio radioulnaris distalis
42 Proximales Handgelenk (Articulatio radiocarpea)
43 Distales Handgelenk (Articulatio mediocarpea)
44 Handwurzel-Mittelhand-Gelenk (Articulatio carpometacarpea)
45 Daumengrundglied (Phalanx proximalis pollicis)
46 Daumenendglied (Phalanx distalis pollicis)
47 Mittelhand-Finger-Gelenke (Articulationes metacarpophalangeae)
48 Fingergelenke (Articulationes interphalangeae)

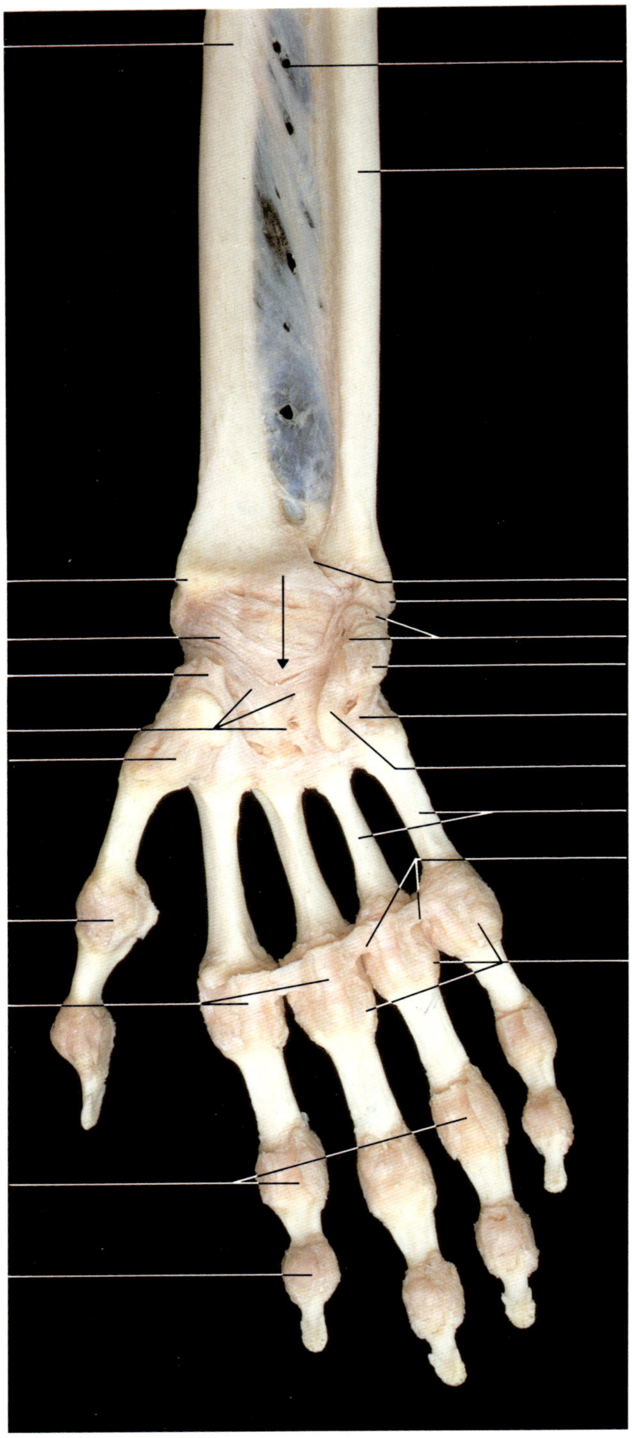

4.10 Bandapparat von Hand und Fingern (von palmar). Der Pfeil zeigt die Lage des Karpaltunnels an.

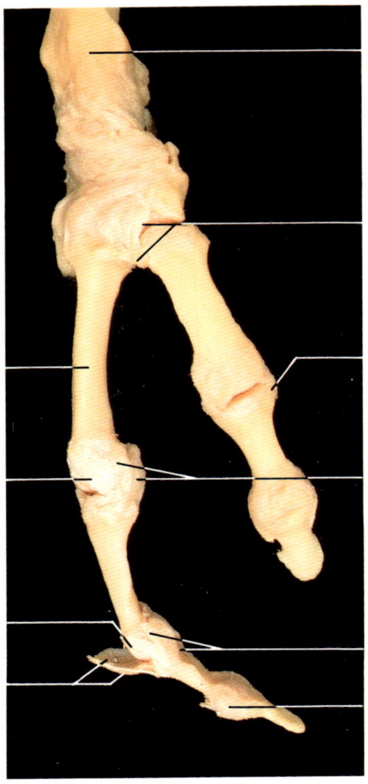

4.11 Bänder der Finger (rechte Hand von der Seite).

1 **Speiche (Radius)**
2 Griffelfortsatz der Speiche (Processus styloideus radii)
3 Palmares Handwurzel-Speichen-Band (Lig. radiocarpeum palmare)
4 Sehne des radialen Handgelenkbeugers (M. flexor carpi radialis)
5 Strahlenförmiges Handwurzelband (Lig. carpi radiatum)
6 Gelenkkapsel des Daumensattelgelenks (Capsula articularis der Articulatio carpometacarpea pollicis)
7 Gelenkkapsel des Daumengrundgelenks (Capsula articularis der Articulatio metacarpophalangea pollicis)
8 Palmare Bänder und Gelenkkapsel der Fingergrundgelenke
9 Palmare Bänder und Gelenkkapsel der Fingergelenke
10 Gelenkkapsel (Capsula articularis)
11 **Zwischenknochenmembran (Membrana interossea)**
12 **Elle (Ulna)**
13 Distales Ellen-Speichen-Gelenk (Articulatio radioulnaris distalis)
14 Griffelfortsatz der Elle (Processus styloideus ulnae)
15 Palmares Handwurzel-Ellen-Band (Lig. ulnocarpeum palmare)
16 Erbsenbein und Sehne des ulnaren Handgelenkbeugers (Os pisiforme und M. flexor carpi ulnaris)
17 Erbsenbein-Mittelhand-Band (Lig. pisometacarpeum)
18 Erbsenbein-Hakenbein-Band (Lig. pisohamatum)
19 Mittelhandknochen (Ossa metacarpalia)
20 Tiefes, queres Band zwischen den Mittelhandknochen (Lig. metacarpeum transversum profundum)
21 Sehnen der Fingerstrecker und Gelenkkapsel
22 Seitenband eines Fingergelenkes (Lig. collaterale)
23 Seitenbänder der Fingergrundgelenke (Ligg. collateralia)

Die Grundgelenke des 2. bis 5. Fingers sind Kugelgelenke, haben aber nur begrenzte Bewegungsmöglichkeit. Das Daumengelenk zwischen Trapezium und 1. Mittelhandknochen ist ein Sattelgelenk, das ausgedehnte Oppositionsbewegungen erlaubt – eine Grundvoraussetzung für die Greiffunktion der Hand.

Die Beweglichkeit der Handwurzelgelenke ist wegen der zahlreichen Bänder äußerst gering. Doch sind zwischen den Handwurzelknochen kleine Gleitbewegungen möglich, die bei der Ab- und Adduktion der Hand eine Rolle spielen.

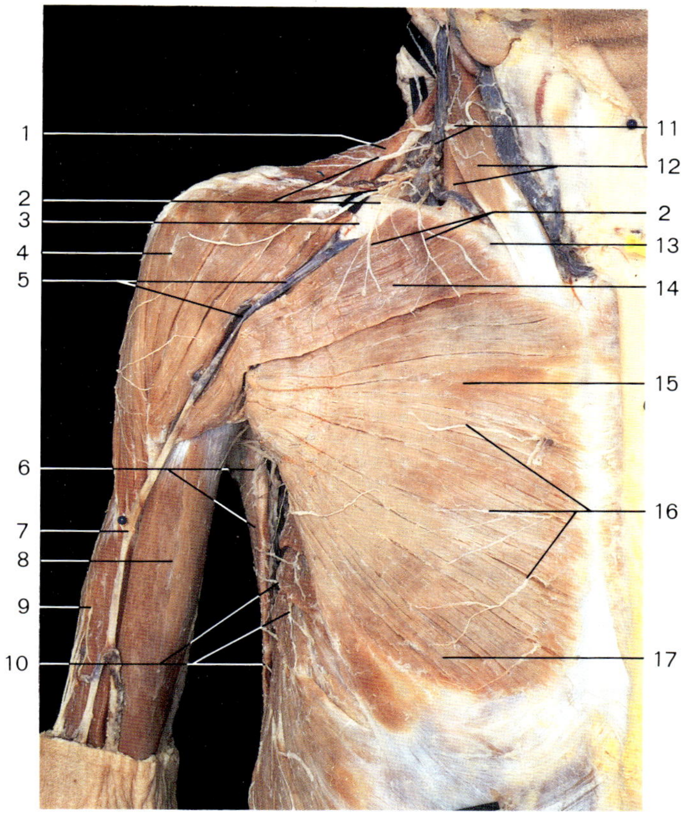

4.12 Rechte Schulter und Brustwand, oberflächliche Schicht (von vorne). Präparation der Hautnerven und Venen.

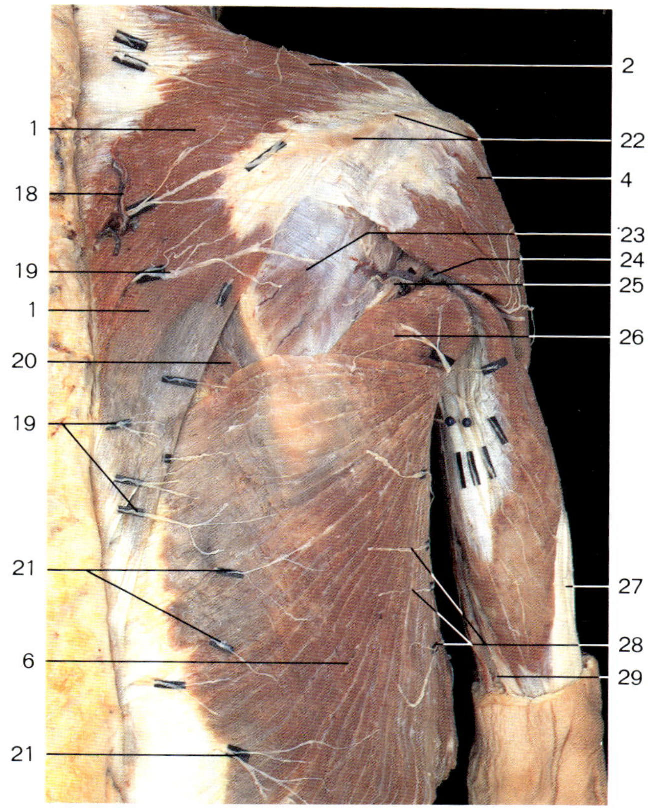

4.13 Rechte Schulter, oberflächliche Schicht (von hinten). Beachte die segmentale Anordnung der Hautnerven des Rückens.

1 **Kapuzenmuskel (M. trapezius)**
2 Hautnerven (Nervi supraclaviculares)
3 Dreieckige Muskellücke zwischen Delta- und Brustmuskel
4 **Deltamuskel (M. deltoideus)**
5 **Kopfvene (V. cephalica** im Sulcus deltoideopectoralis)
6 **Breiter Rückenmuskel (M. latissimus dorsi)**
7 Kopfvene (V. cephalica im Sulcus bicipitalis lateralis)
8 Zweiköpfiger Armmuskel (M. biceps brachii)
9 Dreiköpfiger Armmuskel (M. triceps brachii)
10 Seitliche Hautäste der Nervi intercostales
11 Querverlaufender Hautnerv des Halses (N. transversus colli), **äußere Drosselvene (V. jugularis externa)**
12 Kopfnickermuskel (M. sternocleidomastoideus)
13 Schlüsselbein (Clavicula)
14 M. pectoralis major, pars clavicularis
15 **M. pectoralis major, pars sternocostalis**
16 Vordere Hautäste der Nervi intercostales
17 M. pectoralis major, pars abdominalis
18 Hautäste der A. intercostalis posterior
19 Mediale Zweige der hinteren Spinalnervenäste
20 Großer Rautenmuskel (M. rhomboideus major)
21 Laterale Zweige der hinteren Spinalnervenäste
22 Schulterblattgräte (Spina scapulae)
23 Untergrätenmuskel mit Faszie (M. infraspinatus)
24 Mediale Achselmuskellücke (Foramen axillare mediale mit A. und V. circumflexa scapulae)
25 Kleiner runder Schultermuskel (M. teres minor)
26 **Großer runder Schultermuskel (M. teres major)**
27 Sehne des dreiköpfigen **Armstreckers (M. triceps brachii)**
28 Seitliche Hautäste der Nervi intercostales
29 Medialer Hautnerv des Unterarms (Nervus cutaneus antebrachii medialis)
30 Hinterer Abschnitt des Deltamuskels (M. deltoideus)
31 Langer Kopf des dreiköpfigen Armstreckers (Caput longum des M. triceps brachii)
32 Seitlicher Kopf des dreiköpfigen Armstreckers (Caput laterale des M. triceps brachii)
33 Ellennerv (N. ulnaris)

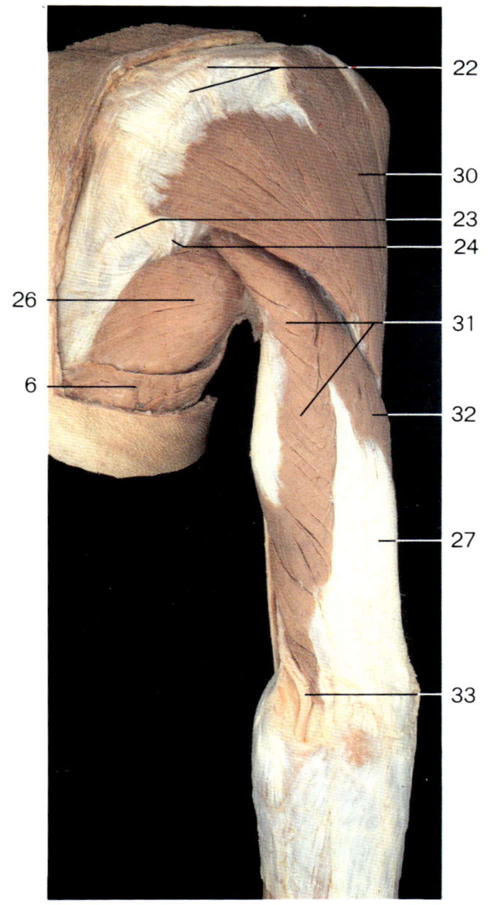

4.14 Dorsal gelegene Muskeln des rechten Arms, oberflächliche Schicht (von hinten).

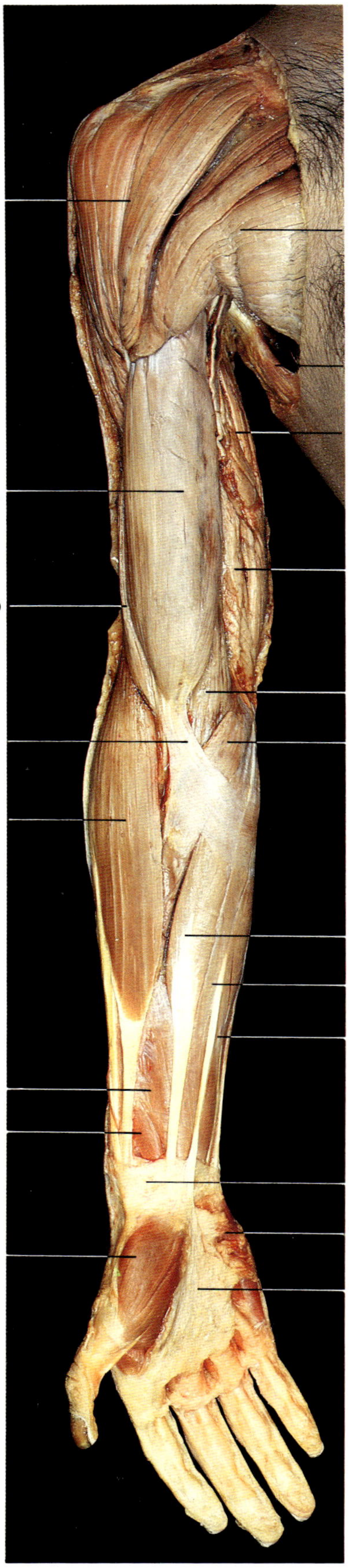

4.15 Oberflächliche Muskelschicht der rechten oberen Extremität (von vorne).

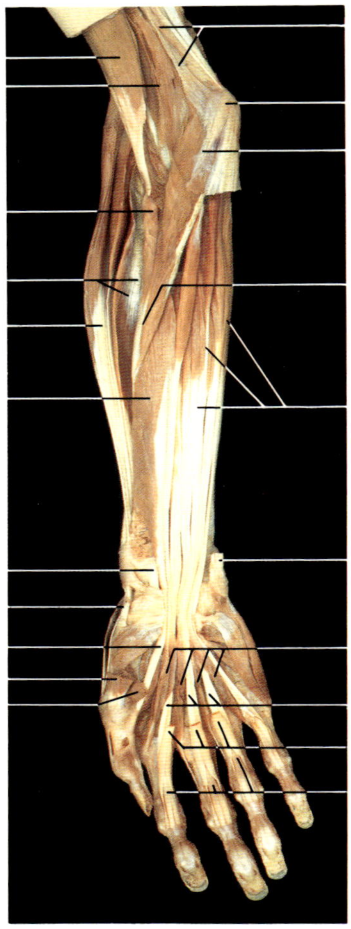

4.16 Muskeln des Unterarms, mittlere Schicht (von vorne). M. palmaris longus sowie M. flexor carpi radialis und ulnaris wurden teilweise entfernt. Das Retinaculum flexorum wurde durchtrennt.

1 Deltamuskel (M. deltoideus)
2 **M. biceps brachii**
  a Kurzer Kopf (Caput breve)
  b Langer Kopf (Caput longum)
3 Aponeurose des Bizeps
4 **M. brachioradialis**
5 **Oberflächlicher Fingerbeuger (M. flexor digitorum superficialis)**
6 Langer Daumenbeuger (M. flexor pollicis longus)
7 Langer Daumenabzieher (M. abductor pollicis longus)
8 M. pectoralis major
9 M. latissimus dorsi
10 M. triceps brachii
  a Langer Kopf (Caput longum)
  b Medialer Kopf (Caput med.)
11 Armbeuger (M. brachialis)
12 **M. pronator teres**, caput humerale
13 **M. flexor carpi radialis**
14 M. palmaris longus
15 M. flexor carpi ulnaris
16 Queres Beugerband (Retinaculum flexorum)
17 M. palmaris brevis
18 **Palmaraponeurose (Aponeurosis palmaris)**
19 Auswärtsdreher (M. supinator)
20 Speiche (Radius), M. extensor carpi radialis brevis
21 Sehne des M. flexor carpi radialis
22 Sehne des M. abductor pollicis longus
23 Sehne des M. flexor pollicis longus
24 Oberflächlicher Kopf des kurzen Daumenbeugers (M. flexor pollicis brevis, caput superficiale)
25 Septum intermusculare mediale
26 Epicondylus medialis humeri
27 Runder Einwärtsdreher (M. pronator teres), Ansatz am Radius
28 **Tiefer Fingerbeuger (M. flexor digitorum profundus)**
29 Sehne des M. flexor carpi ulnaris (durchtrennt)
30 Würmchenmuskeln (Mm. lumbricales)
31 Sehnen des tiefen Fingerbeugers (M. flexor digitorum profundus)
32 Sehnen des oberflächlichen Fingerbeugers (M. flexor digitorum superficialis)

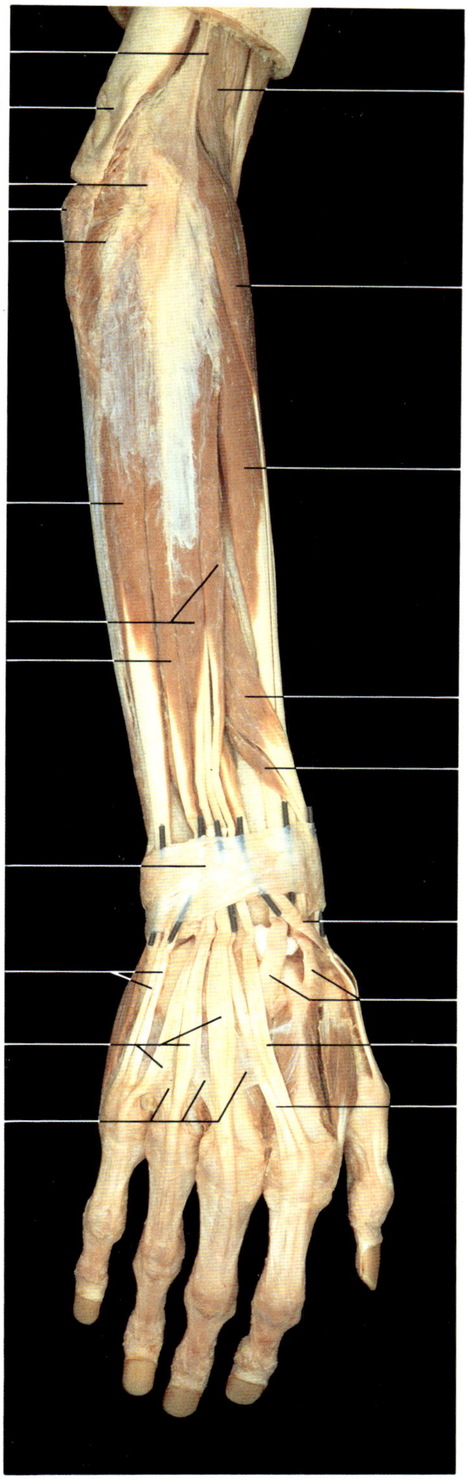

4.17 Strecker des Unterarms und der Hand, oberflächliche Schicht (von hinten). Die Sehnenfächer wurden durch Sonden markiert.

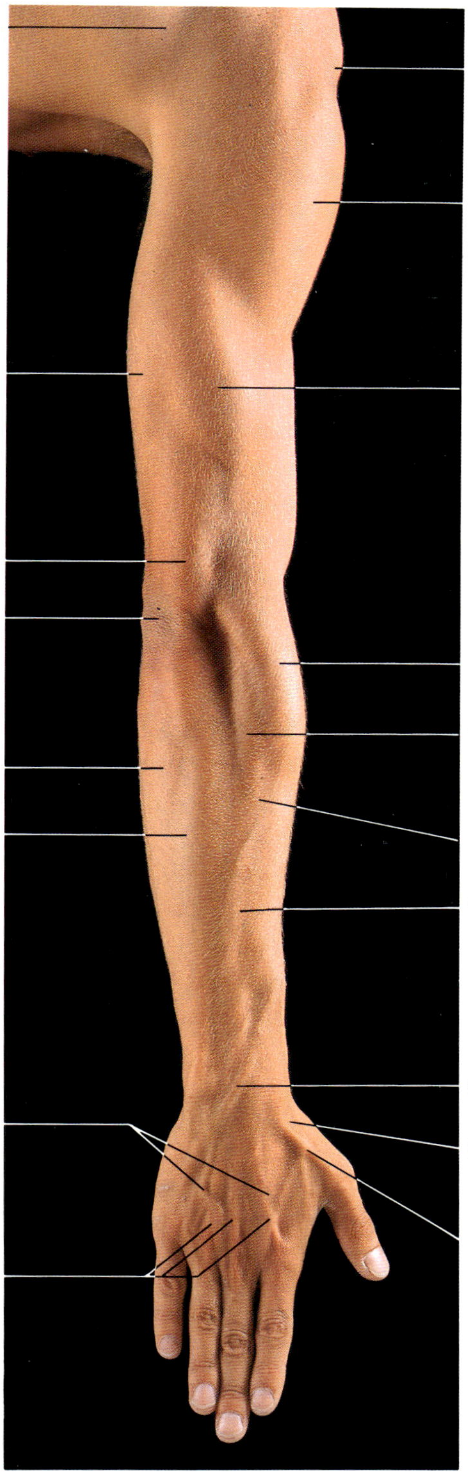

4.18 Oberflächenanatomie des rechten Armes (von hinten).

1 Septum intermusculare lat.
2 Sehne des M. triceps brachii
3 Epicondylus lateralis humeri
4 Ellbogen (Olecranon)
5 M. anconaeus
6 M. extensor carpi ulnaris
7 Fingerstrecker (M. extensor digitorum)
8 Kleinfingerstrecker (M. extensor digiti minimi)
9 **Queres Streckerband (Retinaculum extensorum)**
10 Sehnen des M. extensor digiti minimi
11 Sehnen des M. extensor digitorum
12 Sehnenverbindungen (Connexus intertendineus)
13 M. brachioradialis
14 M. extensor carpi radialis longus
15 M. extensor carpi radialis brevis
16 Langer Daumenabzieher (M. abductor pollicis longus)
17 Kurzer Daumenstrecker (M. extensor pollicis brevis)
18 Sehne des M. extensor pollicis longus
19 Sehnen der Mm. extensores carpi radialis longus und brevis
20 Sehne des M. extensor indicis
21 M. teres major
22 Medialer Kopf des M. triceps brachii
23 Region, in der der Nervus ulnaris tastbar ist.
24 Ulnarer Handgelenkbeuger (M. flexor carpi ulnaris)
25 Venennetz (Rete venosum dorsale manus)
26 Schulterhöhe (Acromion)
27 Deltamuskel (M. deltoideus)
28 Lateraler Kopf des M. triceps brachii
29 Kopfvene (V. cephalica)
30 Tabatière

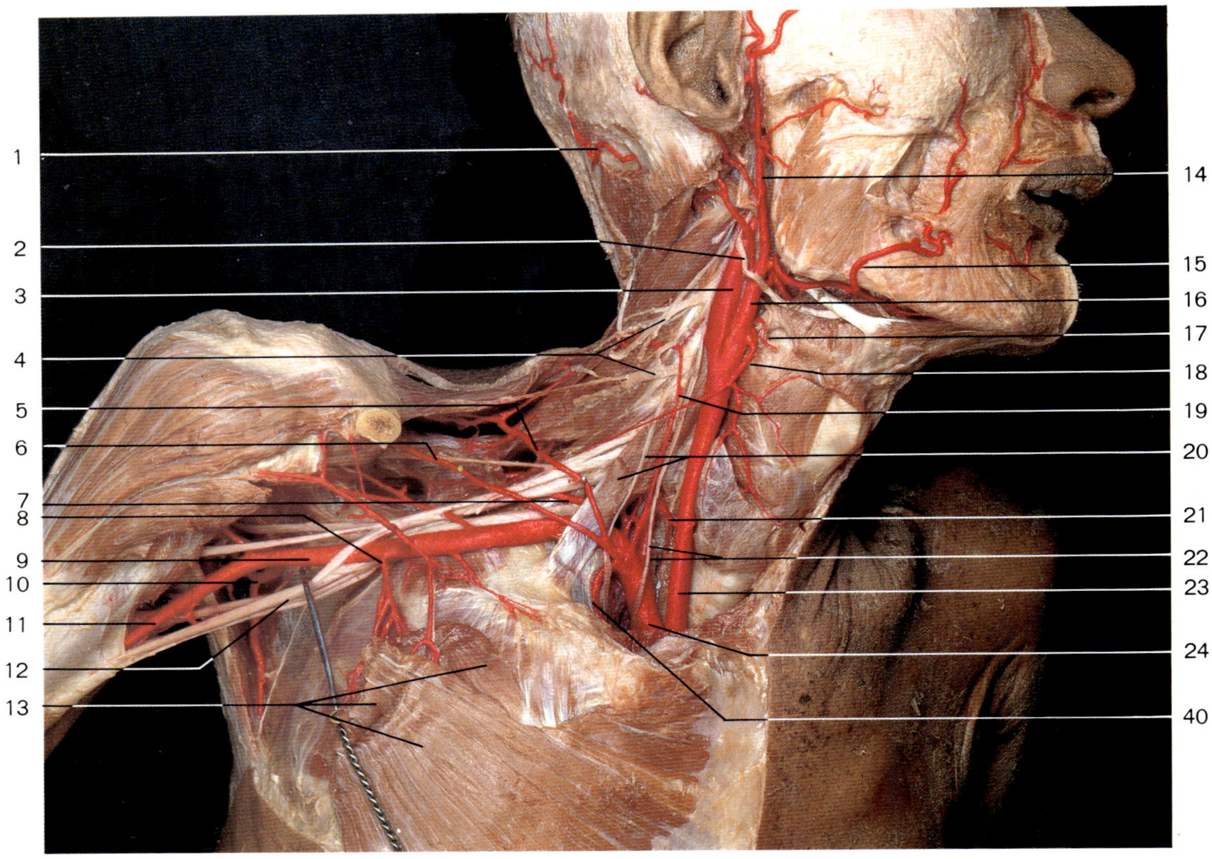

4.19 Hauptäste der rechten Unterschlüsselbein- und Achselarterie (A. subclavia und **A. axillaris)** (von vorne).

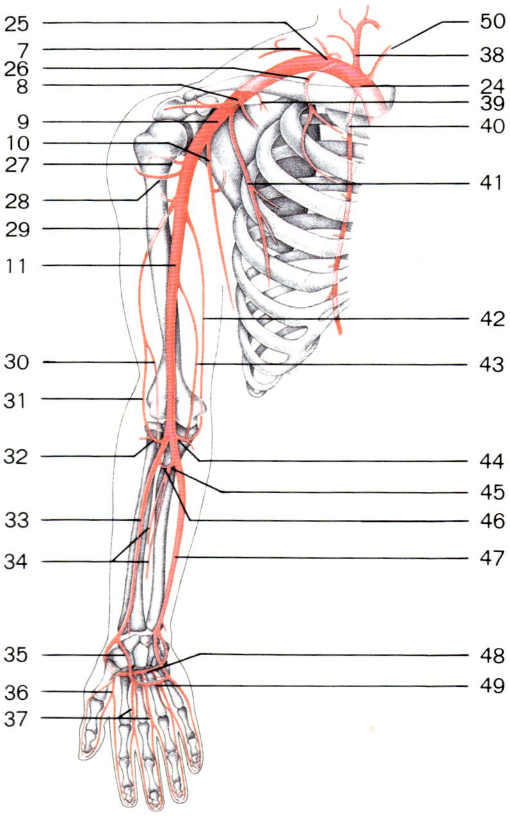

4.20 Arterien des rechten Arms, Schemazeichnung (von vorne).

1 Hinterhauptsarterie (A. occipitalis)
2 Unterzungennerv (N. hypoglossus)
3 A. carotis interna
4 Plexus cervicalis
5 A. cervicalis superficialis
6 A. suprascapularis
7 Tiefer Ast der A. transversa colli bzw. A. scapularis descendens
8 A. thoracoacromialis
9 **Achselarterie (A. axillaris)**
10 A. subscapularis
11 **Armarterie (A. brachialis)**
12 Armnervengeflecht (Plexus brachialis)
13 M. pectoralis major und minor
14 A. temporalis superficialis
15 **Gesichtsarterie (A. facialis)**
16 **Äußere Halsschlagader (A. carotis externa)**
17 A. laryngea superior
18 Obere Schilddrüsenarterie (A. thyroidea superior)
19 A. cervicalis ascendens
20 M. scalenus anterior, Zwerchfellnerv (N. phrenicus)
21 A. thyroidea inferior
22 A. vertebralis, N. vagus
23 **Gemeinsame Halsschlagader (A. carotis communis)**
24 **Unterschlüsselbeinarterie (A. subclavia)**
25 Truncus costocervicalis
26 A. intercostalis suprema
27 A. circumflexa humeri posterior
28 A. circumflexa humeri anterior
29 Tiefe Armarterie (A. profunda brachii)
30 A. collateralis media
31 A. collateralis radialis
32 A. recurrens radialis
33 **Speichenarterie (A. radialis)**
34 A. interossea anterior und posterior
35 Oberflächlicher Hohlhandast der A. radialis
36 Daumenarterie (A. princeps pollicis)
37 Aa. digitales palmares communes
38 Truncus thyrocervicalis
39 A. thoracica superior
40 A. thoracica interna
41 A. thoracica lateralis
42 A. collateralis ulnaris superior
43 A. collateralis ulnaris inferior
44 A. recurrens ulnaris
45 A. interossea communis
46 A. interossea recurrens
47 **Ellenarterie (A. ulnaris)**
48 Tiefer Hohlhandbogen (Arcus palmaris profundus)
49 Oberflächlicher Hohlhandbogen (Arcus palmaris superficialis)
50 A. vertebralis

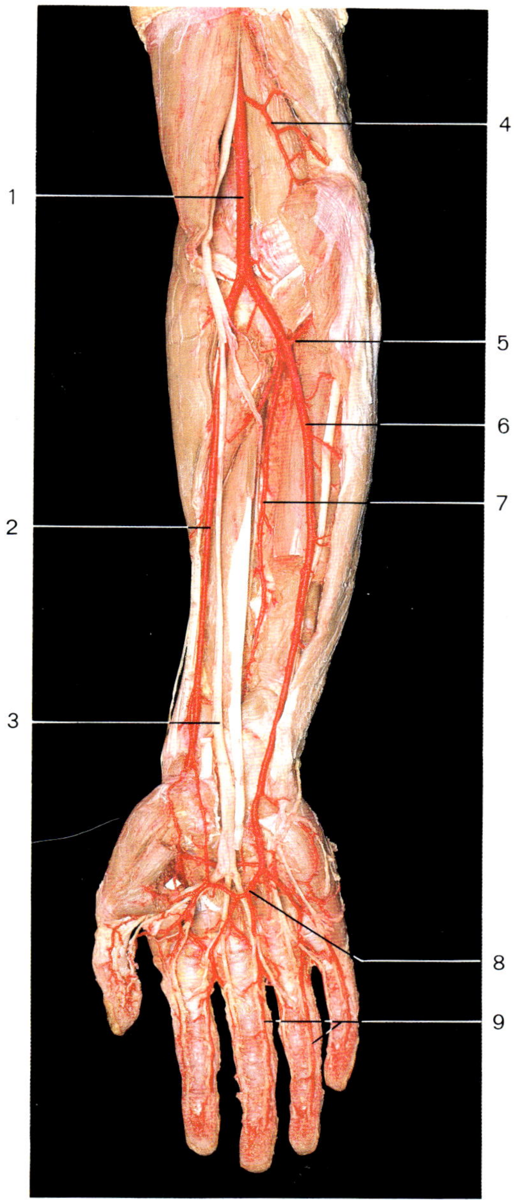

4.21 Arterien und Nerven von Unterarm und Hand (rechter Arm, von vorne).

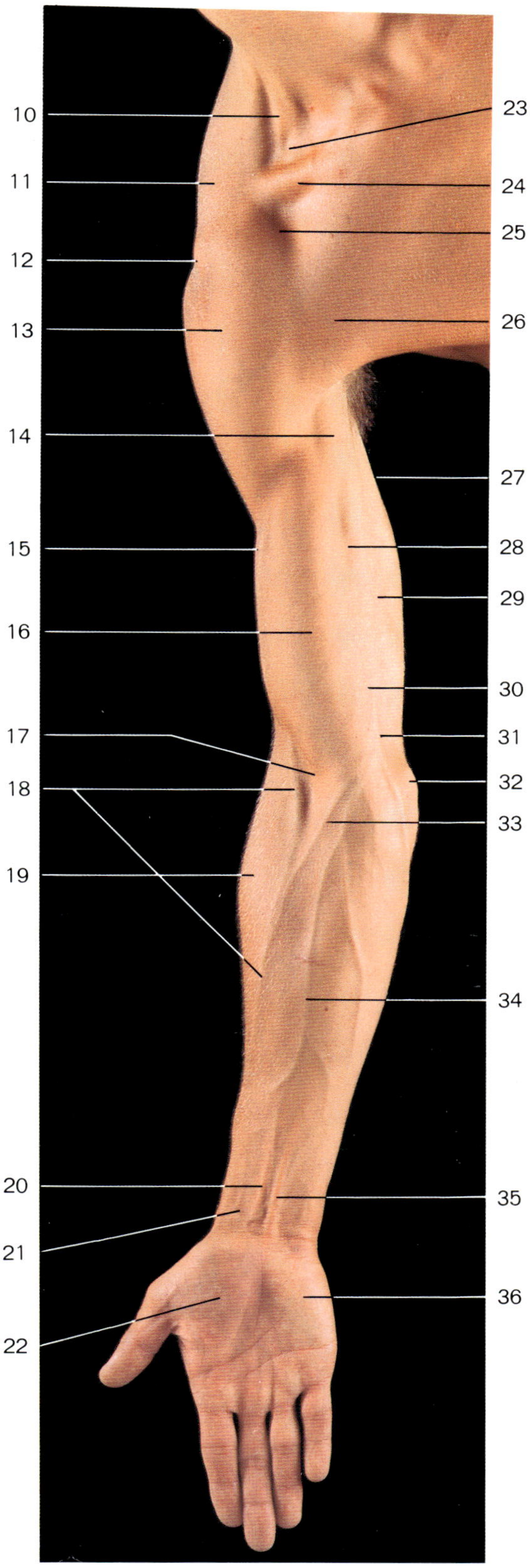

4.22 Oberflächenanatomie des rechten Arms (von vorne).

1 **Armarterie (A. brachialis)**
2 **Speichenarterie (A. radialis)**
3 Mittelnerv (N. medianus)
4 A. collateralis ulnaris inferior
5 A. recurrens ulnaris
6 **Ellenarterie (A. ulnaris)**
7 A. interossea anterior
8 **Oberflächlicher Hohlhandbogen (Arcus palmaris superficialis)**
9 Fingerarterien (Aa. digitales palmares propriae)
10 Gesichtshautmuskel (Platysma)
11 Kapuzenmuskel (M. trapezius)
12 Schulterhöhe (Acromion)
13 Deltamuskel (M. deltoideus)
14 Hakenarmmuskel (M. coraco-brachialis)
15 Lateraler Kopf des M. triceps brachii
16 M. biceps brachii
17 Ellenbeuge (Fossa cubitalis)
18 Kopfvene des Armes (V. cephalica)
19 M. brachioradialis
20 Sehne des M. flexor carpi radialis
21 Sulcus radialis antebrachii
22 Daumenballen (Thenar)
23 Schlüsselbeingrube (Fossa supra-clavicularis)
24 Schlüsselbein (Clavicula)
25 Dreieckige Muskellücke (Trigonum clavipectorale)
26 M. pectoralis major
27 Langer Kopf des M. triceps brachii
28 Mediale Muskelrinne des Bizeps (Sulcus bicipitalis medialis)
29 Medialer Kopf des M. triceps brachii
30 Armbeuger (M. brachialis)
31 Basilikavene (V. basilica)
32 Epicondylus medialis humeri
33 **Mittlere Ellenbeugenvene (V. mediana cubiti)**
34 **Mittlere Unterarmvene (V. mediana antebrachii)**
35 Sehne des langen Hohlhandmuskels (M. palmaris longus)
36 Kleinfingerballen (Hypothenar)

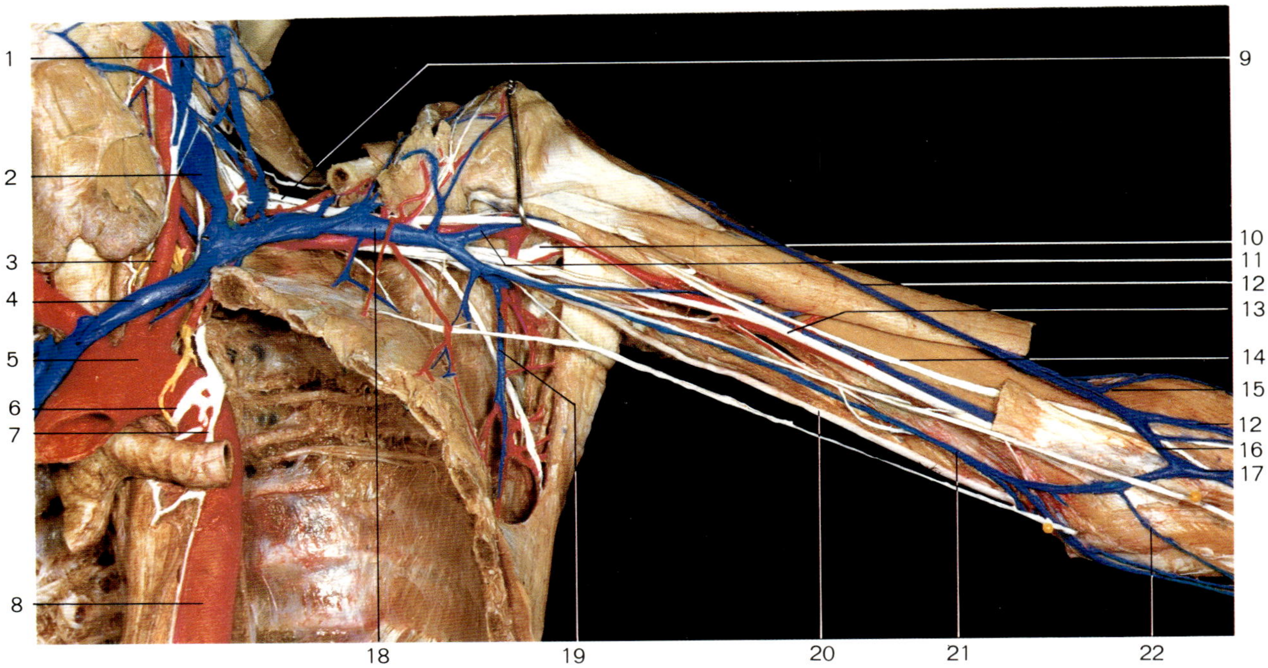

4.23 Venensystem und Nerven des linken Arms (von vorne). Das Schlüsselbein wurde durchtrennt, der Brustkorb eröffnet und die Schulter abgespreizt. Grün = Brustmilchgang (Ductus thoracicus); weiß = Nerven; gelb = autonome Nerven.

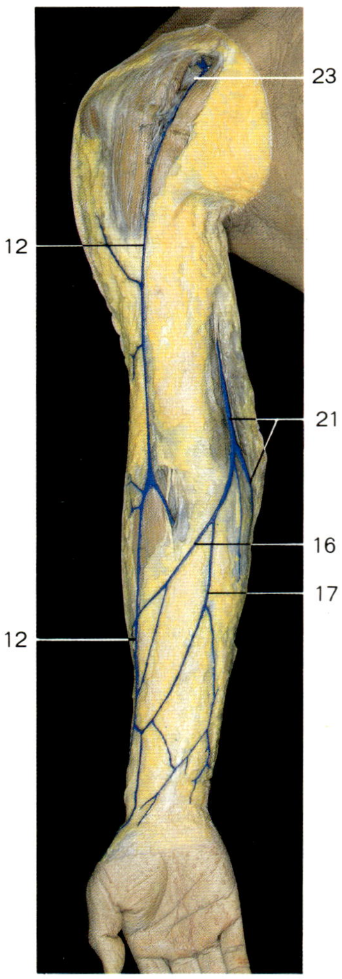

4.24 Oberflächliche Venen des rechten Arms (von vorne).

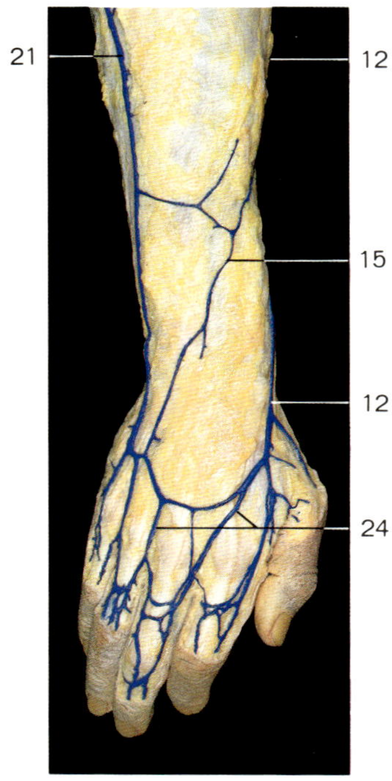

4.25 Venennetz des Handrückens.

1 **Äußere Drosselvene (V. jugularis externa)**
2 **Innere Drosselvene (V. jugularis interna)**
3 Gemeinsame Halsschlagader (A. carotis communis)
4 **V. brachiocephalica**
5 Aortenbogen (Arcus aortae)
6 Rücklaufender Kehlkopfnerv (N. laryngeus recurrens)
7 Vagus (N. vagus)
8 Absteigende Hauptschlagader (Aorta descendens)
9 Armnervengeflecht (Plexus brachialis)
10 Achselnerv (N. axillaris)
11 **Armvene (V. brachialis)**
12 **Kopfvene des Armes (V. cephalica)**
13 Mittelnerv (N. medianus)
14 Muskel-Haut-Nerv (N. musculocutaneus)
15 Zusätzliche Kopfvene des Armes (V. cephalica accessoria)
16 **Mittlere Ellenbeugenvene (V. mediana cubiti)**
17 **Mittlere Unterarmvene (V. mediana antebrachii)**
18 Achselvene (V. axillaris)
19 Brust-Achsel-Vene (V. thoracoepigastrica)
20 Ellennerv (N. ulnaris)
21 **Basilikavene (V. basilica)**
22 Mittlere Basilikavene (V. mediana basilica)
23 Dreieckige Muskellücke (Trigonum clavipectorale)
24 **Venennetz des Handrückens (Rete venosum dorsale manus)**

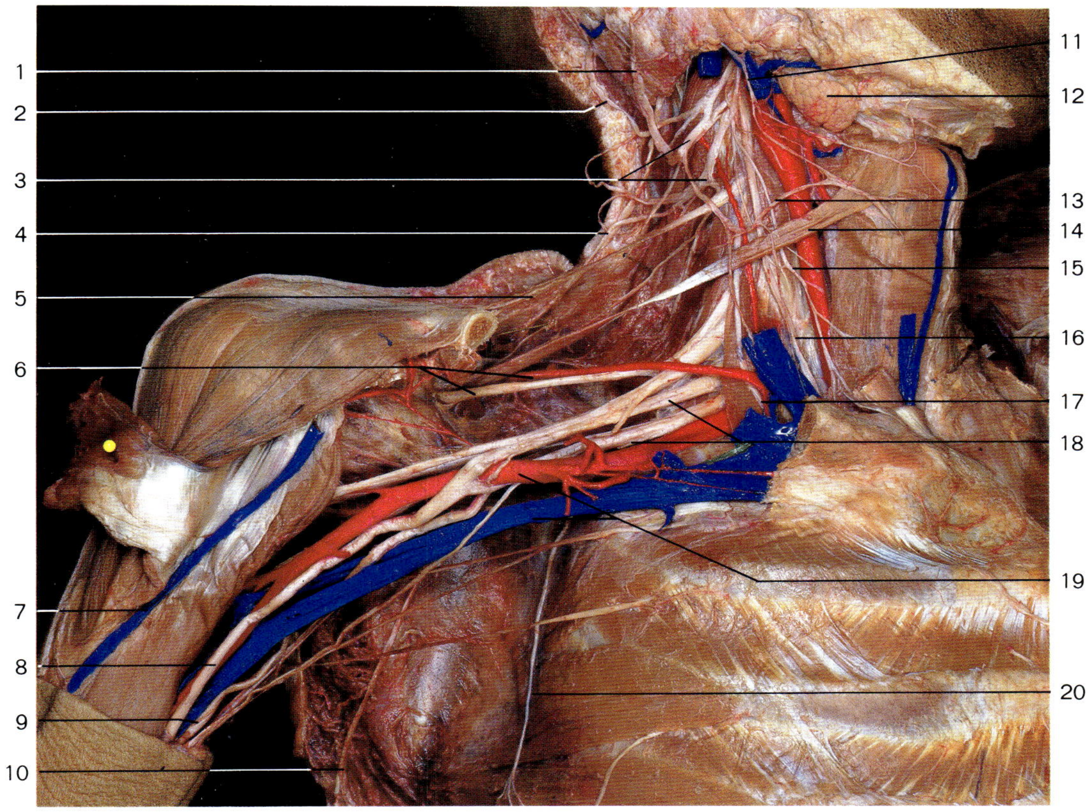

4.26 Rechte Achselregion (von vorne). Großer und kleiner Brustmuskel wurden entfernt, um die Nerven und Gefäße der Achselhöhle zu zeigen.

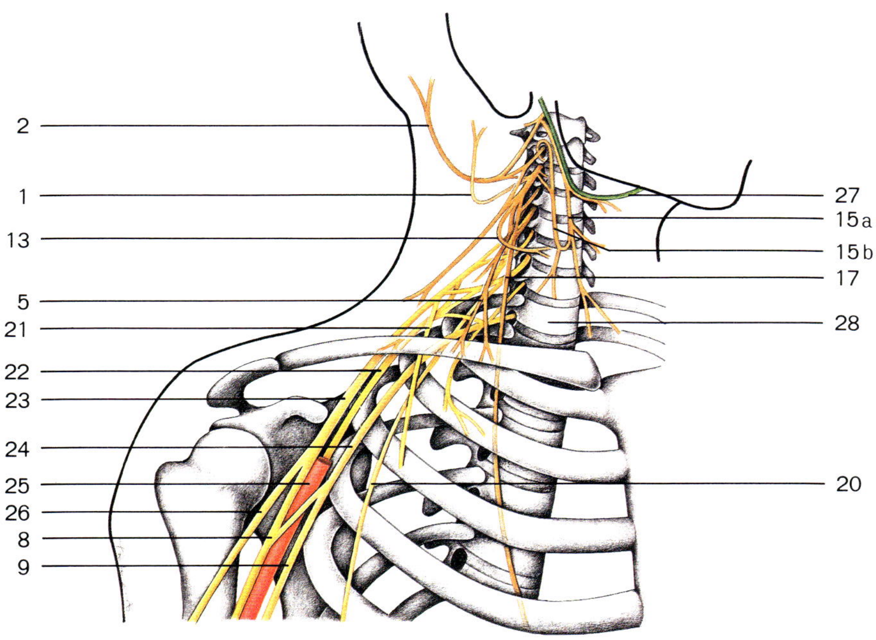

4.27 Hauptäste des Plexus cervicalis und brachialis (Schemazeichnung). Braun = Halsnervengeflecht (Plexus cervicalis); Gelb = Armnervengeflecht (Plexus brachialis); Grün = N. hypoglossus.

1 Großer Ohrmuschelnerv (N. auricularis magnus)
2 Kleiner Hinterhauptsnerv (N. occipitalis minor)
3 **Halsnervengeflecht (Plexus cervicalis)**
4 XI. Hirnnerv (N. accessorius)
5 Hautnerven des Halses (Nn. supraclaviculares)
6 Oberschulterblattarterie und -nerv (A. und N. suprascapularis)
7 Kopfvene des Arms (V. cephalica)
8 Mittelnerv (N. medianus)
9 Ellennerv (N. ulnaris)
10 Brust-Rücken-Nerv (N. thoracodorsalis)
11 Halsast des Gesichtsnerven (Ramus colli des N. facialis)
12 Unterkieferdrüse (Glandula submandibularis)
13 Querverlaufender Halsnerv (N. transversus colli)
14 Schulterblatt-Zungenbein-Muskel (M. omohyoideus)
15 Halsnervenschlinge (Ansa cervicalis)
   a Obere Wurzel (Radix superior)
   b Untere Wurzel (Radix inferior)
16 N. vagus
17 Zwerchfellnerv (N. phrenicus)
18 **Armnervengeflecht (Plexus brachialis)**
19 Achselarterie und -vene (A. und V. axillaris)
20 Langer Brustkorbnerv (N. thoracicus longus)
21 Lateraler Brustmuskelnerv (N. pectoralis lateralis)
22 Hinterstrang des Armplexus (Fasciculus posterior)
23 Seitlicher Strang des Armplexus (Fasciculus lateralis)
24 Medialer Strang des Armplexus (Fasciculus medialis)
25 Achselarterie (A. axillaris)
26 Muskel-Haut-Nerv (N. musculocutaneus)
27 Zungennerv (N. hypoglossus)
28 1. Brustwirbel (Vertebra thoracica I)

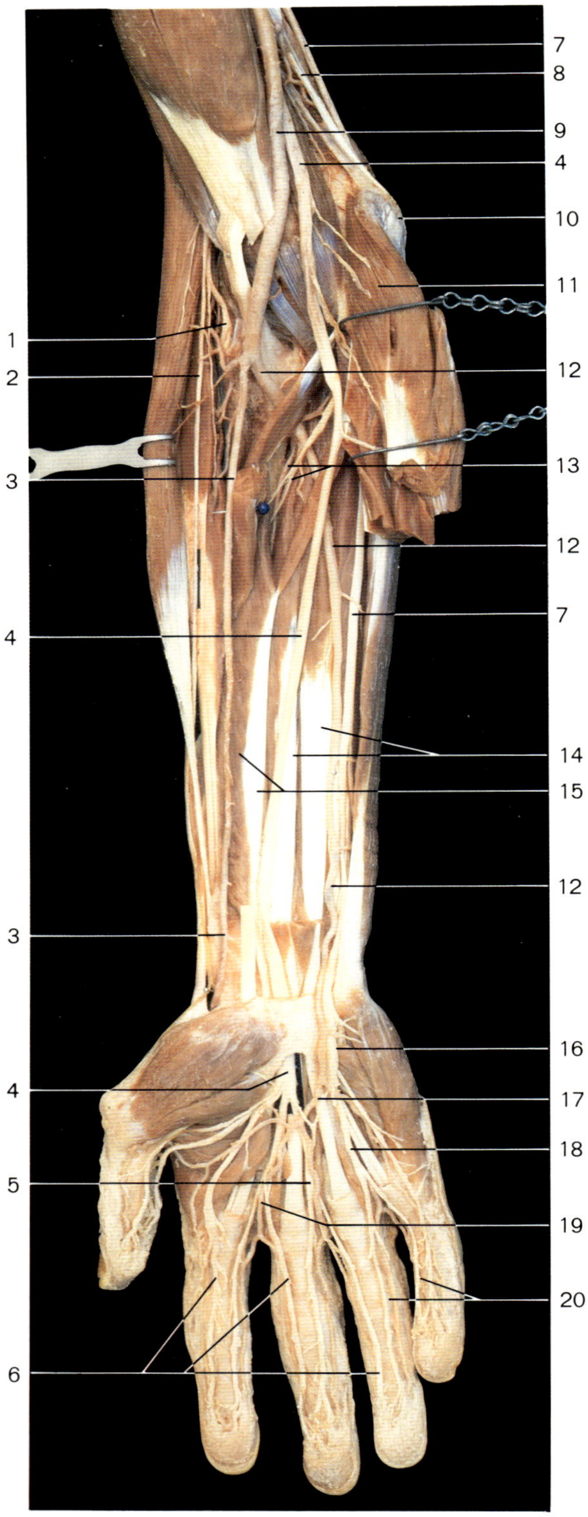

4.28 Gefäße und Nerven von Unterarm und Hand, tiefe Schicht (von vorne). Die oberflächlichen Fingerbeuger wurden durchtrennt.

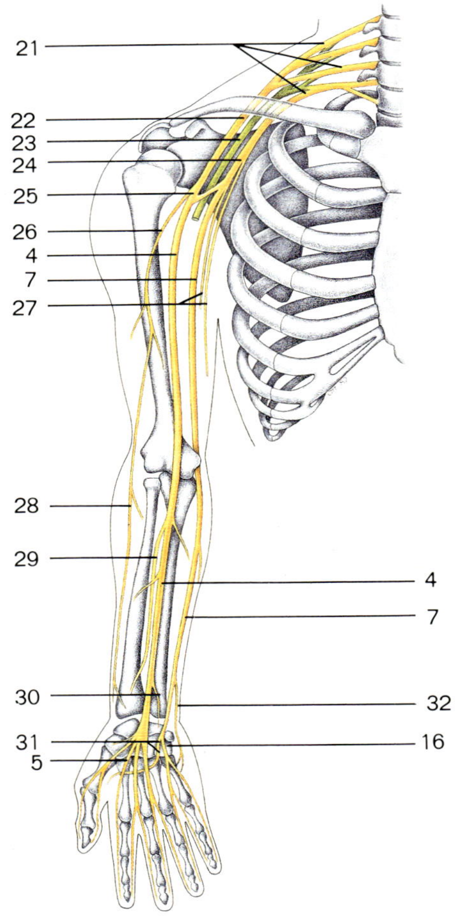

4.29 Armnerven (N. medianus, N. musculocutaneus und N. ulnaris mit ihren Ästen).

1 Tiefer Ast (Ramus profundus) des N. radialis
2 Oberflächlicher Ast (Ramus superficialis) des N. radialis
3 Speichenarterie (A. radialis)
4 **Mittelnerv (N. medianus)**
5 Hautäste des N. medianus für die Finger (Nn. digitales palmares communes)
6 Fingeräste des N. medianus (Nn. digitales palmares propriae)
7 **Ellennerv (N. ulnaris)**
8 Mediales Oberarmseptum (Septum intermusculare mediale)
9 Armarterie (A. brachialis)
10 Medialer Knochenvorsprung des Humerus (Epicondylus medialis humeri)
11 Runder Einwärtsdreher (M. pronator teres)
12 Ellenarterie (A. ulnaris)
13 Vordere Zwischenknochenarterie und -nerv (A. und N. interossea anterior)
14 Tiefer Fingerbeuger (M. flexor digitorum profundus)
15 Langer Daumenbeuger (M. flexor pollicis longus)
16 Oberflächlicher Ast des Ellennerven (N. ulnaris)
17 **Oberflächlicher Hohlhandbogen (Arcus palmaris superficialis)**
18 Hautäste des N. ulnaris zu den Fingern (Nn. digitales palmares communes)
19 Gemeinsame Fingerarterien (Aa. digitales palmares communes)
20 Fingeräste des N. ulnaris (Nn. digitales palmares propriae)
21 **Armnervengeflecht (Plexus brachialis)**
22 Seitlicher Strang des Plexus brachialis (Fasciculus lateralis)
23 Hinterer Strang des Plexus brachialis (Fasciculus posterior)
24 Medialer Strang des Plexus brachialis (Fasciculus medialis)
25 Medianusschlinge
26 **Muskel-Haut-Nerv (N. musculocutaneus)**
27 Mediale Hautnerven von Arm und Unterarm (Nn. cutanei brachii und antebrachii mediales)
28 Lateraler Hautnerv des Unterarms (N. cutaneus antebrachii lateralis)
29 Vorderer Zwischenknochennerv (N. interosseus anterior)
30 Ast des N. medianus zur Hohlhand (Ramus palmaris des N. medianus)
31 Tiefer Ast (Ramus profundus) des N. ulnaris
32 Dorsaler Ast (Ramus dorsalis) des N. ulnaris

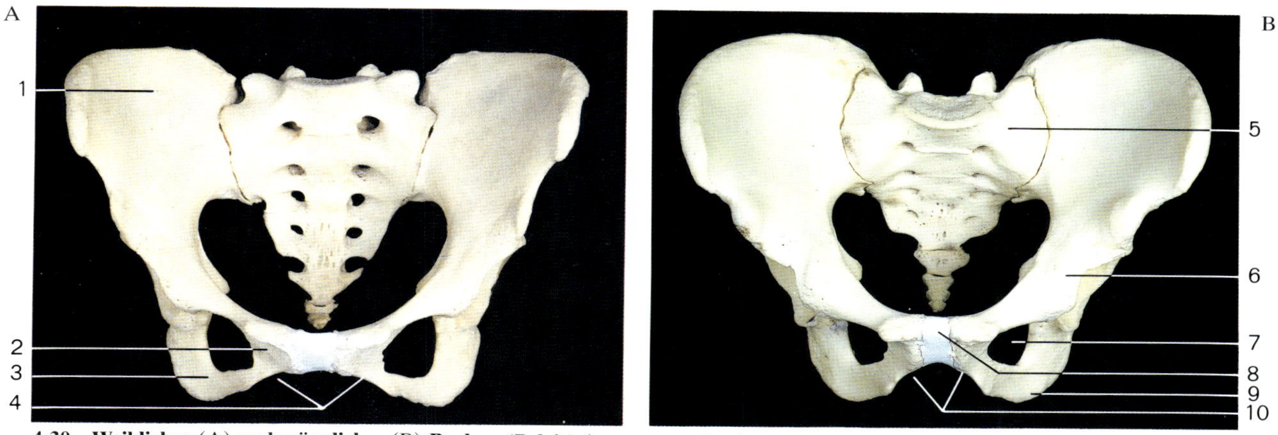

4.30 Weibliches (A) **und männliches** (B) **Becken (Pelvis)** (von vorne-oben).

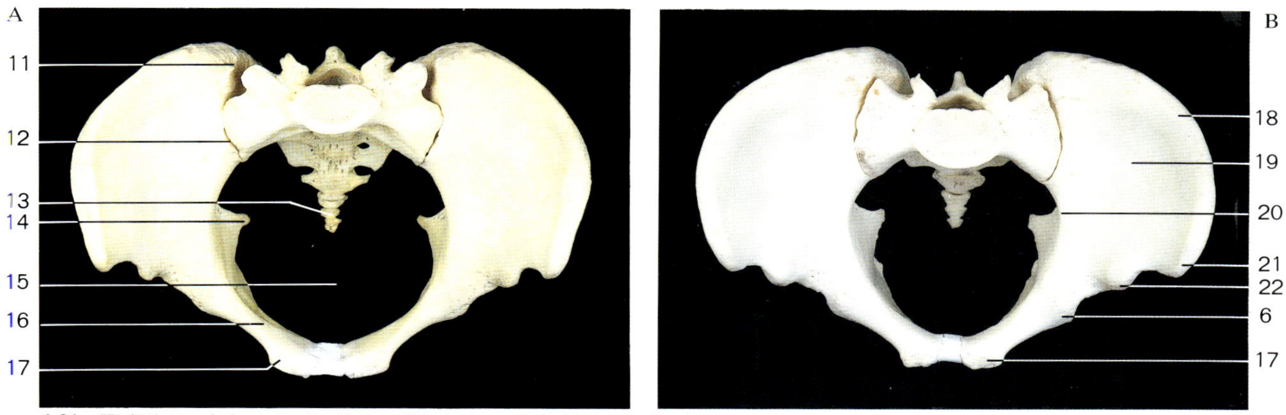

4.31 Weibliches (A) **und männliches** (B) **Becken (Pelvis)** (von oben).

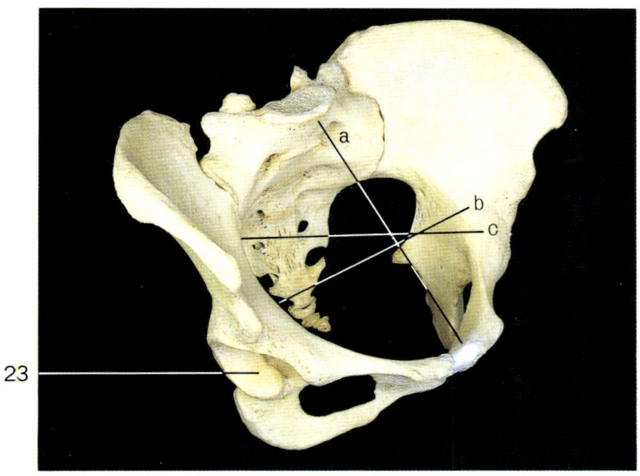

4.32 Beckenmaße.

a Sagittaler Durchmesser (Conjugata vera)
b Querer Durchmesser (Diameter transversa)
c Schräger Durchmesser (Diameter obliqua)

1 **Darmbein (Os ilium)**
2 **Schambein (Os pubis)**
3 **Sitzbein (Os ischii)**
4 Schambogen (Arcus pubis)
5 Kreuzbein (Os sacrum)
6 Eminentia iliopubica
7 Hüftloch (Foramen obturatum)
8 Schambeinfuge (Symphysis pubica)
9 Sitzbeinhöcker (Tuber ischiadicum)
10 **Schamwinkel (Angulus pubis)**
11 Hinterer oberer Darmbeinstachel (Spina iliaca posterior superior)
12 Articulatio sacroiliaca
13 Steißbein (Os coccygis)
14 Sitzbeinstachel (Spina ischiadica)
15 Beckenhöhle (Cavum pelvis)
16 Schambeinkamm (Pecten ossis pubis)
17 Tuberculum pubicum
18 Beckenkamm (Crista iliaca)
19 Darmbeingrube (Fossa iliaca)
20 **Linea arcuata**
21 Vorderer oberer Darmbeinstachel (Spina iliaca anterior superior)
22 Vorderer unterer Darmbeinstachel (Spina iliaca anterior inferior)
23 **Hüftgelenkpfanne (Acetabulum)**

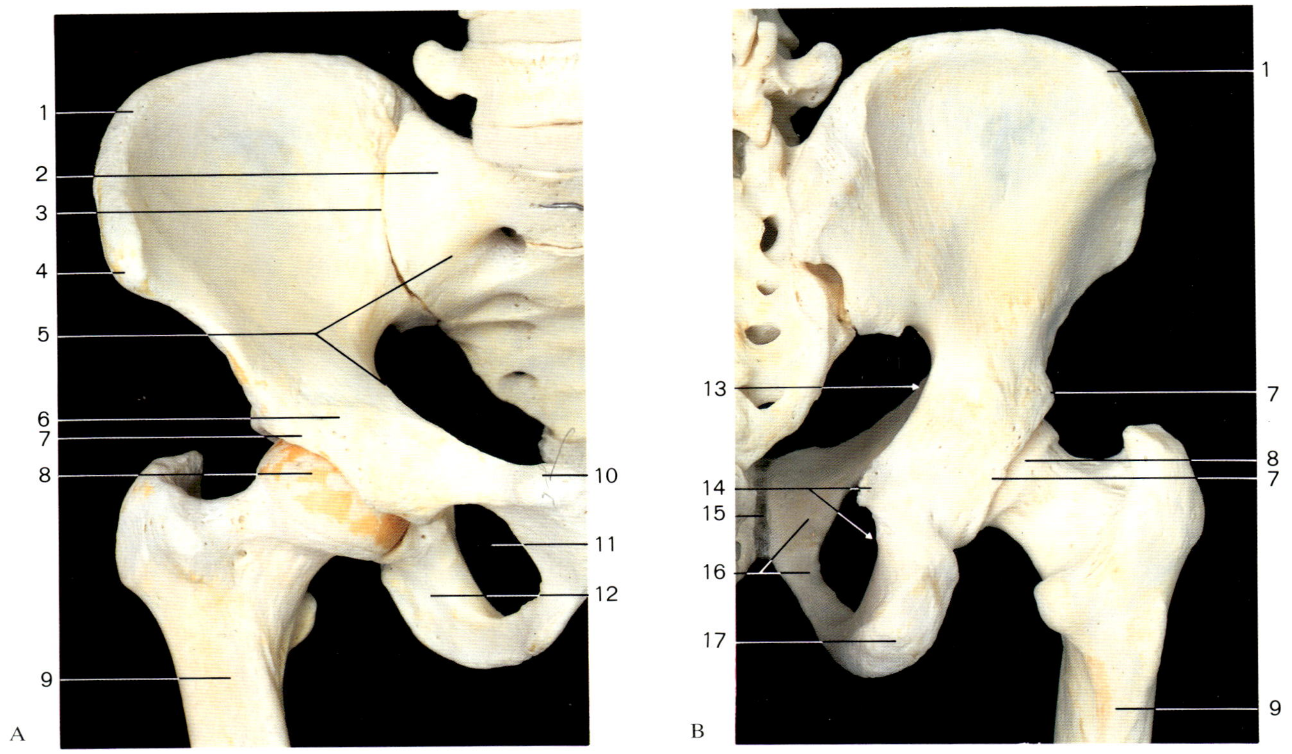

4.33 Knochen des rechten Hüftgelenks (A = von vorne, B = von hinten).

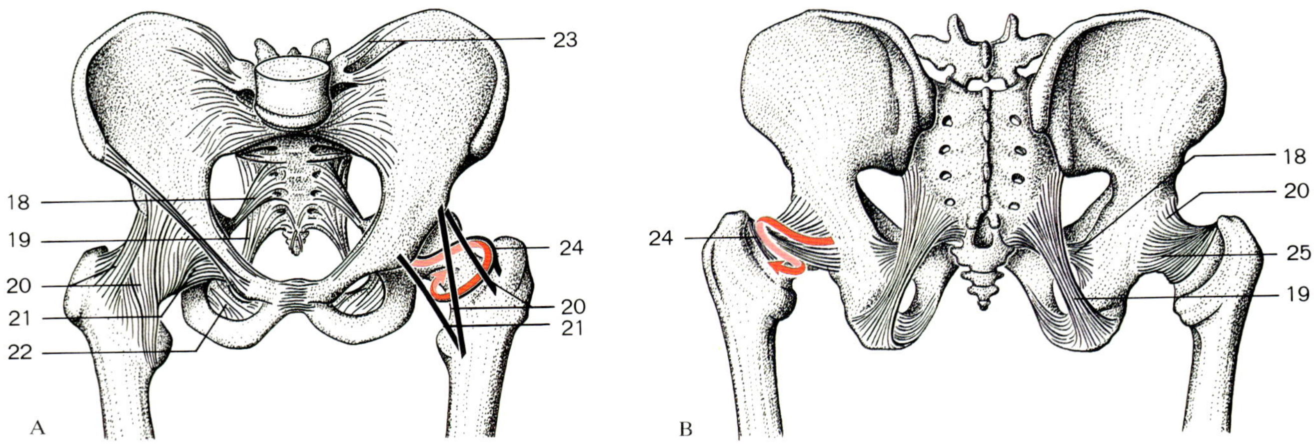

4.34 Bänder des Beckens und des Hüftgelenks (A = von vorne; B = von hinten).

1 Beckenkamm (Crista iliaca)
2 Seitlicher Anteil des Kreuzbeins (Pars lateralis ossis sacri)
3 **Becken-Kreuzbein-Gelenk (Articulatio sacroiliaca)**
4 Vorderer oberer Darmbeinstachel (Spina iliaca anterior superior)
5 **Linea terminalis**
6 Eminentia iliopubica
7 Knöcherner Rand der Hüftgelenkpfanne
8 Kopf des Oberschenkelknochens (Caput femoris)
9 Oberschenkelknochen (Femur)
10 Tuberculum pubicum
11 Verstopftes Loch des Beckens (Foramen obturatum)
12 Sitzbeinast (Ramus ossis ischii)
13 Große Sitzbeineinkerbung (Incisura ischiadica major)
14 **Sitzbeinstachel (Spina ischiadica),** kleine Sitzbeineinkerbung (Spina ischiadica minor)
15 Schambeinfuge (Symphysis pubica)
16 Schambein (Os pubis)
17 **Sitzbeinhöcker (Tuber ischiadicum)**
18 Kreuzbein-Sitzbeinstachel-Band **(Ligamentum sacrospinale)**
19 Kreuzbein-Sitzbeinhöcker-Band **(Ligamentum sacrotuberale)**
20 Darmbein-Oberschenkel-Band **(Ligamentum iliofemorale)**
21 Schambein-Oberschenkel-Band **(Ligamentum pubofemorale)**
22 **Membrana obturatoria**
23 Darmbein-Lendenwirbel-Band (Ligamentum iliolumbale)
24 Ringband (Zona orbicularis)
25 Sitzbein-Oberschenkel-Band **(Ligamentum ischiofemorale)**

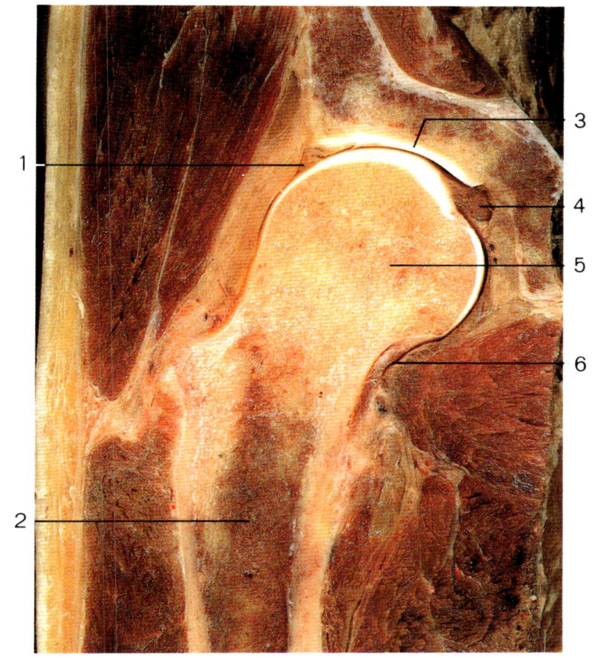

4.35 **Frontalschnitt durch das Hüftgelenk.**

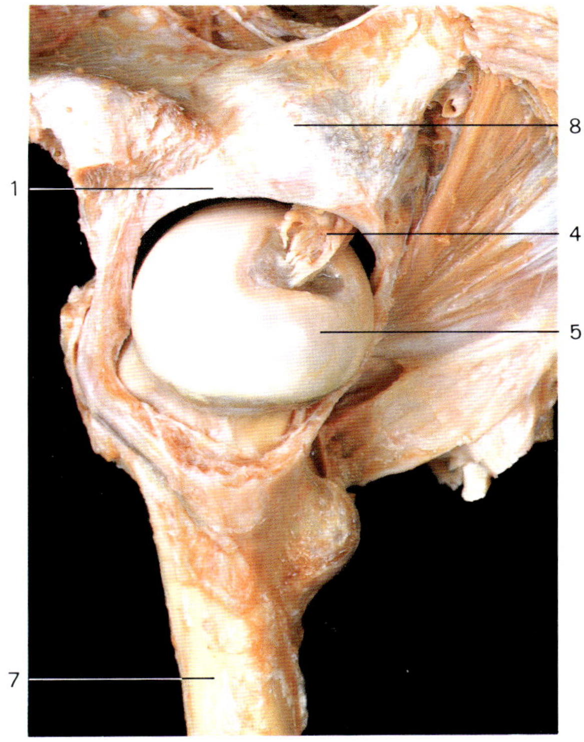

4.36 Rechtes Hüftgelenk (eröffnet, von vorne). Der Oberschenkelkopf wurde luxiert. Das Band des Femurkopfes hat keine Haltefunktion; es enthält Blutgefäße (Äste der A. obturatoria) zur Versorgung des Kopfes.

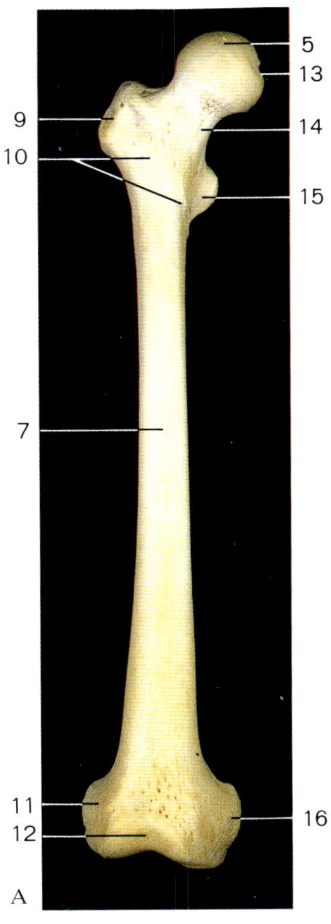

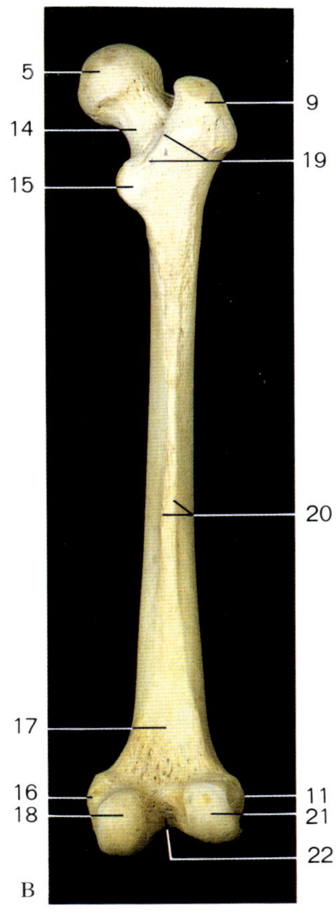

4.37 Rechter Oberschenkelknochen (Femur) (A = von vorne; B = von hinten).

1 Gelenklippe (Labrum acetabulare)
2 Oberschenkelknochen (Femur)
3 Hüftgelenkpfanne (Acetabulum)
4 **Kopfband (Ligamentum capitis femoris)**
5 **Hüftkopf (Caput femoris)**
6 **Gelenkhöhle** (Längsschnitt)
7 Schaft des Oberschenkelknochens (Corpus femoris)
8 Darmbein (Os ilium)
9 **Großer Rollhügel (Trochanter major)**
10 Linea intertrochanterica
11 Äußerer Obergelenkknorren (Epicondylus lateralis)
12 Gelenkfläche für die Kniescheibe (Facies patellaris)
13 Femurkopfgrube (Fovea capitis femoris)
14 **Oberschenkelhals (Collum femoris)**
15 **Kleiner Rollhügel (Trochanter minor)**
16 Innerer Oberschenkelgelenkknorren (Epicondylus medialis)
17 Kniekehlenfläche (Facies poplitea)
18 Innerer Gelenkknorren (Condylus medialis)
19 Knochenkamm zwischen den Rollhügeln (Crista intertrochanterica)
20 Rauhe Linie (Linea aspera)
21 Äußerer Gelenkknorren (Condylus lateralis)
22 Grube zwischen den Gelenkknorren (Fossa intercondylaris)

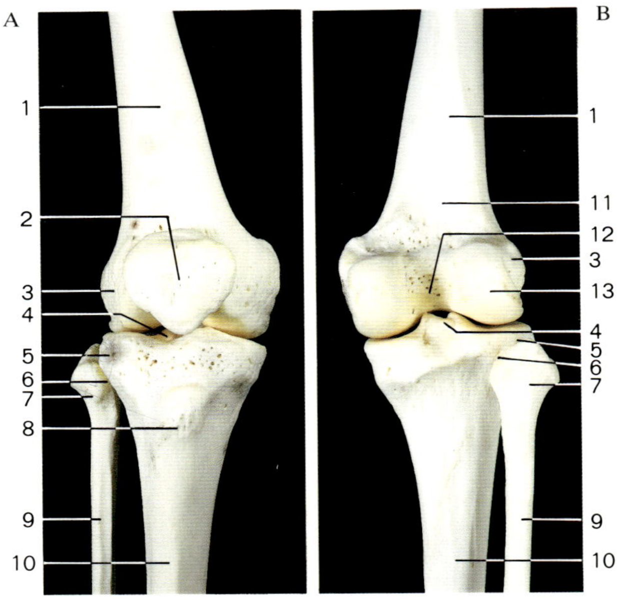

4.38 Gelenkkörper des rechten Kniegelenkes (A = von vorne; B = von hinten).

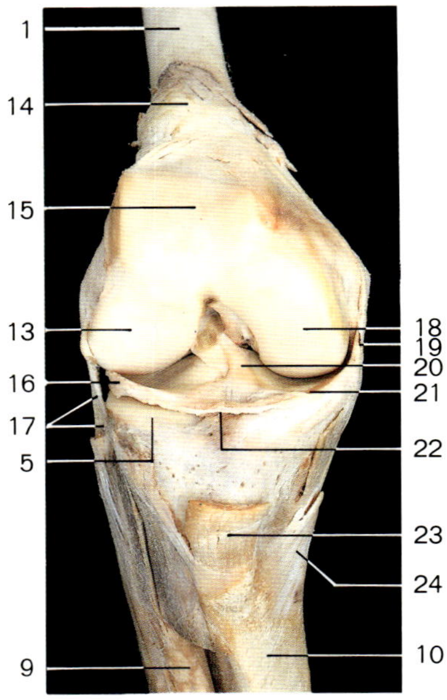

4.39A Rechtes Kniegelenk mit Bändern (von vorne). Gelenkkapsel und Kniescheibe wurden entfernt. Das Kniegelenk ist leicht gebeugt.

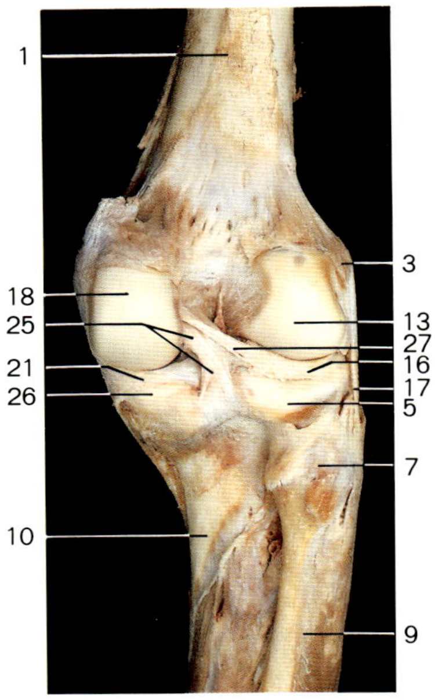

4.39B Rechtes Kniegelenk mit Bändern (von hinten); Streckstellung. Die Gelenkkapsel wurde entfernt.

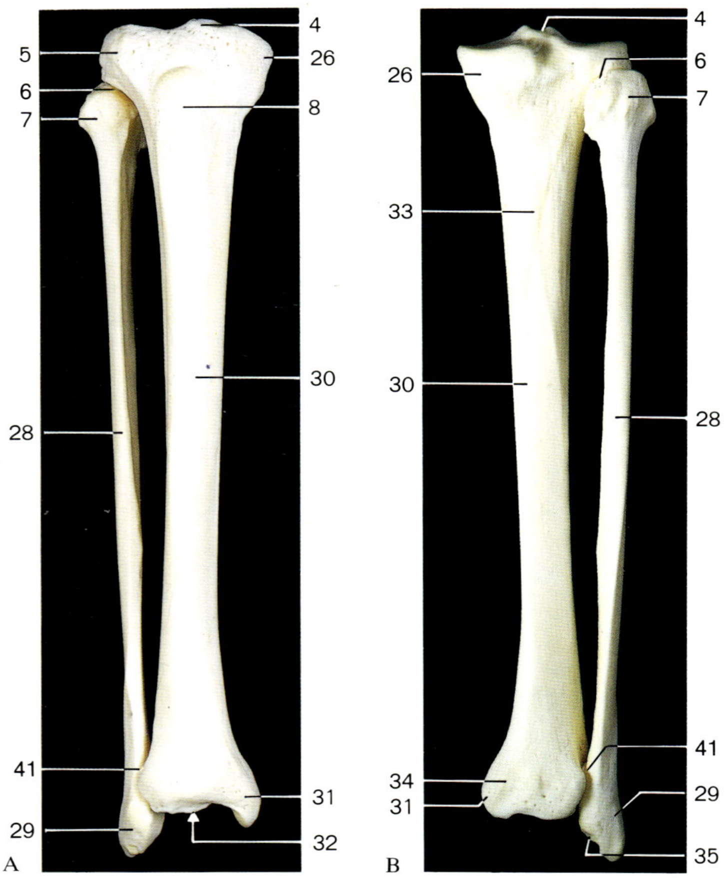

4.40 Unterschenkelknochen, Schienbein und Wadenbein (rechtes Bein). (A = von vorne; B = von hinten).

1 **Oberschenkelknochen (Femur)**
2 **Kniescheibe (Patella)**
3 Äußerer Oberschenkelknorren (Epicondylus lateralis)
4 Zwischenknochenerhebung (Eminentia intercondylaris tibiae)
5 Äußerer Gelenkknorren (Condylus lateralis tibiae)
6 Gelenk zwischen Tibia und Fibula **(Articulatio tibiofibularis)**
7 Wadenbeinkopf (Caput fibulae)
8 Schienbeinhöcker (Tuberositas tibiae)
9 **Wadenbein (Fibula)**
10 **Schienbein (Tibia)**
11 Kniekehlenfläche (Facies poplitea)
12 Grube zwischen den Gelenkknorren (Fossa intercondylaris)
13 Äußerer Gelenkknorren (Condylus lateralis femoris)
14 Gelenkkapsel mit Schleimbeutel (Capsula articularis genus mit Bursa suprapatellaris)
15 Gelenkfläche für die Kniescheibe (Facies patellaris)
16 **Äußerer Meniskus (Meniscus lateralis)**
17 Äußeres Seitenband (Ligamentum collaterale fibulare)
18 Innerer Gelenkknorren (Condylus medialis femoris)
19 Inneres Seitenband (Ligamentum collaterale tibiale)
20 **Vorderes Kreuzband (Ligamentum cruciatum anterius)**
21 **Innerer Meniskus (Meniscus medialis)**
22 Querband (Ligamentum transversum genus)
23 Kniescheibenband (Ligamentum patellae)
24 Gemeinsamer Ansatz von M. sartorius, semitendinosus und gracilis (Pes anserinus)
25 **Hinteres Kreuzband (Ligamentum cruciatum posterius)**
26 Innerer Gelenkknorren (Condylus medialis tibiae)
27 Lig. meniscofemorale posterius
28 Schaft des Wadenbeins (Corpus fibulae)
29 Wadenbeinknöchel (Malleolus lateralis)
30 Schaft des Schienbeins (Corpus tibiae)
31 Schienbeinknöchel (Malleolus medialis)
32 Gelenkfläche für das obere Sprunggelenk (Facies articularis inferior)
33 Ansatz des M. soleus (Linea solei)
34 Knöchelrinne (Sulcus malleolaris tibiae)
35 Gelenkfläche des äußeren Knöchels (Facies articularis malleoli)

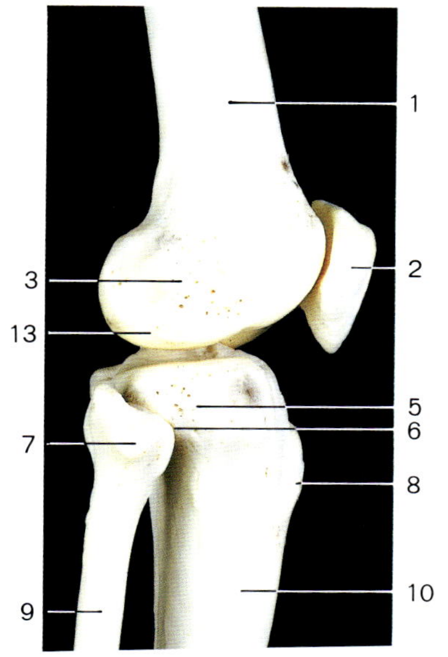

4.41 Gelenkkörper des rechten Kniegelenks (von lateral).

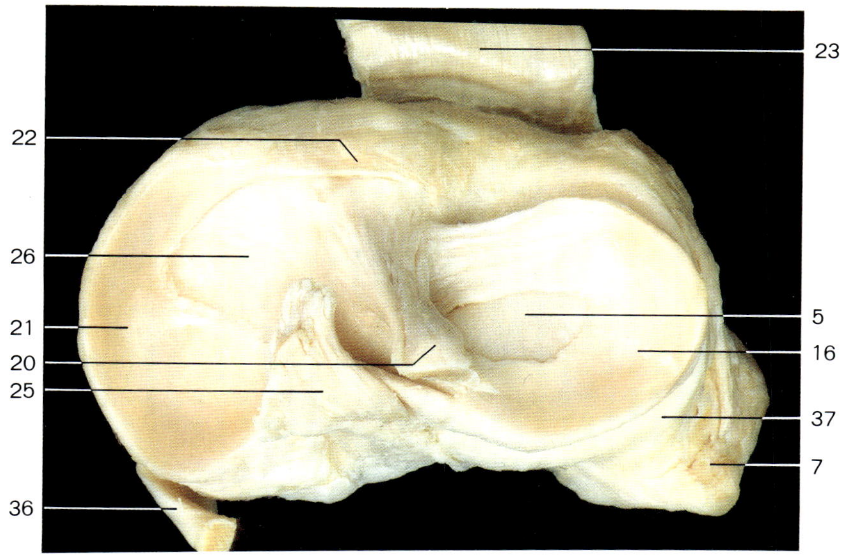

4.42 Obere Gelenkfläche des rechten Schienbeins mit Menisci und Kreuzbändern (von oben). Die Vorderfläche des Schienbeins zeigt zum oberen Bildrand.

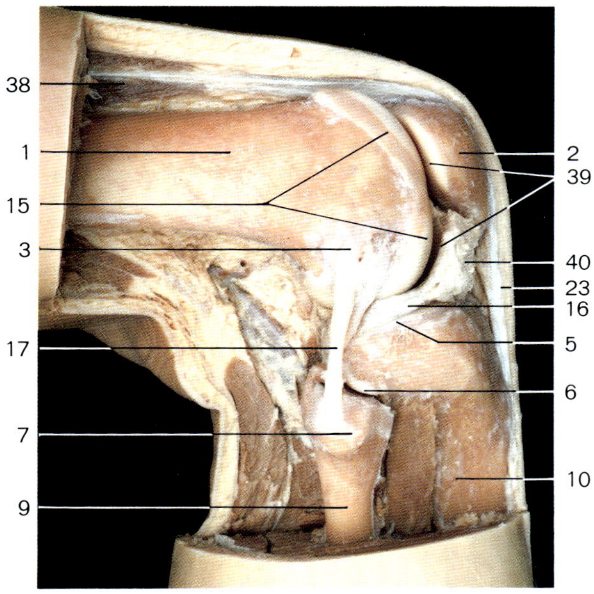

4.43 Rechtes Kniegelenk in Beugestellung (von lateral). Man beachte auch das obere Schien- und Wadenbeingelenk (Articulatio tibiofibularis).

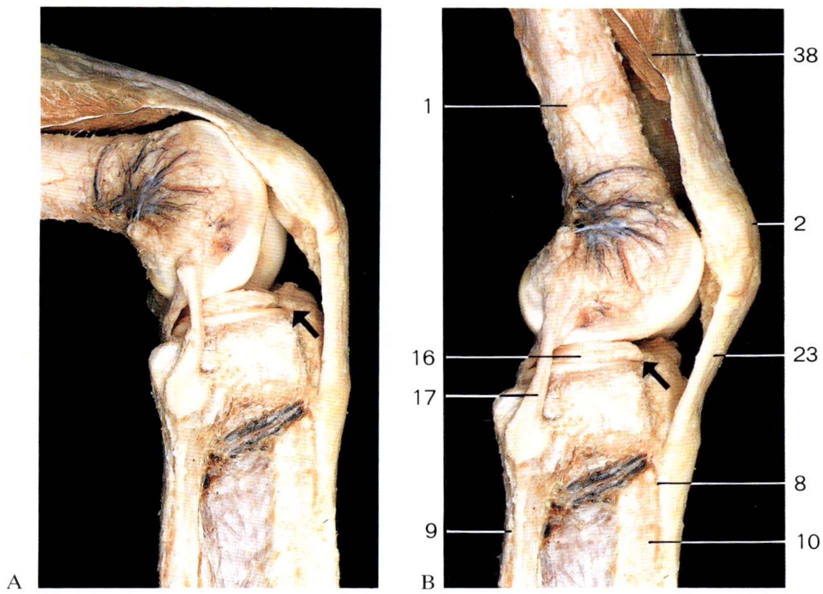

4.44 Rechtes Kniegelenk (von lateral) (A = Beugestellung; B = Streckstellung). Bei der Beugung verschiebt sich der laterale Meniskus (Pfeile) etwas nach hinten.

36 Sehne des M. semimembranosus
37 Hinterer Ansatz der Kniegelenkskapsel (Capsula articularis)
38 Vierköpfiger Oberschenkelmuskel (M. quadriceps femoris)
39 Kniegelenkshöhle (Cavitas articularis)
40 Infrapatellar Fettkörper (Corpus adiposum infrapatellare)
41 Bandhaft zwischen Tibia und Fibula (Syndesmosis tibiofibularis)

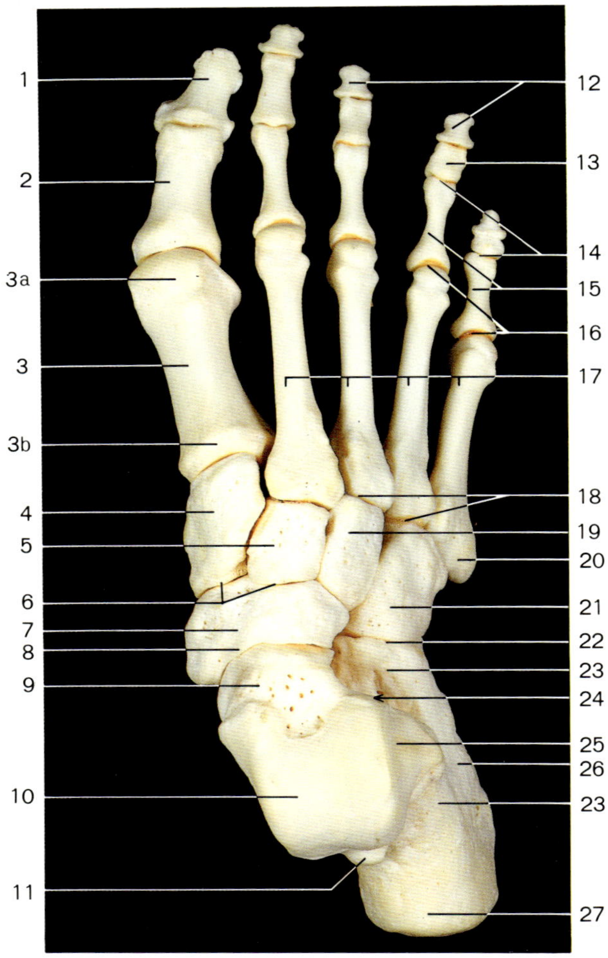

4.45 **Fußskelett** (rechter Fuß, von oben).

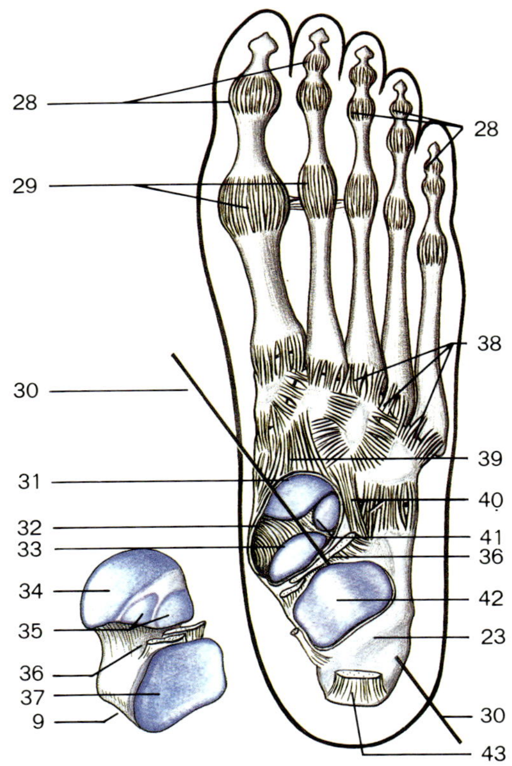

4.46 Bandapparat des rechten Fußes (von oben). Der Talus wurde seitlich so herausgeklappt, daß die miteinander artikulierenden Gelenkflächen des unteren Sprunggelenkes (Articulatio talocalcaneonavicularis) zu erkennen sind.

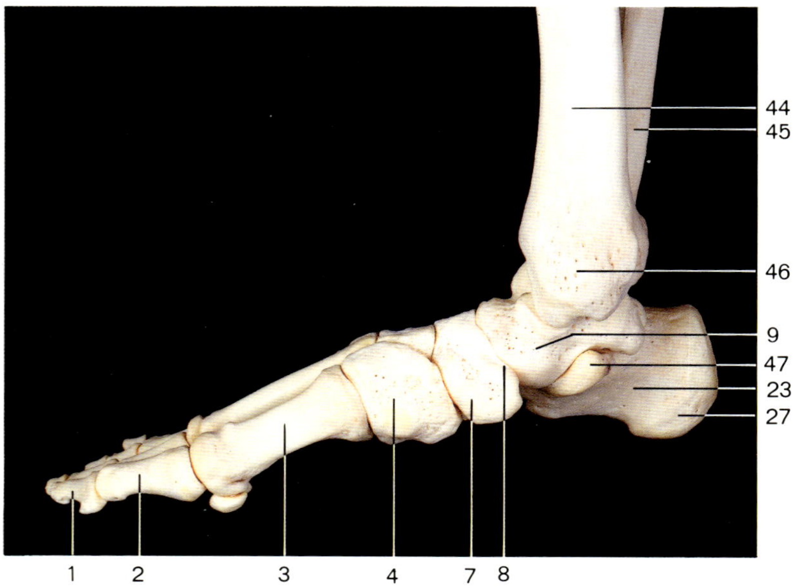

4.47 Knochen des rechten Fußes (von medial).

1 Endglied der Großzehe (Phalanx distalis hallucis)
2 Grundglied der Großzehe (Phalanx proximalis hallucis)
3 Erster Mittelfußknochen (Os metatarsale I)
a Kopf (Caput); b Basis
4 Inneres Keilbein (Os cuneiforme mediale)
5 Mittleres Keilbein (Os cuneiforme intermedium)
6 **Keilbein-Kahnbein-Gelenk (Articulatio cuneonavicularis)**
7 Kahnbein (Os naviculare)
8 **Unteres Sprunggelenk (Articulatio talocalcaneonavicularis)**
9 **Sprungbein (Talus)**
10 Sprungbeinrolle (Trochlea tali) für oberes Sprunggelenk (Articulatio talocruralis)
11 Hinterer Sprungbeinfortsatz (Processus posterior tali)
12 Zehenendglieder (Phalanges distales)
13 Zehenmittelglieder (Phalanges mediae)
14 **Zehengelenke (Articulationes interphalangeae)**
15 Zehengrundglieder (Phalanges proximales)
16 **Zehengrundgelenke (Art. metatarsophalangeae)**
17 Mittelfußkochen (Ossa metatarsalia)
18 **Fußwurzel-Mittelfußknochen-Gelenke (Articulationes tarsometatarsales)**
19 Laterales Keilbein (Os cuneiforme laterale)
20 Rauhigkeit am fünften Mittelfußknochen (Tuberositas ossis metatarsalis V)
21 Würfelbein (Os cuboideum)
22 **Fersenbein-Würfelbein-Gelenk (Art. calcaneocuboidea)**
23 Fersenbein (Calcaneus)
24 Mittelfußhöhle (Sinus tarsi)
25 Äußere Gelenkfläche des Sprungbeins (Facies malleolaris lateralis)

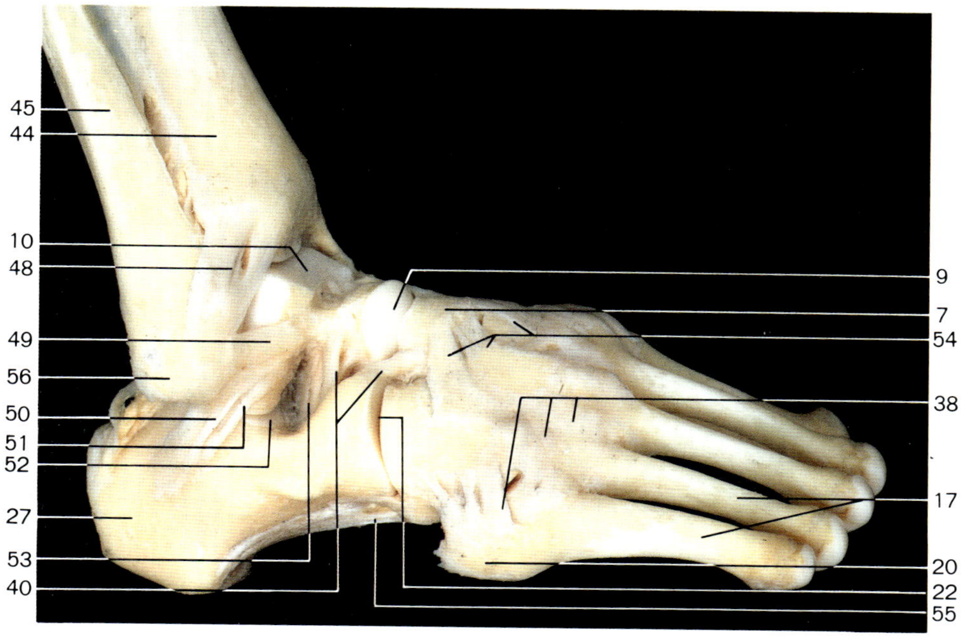

Fig. 4.48. **Ligamentos del pie derecho** (vista externa). 4.48 **Bandapparat des rechten Fußes** (von lateral).

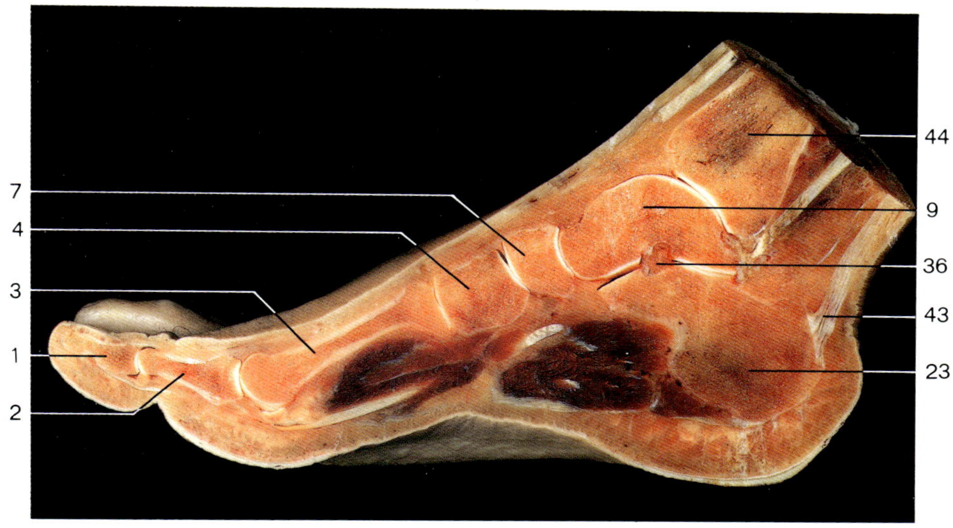

4.49 **Längsschnitt durch den rechten Fuß in Höhe des 1. Zehenstrahles.**

26 Knochenversorgung des **Calcaneus** (Trochlea peronealis)
27 Fersenbeinhöcker (Tuber calcanei)
28 Gelenkkapseln der Interphalangealgelenke
29 Gelenkkapseln der Metatarso-Phalangeal-Gelenke
30 Pro- bzw. Supinationsachse des Fußes
31 Gelenkfläche des Kahnbeins (Facies articularis ossis navicularis)
32 **Pfannenband (Ligamentum calcaneonaviculare plantare)**
33 Facies articularis talaris media des Calcaneus
34 Facies articularis navicularis des Talus
35 Facies articularis calcanea anterior und media des Talus
36 Zwischenknochenband (Ligamentum talocalcaneum interosseum)
37 Hintere Gelenkfläche des Sprungbeins für das Fersenbein (Facies articularis calcanea posterior)
38 Ligamenta tarsometatarsalia dorsalia
39 Sprungbein-Kahnbein-Band (Ligamentum talonaviculare)
40 **Gegabeltes Band (Ligamentum bifurcatum)**
41 Facies articularis talaris anterior des Calcaneus
42 Facies articularis talaris posterior des Calcaneus
43 Achillessehne (Tendo calcaneus)
44 Schienbein (Tibia)
45 Wadenbein (Fibula)
46 Innerer Knöchel (Malleolus medialis)
47 Stütze für das Sprungbein (Sustentaculum tali des Calcaneus)
48 Vorderes Schienbein-Wadenbein-Band (Ligamentum tibiofibulare anterius)
49 Vorderes Sprungbein-Wadenbein-Band (Ligamentum talofibulare anterius)
50 Fersenbein-Wadenbein-Band (Ligamentum calcaneofibulare)
51 Seitliches Sprungbein-Fersenbein-Band (Ligamentum talocalcaneum laterale)
52 **Gelenk zwischen Talus und Calcaneus, hinterer Teil des unteren Sprunggelenkes (Articulatio subtalaris)**
53 Zwischenknochenband (Ligamentum talocalcaneum interosseum)
54 Ligamenta cuneonavicularia dorsalia
55 Langes Fußsohlenband (Ligamentum plantare longum)
56 Äußerer Knöchel des Wadenbeins (Malleolus lateralis fibulae)

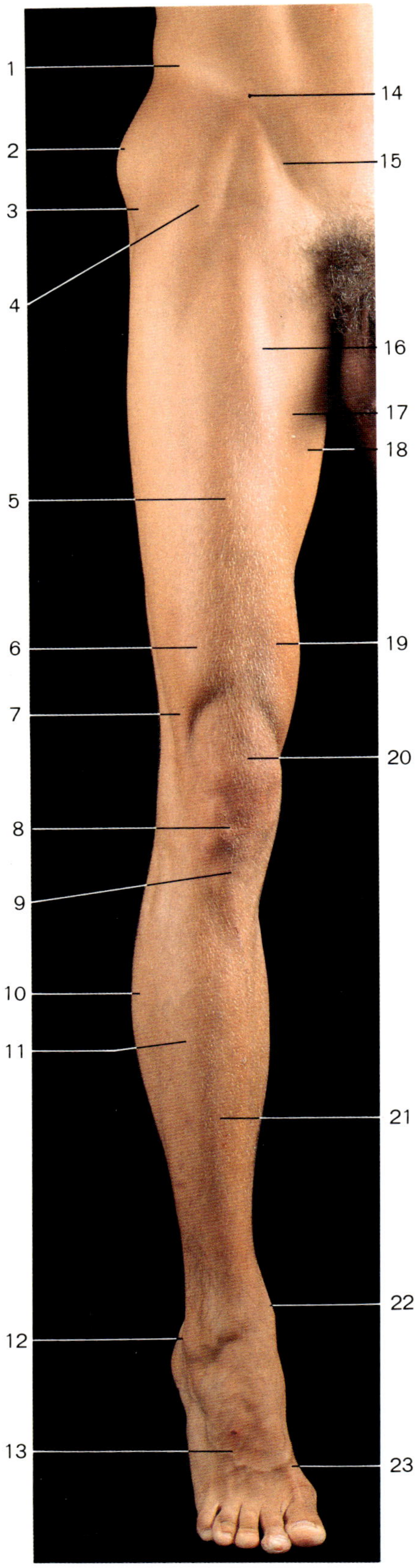

4.50 Oberflächenanatomie des rechten Beines (von vorne).

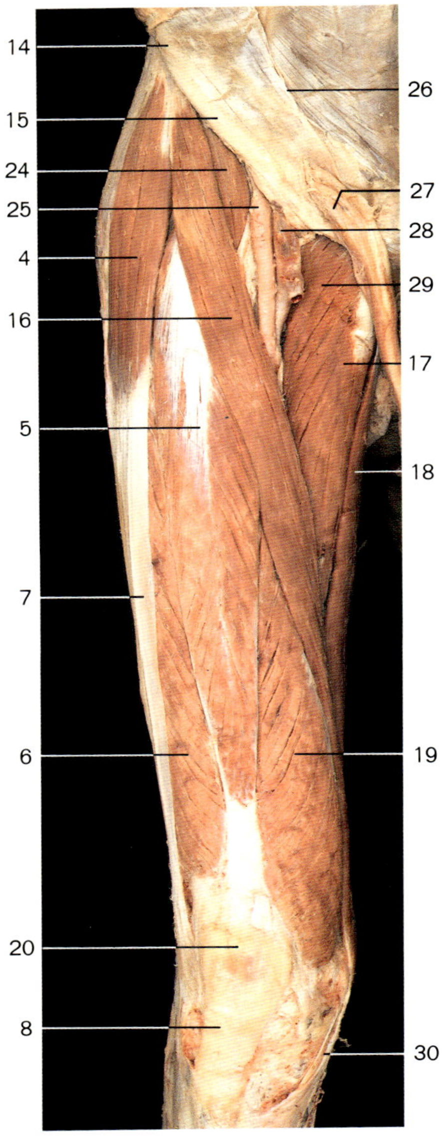

4.51 Oberschenkelmuskulatur. Strecker (Extensoren) und Anzieher (Adduktoren) des rechten Oberschenkels (von vorne).

1 Beckenkamm (Crista iliaca)
2 Mittlerer Gesäßmuskel (M. glutaeus medius)
3 Großer Rollhügel (Trochanter major)
4 Spannmuskel der Oberschenkelbinde (M. tensor fasciae latae)
5 **Gerader Oberschenkelmuskel (M. rectus femoris)**
6 **Äußerer breiter Oberschenkelmuskel (M. vastus lateralis)**
7 Sehnenzug in der Oberschenkelbinde (Tractus iliotibialis)
8 Kniescheibenband (Ligamentum patellae)
9 Schienbeinhöcker (Tuberositas tibiae)
10 Wadenmuskel (M. gastrocnemius)
11 **Vorderer Schienbeinmuskel (M. tibialis anterior)**
12 Äußerer Knöchel (Malleolus lateralis)
13 Venenbogen am Fußrücken (Arcus venosus dorsalis pedis)
14 Vorderer oberer Darmbeinstachel (Spina iliaca anterior superior)
15 Leistenband (Ligamentum inguinale)
16 **Schneidermuskel (M. sartorius)**
17 **Langer Anzieher (M. adductor longus)**
18 Schlanker Muskel (M. gracilis)
19 **Innerer Oberschenkelmuskel (M. vastus medialis)**
20 Kniescheibe (Patella)
21 Vordere Schienbeinkante (Margo anterior tibiae)
22 Innerer Knöchel (Malleolus medialis)

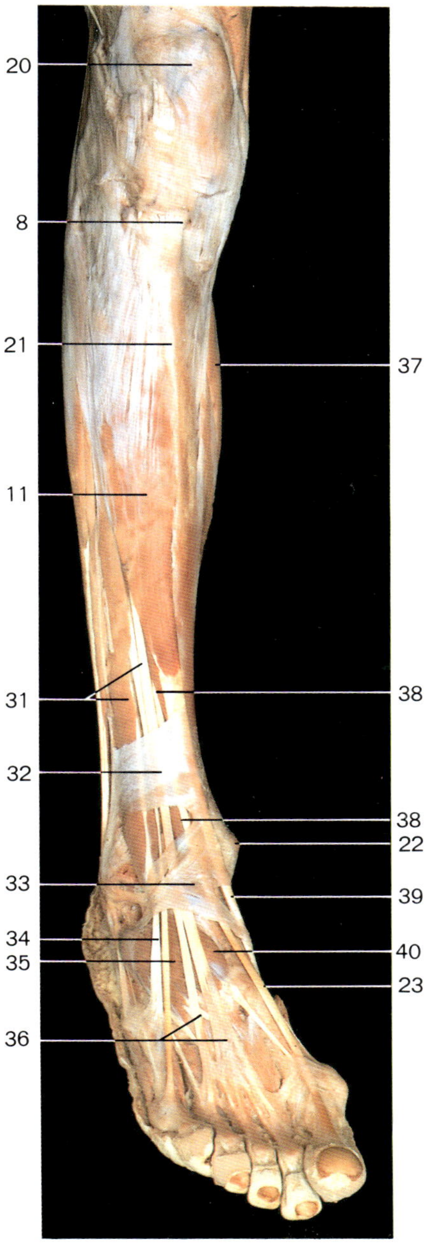

4.52 Strecker von Unterschenkel und Fuß (rechtes Bein, schräg von lateral-vorne).

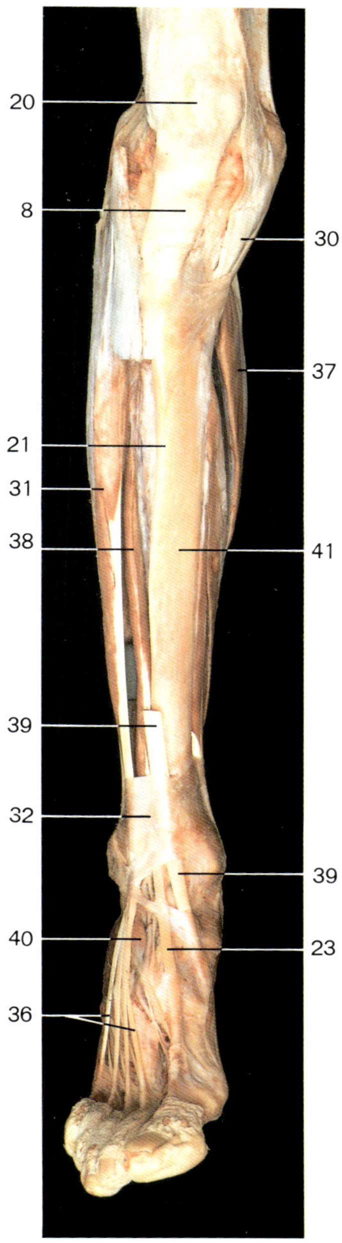

4.53 Strecker von Unterschenkel und Fuß (rechtes Bein, von vorne). Der M. tibialis anterior wurde weitgehend entfernt.

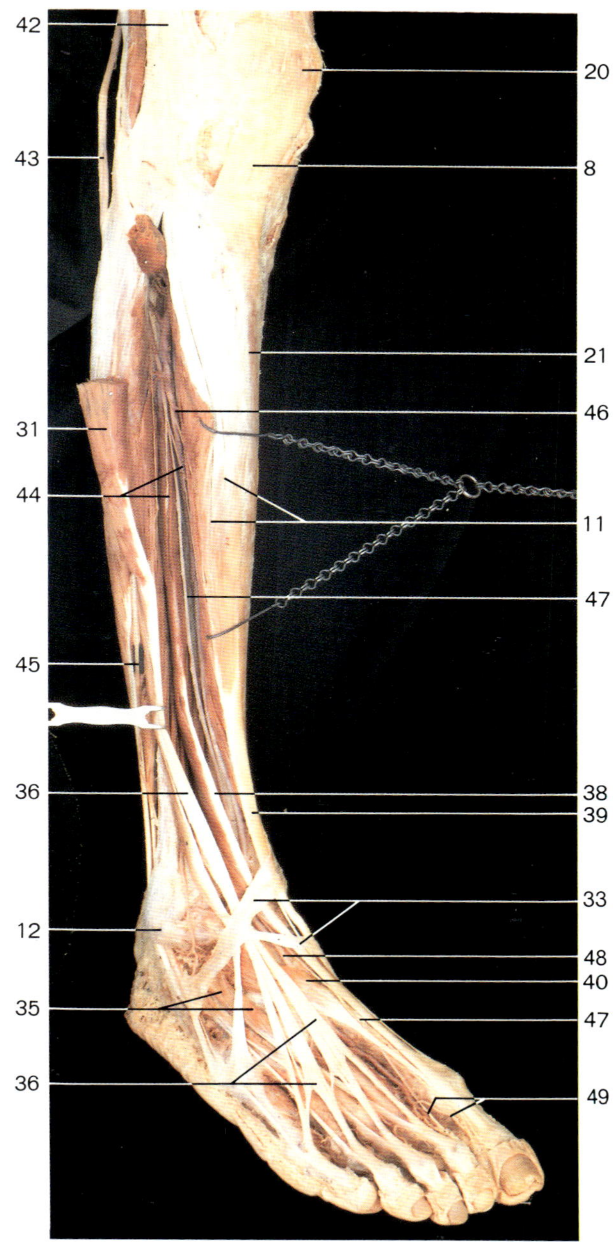

4.54 Rechtes Bein und Fußrücken, mittlere Schicht (schräg von vorne). Der lange Zehenstrecker wurde durchtrennt und zur Seite verlagert.

23 Sehne des langen Großzehenstreckers (M. extensor hallucis longus)
24 Lenden-Darmbein-Muskel (M. iliopsoas)
25 Oberschenkelarterie (A. femoralis)
26 Sehnenplatte des äußeren schrägen Bauchmuskels (Aponeurosis des M. obliquus externus abdominis)
27 Samenstrang (Funiculus spermaticus)
28 Oberschenkelvene (V. femoralis)
29 **Kamm-Muskel (M. pectineus)**
30 Gemeinsame Ansatzsehne des M. sartorius, M. gracilis und M. semitendinosus (Pes anserinus)
31 **Langer Zehenstrecker (M. extensor digitorum longus)**
32 Oberes Halteband der Strecksehnen (Retinaculum musculorum extensorum superius)
33 Unteres Halteband der Strecksehnen (Retinaculum musculorum extensorum inferius)
34 Sehne des dritten Wadenbeinmuskels (M. peronaeus tertius)
35 **Kurzer Zehenstrecker (M. extensor digitorum brevis)**
36 Sehnen des langen Zehenstreckers (M. extensor digitorum longus)
37 Schollenmuskel (M. soleus)
38 **Langer Großzehenstrecker (M. extensor hallucis longus)**
39 Sehne des vorderen Schienbeinmuskels (M. tibialis anterior)
40 Kurzer Zehenstrecker (M. extensor hallucis brevis)
41 Schienbein (Tibia)
42 Sehne des M. biceps femoris
43 Gemeinsamer Wadenbeinnerv (N. peronaeus communis)
44 Muskeläste des N. peronaeus profundus
45 Oberflächlicher Wadenbeinnerv (N. peronaeus superficialis)
46 Vordere Schienbeinarterie (A. tibialis anterior)
47 Tiefer Wadenbeinnerv (N. peronaeus profundus)
48 Fußrückenarterie (A. dorsalis pedis)
49 Dorsale Zehennerven, Endäste des tiefen Wadenbeinnerven (Nervi digitales dorsales)

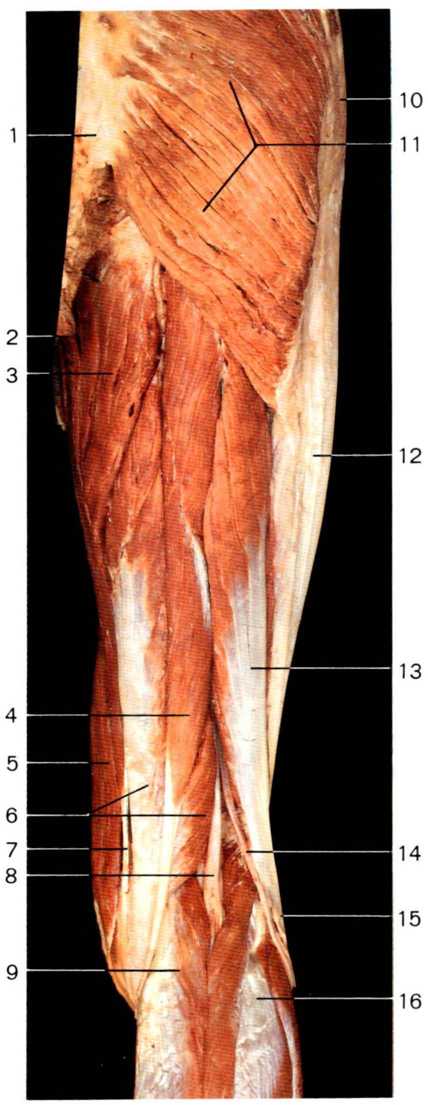

4.55 Oberschenkelmuskulatur, oberflächliche Schicht (rechtes Bein, von hinten).

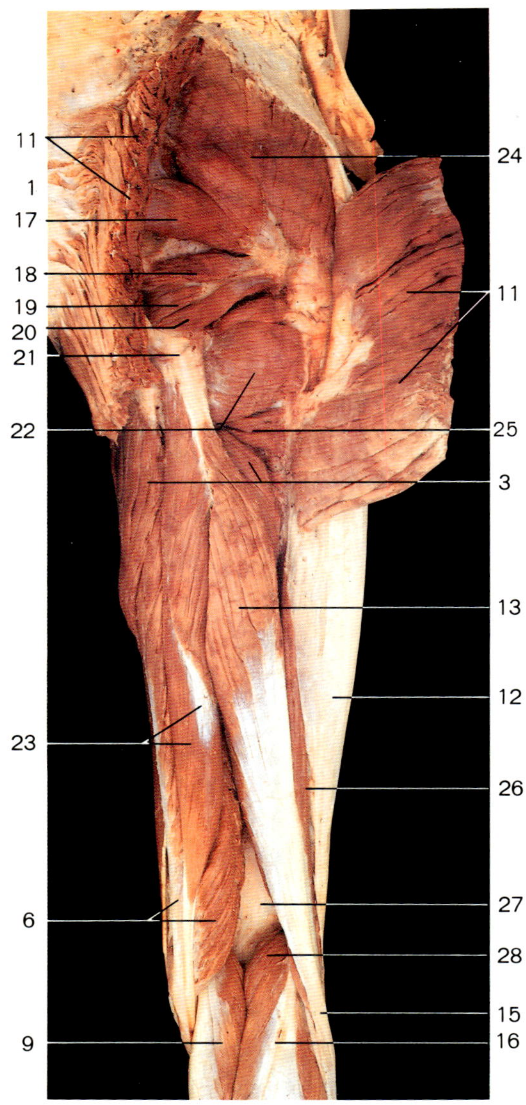

4.56 Oberschenkel- und Gesäßmuskulatur (rechtes Bein, von hinten). Der M. glutaeus maximus wurde durchtrennt und zur Seite geklappt.

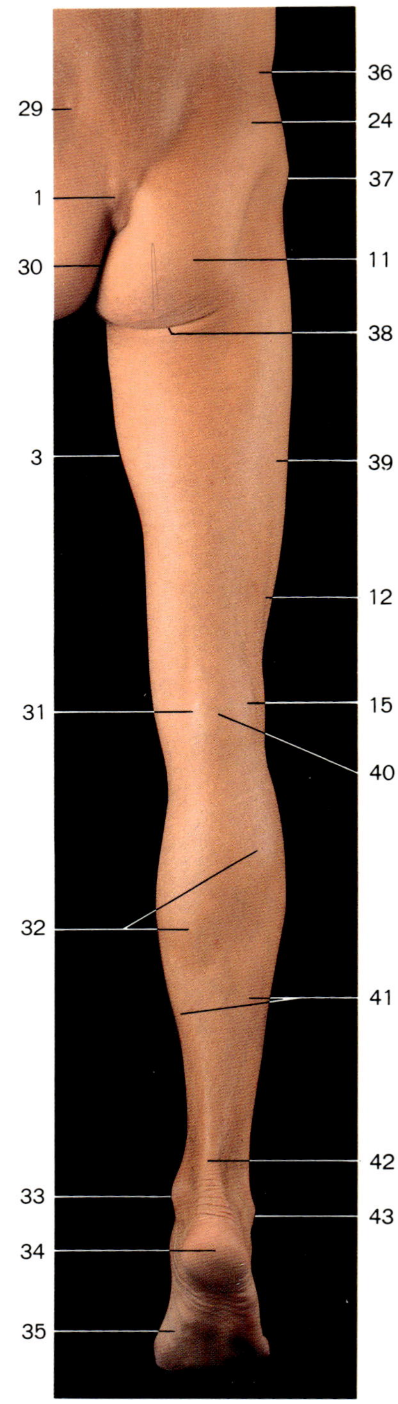

4.57 Oberflächenanatomie (rechtes Bein, von hinten).

1 Steißbein (Os coccygis)
2 After (Anus)
3 Großer Anzieher (M. adductor magnus)
4 **Halbsehniger Muskel (M. semitendinosus)**
5 Schneidermuskel (M. sartorius)
6 **Halbmembranöser Muskel (M. semimembranosus)**
7 Sehne des schlanken Muskels (M. gracilis)
8 Schienbeinnerv (N. tibialis)
9 Innerer Wadenmuskel (Caput mediale des M. gastrocnemius)
10 Spannmuskel der Oberschenkelbinde (M. tensor fasciae latae)
11 **Großer Gesäßmuskel (M. glutaeus maximus)**
12 Sehnenzug in der Oberschenkelbinde (Tractus iliotibialis)
13 Langer Kopf des **M. biceps femoris** (Caput longum)
14 Gemeinsamer Wadenbeinnerv (N. peronaeus communis)
15 Sehne des M. biceps femoris
16 Äußerer Wadenmuskel (Caput laterale des M. gastrocnemius)
17 **Birnenförmiger Muskel (M. piriformis)**
18 Oberer Zwillingsmuskel (M. gemellus superior)
19 Innerer Hüftlochmuskel (M. obturatorius internus)
20 Unterer Zwillingsmuskel (M. gemellus inferior)
21 Sitzbeinhöcker (Tuber ischiadicum)
22 Viereckiger Oberschenkelmuskel (M. quadratus femoris)
23 Halbsehniger Muskel (M. semitendinosus) mit Zwischensehne
24 **Mittlerer Gesäßmuskel (M. glutaeus medius)**
25 Kleinster Anzieher (M. adductor minimus)
26 Kurzer Kopf des M.biceps femoris (Caput breve)
27 Kniekehlenfläche des Femur (Facies poplitea)
28 Sohlenmuskel (M. plantaris)
29 Hinterer oberer Darmbeinstachel (Spina iliaca posterior superior)
30 Analfalte (Rima ani)
31 Sehnen des M. semitendinosus und M. semimembranosus
32 Wadenmuskel (M. gastrocnemius)
33 Innerer Knöchel (Malleolus medialis)
34 Fersenbein (Calcaneus)
35 Abspreizer der Großzehe (M. abductor hallucis)
36 Beckenkamm (Crista iliaca)
37 Großer Rollhügel (Trochanter major)
38 Glutealfalte
39 Äußerer Oberschenkelmuskel (M. vastus lateralis)
40 Kniekehle (Fossa poplitea)
41 Schollenmuskel (M. soleus)
42 Achillessehne (Tendo calcaneus)
43 Äußerer Knöchel (Malleolus lateralis)

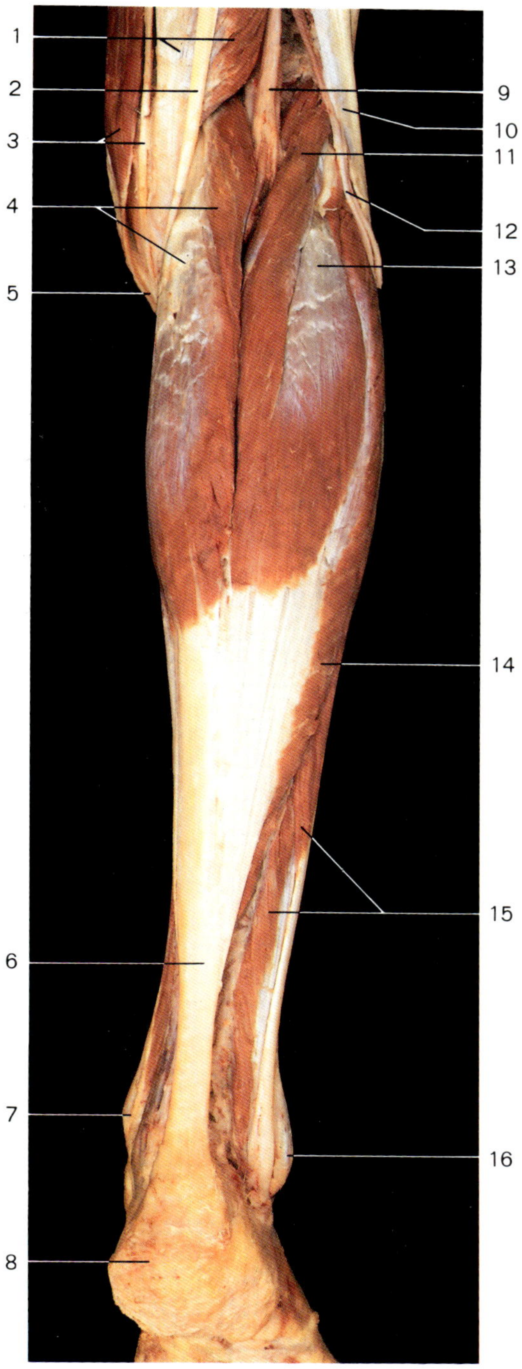

4.58 Beugemuskeln des Unterschenkels (rechtes Bein, von hinten).

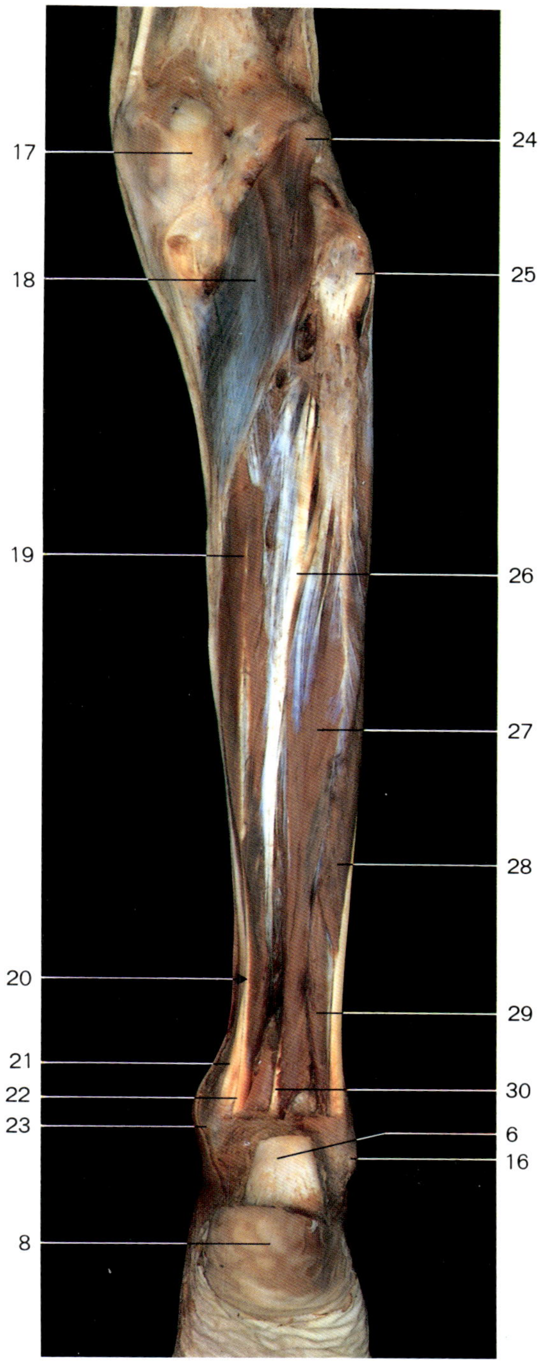

4.59 Tiefe Beugemuskeln des Unterschenkels (rechtes Bein, von hinten).

1 Halbmembranöser Muskel (M. semimembranosus)
2 Halbsehniger Muskel (M. semitendinosus)
3 Schneidermuskel (M. sartorius), Sehne des schlanken Muskels (M. gracilis)
4 Innerer Kopf des Wadenmuskels (Caput mediale des **M. gastrocnemius**)
5 Gemeinsame Ansatzsehne des M. gracilis, M. sartorius und M. semitendinosus (Pes anserinus)
6 **Achillessehne (Tendo calcaneus)**
7 Innerer Knöchel (Malleolus medialis)
8 Fersenbeinhöcker (Tuber calcanei)
9 Schienbeinnerv (N. tibialis)
10 Zweiköpfiger Oberschenkelmuskel (M. biceps femoris)
11 Sohlenmuskel (M. plantaris)
12 Gemeinsamer Wadenbeinnerv (N. peronaeus communis)
13 Äußerer Kopf des Wadenmuskels (Caput laterale des **M. gastrocnemius**)
14 Schollenmuskel (M. soleus)
15 Langer und kurzer Wadenbeinmuskel (M. peronaeus longus und brevis)
16 Äußerer Knöchel (Malleolus lateralis)
17 Innerer Gelenkknorren des Oberschenkelknochens (Condylus medialis)
18 **Kniekehlenmuskel (M. popliteus)**
19 **Langer Zehenbeuger (M. flexor digitorum longus)**
20 **Sehnenkreuzung (Chiasma tendinum crurale)**
21 Sehne des hinteren Schienbeinmuskels (M. tibialis posterior)
22 Sehne des langen Zehenbeugers (M. flexor digitorum longus)
23 Innerer Knöchel (Malleolus medialis)
24 Äußerer Gelenkknorren des Oberschenkelknochens (Condylus lateralis)
25 Wadenbeinköpfchen (Caput fibulae)
26 **Hinterer Schienbeinmuskel (M. tibialis posterior)**
27 **Langer Großzehenbeuger (M. flexor hallucis longus)**
28 Langer Wadenbeinmuskel (M. peronaeus longus)
29 Kurzer Wadenbeinmuskel (M. peronaeus brevis)
30 Sehne des langen Großzehenbeugers (M. flexor hallucis longus)

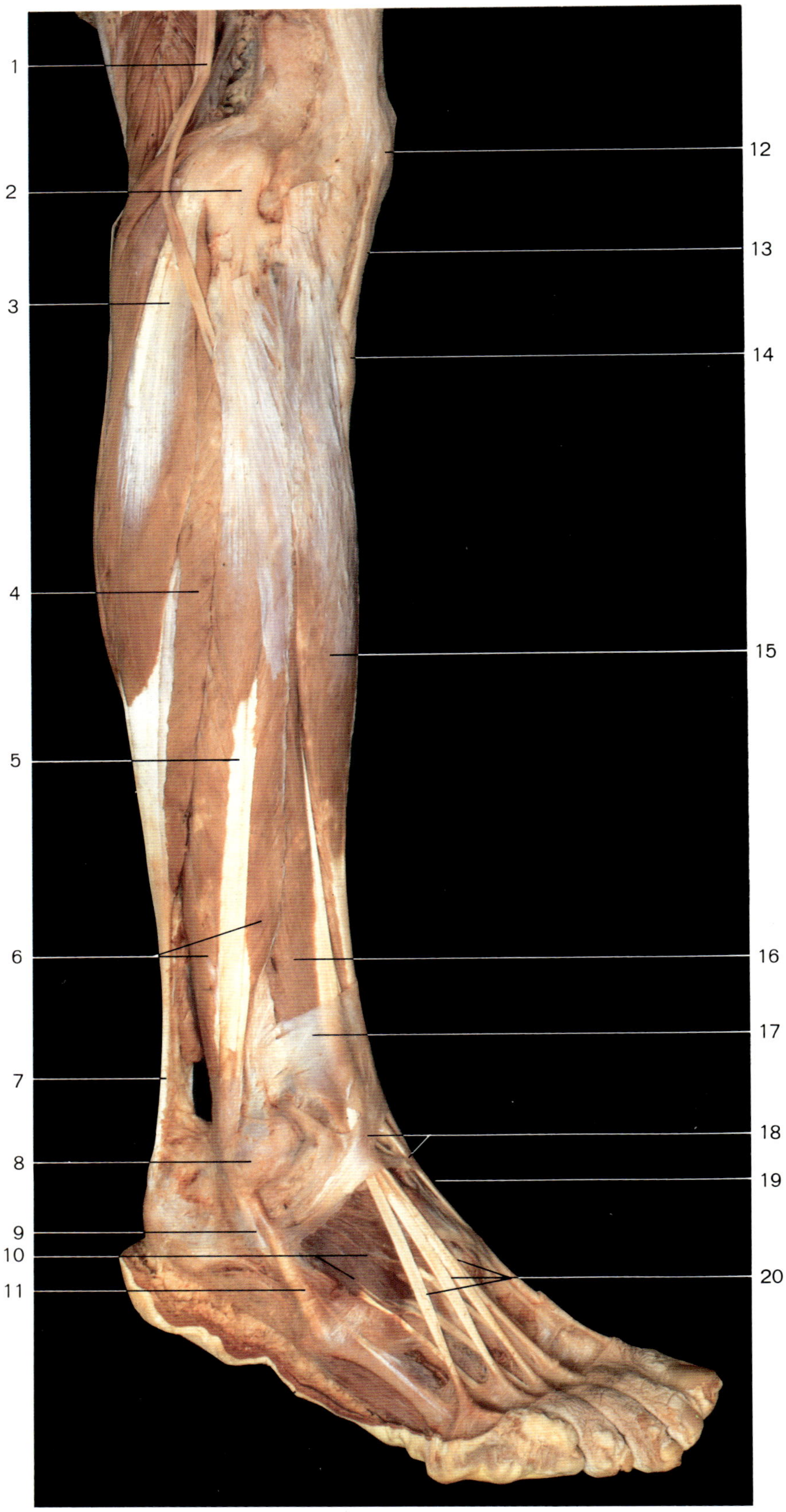

4.60 Muskulatur von Unterschenkel und Fuß (rechtes Bein, von lateral).

1 Gemeinsamer Wadenbeinnerv (N. peronaeus communis)
2 Wadenbeinköpfchen (Caput fibulae)
3 Äußerer Kopf des Wadenmuskels (Caput laterale des **M. gastrocnemius**)
4 **Schollenmuskel (M. soleus)**
5 **Langer Wadenbeinmuskel (M. peronaeus longus)**
6 **Kurzer Wadenbeinmuskel (M. peronaeus brevis)**
7 Achillessehne (Tendo calcaneus)
8 Äußerer Knöchel (Malleolus lateralis)
9 Sehne des langen Wadenbeinmuskels (M. peronaeus longus)
10 **Kurzer Zehenstrecker (M. extensor digitorum brevis)**
11 Sehne des kurzen Wadenbeinmuskels (M. peronaeus brevis)
12 Kniescheibe (Patella)
13 Kniescheibenband (Ligamentum patellae)
14 Schienbeinhöcker (Tuberositas tibiae)
15 **Vorderer Schienbeinmuskel (M. tibialis anterior)**
16 **Langer Zehenstrecker (M. extensor digitorum longus)**
17 Oberes Halteband der Strecksehnen (Retinaculum extensorum superius)
18 Unteres Halteband der Strecksehnen (Retinaculum extensorum inferius)
19 Sehne des langen Großzehenstreckers (M. extensor hallucis longus)
20 Sehnen des langen Zehenstreckers (M. extensor digitorum longus)
21 Innerer Gelenkknorren des Oberschenkelknochens (Condylus medialis femoris)
22 Schienbein (Tibia)
23 **Langer Zehenbeuger (M. flexor digitorum longus)**
24 Sehnenkreuzung am Unterschenkel (Chiasma tendinúm crurale)
25 Sehne des hinteren Schienbeinmuskels (M. tibialis posterior)
26 Abspreizer der Großzehe (M. abductor hallucis)
27 Sehne des langen Großzehenbeugers (M. flexor hallucis longus)
28 Äußerer Gelenkknorren des Oberschenkelknochens (Condylus lateralis femoris)
29 **Hinterer Schienbeinmuskel (M. tibialis posterior)**
30 Sehne des langen Zehenbeugers (M. flexor digitorum longus)
31 Halteband der Beugersehnen (Retinaculum flexorum)
32 Fersenbeinhöcker (Tuber calcanei)
33 Sehnenkreuzung an der Fußsohle (Chiasma plantare)
34 Viereckiger Sohlenmuskel (M. quadratus plantae)
35 Sehnen des kurzen Zehenbeugers (M. flexor digitorum brevis)
36 Würmchenmuskeln (Mm. lumbricales)
37 Kurzer Kleinzehenbeuger (M. flexor digiti minimi brevis)
38 **Kurzer Zehenbeuger (M. flexor digitorum brevis)**
39 Abspreizer der Kleinzehe (M. abductor digiti minimi)
40 Kurzer Großzehenbeuger (M. flexor hallucis brevis)
41 Fußsohlensehnenplatte (Aponeurosis plantaris) (durchtrennt)
42 Dorsale Zwischenknochenmuskeln (Mm. interossei dorsales)
43 Plantare Zwischenknochenmuskeln (Mm. interossei plantares)
44 Gegensteller der Kleinzehe (M. opponens digiti minimi)
45 Fünfter Mittelfußknochen (Tuberositas ossis metatarsalis V)
46 Langes Fußsohlenband (Ligamentum plantare longum)

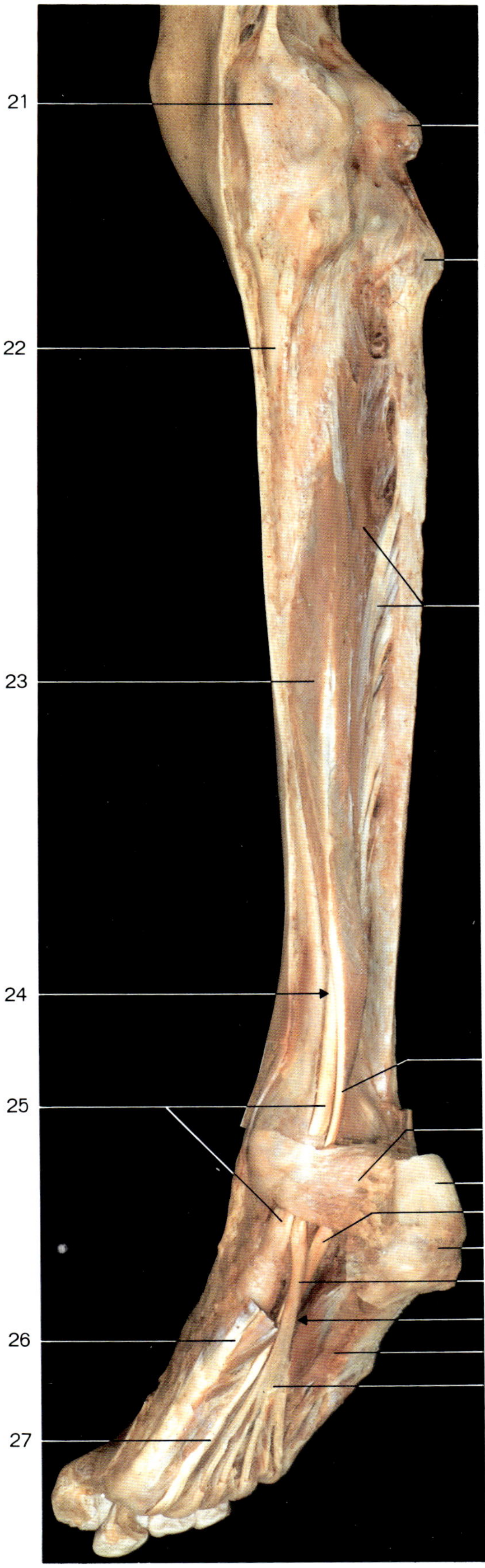

4.61 Tiefe Unterschenkelbeuger mit Fuß (rechtes Bein, schräg von medial hinten). M. flexor digitorum brevis und hallucis longus wurden entfernt.

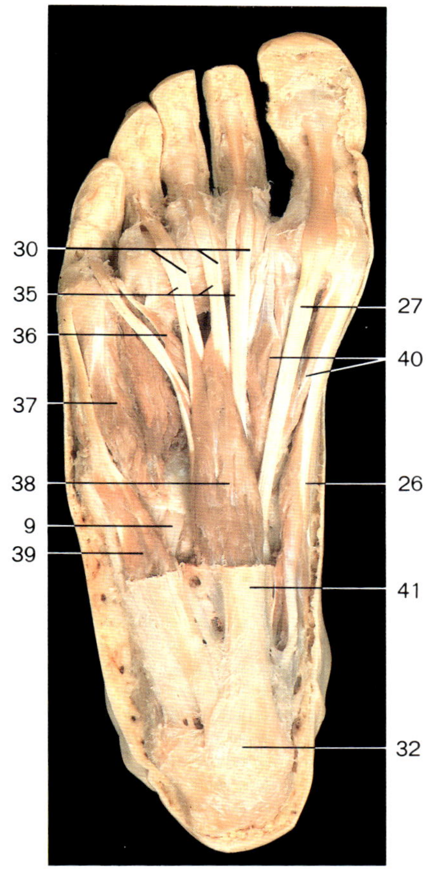

4.62 Muskulatur der Fußsohle, oberflächliche Schicht (von unten). Die Plantaraponeurose und die Muskelfaszien wurden entfernt.

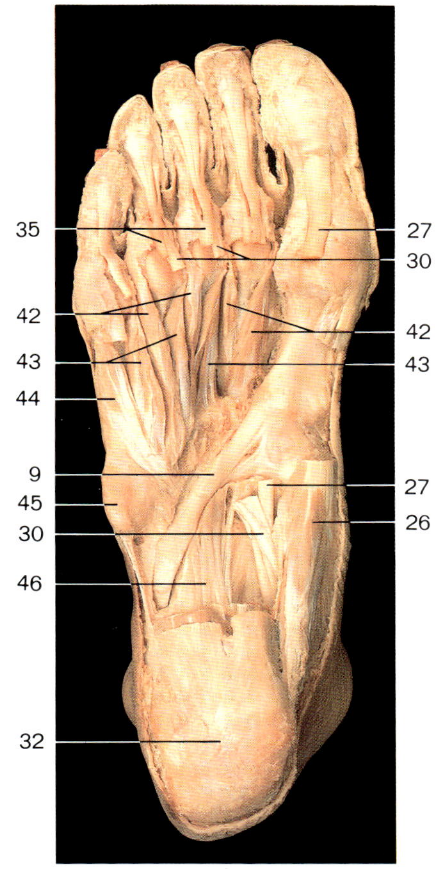

4.63 Muskulatur der Fußsohle, tiefste Schicht (von unten). Darstellung der Mm. interossei und des Kanals für die Sehne des M. peronaeus longus.

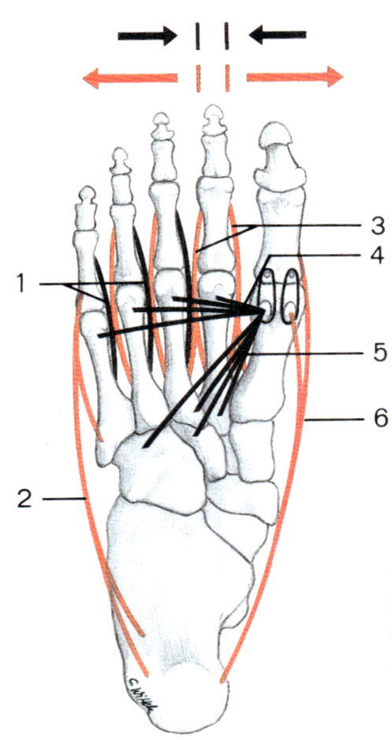

1 Plantare Zwischenknochenmuskeln (Mm. interossei plantares) (schwarz)
2 Abspreizer der Kleinzehe (M. abductor digiti minimi) (rot)
3 Dorsale Zwischenknochenmuskeln (Mm. interossei dorsales) (rot)
4 u. 5 Anzieher der Großzehe (M. adductor hallucis) (schwarz)
4 Querer Kopf (Caput transversum)
5 Schräger Kopf (Caput obliquum)
6 Abspreizer der Großzehe (M. abductor hallucis) (rot)

4.64 Verlauf der Anzieher und Abspreizer des Fußes (Schemazeichnung).
Schwarze Pfeile = Anziehen (Adduktion)
Rote Pfeile = Abspreizen (Abduktion)

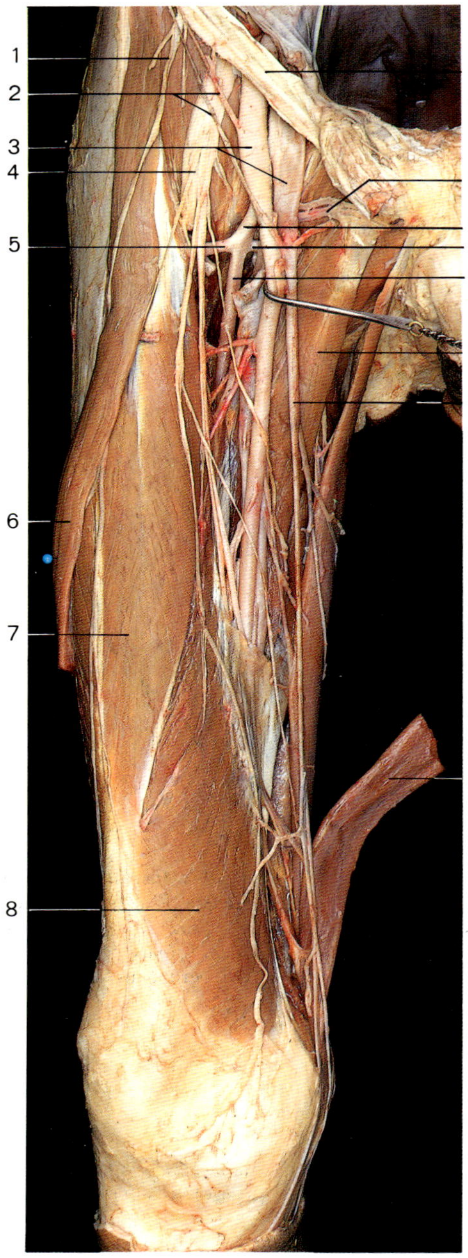

4.65 Arterien des Beines. Rechter Oberschenkel (von ventral)

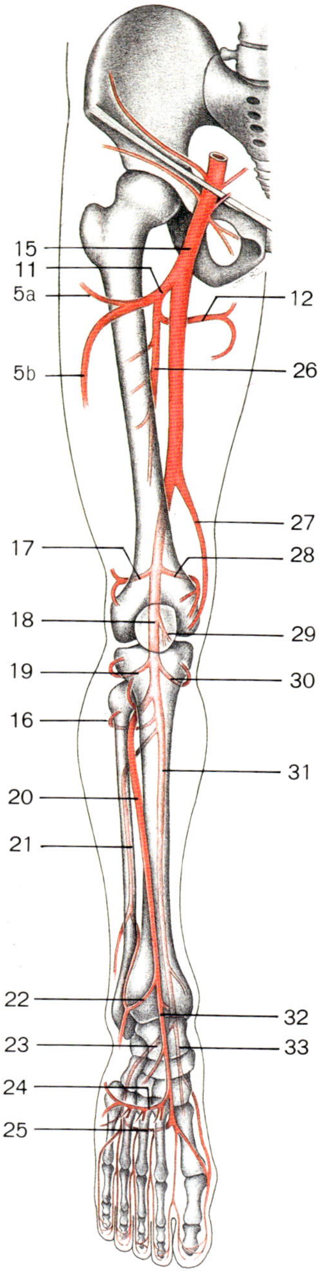

4.66 Arterien des rechten Beines (von vorne) (Schemazeichnung).

1 Seitlicher Hautnerv des Oberschenkels (N. cutaneus femoris lateralis)
2 Oberflächliche Beckenkammarterie und -vene (A. und V. circumflexa ilium superficialis)
3 Oberschenkelarterie und -vene (A. und V. femoralis)
4 **Oberschenkelnerv (N. femoralis)**
5 A. circumflexa femoris lateralis
  a Aufsteigender Ast (R. ascendens)
  b Absteigender Ast (R. descendens)
6 Schneidermuskel (M. sartorius, durchtrennt)
7 Gerader Oberschenkelmuskel (M. rectus femoris)
8 Medialer Oberschenkelstrekker (M. vastus medialis)
9 Leistenband (Ligamentum inguinale)
10 Äußere Schamarterie und -vene (A. und V. pudenda externa)
11 **Tiefe Oberschenkelarterie (A. profunda femoris)**
12 A. circumflexa femoris medialis
13 Langer Anzieher (M. adductor longus)
14 Große Rosenader (V. saphena magna)
15 **Oberschenkelarterie (A. femoralis)**
16 **A. recurrens tibialis posterior**
17 Äußere, obere Kniearterie (A. genus superior lateralis)
18 Kniekehlenarterie (A. poplitea)
19 Äußere, untere Kniearterie (A. genus inferior lateralis)
20 **Vordere Schienbeinarterie (A. tibialis anterior)**
21 Wadenbeinarterie (A. peronea)
22 Äußere, vordere Knöchelarterie (A. malleolaris anterior lateralis)
23 Seitliche Fußsohlenarterie (A. plantaris lateralis)
24 Bogenarterie mit dorsalen Mittelfußarterien (A. arcuata)
25 **Arterienbogen der Fußsohle** mit plantaren Mittelfußarterien (**Arcus plantaris**)
26 A. profunda femoris mit Aa. perforantes
27 Absteigende Kniearterie (A. genus descendens)
28 Innere, obere Kniearterie (A. genus superior medialis)
29 Mittlere Kniearterie (A. genus media)
30 Innere, untere Kniearterie (A. genus inferior medialis)
31 **Hintere Schienbeinarterie (A. tibialis posterior)**
32 **Fußrückenarterie (A. dorsalis pedis)**
33 Innere Fußsohlenarterie (A. plantaris medialis)

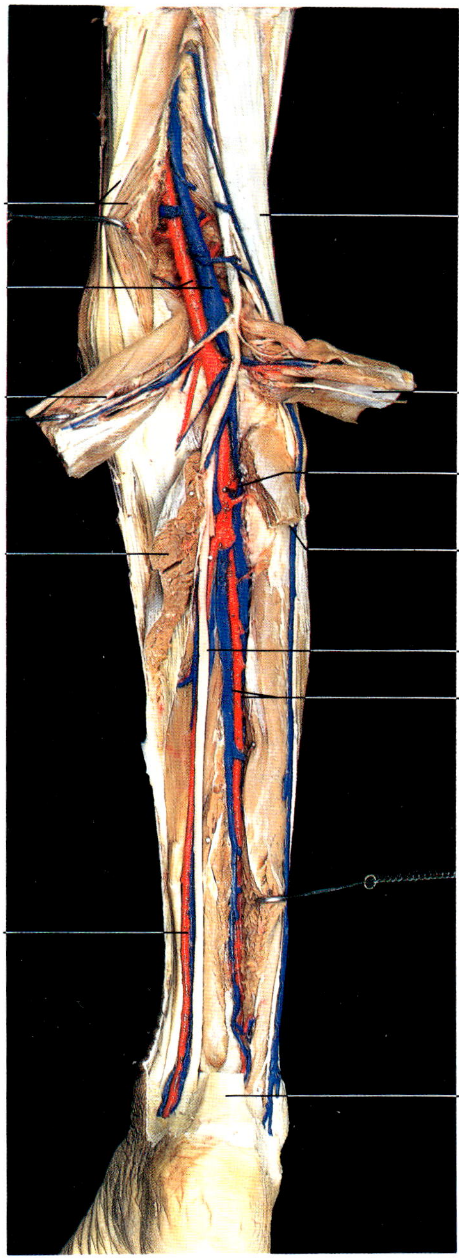

4.67 Arterien des Beines, Kniekehle und Unterschenkel
(von hinten)

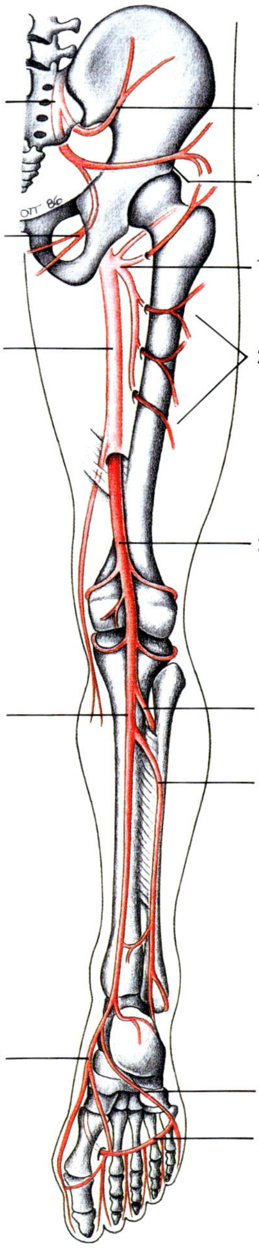

4.68 Arterien des Beines
(von hinten) (Schemazeichnung).

1 Halbsehniger Muskel (M. semitendinosus), halbmembranöser Muskel (M. semimembranosus)
2 **Kniekehlenarterie und -vene (A. und V. poplitea)**
3 Medialer Kopf des Wadenmuskels (Caput mediale des M. gastrocnemius, durchtrennt)
4 Schollenmuskel (M. soleus)
5 **Hintere Schienbeinarterie und -vene (A. und V. tibialis posterior)**
6 Zweiköpfiger Oberschenkelmuskel (M. biceps femoris)
7 Lateraler Kopf des Wadenmuskels (Caput laterale des M. gastrocnemius, durchtrennt)
8 **Vordere Schienbeinarterie (A. tibialis anterior)**
9 **Schienbeinnerv (N. tibialis)**
10 Wadenbeinarterie und -vene (A. und V. peronaea)
11 Achillessehne (Tendo calcaneus, durchtrennt)
12 Innere Beckenschlagader (A. iliaca interna)
13 Hüftlocharterie (A. obturatoria)
14 **Oberschenkelarterie (A. femoralis)**
15 Hintere Schienbeinarterie (A. tibialis posterior)
16 Innere Fußsohlenarterie (A. plantaris medialis)
17 Obere Gesäßschlagader (A. glutaea superior)
18 Untere Gesäßschlagader (A. glutaea inferior)
19 Tiefe Oberschenkelarterie (A. profunda femoris)
20 Aa. perforantes
21 **Kniekehlenarterie (A. poplitea)**
22 Wadenbeinarterie (A. peronaea)
23 Äußere Fußsohlenarterie (A. plantaris lateralis)
24 **Arterienbogen der Fußsohle (Arcus plantaris)**

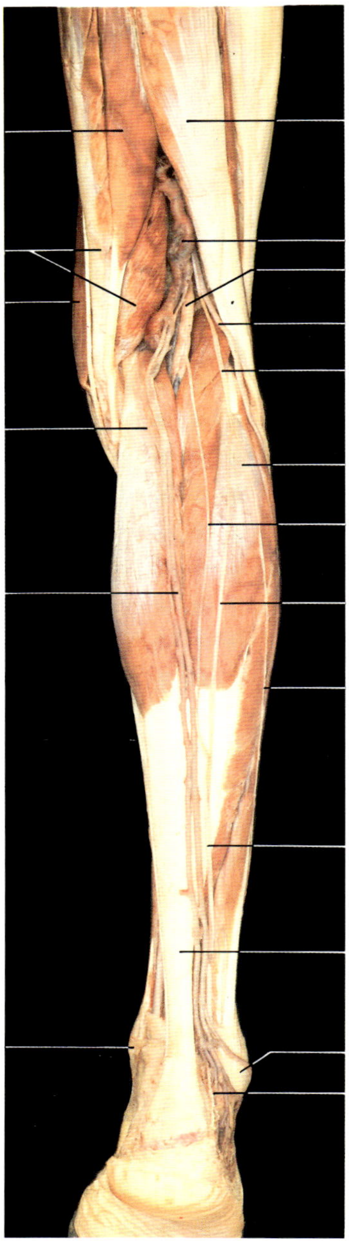

4.69 Hautnerven und -venen des rechten Beines (von hinten). Die Faszien wurden entfernt.

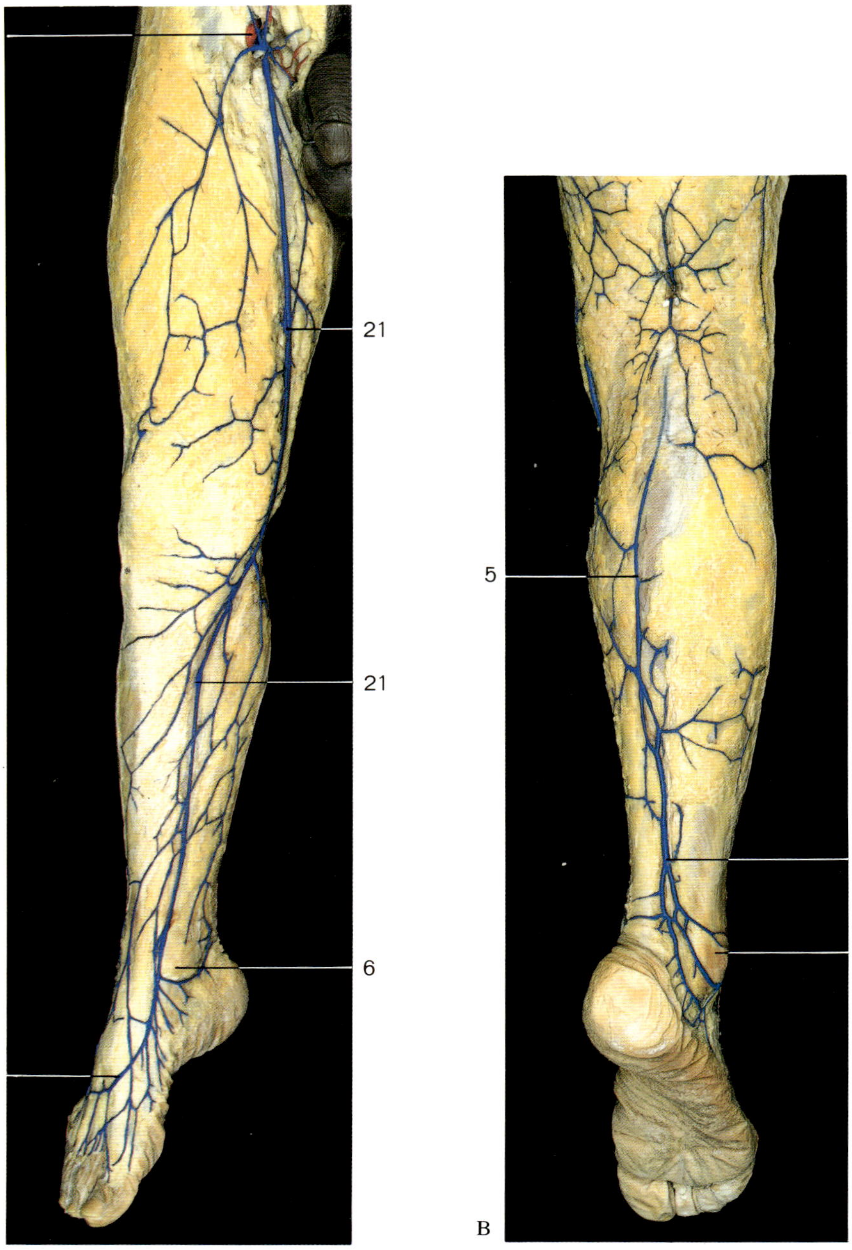

4.70 Oberflächliche Venen des rechten Beines. A = von vorne-innen; B = von hinten. Die Venen wurden mit blauem Kunststoff injiziert.

1 Halbsehniger Muskel (M. semitendinosus)
2 Halbmembranöser Muskel (M. semimembranosus)
3 Schneidermuskel (M. sartorius)
4 Medialer Kopf des Wadenmuskels (Caput mediale des M. gastrocnemius)
5 **Kleine Rosenader (V. saphena parva)**
6 Innerer Knöchel (Malleolus medialis)
7 Zweiköpfiger Oberschenkelbeuger (M. biceps femoris)
8 Krampfader (krankhaft veränderte und erweiterte Vene)
9 **Schienbeinnerv (N. tibialis)**
10 **Gemeinsamer Wadenbeinnerv (N. peronaeus communis)**
11 Seitlicher Hautnerv des Unterschenkels (N. cutaneus surae lateralis)
12 Lateraler Kopf des Wadenmuskels (Caput laterale des M. gastrocnemius)
13 Medialer Hautnerv des Unterschenkels (N. cutaneus surae medialis)
14 Verbindungsast des Wadenbeinnerven (Ramus communicans peronaeus)
15 Unterschenkel-Hautnerv (N. suralis)
16 Achillessehne (Tendo calcaneus)
17 Äußerer Knöchel (Malleolus lateralis)
18 Hautnervenäste zum Knöchel (Rami calcanei des N. suralis)
19 Öffnung in der Schenkelbinde (Hiatus saphenus)
20 **Venenbogen am Fußrücken (Arcus venosus dorsalis pedis)**
21 **Große Rosenader (V. saphena magna)**

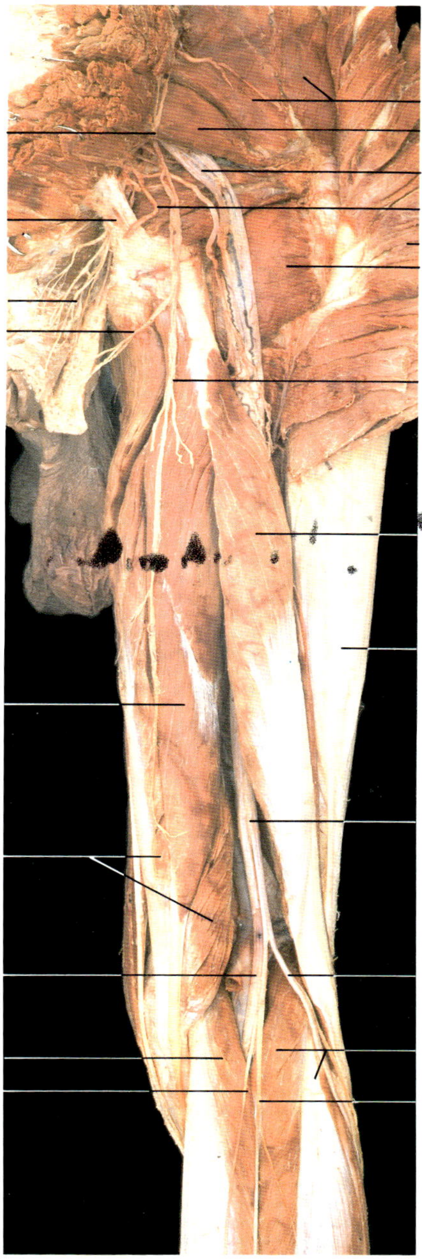

4.71 Oberschenkel und Glutealregion (rechtes Bein, von hinten). Der große Gesäßmuskel wurde durchtrennt und zurückgeklappt.

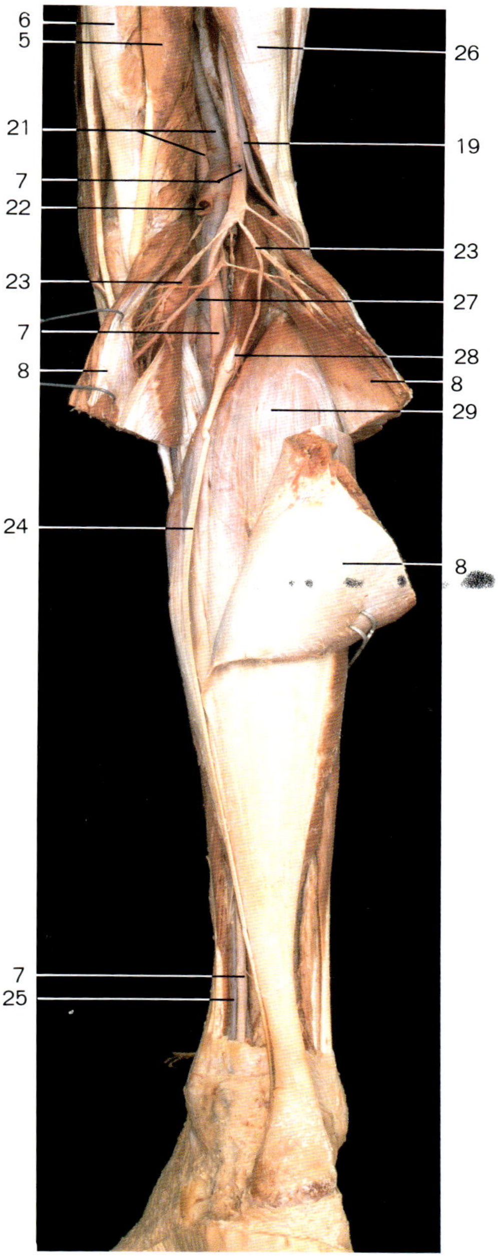

4.72 Rechter Unterschenkel und Kniekehle (von hinten). Der Wadenmuskel wurde durchtrennt.

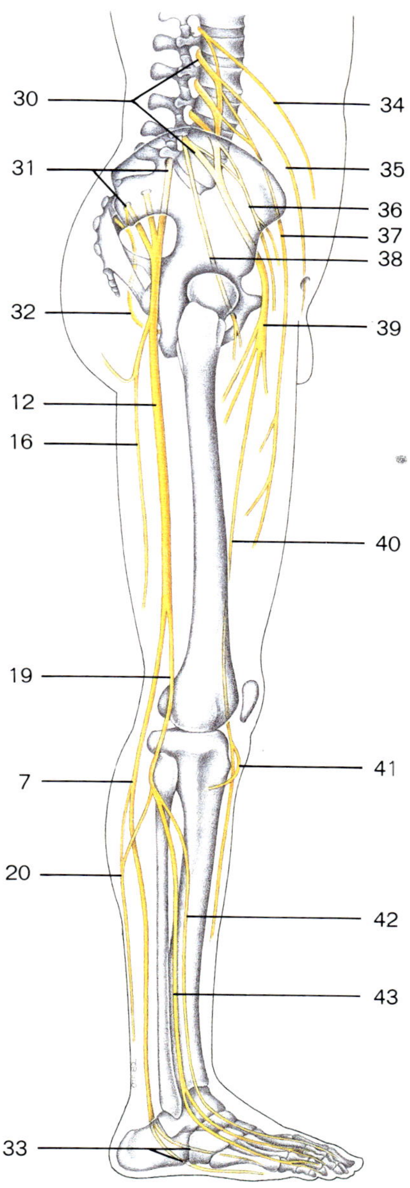

4.73 Nerven der unteren Extremität (rechtes Bein, von der Seite)

1 N. glutaeus inferior
2 Lig. sacrotuberale
3 Untere Rektumäste des N. pudendus
4 Hautäste zur Dammregion des N. cutaneus femoris posterior
5 M. semitendinosus
6 M. semimembranosus
7 **Schienbeinnerv (N. tibialis)**
8 Wadenmuskel (M. gastrocnemius)
9 N. cutaneus surae medialis
10 M. glutaeus medius
11 M. piriformis
12 **Ischiasnerv (N. ischiadicus)**
13 A. glutaea inferior
14 M. glutaeus maximus
15 M. quadratus femoris
16 N. cutaneus femoris posterior
17 Langer Kopf des M. biceps femoris
18 Sehnenzug in der Oberschenkelfaszie (Tractus iliotibialis)
19 **Gemeinsamer Wadenbeinnerv (N. peronaeus communis)**
20 N. cutaneus surae lateralis
21 Kniekehlenarterie und -vene (A. und V. poplitea)
22 Kleine Rosenader (V. saphena parva, durchtrennt)
23 Muskelast des N. tibialis
24 Sehne des M. plantaris
25 A. tibialis posterior
26 M. biceps femoris
27 Muskelarterien (Aa. surales)
28 Sohlenmuskel (M. plantaris)
29 Schollenmuskel (M. soleus)
30 Nervengeflecht der Lendenwirbelsäule (Plexus lumbalis) (Th_{12} – L_4)
31 Nervengeflecht des Kreuzbeins (Plexus sacralis) (L_4 – S_4)
32 **Schamnerv (N. pudendus)**
33 Innerer und äußerer Fußsohlennerv (N. plantaris medialis und lateralis)
34 N. iliohypogastricus
35 N. ilioinguinalis
36 N. genitofemoralis
37 N. cutaneus femoris lateralis
38 Hüftlochnerv (N. obturatorius)
39 **Oberschenkelnerv (N. femoralis)**
40 N. saphenus
41 Ast des N. saphenus für die Haut unterhalb der Kniescheibe (R. infrapatellaris)
42 **Tiefer Wadenbeinnerv (N. peronaeus profundus)**
43 **Oberflächlicher Wadenbeinnerv (N. peronaeus superficialis)**

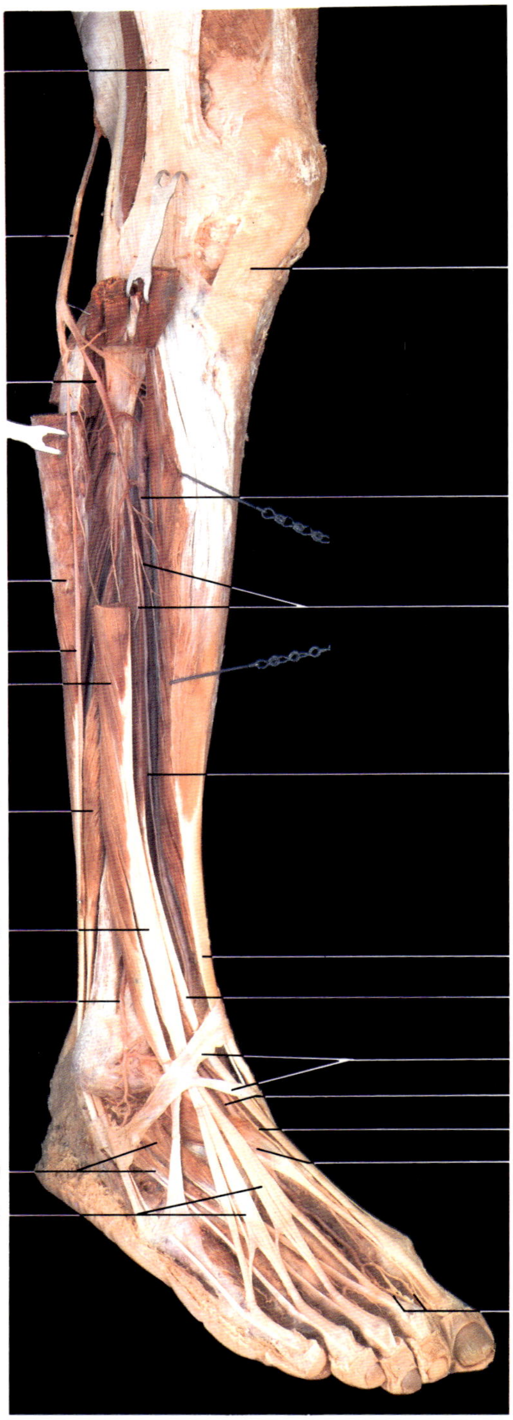

4.74 Rechter Unterschenkel (tiefe Schicht) und Fußrücken (schräg von vorne). Der lange Zehenstrecker und Wadenbeinmuskel wurden teilweise entfernt. Der Wadenbeinnerv wurde etwas angehoben, um seinen Verlauf um das Wadenbeinköpfchen zu zeigen.

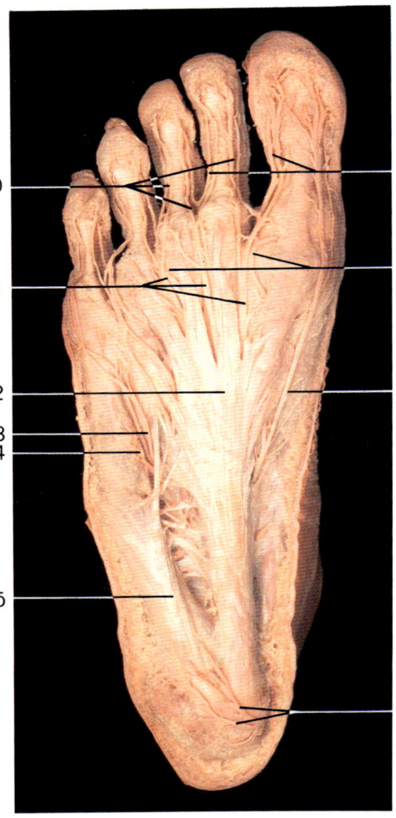

4.75 Oberflächliche Schicht der Fußsohle (Planta pedis) (von unten).

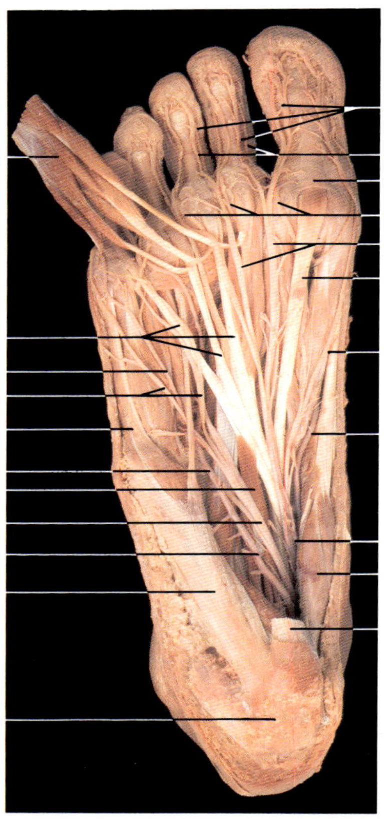

4.76 Mittlere Schicht der Fußsohle (von unten). Der kurze Zehenbeuger wurde durchtrennt und nach vorne umgeklappt.

1 Sehne des M. biceps femoris
2 **Gemeinsamer Wadenbeinnerv (N. peronaeus communis)**
3 **Tiefer Wadenbeinnerv (N. peronaeus profundus)**
4 M. peronaeus longus (durchtrennt)
5 N. peronaeus superficialis
6 M. extensor digitorum longus
7 M. peronaeus brevis
8 Sehne des M. extensor digitorum longus
9 A. malleolaris anterior lateralis
10 M. extensor digitorum brevis
11 Kniescheibenband (Lig. patellae)
12 **Vordere Schienbeinarterie (A. tibialis anterior)**
13 Muskeläste des N. peronaeus profundus
14 Sehne des M. tibialis anterior
15 M. extensor hallucis longus
16 Halteband für die Strecksehnen (Retinaculum extensorum)
17 **Fußrückenarterie (A. dorsalis pedis)**
18 M. extensor hallucis brevis
19 Zehennerven für 1. und 2. Zehe (Endäste des N. peronaeus profundus)
20 Nn. digitales plantares propriae
21 Nn. digitales plantares communes
22 Fußsohlensehnenplatte (Aponeurosis plantaris)
23 Oberflächlicher Ast des N. plantaris lateralis
24 Oberflächlicher Ast der A. plantaris lateralis
25 M. abductor digiti minimi
26 Zehenarterien (Aa. digitales plantares propriae)
27 Aa. digitales plantares communes
28 Ast zur Großzehe des N. plantaris medialis
29 Mediale Äste zum Fersenbein
30 M. flexor digitorum brevis (durchtrennt)
31 Sehnen des M. flexor digitorum longus
32 M. quadratus plantae
33 **Äußerer Fußsohlennerv (N. plantaris lateralis)**
34 **Äußere Fußsohlenarterie (A. plantaris lateralis)**
35 Fersenbeinhöcker (Tuber calcanei)
36 Sehnenscheide (Vagina tendinis)
37 Sehne des M. flexor hallucis longus
38 Innere Fußsohlenarterie (A. plantaris medialis)
39 **Innerer Fußsohlennerv (N. plantaris medialis)**
40 M. abductor hallucis

5. Brustorgane und Brustsitus

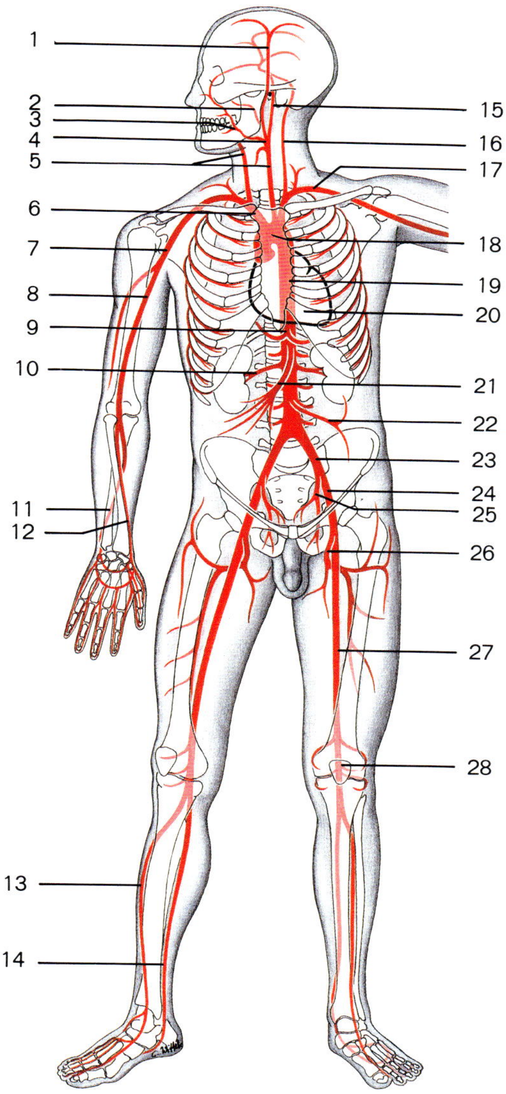

5.1 Hauptarterien des menschlichen Körpers (Schemazeichnung).

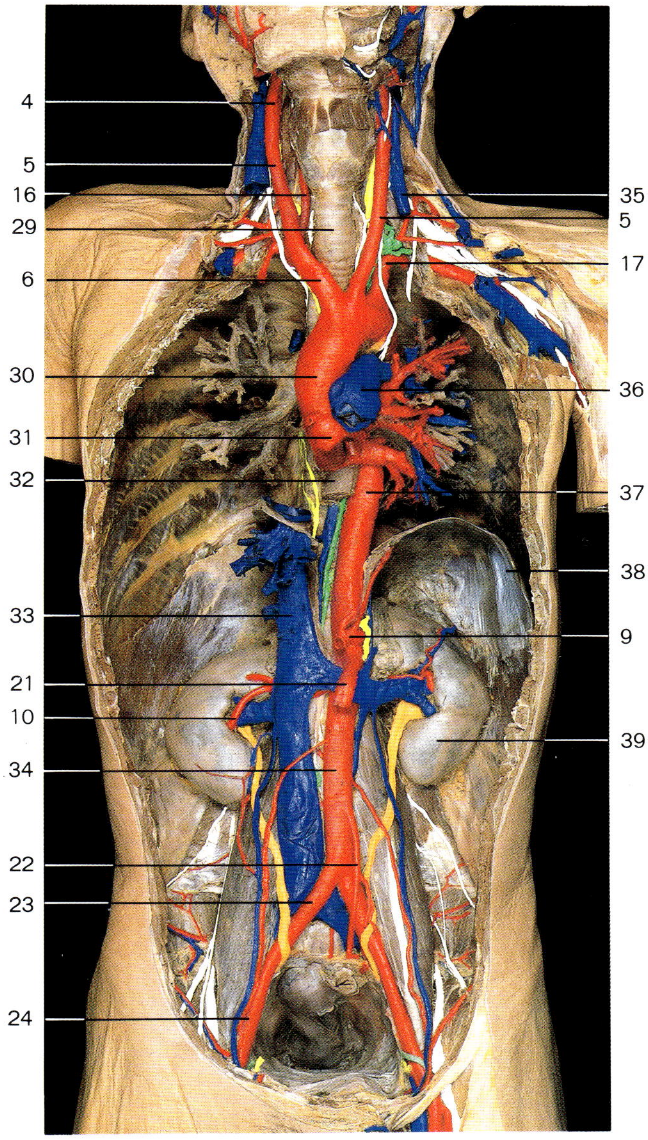

5.2 Hauptgefäße des Rumpfes. Die Verdauungsorgane und das Herz wurden entfernt. Rot = Arterien; blau = Venen; grün = Lymphgefäße; weiß = Nerven; gelb = autonome (vegetative) Nerven; orange = Harnleiter (Ureter).

1 Oberflächliche Schläfenarterie (A. temporalis superficialis)
2 Oberkieferarterie (A. maxillaris)
3 Gesichtsarterie (A. facialis)
4 Äußere Halsschlagader (A. carotis externa)
5 Rechte und linke gemeinsame Halsschlagader (A. carotis communis dexter und sinister)
6 **Kopf-Arm-Schlagader (Truncus brachiocephalicus)**
7 Achselarterie (A. axillaris)
8 Armarterie (A. brachialis)
9 Gemeinsamer Arterienstamm für die Oberbauchorgane (Truncus coeliacus)
10 Nierenarterie (A. renalis)
11 Ellenarterie (A. ulnaris)
12 Speichenarterie (A. radialis)
13 Vordere Schienbeinarterie (A. tibialis anterior)
14 Hintere Schienbeinarterie (A. tibialis posterior)
15 Innere Halsschlagader (A. carotis interna)
16 Wirbelarterie (A. vertebralis)
17 **Unterschlüsselbeinarterie (A. subclavia)**
18 Aortenbogen (Arcus aortae)
19 Absteigende Hauptschlagader (Aorta descendens)
20 Lage des Herzens
21 Obere Gekröseschlagader (A. mesenterica superior)
22 Untere Gekröseschlagader (A. mesenterica inferior)
23 **Gemeinsame Beckenarterie (A. iliaca communis)**
24 **Äußere Beckenarterie (A. iliaca externa)**
25 Innere Beckenarterie (A. iliaca interna)
26 Tiefe Oberschenkelarterie (A. profunda femoris)
27 Oberschenkelarterie (A. femoralis)
28 Kniekehlenarterie (A. poplitea)
29 Luftröhre (Trachea)
30 **Aufsteigende Hauptschlagader (Aorta ascendens)**
31 Aortenklappe (Valva aortae)
32 Speiseröhre (Oesophagus, durchtrennt)
33 **Untere Hohlvene (V. cava inferior)**
34 **Bauchschlagader (Aorta abdominalis)**
35 Innere Drosselvene (V. jugularis interna)
36 Lungenarterienstamm und Pulmonalklappe (**Truncus pulmonalis** und Valva trunci pulmonalis)
37 **Brustschlagader (Aorta thoracica)**
38 Zwerchfell (Diaphragma)
39 Niere (Ren)

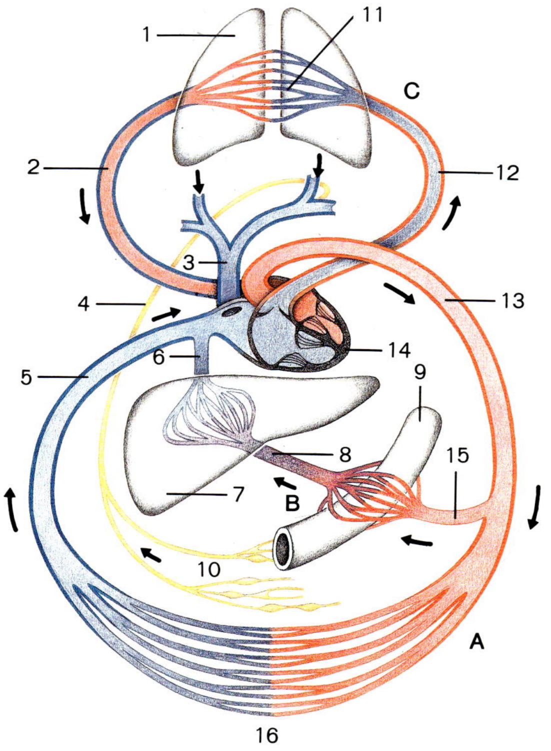

5.3 Schema vom Herz-Kreislauf-System. Die Arterien des Körperkreislaufs und die Lungenvenen führen sauerstoffreiches Blut (rot), die Venen des Körperkreislaufs und die Lungenarterien sauerstoffarmes Blut (blau). Gelb = Lymphgefäße. Pfeile = Richtung der Blut- bzw. Lymphströmung.
A = Körperkreislauf
B = Pfortaderkreislauf
C = Lungenkreislauf

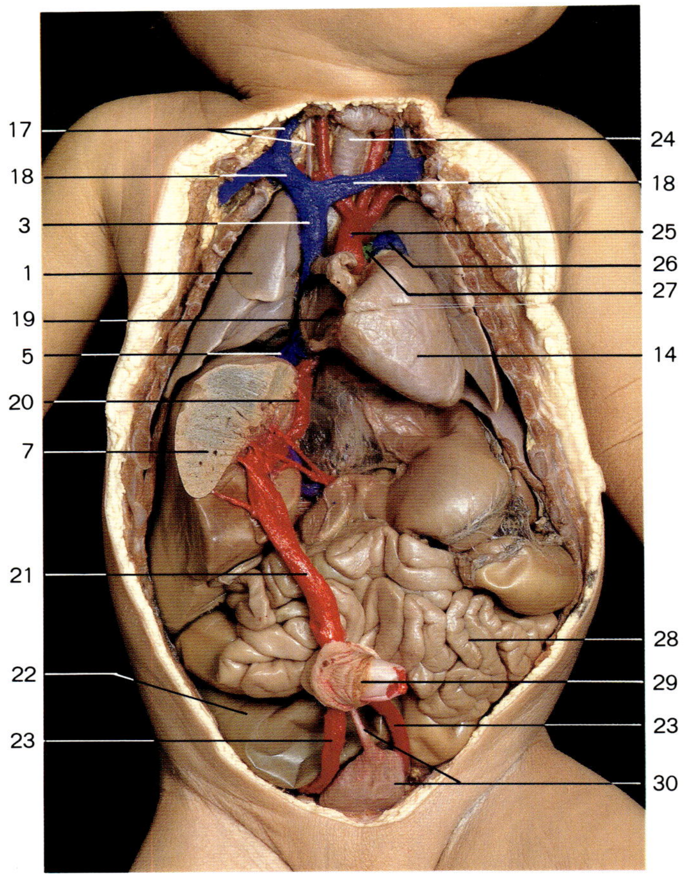

5.4 Brust- und Bauchorgane eines Neugeborenen (von vorne). Die Hauptgefäße wurden angefärbt. Der rechte Vorhof wurde eröffnet, um das Foramen ovale zu zeigen. Leber teilweise entfernt.

1 Lunge (Pulmo)
2 Lungenvene (V. pulmonalis)
3 Obere Hohlvene (V. cava superior)
4 **Brustmilchgang (Ductus thoracicus)**
5 Untere Hohlvene (V. cava inferior)
6 Lebervene (V. hepatica)
7 Leber (Hepar)
8 **Pfortader (V. portae)**
9 Dünndarm mit Kapillaren
10 Lymphgefäße und Lymphknoten (Vasa lymphatica, Nodi lymphatici)
11 Lungenkapillaren
12 Lungenarterie (A. pulmonalis)
13 Hauptschlagader (Aorta)
14 Herz (Cor)
15 Gekrösearterie (A. mesenterica)
16 Kapillarsystem des Körperkreislaufs
17 Innere Drosselvene (V. jugularis interna), rechte gemeinsame Halsschlagader (A. carotis communis dextra)
18 Kopf-Arm-Vene (V. brachiocephalica)
19 **Ovales Loch (Foramen ovale)**
20 **Venengang (Ductus venosus arantii)**
21 **Nabelvene (V. umbilicalis)**
22 Dickdarm (Colon)
23 **Nabelarterie (A. umbilicalis)**
24 Luftröhre (Trachea)
25 Aortenbogen (Arcus aortae)
26 Linke Lungenarterie (A. pulmonalis sinistra)
27 **Botallischer Gang (Ductus arteriosus)**
28 Dünndarm (Intestinum tenue)
29 Nabel (Umbilicus)
30 Urachus und Blase (Vesica urinaria)
31 Mutterkuchen (Placenta)

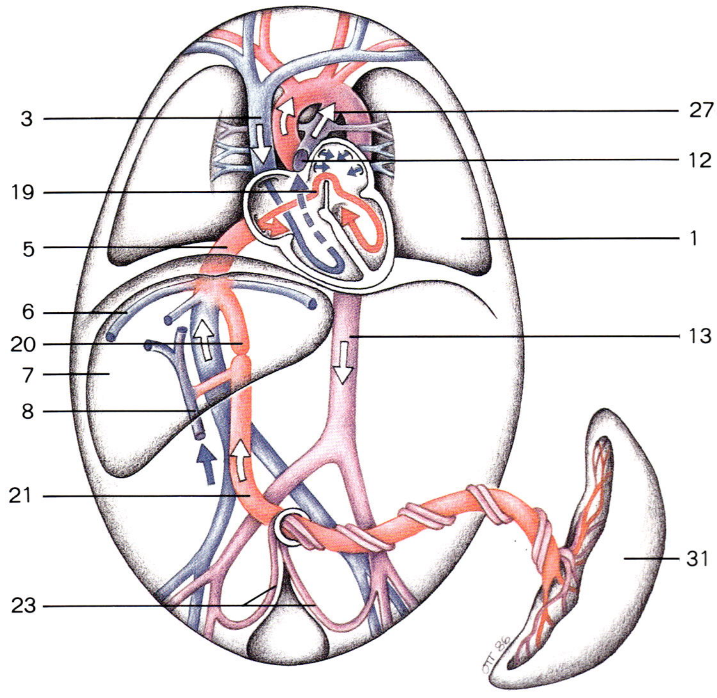

5.5 Fetalkreislauf (Schemazeichnung). Die unterschiedliche Farbgebung soll den jeweiligen Sauerstoffgehalt des Blutes verdeutlichen.

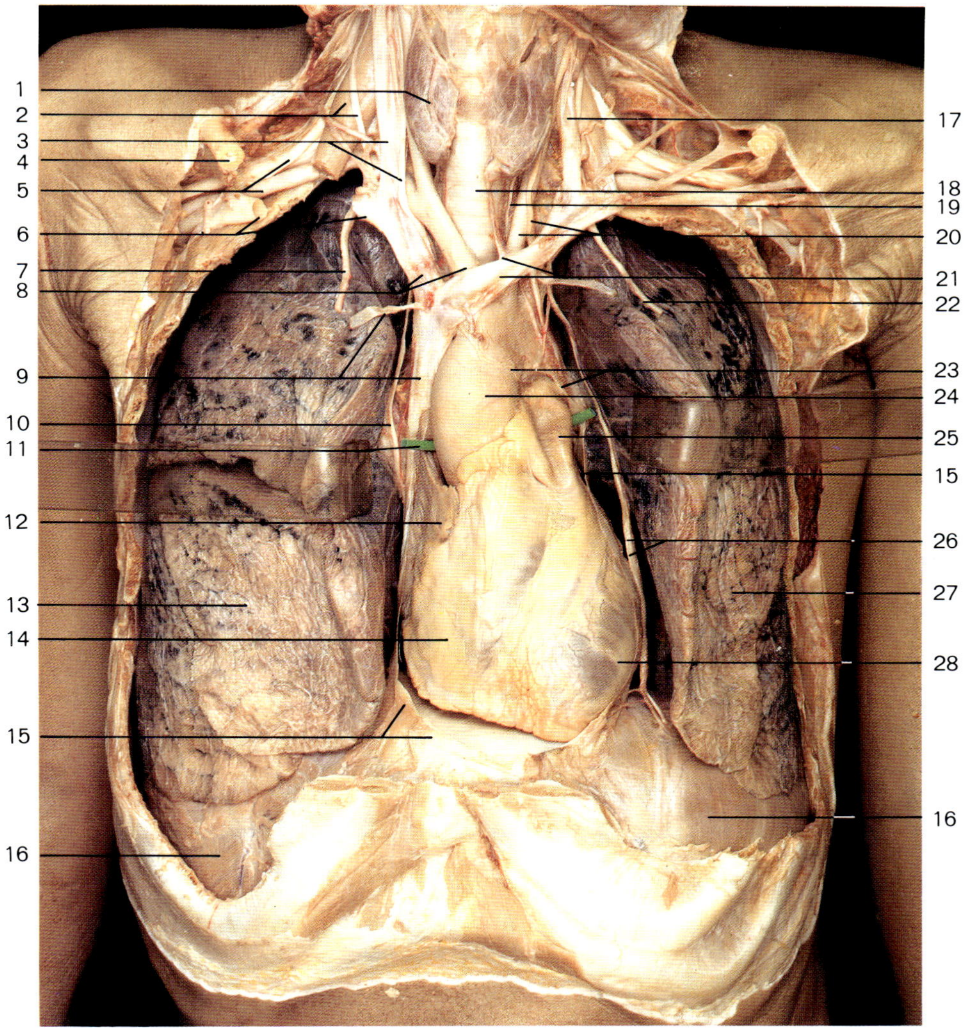

5.6 **Brustorgane, Herz** und **mittleres Mediastinum** (von vorne). Vordere Brustwand, Rippenfell und Vorderwand des Herzbeutels wurden entfernt und die Lungen etwas zur Seite verlagert.

1 **Schilddrüse (Glandula thyroidea)**
2 **N. phrenicus**, M. scalenus anterior
3 N. vagus, V. jugularis interna
4 Clavicula (durchtrennt)
5 Plexus brachialis, A. subclavia
6 V. subclavia
7 A. thoracica interna (durchtrennt)
8 **Truncus brachiocephalicus, V. brachiocephalica**
9 **V. cava superior**, V. thymica
10 Rechter Zwerchfellnerv (N. phrenicus dexter)
11 Sonde in der queren Herzbeutelbucht (Sinus transversus pericardii)
12 Rechtes Herzohr (Auricula dextra)
13 Mittellappen (Lobus medius) der rechten Lunge
14 **Rechte Herzkammer (Ventriculus dexter)**
15 Schnittrand des Herzbeutels (Pericard)
16 **Zwerchfell (Diaphragma)**
17 V. jugularis interna
18 **Luftröhre (Trachea)**
19 Rückläufiger Kehlkopfnerv (N. laryngeus recurrens)
20 A. carotis communis sinistra, N. vagus
21 V. brachiocephalica sinistra, V. thyroidea sinistra
22 A. thoracica interna (durchtrennt)
23 Oberer Umschlagsrand des Herzbeutels (Pericard)
24 **Aorta ascendens**
25 Truncus pulmonalis
26 N. phrenicus und Begleitgefäße (A. und V. pericardiacophrenica)
27 Oberlappen (Lobus superior) der linken Lunge
28 **Linke Herzkammer (Ventriculus sinister)**

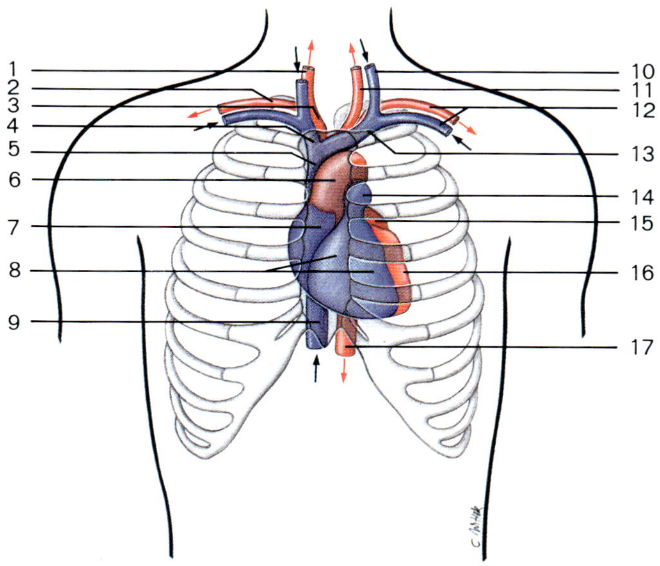

5.7 **Lage des Herzens und der großen Gefäße innerhalb des Brustkorbs** (Schemazeichnung).

1 Rechte gemeinsame Halsschlagader (A. carotis communis dextra)
2 Unterschlüsselbeinarterie (A. subclavia dextra)
3 Kopf-Arm-Arterie (Truncus brachiocephalicus)
4 Kopf-Arm-Vene (V. brachiocephalica dextra)
5 Obere Hohlvene (V. cava superior)
6 Aufsteigende Aorta (Aorta ascendens)
7 Rechter Vorhof (Atrium dextrum)
8 Rechte Herzkammer (Ventriculus dexter)
9 Untere Hohlvene (V. cava inferior)
10 Innere Drosselvene (V. jugularis interna)
11 Gemeinsame Halschlagader (A. carotis communis sinistra)
12 Achselarterie und -vene (A. und V. axillaris sinistra)
13 Kopf-Arm-Vene (V. brachiocephalica sinistra)
14 Lungenarterienstamm (Truncus pulmonalis)
15 Linker Vorhof (Atrium sinistrum)
16 Linke Herzkammer (Ventriculus sinister)
17 Absteigende Aorta (Aorta descendens)

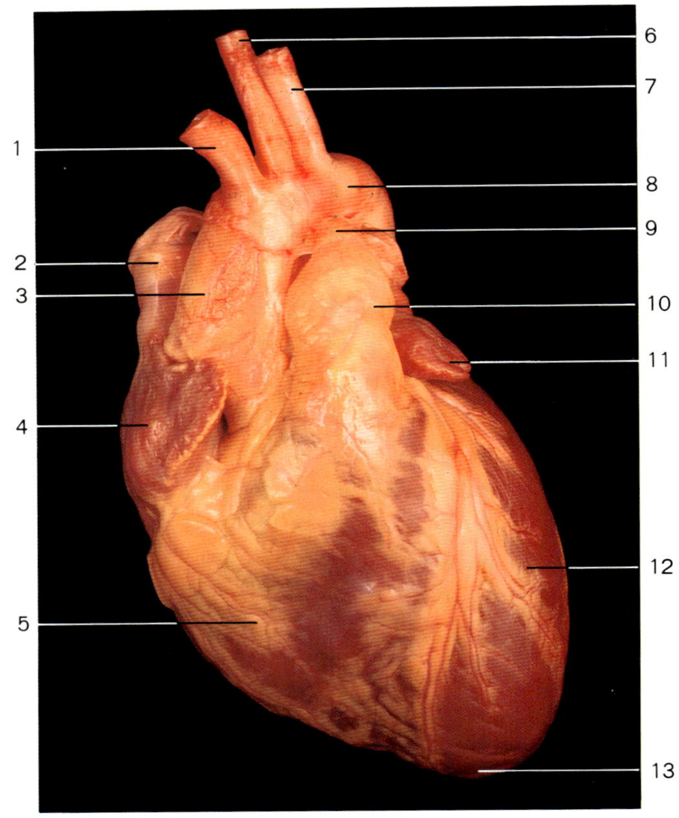

5.8 Herz in der Erschlaffungsphase (Diastole) (von vorne). Die Kammern sind erschlafft und die Vorhöfe kontrahiert.

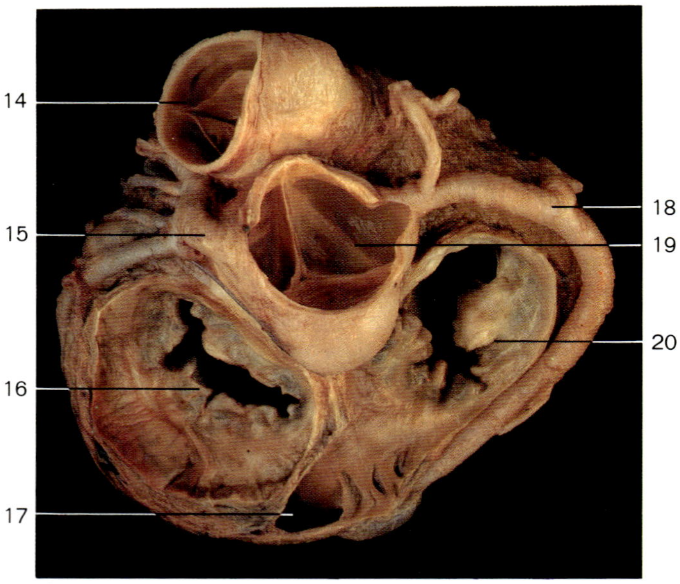

5.9 Herzklappen (von oben). Die Herzvorderwand zeigt zum oberen Bildrand.

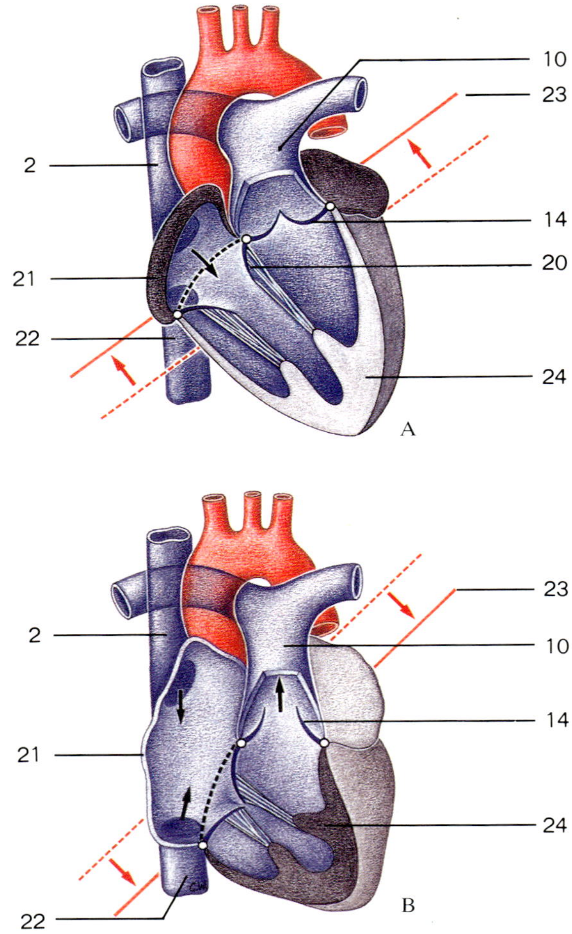

5.10 Arbeitsweise des rechten Herzens (nach Gauer). Man beachte die Lageänderungen der Ventilebene bei Systole und Diastole [schräge Linien (23)]. Jeweils kontrahierte Muskelabschnitte dunkelgrau.

A = **Diastole** (Erschlaffung der Kammermuskulatur). Die Segelklappen sind geöffnet, die Taschenklappen geschlossen.

B = **Systole** (Kontraktion der Kammermuskulatur). Die Segelklappen sind geschlossen, die Taschenklappen geöffnet.

1 Kopf-Arm-Arterienstamm (Truncus brachiocephalicus)
2 Obere Hohlvene (V. cava superior)
3 Aufsteigende Aorta (Aorta ascendens)
4 **Rechtes Herzohr (Auricula dextra)**
5 Rechte Herzkammer (Ventriculus dexter)
6 Gemeinsame Halsschlagader (A.carotis communis sinistra)
7 Unterschlüsselbeinarterie (A.subclavia sinistra)
8 Aortenbogen (Arcus aortae)
9 **Ligamentum arteriosum (Botalli)**
10 Lungenarterienstamm (Truncus pulmonalis)
11 **Linkes Herzohr (Auricula sinistra)**
12 Linke Herzkammer (Ventriculus sinister)
13 Herzspitze (Apex cordis)
14 **Pulmonalklappe (Valva trunci pulmonalis)**
15 Linke Kranzarterie (A. coronaria sinistra)
16 **Mitralklappe (Valva bicuspidalis bzw. mitralis)**
17 Sinus coronarius
18 Rechte Kranzarterie (A. coronaria dextra)
19 **Aortenklappe (Valva aortae)**
20 **Rechte Atrioventrikularklappe (Valva tricuspidalis)**
21 Muskulatur des rechten Vorhofs (Myokard)
22 Untere Hohlvene (V. cava inferior)
23 **Ventilebene (Lage der Herzklappen)**
24 Muskulatur der rechten Herzkammer (Myokard)

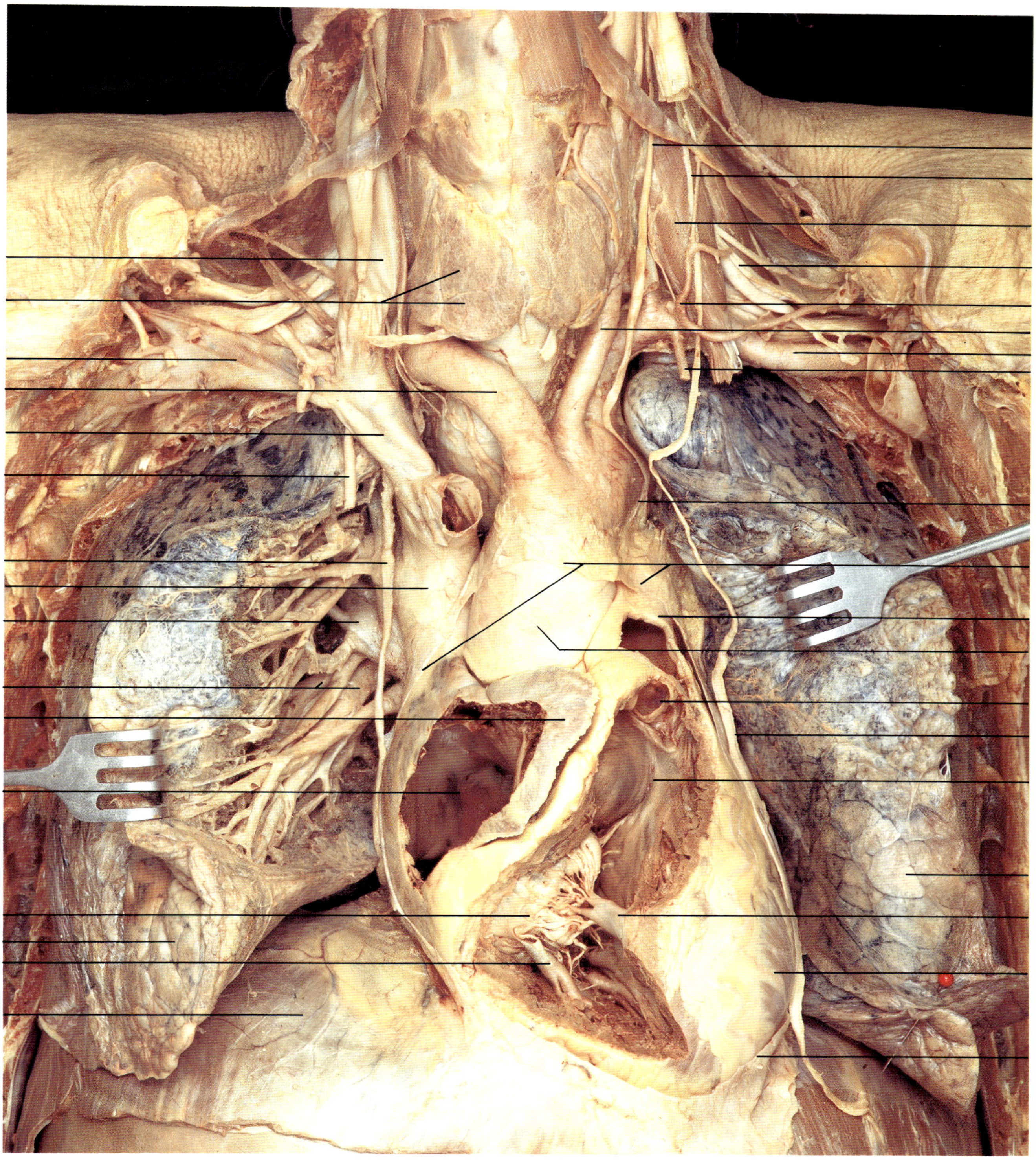

5.11 Herz mit Herzklappen in situ (von vorne). Brustwand und Vorderwand des Herzbeutels wurden entfernt sowie rechter Vorhof und rechte Kammer gefenstert, um die Herzklappen zu zeigen.

1 Innere Drosselvene (V. jugularis interna)
2 **Schilddrüse (Glandula thyroidea)**
3 V. subclavia dextra
4 Truncus brachiocephalicus
5 V. brachiocephalica dextra
6 A. thoracica interna
7 **Zwerchfellnerv (N. phrenicus)**
8 **Obere Hohlvene (V. cava superior)**
9 Rechte Lungenvene (V. pulmonalis dextra)
10 Ast der A. pulmonalis
11 Rechtes Herzohr (Auricula dextra)
12 Rechter Vorhof (Atrium dextrum)
13 Vorderes Segel der rechten Segelklappe (**Valva tricuspidalis**) mit Sehnenfäden (Chordae tendineae)
14 Lunge (Pulmo)
15 Hinterer Papillarmuskel (M. papillaris posterior)
16 Zwerchfell (Diaphragma)
17 **Linker Vagusnerv (N. vagus)**
18 M. scalenus anterior
19 Armnervengeflecht (Plexus brachialis)
20 Truncus thyrocervicalis
21 A. carotis communis
22 A. subclavia sinistra
23 N. laryngeus recurrens sinister
24 Schnittrand des Herzbeutels (Pericard)
25 **Truncus pulmonalis**
26 **Pulmonalklappe (Valva trunci pulmonalis)**
27 Ausstrombahn des rechten Ventrikels (Conus arteriosus)
28 **Vorderer Papillarmuskel (M. papillaris anterior)**
29 Linker Ventrikel (Ventriculus sinister)
30 **Aorta ascendens**

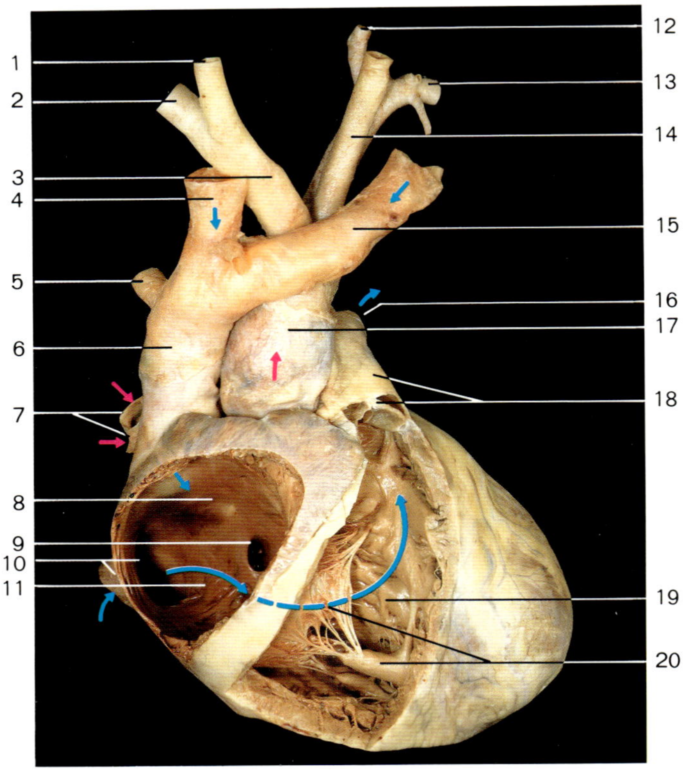

5.12A Blutkreislauf im rechten Herzen (von vorne). Rechter Vorhof und rechte Kammer wurden gefenstert, die Pulmonalarterie bis zur Taschenklappe eröffnet. Die Pfeile markieren die Strömungsrichtung des Blutes (rot = arterielles Blut; blau = venöses Blut).

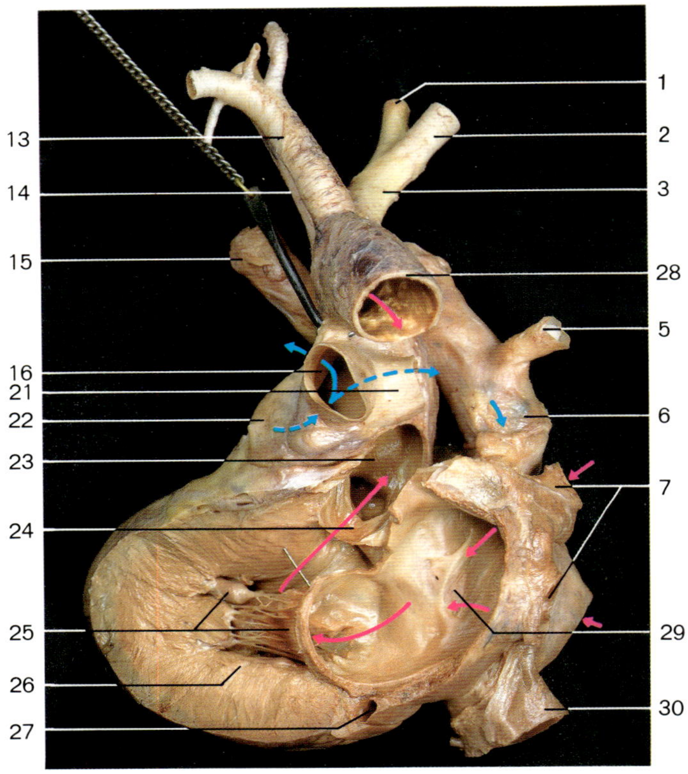

5.12B Blutkreislauf im linken Herzen (von hinten). Die Hinterwand von Vorhof und Kammer wurde entfernt, der Bulbus aortae wurde eröffnet. Pfeile wie Abb. 5.12A.

1 Rechte gemeinsame Halsschlagader (A. carotis communis dextra)
2 Rechte Unterschlüsselbeinarterie (A. subclavia dextra)
3 Kopf-Arm-Arterienstamm (Truncus brachiocephalicus)
4 Rechte Kopf-Arm-Vene (V. brachiocephalica dextra)
5 Rechte hintere Brusthöhlenvene (V. azygos)
6 Obere Hohlvene (V. cava superior)
7 Rechte Lungenvenen (Venae pulmonales dextrae)
8 Ovale Grube an der Vorhofscheidewand (**Fossa ovalis**)
9 Klappe an der Mündung des Sinus coronarius
10 Untere Hohlvene (V. cava inferior)
11 **Rechter Vorhof (Atrium dextrum)**
12 Linke Wirbelarterie (A. vertebralis sinistra)
13 Linke Unterschlüsselbeinarterie (A. subclavia sinistra)
14 Linke gemeinsame Halsschlagader (A. carotis communis sinistra)
15 Linke Kopf-Arm-Vene (V. brachiocephalica sinistra)
16 Linke Lungenarterie (A. pulmonalis sinistra)
17 Aufsteigende Aorta (Aorta ascendens)
18 Lungenarterienstamm, Pulmonalklappe (Truncus pulmonalis, Valva trunci pulmonalis)
19 **Rechte Kammer (Ventriculus dexter)**
20 **Rechte Segelklappe (Valva tricuspidalis)**, vorderer Papillarmuskel (M. papillaris anterior)
21 Rechte Lungenarterie (A. pulmonalis dextra)
22 Lungenarterienstamm (Truncus pulmonalis)
23 Bulbus der Aorta (Bulbus aortae)
24 **Aortenklappe (Valva aortae)**
25 **Linke Segelklappe oder Mitralklappe (Valva bicuspidalis)**, hinterer Papillarmuskel (M. papillaris posterior)
26 **Linker Ventrikel (Ventriculus sinister)**
27 Sinus coronarius
28 Aortenbogen (Arcus aortae)
29 **Linker Vorhof (Atrium sinistrum)**
30 Untere Hohlvene (V. cava inferior)

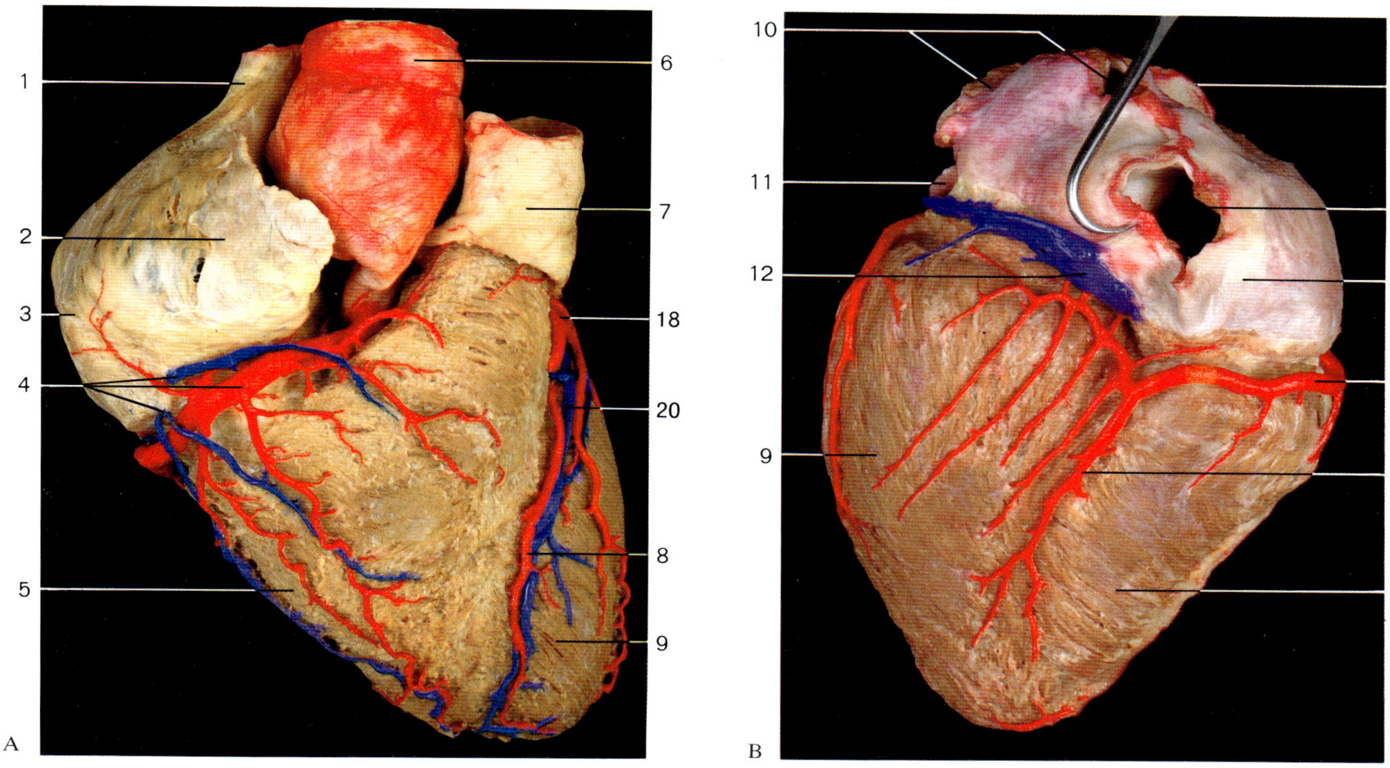

5.13 Herzkranzgefäße und Herzmuskel (A = von vorne, B = von hinten). Arterien rot, Venen blau angefärbt.

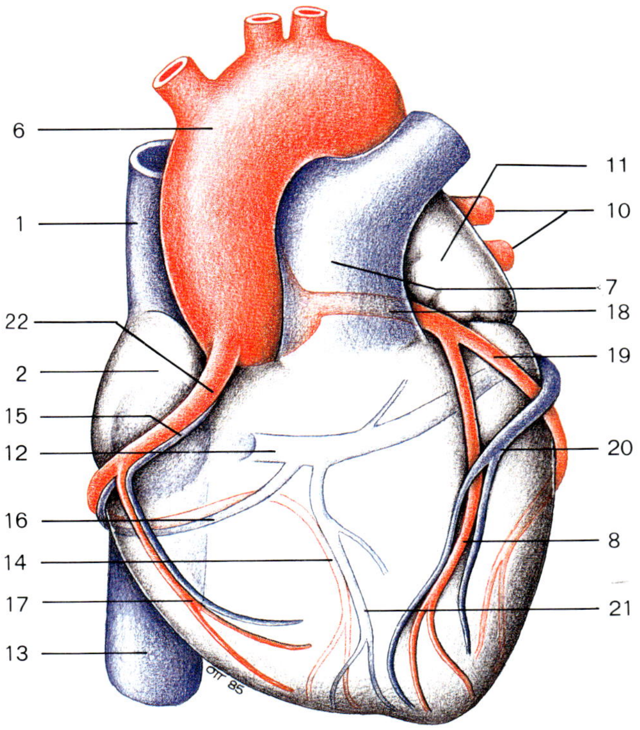

5.14 Gefäße des Herzens, Koronararterien und Herzvenen (von vorne). Das Herz ist durchscheinend gezeichnet, um die Gefäße an der Hinterwand zeigen zu können.

1 Obere Hohlvene (V. cava superior)
2 Rechtes Herzohr (Auricula dextra)
3 Rechter Vorhof (Atrium dextrum)
4 **Rechte Herzkranzarterie und -vene (A. u. V. coronaria dextra)**
5 Rechte Herzkammer (Ventriculus dexter)
6 Körperschlagader (Aorta)
7 Lungenarterienstamm (Truncus pulmonalis)
8 Vorderer Ast der linken Herzkranzarterie (R. interventricularis anterior)
9 Linke Herzkammer (Ventriculus sinister)
10 Lungenvenen (Vv. pulmonales)
11 Linkes Herzohr (Auricula sinistra)
12 **Kranzbucht (Sinus coronarius)**
13 Untere Hohlvene (V. cava inferior)
14 Hinterer Ast der rechten Herzkranzarterie (R. interventricularis posterior)
15 Vordere Kranzvene (V. coronaria dextra)
16 **Kleine Herzvene (V. cardiaca parva)**
17 Kantenast der rechten Kranzarterie (R. marginalis dexter)
18 **Linke Herzkranzarterie (A. coronaria sinistra)**
19 Umbiegender Ast der linken Herzkranzarterie (Ramus circumflexus)
20 **Große Herzvene (V. coronaria sinistra)**
21 **Hintere Herzvene (V. interventricularis posterior)**
22 **Rechte Kranzarterie (A. coronaria dextra)**

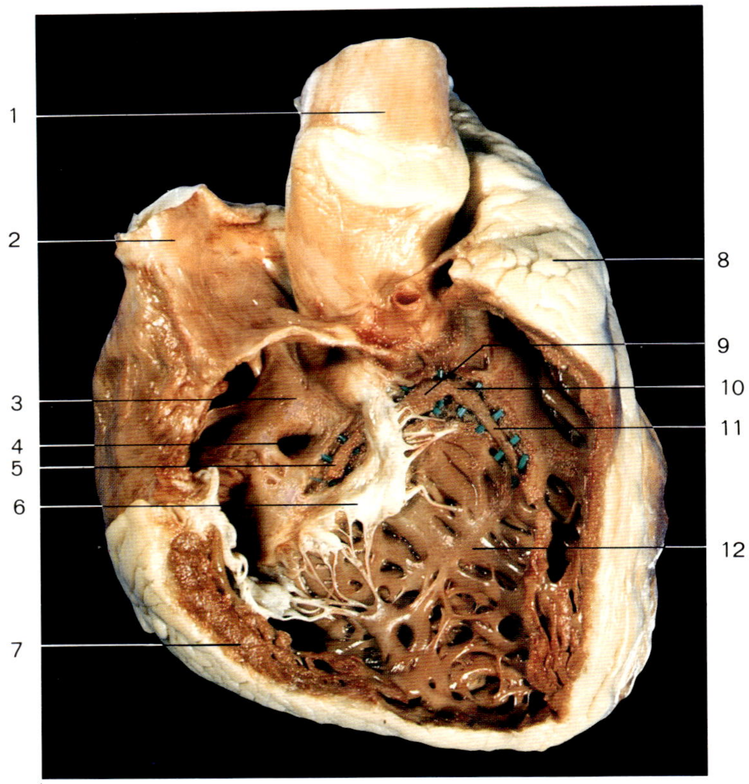

5.15 Rechte Herzkammer, Präparation von Atrioventrikularknoten, Hisschem Bündel und rechtem Schenkel des Reizleitungssystems (unterlegt).

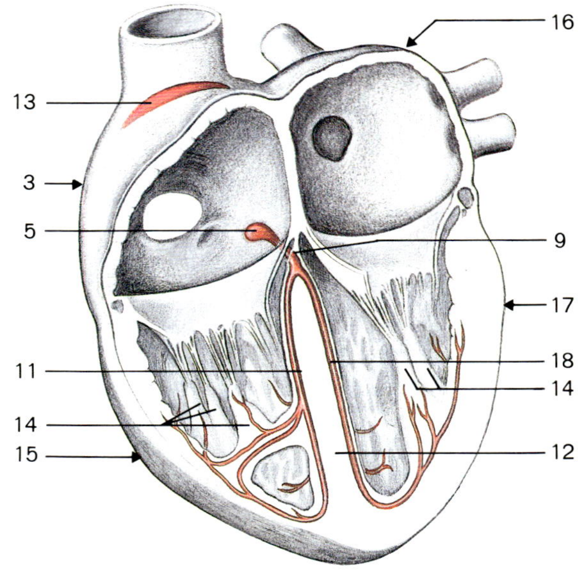

5.16 Reizleitungssystem des Herzens (rot).

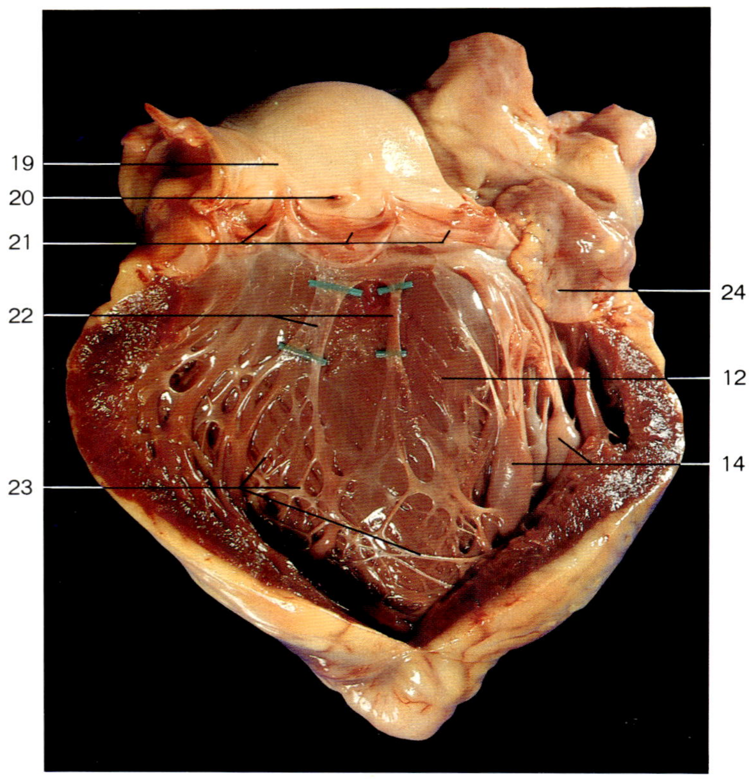

5.17 Linke Herzkammer, Darstellung des linken Schenkels des Reizleitungssystems (unterlegt).

1 Aufsteigende Aorta (Aorta ascendens)
2 Obere Hohlvene (V. cava superior)
3 Rechter Vorhof (Atrium dextrum)
4 Mündung des Sinus coronarius
5 **Vorhof-Kammer-Knoten (Atrioventrikularknoten, Aschoff-Tawarascher Knoten)**
6 Septales Segel der rechten Segelklappe
7 Wand des rechten Ventrikels
8 Lungenarterienstamm (Truncus pulmonalis)
9 **Hissches Bündel (Fasciculus atrioventricularis, Truncus)**
10 Aufzweigung des Hisschen Bündels
11 **Rechter Schenkel des Reizleitungssystems (Crus dextrum)**
12 Kammerscheidewand (Septum interventriculare)
13 **Sinusknoten (Nodus sinuatrialis, Keith-Flackscher Knoten)**
14 Papillarmuskeln
15 Rechte Herzkammer (Ventriculus dexter)
16 Linker Vorhof (Atrium sinistrum)
17 Linke Herzkammer (Ventriculus sinister)
18 **Linker Schenkel des Reizleitungssystems (Crus sinistrum)**
19 Aortenbucht (Sinus aortae)
20 Abgang der linken Herzkranzarterie
21 Aortenklappe (Valva aortae)
22 Faserbündel des Reizleitungssystems
23 **Purkinjesche Fasern**
24 Linkes Herzohr (Auricula sinistra)

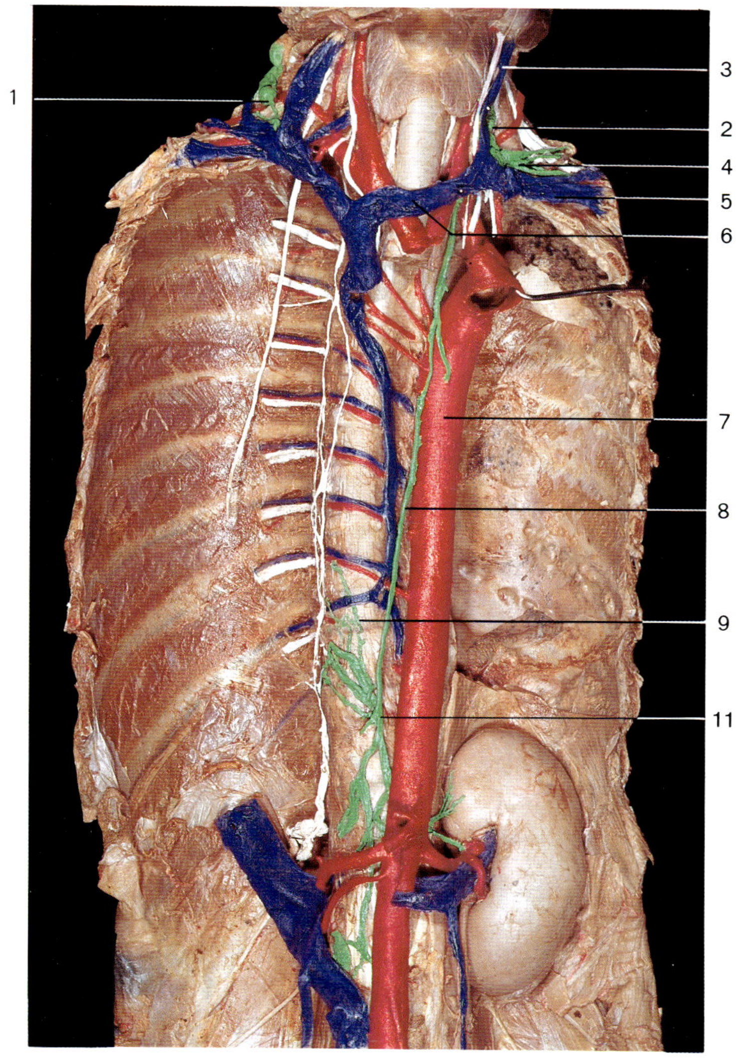

5.18 Lymphgefäße an der hinteren Rumpfwand (von vorne). Grün = Lymphgefäße und Lymphknoten; weiß = Nerven; rot = Arterien; blau = Venen.

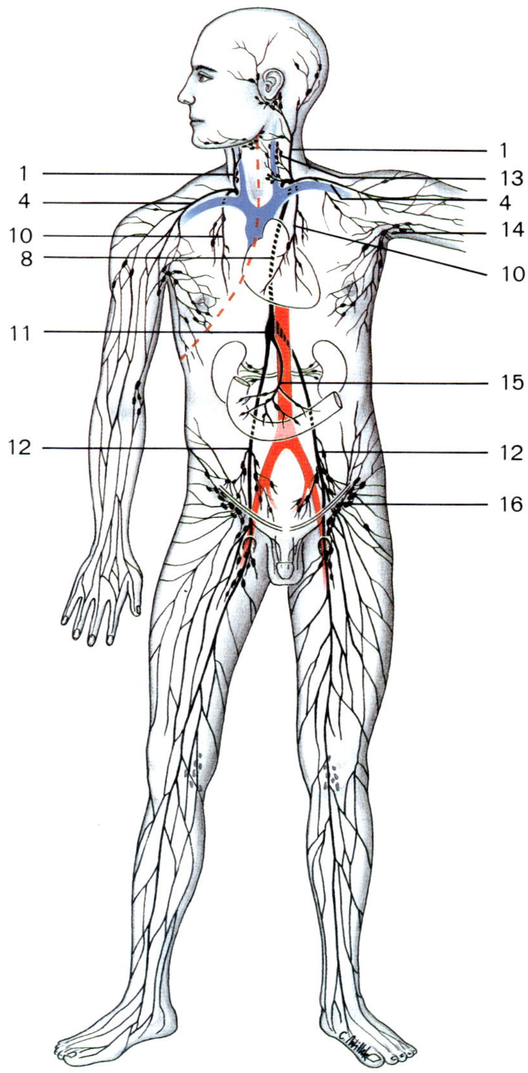

5.19 Lymphgefäßsystem des Körpers. Die gestrichelte Linie markiert die Grenze zwischen dem Abflußgebiet der Lymphe zum rechten und linken Venenwinkel.

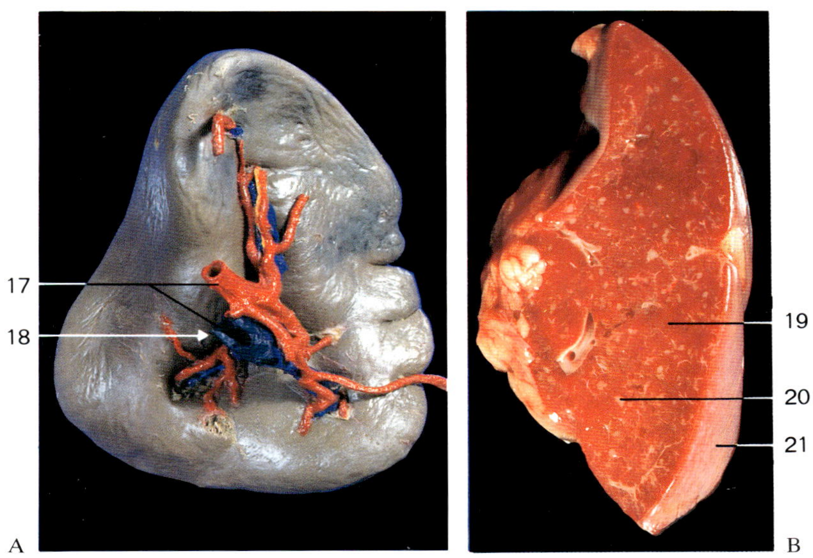

5.20 Milz. A = Innenseite mit Milzgefäßen. B = Schnittfläche. Weiße und rote Pulpa sind zu erkennen.

N. l. = Nodi lymphatici

1 Halslymphgefäß (Truncus jugularis)
2 Tiefe Halslymphknoten (N. l. cervicales profundi)
3 V. jugularis interna
4 **Hauptlymphgefäß des Armes (Truncus subclavius)**
5 V. subclavia sinistra
6 V. brachiocephalica sinistra
7 Aorta thoracica
8 **Brustmilchgang (Ductus thoracicus)**
9 Mediastinale Lymphgefäße
10 Truncus bronchomediastinalis
11 **Lymphzisterne (Cisterna chyli)**
12 Truncus lumbalis
13 Halslymphknoten (N. l. cervicales)
14 Achsellymphknoten (N. l. axillares)
15 **Truncus intestinalis**
16 Leistenlymphknoten (N. l. inguinales)
17 Milzarterie u. -vene (A. u. V. lienalis)
18 Milzpforte (Hilus)
19 Rote Pulpa
20 Weiße Pulpa
21 Milzkapsel (Capsula fibrosa)

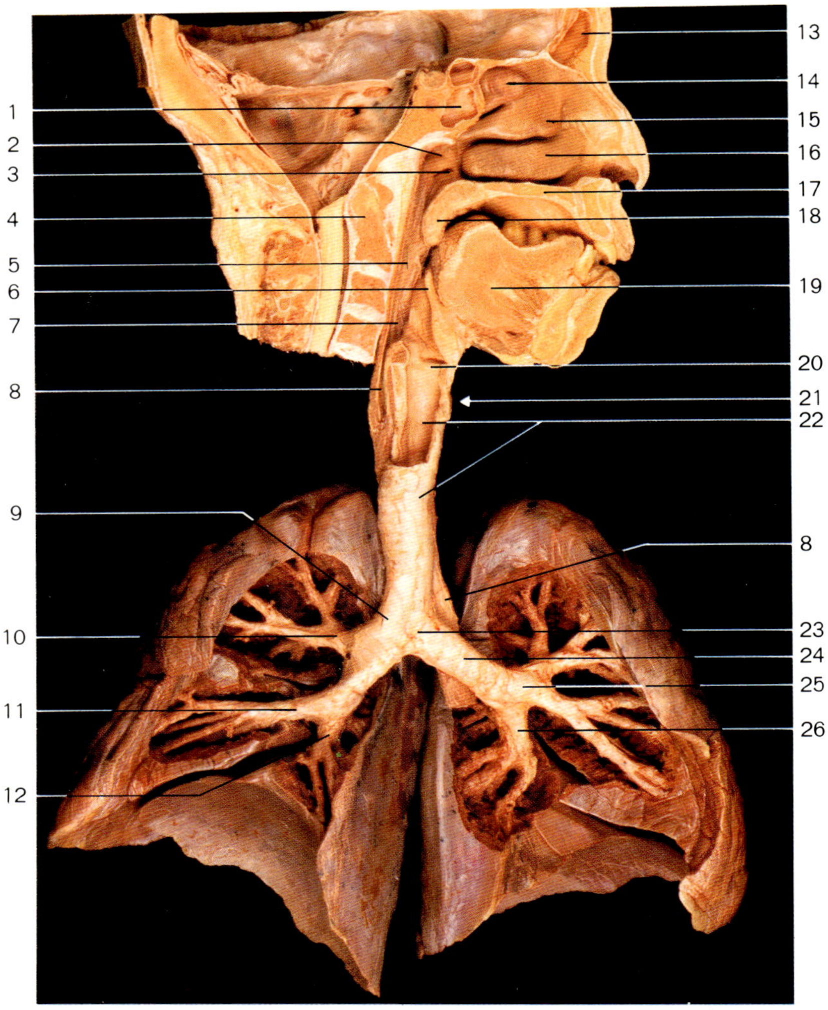

5.21 Atmungsorgane. Die Lungen wurden in Ausatmungsstellung fixiert.

1 Keilbeinhöhle (Sinus sphenoidalis)
2 Oberer Rachenraum (Pars nasalis des Pharynx)
3 Öffnung der Ohrtrompete (Tuba auditiva) zum Rachen
4 Zahn des 2. Halswirbels (Dens axis)
5 Mittlerer Rachenraum (Pars oralis des Pharynx)
6 **Kehldeckel (Epiglottis)**
7 Unterer Rachenraum (Pars laryngea des Pharynx)
8 Speiseröhre (Oesophagus)
9 **Rechter Hauptbronchus (Bronchus principalis dexter)**
10 Oberlappenbronchus (Bronchus lobaris superior)
11 Mittellappenbronchus (Bronchus lobaris medius)
12 Unterlappenbronchus (Bronchus lobaris inferior)
13 Stirnhöhle (Sinus frontalis)
14 Obere Nasenmuschel (Concha nasalis superior)
15 Mittlere Nasenmuschel (Concha nasalis media)
16 Untere Nasenmuschel (Concha nasalis inferior)
17 Harter Gaumen (Palatum durum)
18 Weicher Gaumen (Palatum molle)
19 Zunge (Lingua)
20 **Stimmband (Plica vocalis)**
21 Kehlkopf (Larynx)
22 **Luftröhre (Trachea)**
23 **Luftröhrengabelung (Bifurcatio tracheae)**
24 **Linker Hauptbronchus (Bronchus principalis sinister)**
25 Linker Oberlappenbronchus (Bronchus lobaris superior sinister)
26 Linker Unterlappenbronchus (Bronchus lobaris inferior sinister)
27 **Nasenhöhle (Cavum nasi)**
28 Rachen (Pharynx)
29 Rechter Oberlappen der Lunge (Lobus superior dexter)
30 Rechter Mittellappen der Lunge (Lobus medius dexter)
31 Rechter Unterlappen der Lunge (Lobus inferior dexter)
32 Rippenbogen (Arcus costalis)
33 Linker Oberlappen der Lunge (Lobus superior sinister)
34 Lappenbronchien (Bronchi lobares)
35 Segmentbronchien (Bronchi segmentales)
36 Linker Unterlappen der Lunge (Lobus inferior sinister)

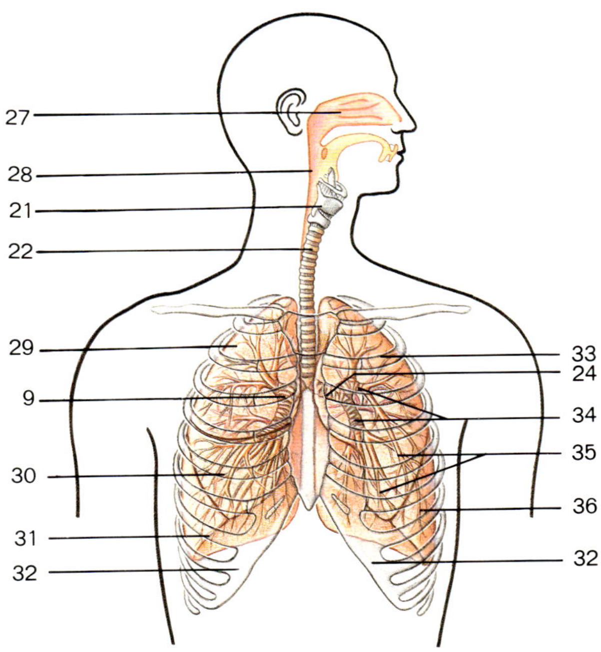

5.22 Aufbau der Atmungsorgane (Schemazeichnung).

1 Lungenspitze (Apex pulmonis)
2 **Oberlappen (Lobus superior)**
3 Horizontale Lungenspalte (Fissura horizontalis)
4 Schräge Lungenspalte (Fissura obliqua)
5 **Mittellappen (Lobus medius)**
6 **Unterlappen (Lobus inferior)**
7 Abdruck einer Rippe
8 Abdruck der A. subclavia
9 Abdruck der V. azygos
10 Äste der rechten A. pulmonalis
11 **Bronchien (Bronchi)**
12 Rechte Lungenvenen (Vv. pulmonales)
13 Lungenband (Ligamentum pulmonale)
14 Zwerchfellfläche (Facies diaphragmatica)
15 Abdruck des Aortenbogens
16 **Linke Lungenarterie (A. pulmonalis sinistra)**
17 **Lungenvenen (Vv. pulmonales)**
18 Linker Hauptbronchus
19 Abdruck der Brustaorta
20 Abdruck der Speiseröhre
21 Abdruck des Herzens (Impressio cardiaca)
22 Bronchiolus
23 Bronchialarterie (A. bronchialis)
24 Knorpelplatte und glatte Muskulatur
25 Endbronchiolus (Bronchiolus terminalis)
26 Bronchiolus respiratorius
27 Ast einer Lungenvene
28 Septum interlobulare
29 Lungenfell (Pleura pulmonalis)
30 Ast einer Lungenarterie
31 Lungenbläschengänge (Ductus alveolares)
32 Alveolarsäckchen (Saccus alveolares)
33 **Kapillarkörbe der Lungenalveolen**
34 **Lungenalveolen** (Alveoli)
35 Lingula der linken Lunge

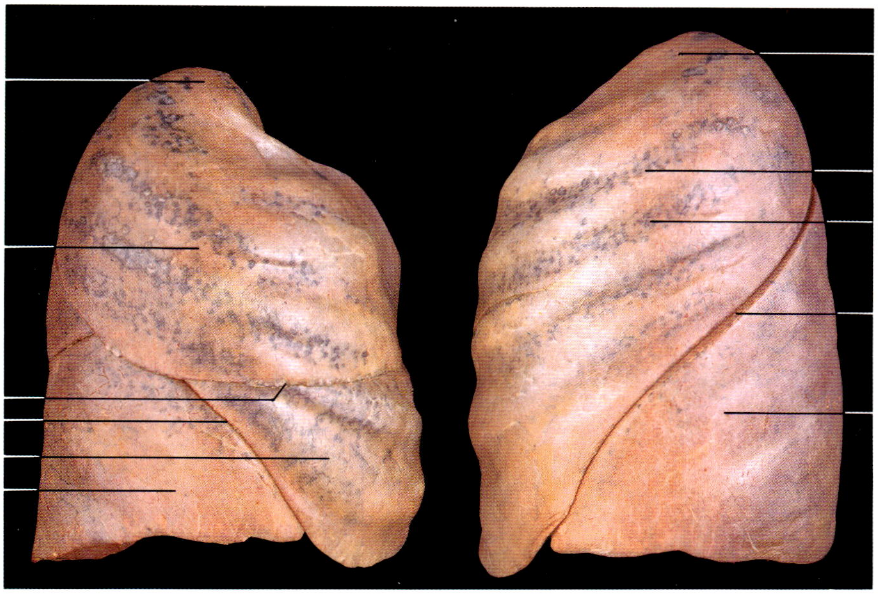

5.23 Rechte Lunge (von lateral). **Linke Lunge** (von lateral).

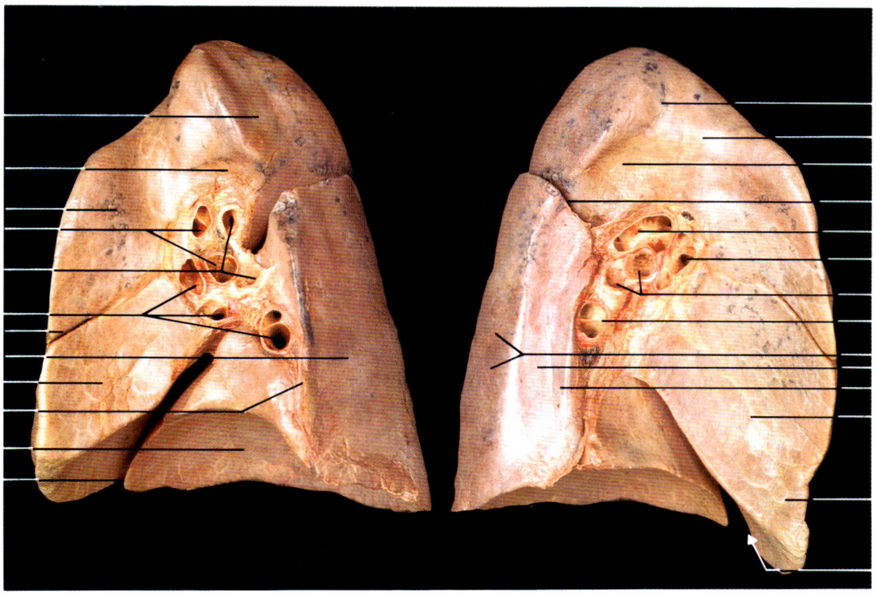

5.24 Rechte Lunge (von medial). **Linke Lunge** (von medical).

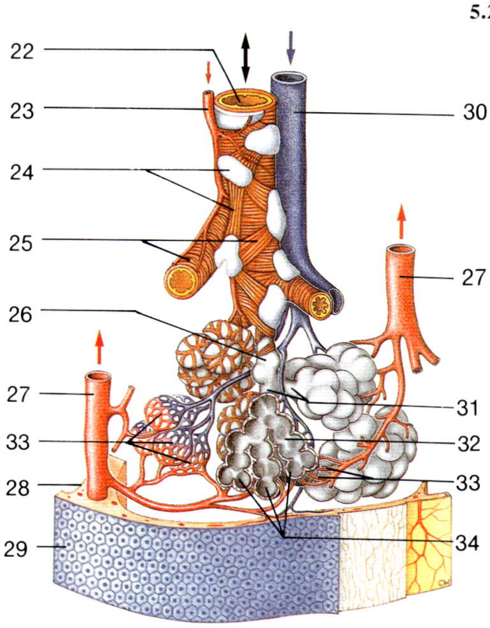

5.25 Lungenalveolen mit zugehörigen Gefäßen (Schemazeichnung).
Pfeile = Richtung der Blut- bzw. Luftströmungen.

Drei terminale Bronchiolen mit den zugehörigen Alveolen-Säckchen sind mit Kunststoff gefüllt (natürliche Größe).

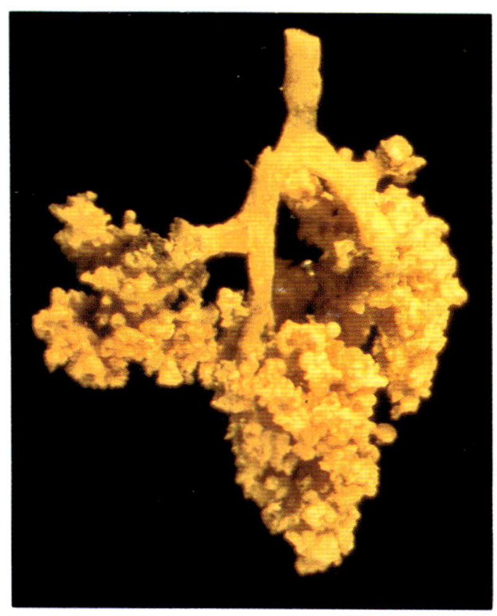

5.26 Ausgußpräparat von den Lungenalveolen.

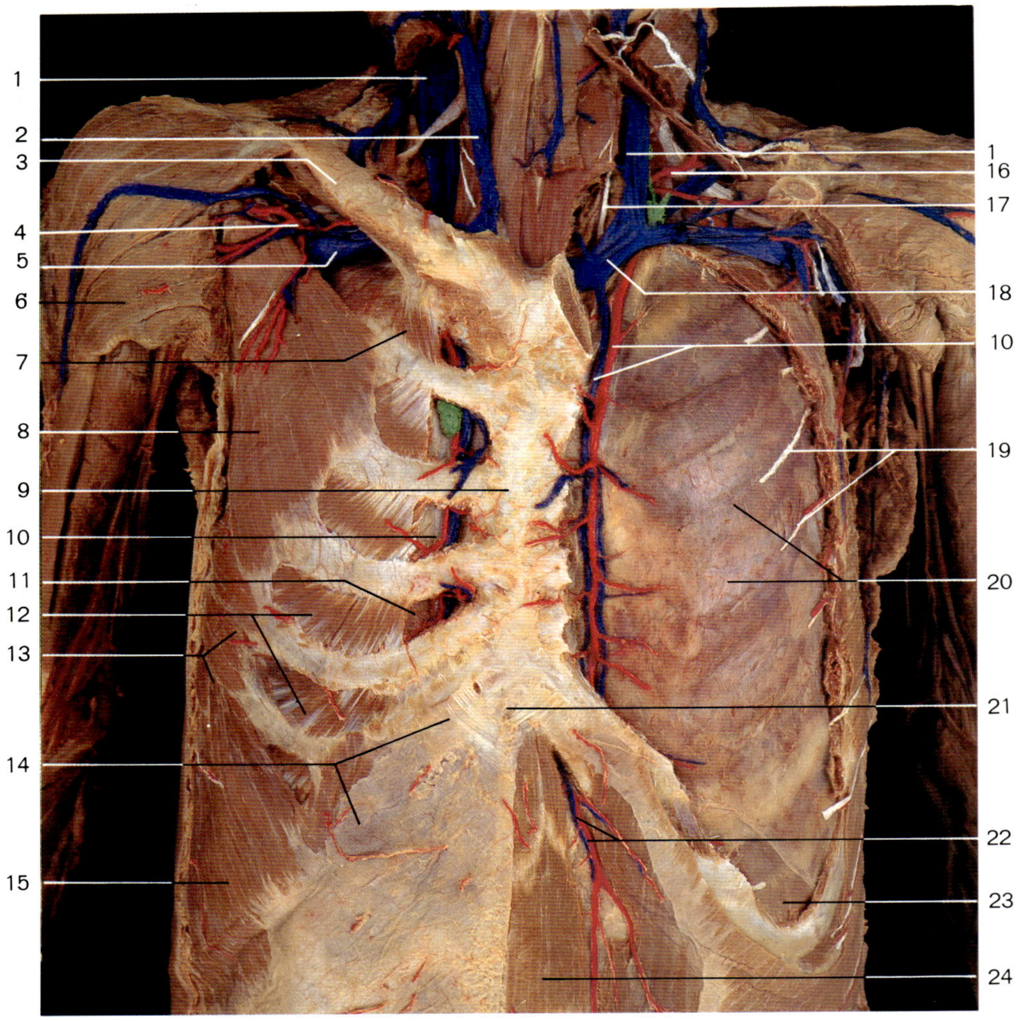

5.27 Brustwand (von vorne). Links wurden Schlüsselbein und Rippen größtenteils entfernt; rechts wurden die Zwischenrippenräume eröffnet und die inneren Brustwandgefäße (A. und V. thoracica interna) zur Darstellung gebracht. Grün = Lymphgefäße und Lymphknoten.

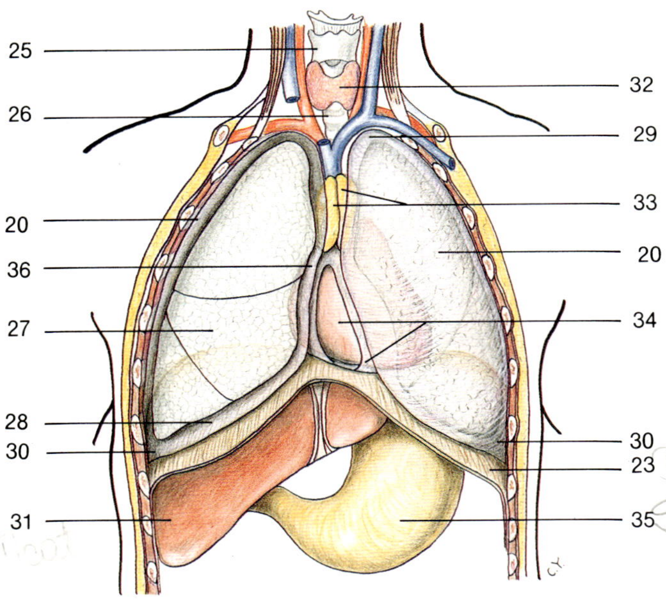

5.28 Lageverhältnisse der Brustorgane im Brustkorb. Der rechte Pleurasack und der Herzbeutel wurden gefenstert (Schemazeichnung).

1 **Innere Drosselvene (V. jugularis interna)**
2 Vordere Drosselvene (V. jugularis anterior)
3 Schlüsselbein (Clavicula)
4 A. thoracoacromialis
5 Achselhöhlenvene (V. axillaris)
6 Großer Brustmuskel (M. pectoralis major)
7 Äußerer Zwischenrippenmuskel (M. intercostalis externus)
8 Kleiner Brustmuskel (M. pectoralis minor)
9 Brustbeinkörper (Corpus sterni)
10 **Innere Brustwandarterie und -vene (A. und V. thoracica interna)**
11 Querer Brustkorbmuskel (M. transversus thoracis)
12 Innerer Zwischenrippenmuskel (M. intercostalis internus)
13 Vorderer Sägemuskel (M. serratus anterior)
14 **Rippenbogen (Arcus costalis)**
15 Äußerer schräger Bauchmuskel (M. obliquus externus abdominis)
16 Quere Halsarterie (A. transversa colli)
17 Vagusnerv (N. vagus)
18 Linke Kopf-Arm-Vene (V. brachiocephalica)
19 Zwischenrippennerven, -arterien und -venen (Nn., Aa. u. Vv. intercostales)
20 **Rippenfell (Pleura costalis)**
21 Schwertfortsatz (Processus xiphoideus)
22 **Obere Bauchwandarterie und -vene (A. u. V. epigastrica superior)**
23 Zwerchfell (Diaphragma)
24 Gerader Bauchmuskel (M. rectus abdominis)
25 Kehlkopf (Larynx)
26 Luftröhre (Trachea)
27 Lunge mit Pleura pulmonalis
28 Zwerchfellfläche der Pleura parietalis
29 Lungenspitze, Cupula pleurae
30 **Rippenfelltasche (Recessus costodiaphragmaticus)**
31 Leber (Hepar)
32 Schilddrüse (Glandula thyroidea)
33 Bries (Thymus)
34 Herz mit Herzbeutel
35 Magen (Ventriculus)
36 Pleura mediastinalis

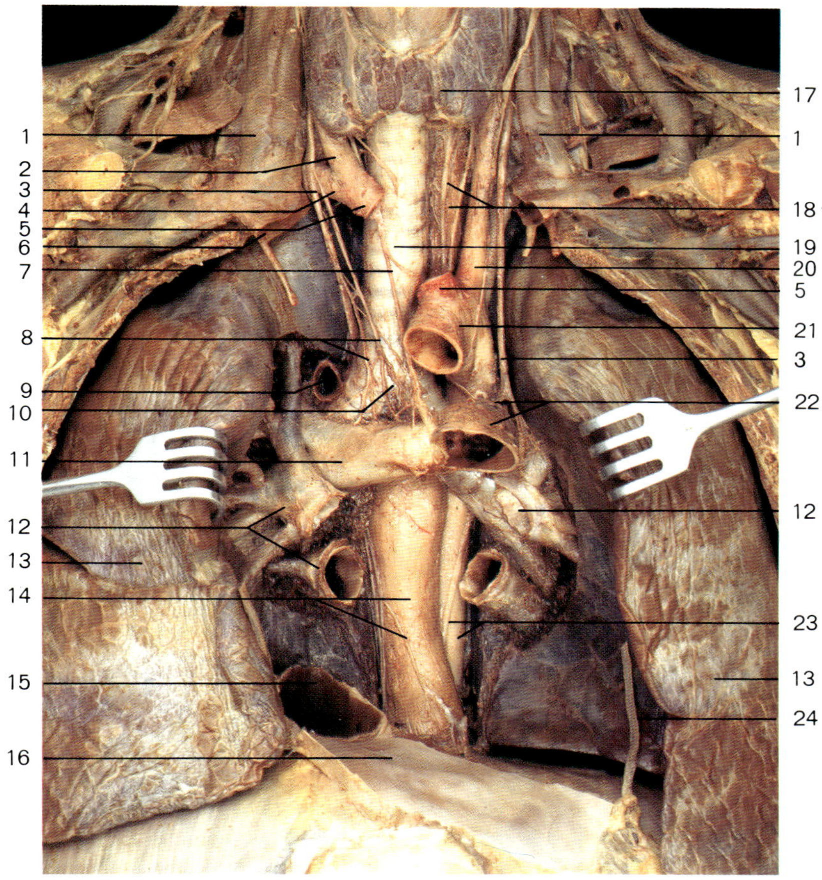

5.29 Organe des mittleren Brustraums (Mediastinum). Das Herz wurde entfernt und die beiden Lungen zur Seite verlagert.

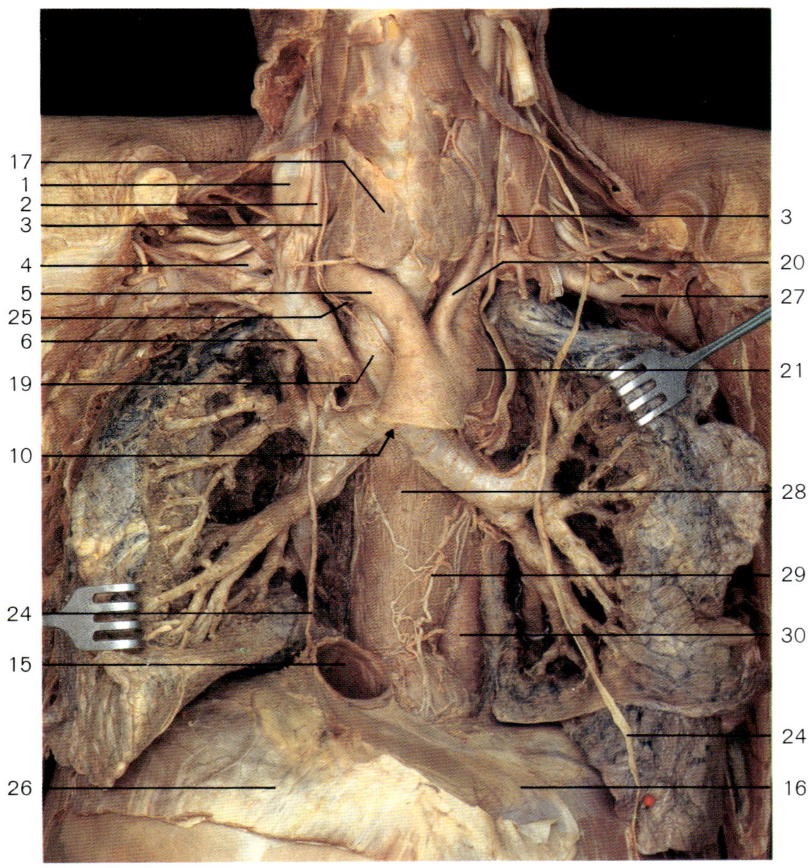

5.30 Präparation des Bronchialbaums in situ (von vorne). Herz und mediastinale Anteile der Lungen wurden entfernt.

1 V. jugularis int.
2 A. carotis communis
3 **Vagusnerv (N. vagus)**
4 A. subclavia dextra
5 Truncus brachiocephalicus
6 V. brachiocephalica
7 Oberer Ast des Vagus zum Herzen (R. cardiacus cervicalis superior)
8 Unterer Ast des Vagus zum Herzen (R. cardiacus cervicalis inferior)
9 V. azygos (durchtrennt)
10 **Luftröhrengabelung (Bifurcatio tracheae)**
11 **Rechte Lungenarterie (A. pulmonalis dextra)**
12 **Lungenvenen (Vv. pulmonales)**
13 **Lunge (Pulmo)**
14 Speiseröhre (Oesophagus), Äste des Vagusnerven
15 Untere Hohlvene (V. cava inferior)
16 Herzbeutel (Pericardium)
17 Schilddrüse (Glandula thyroidea)
18 Speiseröhre, linker rückläufiger Kehlkopfnerv (Oesophagus, **N. laryngeus recurrens sinister**)
19 Luftröhre (Trachea)
20 Gemeinsame Halsschlagader (A. carotis communis)
21 **Aortenbogen (Arcus aortae)**
22 Truncus pulmonalis, Abgang des N. laryngeus recurrens sinister
23 Brustaorta, N. vagus
24 **Zwerchfellnerv (N. phrenicus)**
25 Rechter rückläufiger Kehlkopfnerv (N. laryngeus recurrens dexter)
26 Zwerchfell (Diaphragma)
27 A.subclavia sinistra
28 **Speiseröhre (Oesophagus)**
29 **Vegetatives Nervengeflecht des N. vagus (Plexus oesophageus)**
30 Brustaorta (Aorta thoracica)
31 Lymphknoten an der Luftröhre
32 Tracheobronchiale Lymphknoten
33 Linke Lungenarterie (A. pulmonalis sinistra)
34 Bronchopulmonale Lymphknoten

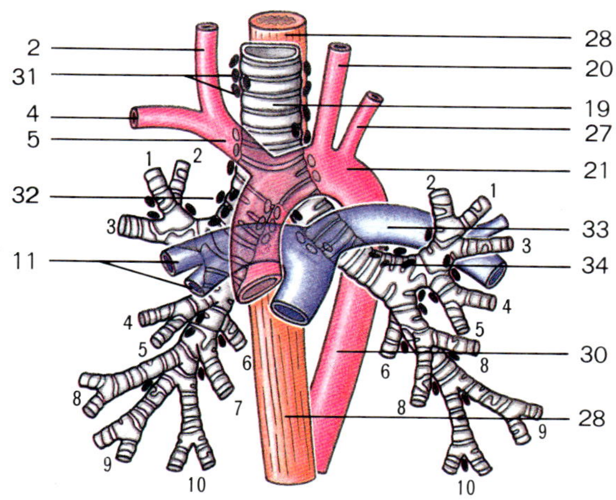

5.31 Lagebeziehungen von Aorta, Lungenarterien, Speiseröhre, Trachea und Bronchialbaum zueinander (Schemazeichnung). Die Segmentbronchien sind mit 1–10 gekennzeichnet.

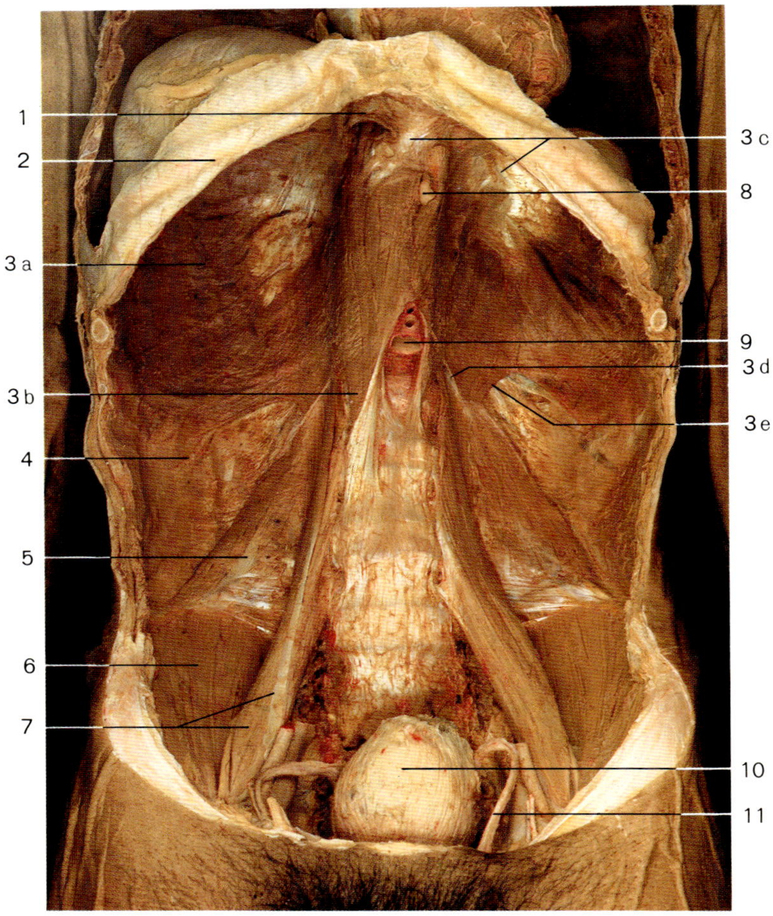

1 Untere Hohlvene (V. cava inferior)
2 Rippenbogen (Arcus costalis)
3 **Zwerchfell (Diaphragma)**
   a Rippenabschnitt des Zwerchfells (Pars costalis)
   b Rechter Schenkel des Lendenabschnittes (Crus dextrum der Pars lumbalis)
   c Sehnenspiegel des Zwerchfells (Centrum tendineum)
   d Innerer Sehnenbogen (Arcus lumbocostalis medialis)
   e Äußerer Sehnenbogen (Arcus lumbocostalis lateralis)
4 Quere Bauchwandfaszie (Fascia transversalis)
5 **Viereckiger Lendenmuskel (M. quadratus lumborum)**
6 **Darmbeinmuskel (M. iliacus)**
7 **Großer und kleiner Lendenmuskel (M. psoas major u. minor)**
8 Speiseröhre (Oesophagus)
9 Bauchaorta (Aorta abdominalis)
10 Harnblase (Vesica urinaria)
11 Samenleiter (Ductus deferens)

5.32 Zwerchfell und hintere Bauchwand (von vorne). Bauch- und Beckenorgane mit Ausnahme der Harnblase wurden entfernt.

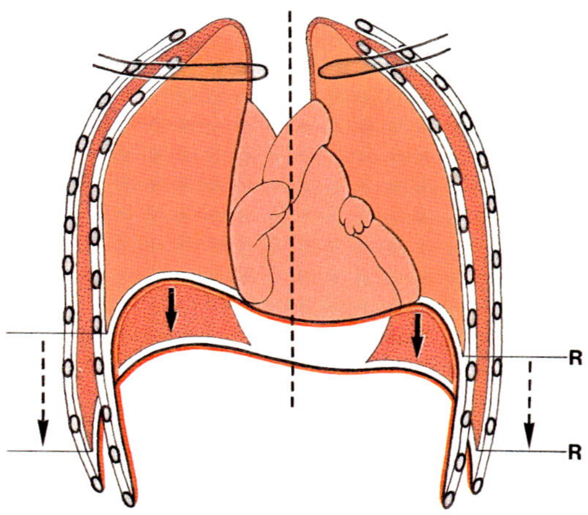

5.33 Formveränderungen von Zwerchfell und Brustkorb bei der Atmung (von vorne). Gleichzeitig mit der Senkung des Zwerchfells (Pfeile) vergrößert sich der Brustkorb, vor allem im unteren Bereich, so daß sich der Komplementärraum der Pleura, der Recessus costodiaphragmaticus, erweitern und die Lungen nach unten (gestrichelte Pfeile) ausdehnen können.
R = Unterer Lungenrand innerhalb des Recessus costodiaphragmaticus.

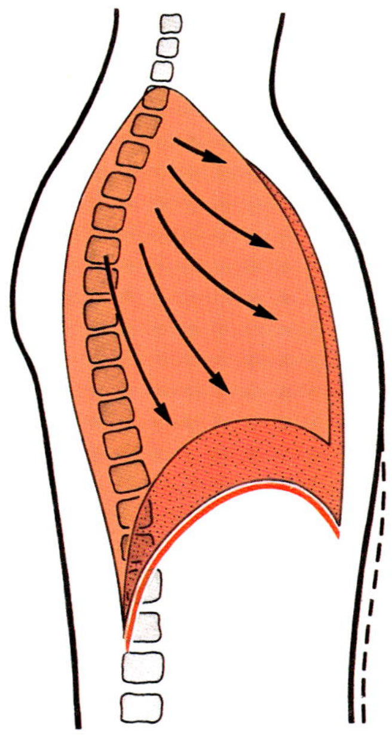

5.34 Formveränderungen von Zwerchfell und Brustkorb bei der Atmung (von der Seite). Die Pfeile deuten die Ausdehnung der Lungen bei der Einatmung an.

6. Bauchorgane

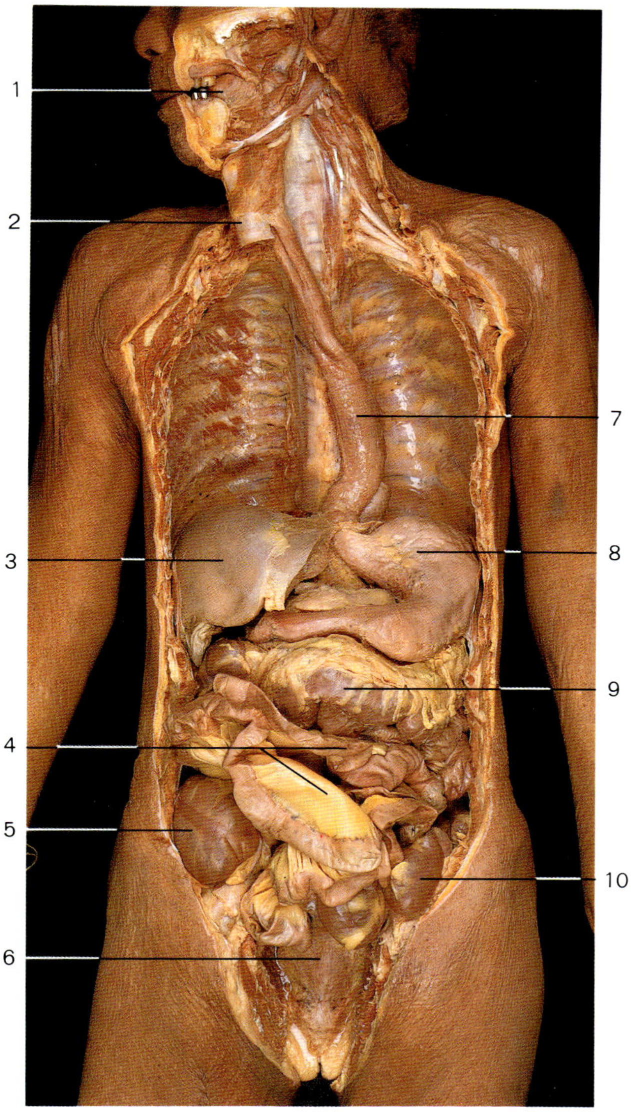

6.1 Übersicht über die Verdauungsorgane in situ.

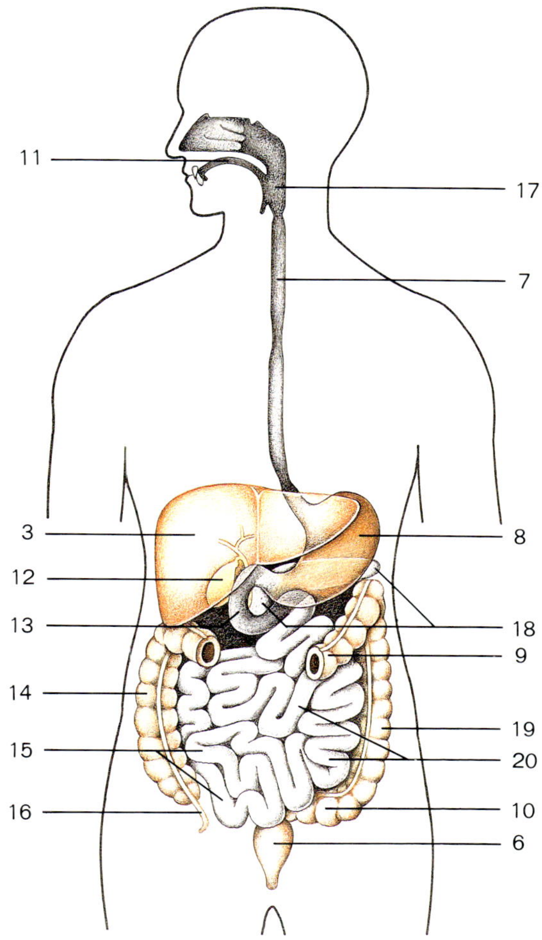

6.2 Übersicht über die Lage der Bauchorgane im Körper (Schemazeichnung).

1 Zunge (Lingua)
2 Luftröhre (Trachea)
3 Leber (Hepar)
4 Dünndarm (Intestinum tenue)
5 Blinddarm (Caecum)
6 Enddarm (Rectum)
7 Speiseröhre (Oesophagus)
8 Magen (Ventriculus)
9 Querdarm (Colon transversum)
10 S-förmiger Dickdarmabschnitt (Colon sigmoideum)
11 Mundhöhle (Cavum oris)
12 Gallenblase (Vesica fellea)
13 Zwölffingerdarm (Duodenum)
14 Aufsteigender Dickdarmabschnitt (Colon ascendens)
15 Krummdarm (Ileum)
16 Wurmfortsatz (Appendix vermiformis)
17 Mittlerer Abschnitt des Rachens (Pars oralis des Pharynx)
18 Bauchspeicheldrüse (Pancreas)
19 Absteigender Dickdarmabschnitt (Colon descendens)
20 Leerdarm (Jejunum)

Das Verdauungssystem besteht 1. aus dem Magen-Darm-Kanal, dem von der Mundhöhle aus über die Speiseröhre die Nahrungsstoffe zugeführt werden und in dem die Auflösung und Resorption der Stoffe erfolgt, und 2. aus den zugehörigen Drüsen, die die Verdauungsenzyme bilden.
Das System läßt sich folgendermaßen gliedern:

Speicheldrüsen ↓ (→ Mundhöhle); Leber, Bauchspeicheldrüse ↓ (→ Dünndarm)

Mundhöhle → Schlund → Speiseröhre → Magen → Dünndarm → Dickdarm → After

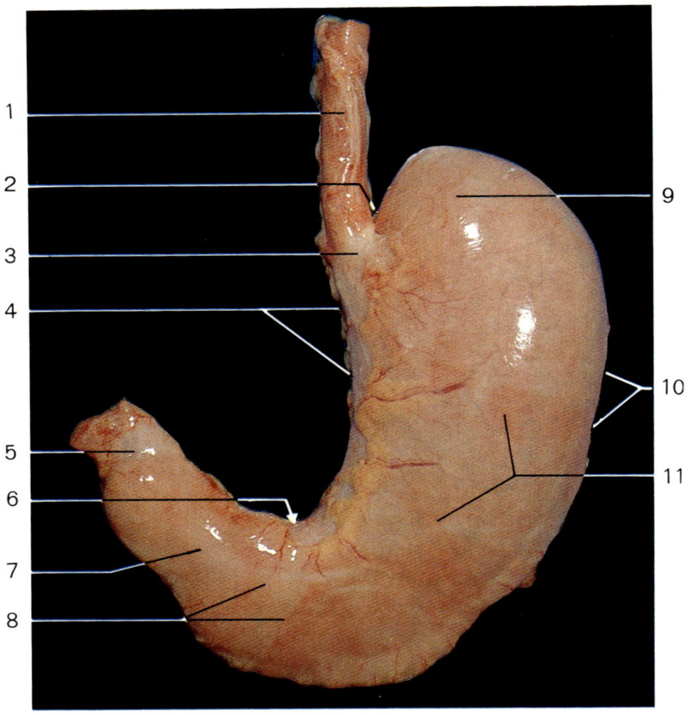

6.3 **Magen (Ventriculus)** (von vorne).

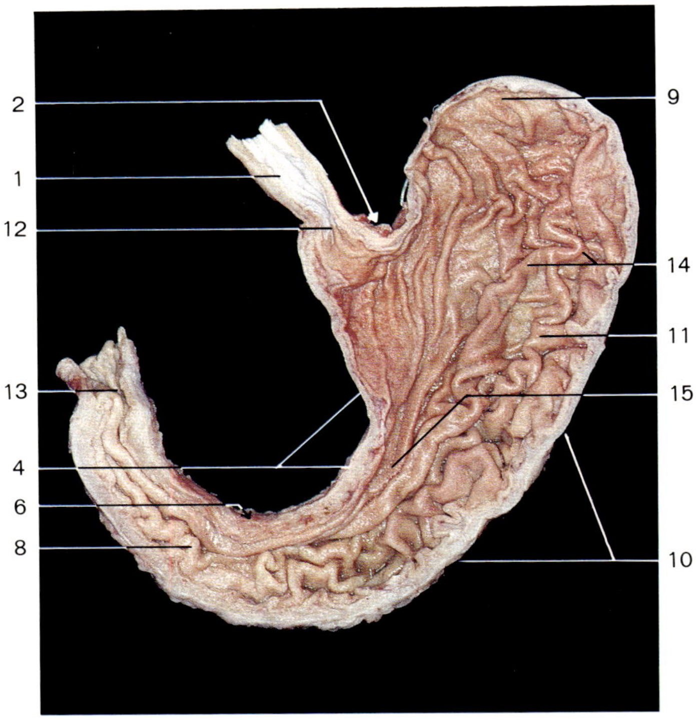

6.4 **Magenschleimhaut, hintere Hälfte des Magens** (von vorne).

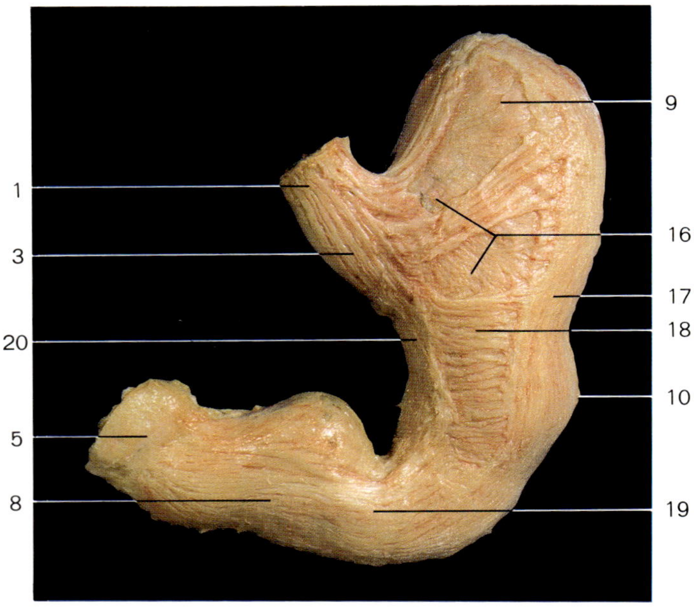

6.5 **Magenmuskulatur, innere Schicht** (von vorne). Im Fundusbereich wurde die Ringmuskelschicht entfernt, um die schräg verlaufenden Muskelzüge (Fibrae obliquae) zu zeigen.

1 Speiseröhre (Oesophagus)
2 Kardiale Inzisur (Incisura cardiaca)
3 Kardiaabschnitt des Magens (Cardia)
4 **Kleine Magenkrümmung (Curvatura gastrica minor)**
5 **Magenpförtner (Pylorus)**
6 Magenwinkel (Incisura angularis)
7 Pförtnervorhof (Antrum pyloricum)
8 **Pförtnerteil des Magens (Pars pylorica)**
9 **Magenkuppel (Fundus gastricus)**
10 **Große Magenkrümmung (Curvatura gastrica major)**
11 Magenkörper (Corpus gastricum)
12 Speiseröhreneinmündung (Ostium cardiacum)
13 Canalis pyloricus
14 Schleimhautfalten (Plicae gastricae, Rugae)
15 Magenstraße (Canalis gastricus)
16 **Schrägverlaufende Muskelfasern (Fibrae obliquae)**
17 Längsmuskelschicht (Stratum longitudinale) an der großen Kurvatur
18 Ringmuskelschicht (Stratum circulare)
19 Längsmuskelschicht am Übergang zur Pars pylorica
20 Längsmuskelschicht (Stratum longitudinale) an der kleinen Kurvatur

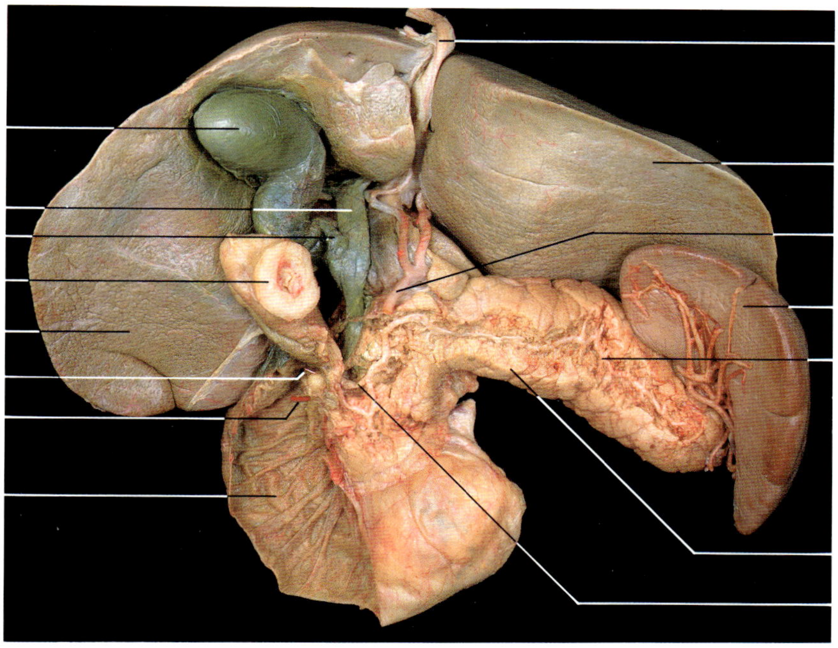

6.6 Bauchspeicheldrüse mit Zwölffingerdarm, Milz, Gallenblase und Leber (von vorne). Die Leber wurde etwas nach oben gezogen und der Zwölffingerdarm eröffnet, um den Hauptausführungsgang der Bauchspeicheldrüse zu zeigen (rote Sonde). Der akzessorische Ausführungsgang (helle Sonde) mündet etwas weiter oben.

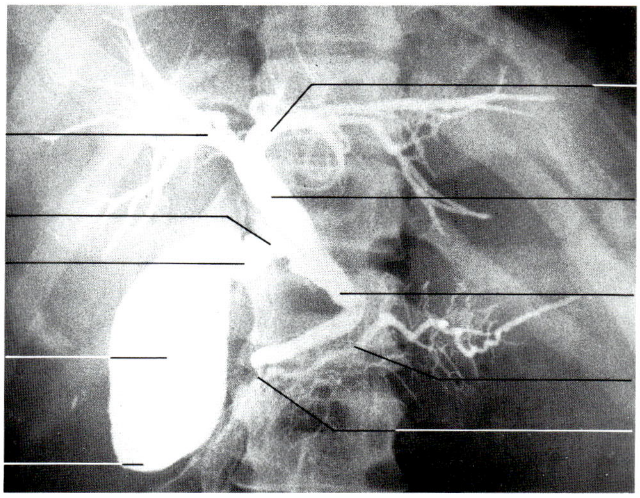

6.7 Röntgenaufnahme der extrahepatischen Gallenwege, der Gallenblase und des Ausführungsganges vom Pankreas nach Kontrastmittelfüllung (post mortem).

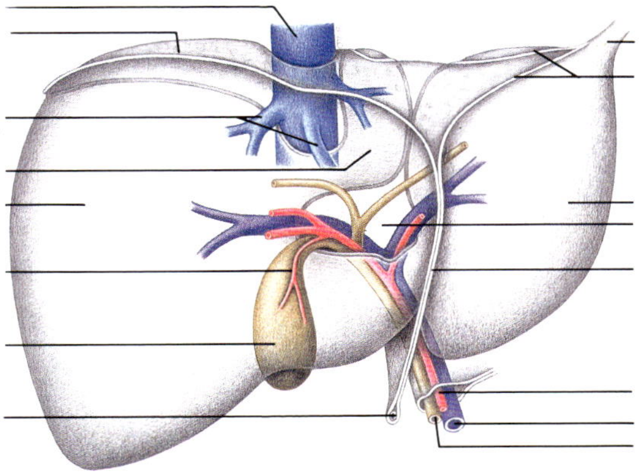

6.8 Peritonealverhältnisse der Leber. Die Leber ist durchsichtig gezeichnet.

1 **Gallenblase (Vesica fellea oder biliaris)**
2 **Gemeinsamer Gallengang (Ductus hepaticus communis)**
3 **Ausführungsgang der Gallenblase (Ductus cysticus)**
4 Magenpförtner (Pylorus, durchtrennt)
5 Rechter Leberlappen (Lobus dexter hepatis)
6 Sonde in der kleinen Zwölffingerdarmpapille (Papilla duodeni minor)
7 Sonde in der großen Zwölffingerdarmpapille (Papilla duodeni major)
8 Zwölffingerdarm (Duodenum)
9 Rundes Leberband (Ligamentum teres hepatis)
10 Linker Leberlappen (Lobus sinister hepatis)
11 Leberarterie (A. hepatica propria)
12 Milz (Lien)
13 **Ausführungsgang der Bauchspeicheldrüse (Ductus pancreaticus)**
14 Bauchspeicheldrüse (Pancreas)
15 Zusätzlicher Pankreasgang (Ductus pancreaticus accessorius)
16 Rechter Gallengang (Ductus hepaticus dexter)
17 Gallenblasenhals (Collum der Vesica fellea)
18 Gallenblasenkörper (Corpus der Vesica fellea)
19 Gallenblasenboden (Fundus der Vesicae fellea)
20 Linker Gallengang (Ductus hepaticus sinister)
21 **Gemeinsamer Gallengang (Ductus choledochus)**
22 Untere Hohlvene (V. cava inferior)
23 Bauchfell (Peritoneum)
24 Lebervenen (Venae hepaticae)
25 Geschwänzter Leberlappen (Lobus caudatus)
26 Gallenblasenarterie (A. cystica)
27 Bindegewebszipfel der Leber (Appendix fibrosa hepatis)
28 Umschlagsfalte des Peritoneums (Lig. coronarium)
29 Leberpforte (Porta hepatis)
30 Sichelförmiges Leberband (Lig. falciforme hepatis)
31 Pfortader (V. portae)

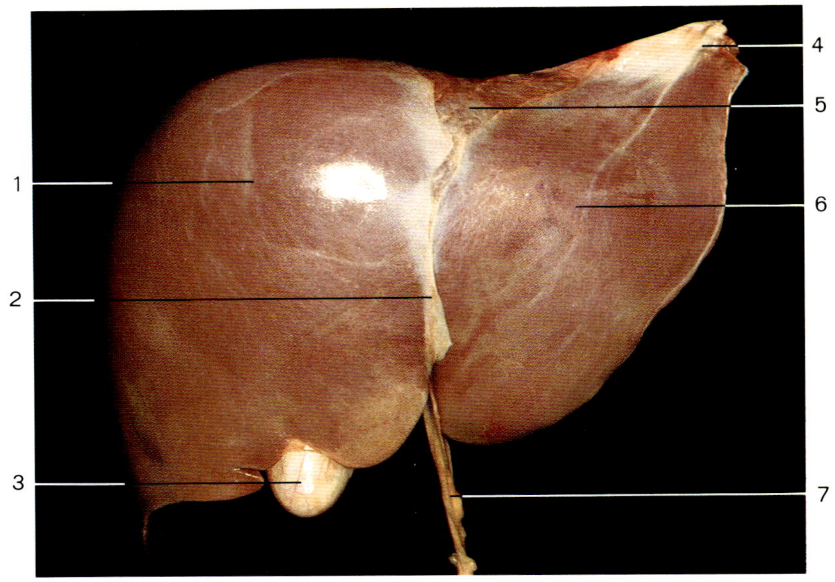

1 **Rechter Leberlappen (Lobus dexter hepatis)**
2 Sichelförmiges Leberband (Ligamentum falciforme)
3 **Gallenblase (Vesica fellea)**
4 Bindegewebszipfel der Leber (Appendix fibrosa)
5 Bauchfellfreie Zone (Area nuda)
6 **Linker Leberlappen (Lobus sinister hepatis)**
7 **Rundes Leberband (Ligamentum teres hepatis)**
8 Gallenblasengang (Ductus cysticus)
9 Gemeinsamer Gallenausführungsgang (Ductus choledochus)
10 Untere Hohlvene (V. cava inferior)
11 **Geschwänzter Leberlappen (Lobus caudatus)**
12 **Viereckiger Leberlappen (Lobus quadratus)**
13 Leberarterie (A. hepatica)
14 **Pfortader (V. portae)**
15 Venenband (Ligamentum venosum)

6.9 Leber (Hepar) (von vorne). Da die Leber am Zwerchfell fixiert ist, bewegt sie sich bei der Atmung mit. Das unterstützt den Blutfluß in der Leber. Das runde Leberband (Lig.teres hepatis) ist das Relikt der Nabelvene aus dem Embryonalkreislauf (siehe S. 60).

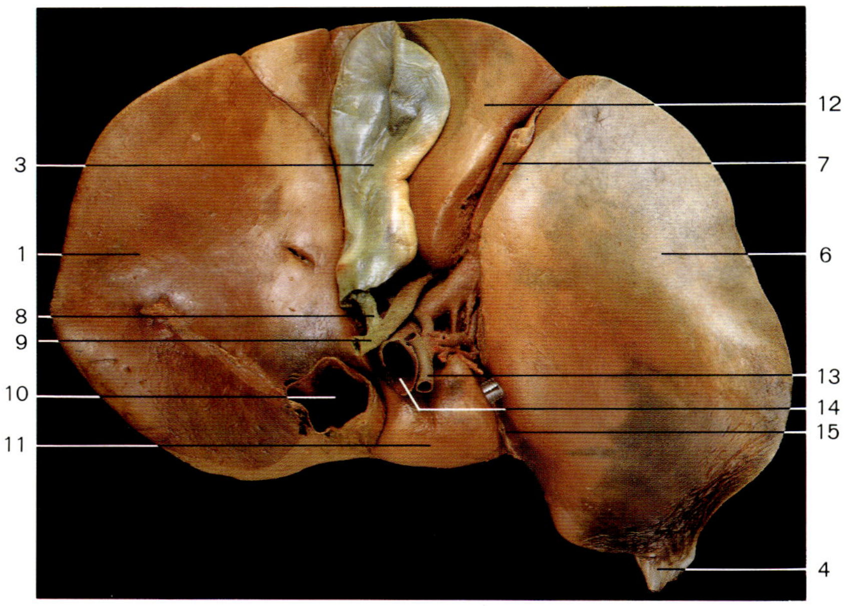

6.10 Leber (Hepar) (von unten). Geschwänzter und linker Leberlappen wurden etwas auseinandergespreizt, um das Venenband (Lig.venosum) zu zeigen. Es ist, wie das Lig. teres, ein Relikt aus dem Embryonalkreislauf.

Die in der Leber produzierte Galle fließt über die Gallengänge des rechten und linken Leberlappens zum gemeinsamen Gallenausführungsgang (Ductus choledochus) ab. Dieser mündet zusammen mit dem Ausführungsgang der Bauchspeicheldrüse im Zwölffingerdarm auf der Papilla duodeni. Wenn Speisebrei ins Duodenum gelangt, entleert sich die Gallenblase, in der Gallenflüssigkeit aus der Leber gesammelt und eingedickt wird. Die Blasengalle fließt über den Ductus cysticus in den Ductus choledochus ab.

1 Leber (Hepar)
2 Mittlere Dickdarmarterie (A. colica media)
3 **Obere Gekrösearterie (A. mesenterica superior)**
4 Rechte Dickdarmarterie (A. colica dextra)
5 Arterie für Ileum und Dickdarm (A. ileocolica)
6 Lymphknoten (Nodi lymphatici)
7 Arterie zum Ileum (A. ilealis)
8 Blinddarm (Caecum)
9 Krummdarm (Ileum)
10 **Großes Netz (Omentum majus)**
11 Querverlaufender Dickdarm (Colon transversum)
12 Arterie zum Jejunum (A. jejunalis)
13 Leerdarm (Jejunum)
14 Gallenblase (Vesica fellea)
15 Gallenblasenvene (V. cystica)
16 Pfortader (V. portae)
17 Zwölffingerdarm (Duodenum)
18 Bauchspeicheldrüse (Pancreas)
19 **Obere Gekrösevene (V. mesenterica superior)**
20 Rechte Magen-Netz-Vene (V. gastroepiploica dextra)
21 Äste der oberen Mesenterialvene
22 Untere Hohlvene (V. cava inferior)
23 Magen (Ventriculus)
24 Magenvenen (Venae gastricae)
 a Linke Magenvene (V. gastrica sinistra)
 b Rechte Magenvene (V. gastrica dextra)
25 **Milzvene (V. lienalis)**
26 Kurze Magenvenen (Venae gastricae breves)
27 Milz (Lien)
28 Venen der Bauchspeicheldrüse (Venae pancreaticae)
29 Linke Magen-Netz-Vene (V. gastroepiploica sinistra)
30 **Untere Gekrösevene (V. mesenterica inferior)**
31 Äste der unteren Mesenterialvene
32 S-förmiger Dickdarm (Colon sigmoideum)

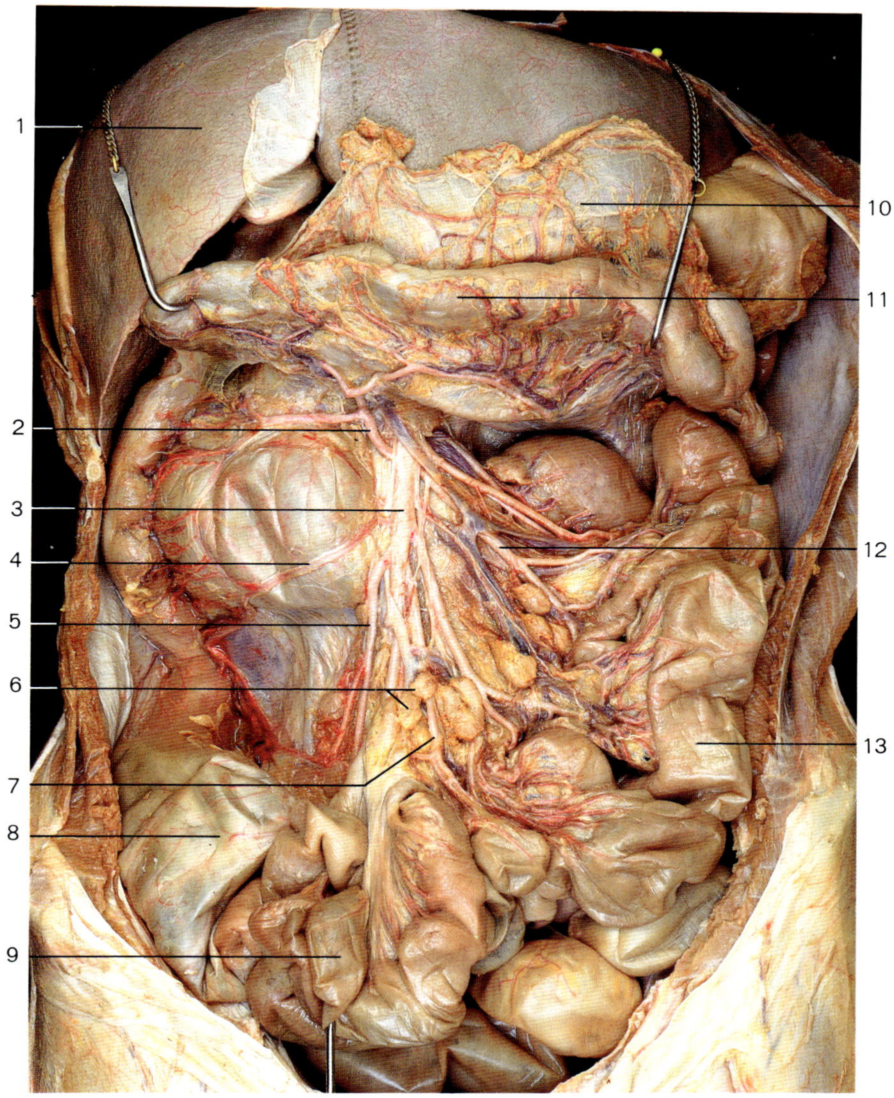

6.11 Präparation der oberen Gekrösearterie (A. mesenterica sup.) und ihrer Äste. Das große Netz (10) wurde nach oben geschlagen. Die A. mesenterica sup. versorgt den Dünndarm und den Dickdarm bis zur linken Kolonflexur.

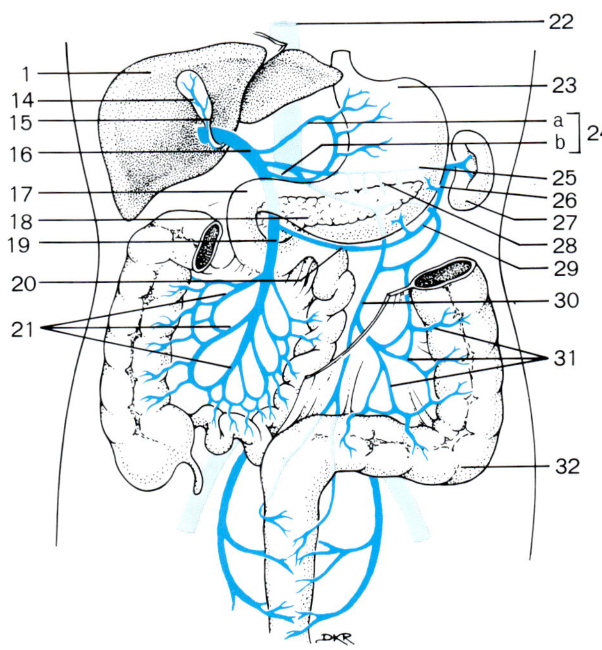

6.12 Hauptäste der Pfortader (Schemazeichnung). (Aus Weinreb, E. L.: Anatomy and Physiology. Addison-Wesley Publishing Co., Reading, Mass., 1984)

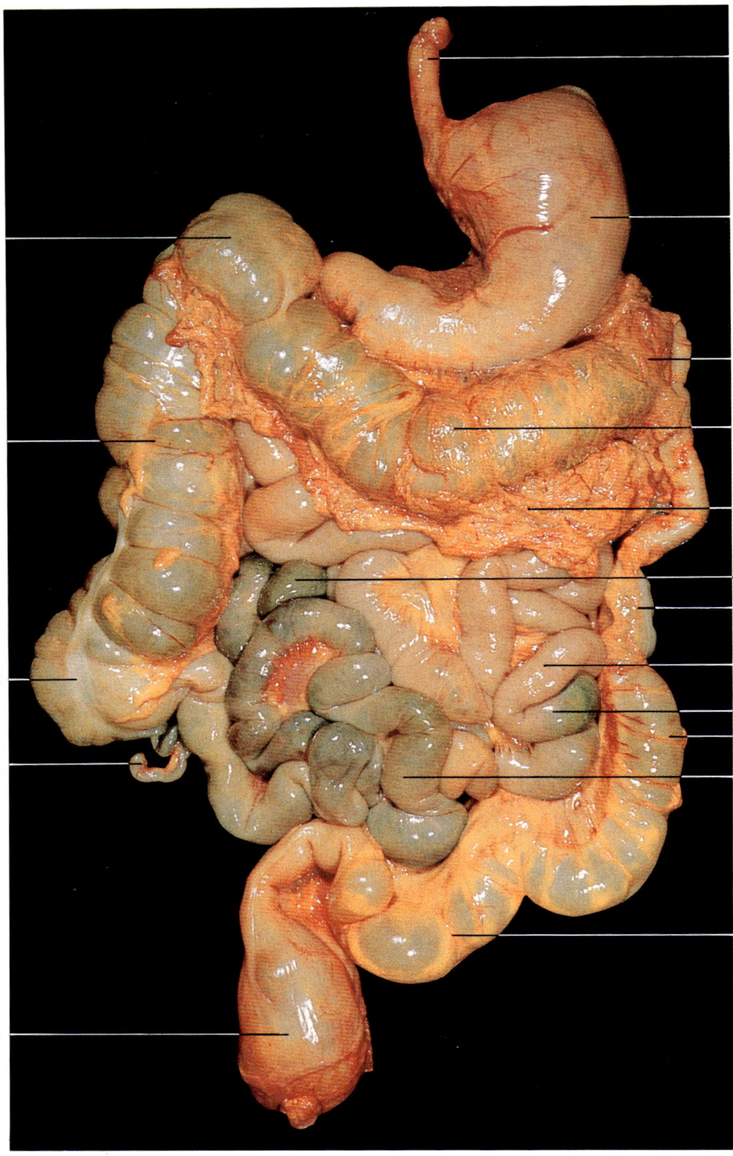

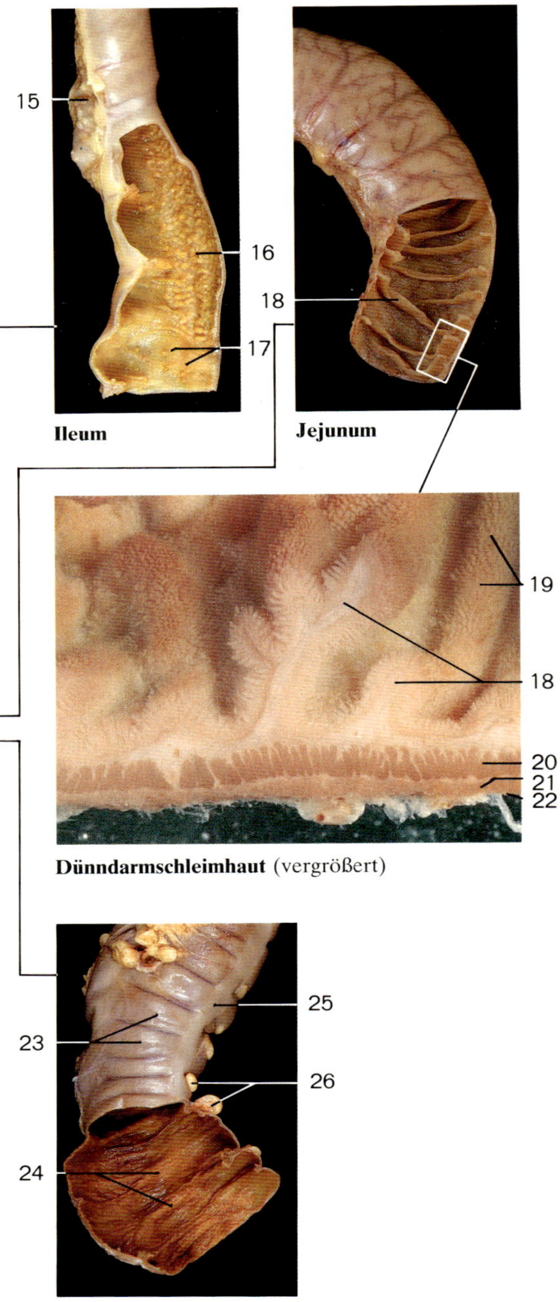

Ileum

Jejunum

Dünndarmschleimhaut (vergrößert)

Colon

6.13 Verdauungstrakt. Vom unteren Ende der Speiseröhre bis zum After wurde das gesamte Eingeweidepaket aus der Bauchhöhle entnommen. Die Ringfalten des Dünndarms (Plicae circulares) werden analwärts immer kleiner. Im Dickdarm fehlen die Zotten (Villi intestinales), so daß nur noch Krypten vorhanden sind. Am Dickdarm sind Längsmuskelbündel (Tänien) und Fettgewebsanhängsel (Appendices epiploicae) zu erkennen.

1 Rechte Dickdarmbiegung (Flexura coli dextra)
2 **Aufsteigender Teil des Dickdarms (Colon ascendens)**
3 Blinddarm (Caecum)
4 **Wurmfortsatz (Appendix vermiformis)**
5 **Enddarm (Rectum)**
6 Speiseröhre (Oesophagus, durchtrennt)
7 **Magen (Ventriculus)**
8 Linke Dickdarmbiegung (Flexura coli sinistra)
9 **Querverlaufender Dickdarm (Colon transversum)**
10 Großes Netz (Omentum majus)
11 Absteigender Teil des Dickdarms (Colon descendens)
12 **Leerdarm (Jejunum)**
13 **Krummdarm (Ileum)**
14 **S-förmiger Dickdarm (Colon sigmoideum)**
15 Schnittrand des Gekröses (Mesenterium)
16 Peyersche Platten (Lymphonodi aggregati)
17 Einzelne Lymphfollikel (Solitärknötchen)
18 **Ringfalten (Plicae circulares)**
19 Darmzotten (Villi intestinales)
20 Ringmuskelschicht (Stratum circulare)
21 Längsmuskelschicht (Stratum longitudinale)
22 Serosa, Bauchfellüberzug (Peritoneum)
23 Ausbuchtungen des Dickdarms (Haustren)
24 Halbmondförmige Falten (Plicae semilunares)
25 Längsmuskelzug (Taenia libera)
26 Fettgewebsanhängsel (Appendices epiploicae)

6.14 und 6.15 ▷
1 Rechter und linker Leberlappen
2 Rundes Leberband (Lig. teres hepatis)
3 Nervengeflecht der Leber (Plexus hepaticus)
4 **Leberarterie, Pfortader (A. hepatica, V. portae)**
5 Gallenblasenarterie (A. cystica)
6 Gallenblase, **Ductus choledochus**
7 A. gastroduodenalis
8 **Gemeinsame Leberarterie (A. hepatica communis)**
9 Milzarterie (A. lienalis)
10 Pars descendens des Duodenums
11 A. gastroepiploica dextra
12 Dickdarmbiegungen (Flexurae coli)
13 Rechte Dickdarmarterie (A. colica dextra)
14 **Obere Gekrösevene (V. mesenterica superior)**

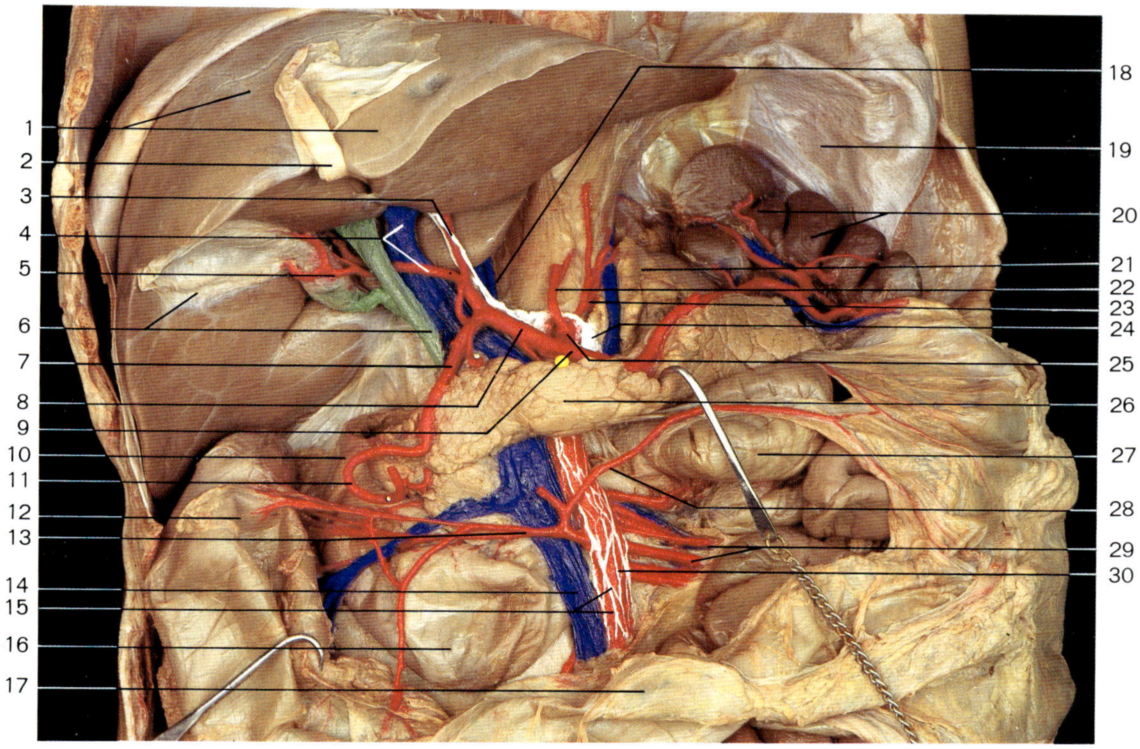

6.14 Gefäße und Nerven des Oberbauches. Der Magen wurde entfernt; Leber und Bauchspeicheldrüse wurden etwas nach oben verlagert. Das Bauchfell wurde größtenteils entfernt, um die Gefäße mit den autonomen Nervengeflechten an der hinteren Bauchwand zu zeigen.
Grün = extrahepatische Gallengänge; rot = Arterien; blau = Venen; weiß = autonome Nervengeflechte.

15 Plexus mesentericus superior
16 Zwölffingerdarm (Duodenum)
17 Colon transversum
18 Untere Hohlvene (V. cava inferior)
19 Zwerchfell (Diaphragma)
20 Milz (Lien)
21 Nebenniere (Glandula suprarenalis)
22 Linke Magenarterie (A. gastrica sinistra)
23 Untere Zwerchfellarterie (A. phrenica inferior)
24 Ganglion coeliacum
25 Arterienstamm (Truncus coeliacus)
26 Bauchspeicheldrüse (Pancreas)
27 Leerdarm (Jejunum)
28 Mittlere Dickdarmarterie (A. colica media)
29 Arterien zum Jejunum
30 **Obere Gekrösearterie (A. mesenterica superior)**
31 Geschwänzter Leberlappen (Lobus caudatus)
32 Rechte Magenarterie (A. gastrica dextra)
33 A. ileocolica
34 Ileumende
35 Wurmfortsatz (Appendix vermiformis)
36 Gemeinsame Beckenarterie (A. iliaca communis dextra)
37 Blinddarm (Caecum)
38 Ösophagusarterie
39 Magen-Netz-Arterie (A. gastroepiploica dextra)
40 Magen (Ventriculus)
41 Nierenarterie (A. renalis)
42 Linke Hodenarterie (A. testicularis sinistra)
43 Linke Niere (Ren sinister)
44 Linke Dickdarmarterie (A. colica sinistra)
45 S-förmiger Dickdarm (Colon sigmoideum)

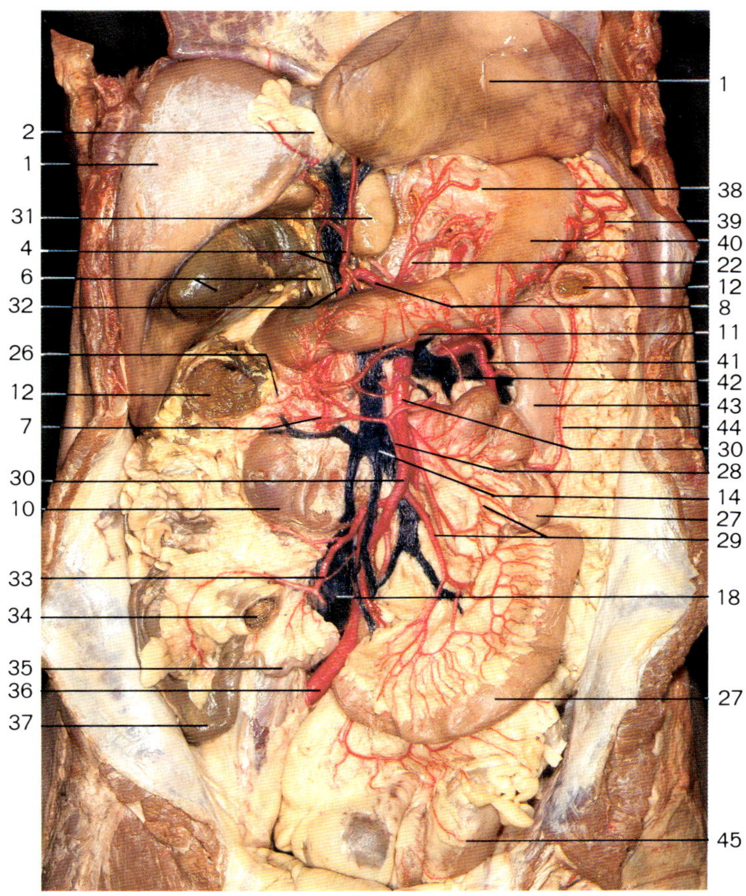

6.15 Gefäßversorgung der Bauchorgane (von vorne). Der querverlaufende Dickdarm sowie Teile des Dünndarms und des kleinen Netzes wurden entfernt. Die Leber wurde etwas angehoben.
Rot = Arterien; blau = Venen.

7. Urogenitalorgane

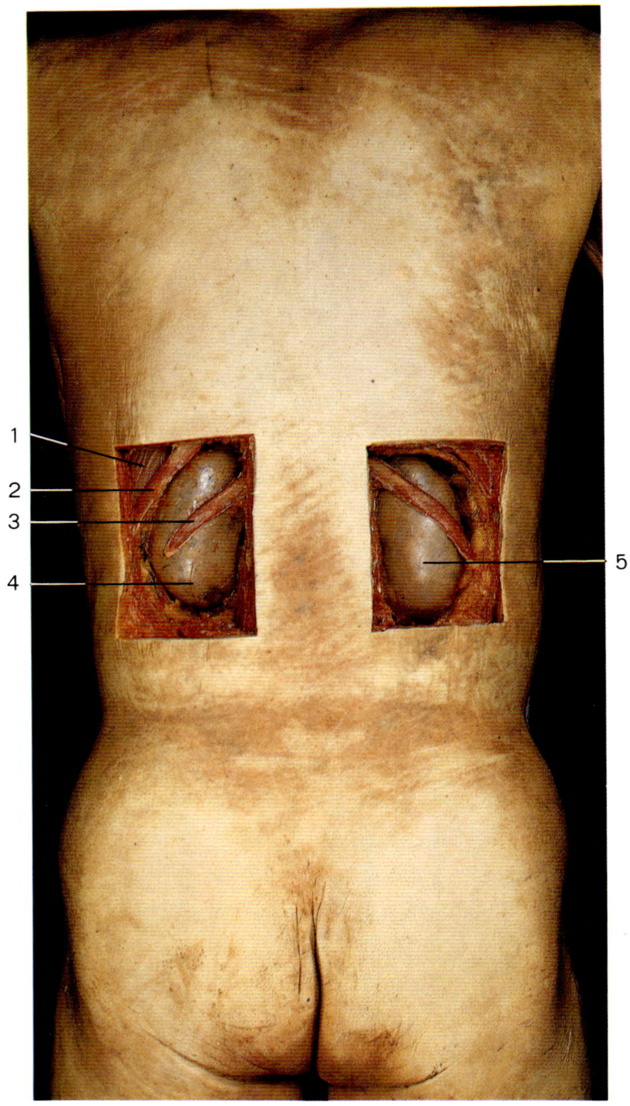

7.1 Nieren in situ. Am Rücken wurden zwei Fenster angelegt, um die Lage der Nieren im Retroperitonealraum zu zeigen. Über der rechten Niere befindet sich die Leber. Deshalb liegt sie hier etwas tiefer als links.

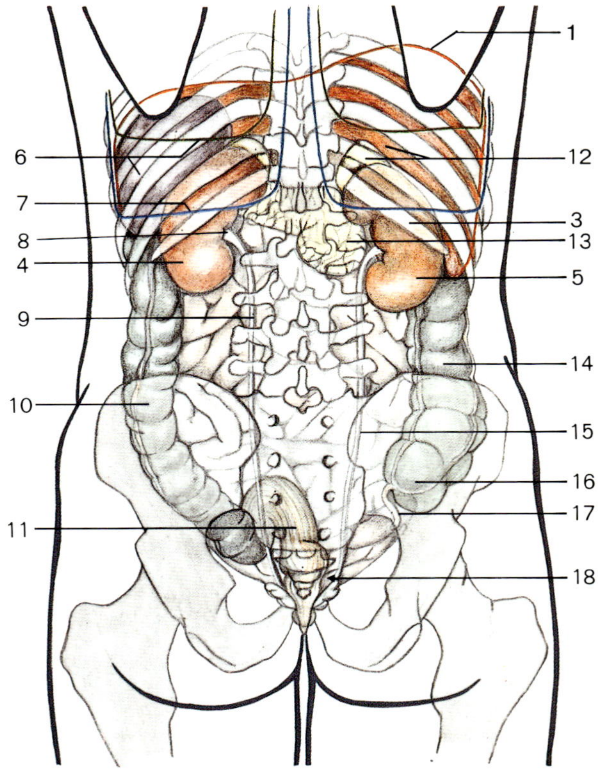

7.2 Lokalisation der Harnorgane (von hinten). Der obere Pol der Niere reicht bis zur 11. Rippe, der untere Pol reicht bis zum 3. Lendenwirbel. Die linke Niere steht etwas höher. Man beachte die topographischen Beziehungen zwischen Nierenlager, Pleura, Leber und Milz.

1 Zwerchfell (Diaphragma)
2 11. Rippe (Costa XI)
3 12. Rippe (Costa XII)
4 Linke Niere (Ren sinister)
5 Rechte Niere (Ren dexter)
6 Unterrand der Lunge, Milz (Lien)
7 Unterrand der Pleura
8 Nierenbecken (Pelvis renalis)
9 Linker Harnleiter (Ureter sinister)
10 Absteigender Teil des Dickdarms (Colon descendens)
11 Enddarm (Rectum)
12 Nebenniere (Glandula suprarenalis), Leber (Hepar)
13 Bauchspeicheldrüse (Pancreas)
14 Aufsteigender Teil des Dickdarms (Colon ascendens)
15 Rechter Harnleiter (Ureter dexter)
16 Blinddarm (Caecum)
17 Wurmfortsatz (Appendix vermiformis)
18 Lage der Harnblase (Vesica urinaria)

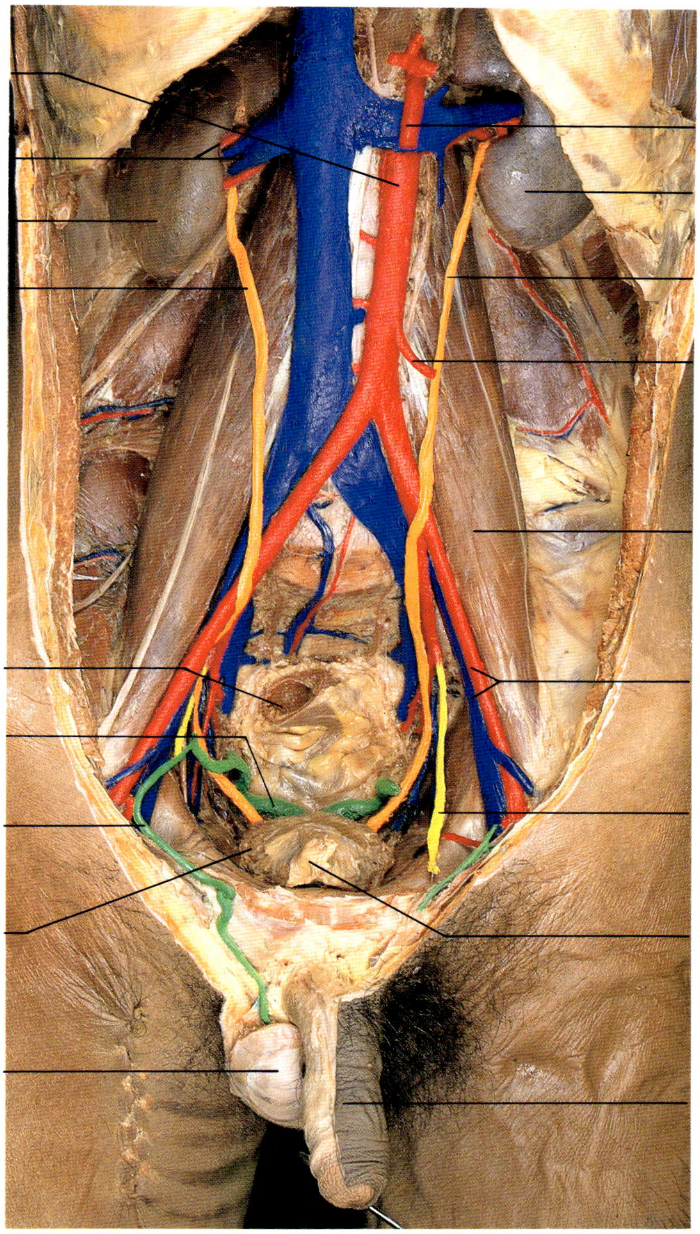

7.3 **Männliche Harnorgane in situ** (von vorne). Bauchfell und Fettkapsel der Nieren wurden entfernt. Die Nabelarterie obliteriert nach der Geburt, bleibt aber noch als Ligamentum umbilicale laterale erhalten.
Rot = Arterien; blau = Venen; orange = Harnleiter (Ureter); grün = Samenleiter (Ductus deferens); gelb = obliterierte Nabelarterie.

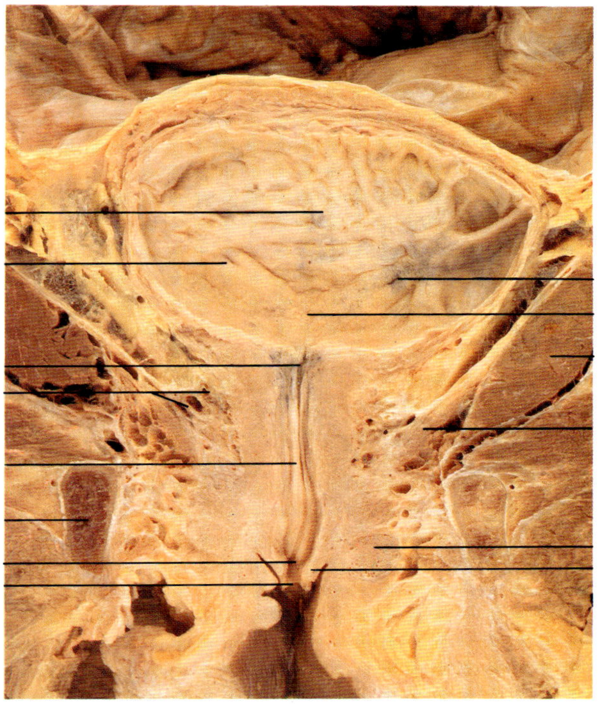

7.4 **Frontalschnitt durch die Harnblase und Harnröhre bei der Frau** (von vorne).

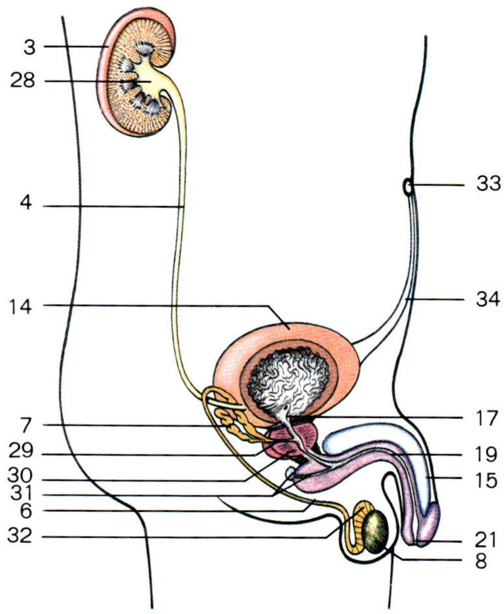

7.5 **Lage der Harn- und Geschlechtsorgane beim Mann**

1 Aorta (Aorta)
2 Nierenarterie und -vene (A. u. V. renalis)
3 **Niere (Ren)**
4 **Harnleiter (Ureter)**
5 Enddarm (Rectum)
6 **Samenleiter (Ductus deferens)**
7 Samenbläschen (Vesicula seminalis)
8 Hoden (Testis)
9 Obere Gekrösearterie (A. mesenterica superior)
10 Untere Gekrösearterie (A. mesenterica inferior)
11 Lendenmuskel (M. psoas major)
12 Äußere Beckenarterie und -vene (A. u. V. iliaca externa)
13 Ligamentum umbilicale mediale
14 **Harnblase (Vesica urinaria)**
15 Penis (Penis)
16 Harnleitermündung (Ostium ureteris)
17 Innere Harnröhrenmündung (Ostium urethrae internum)
18 Venengeflecht an der Harnblase
19 **Harnröhre (Urethra)**
20 Schambein (Os pubis, durchtrennt)
21 Äußere Harnröhrenöffnung (Ostium urethrae externum)
22 Scheidenvorhof (Vestibulum vaginae)
23 **Blasendreieck (Trigonum vesicae)**
24 Innerer Hüftlochmuskel (M. obturatorius internus)
25 Afterheber (M. levator ani)
26 Schwellkörper des Scheidenvorhofs (Bulbus vestibuli)
27 Kleine Schamlippe (Labium minus)
28 **Nierenbecken (Pelvis renalis)**
29 Spritzkanal (Ductus ejaculatorius)
30 Vorsteherdrüse (Prostata)
31 Cowpersche Drüse (Glandula bulbourethralis)
32 Nebenhoden (Epididymis)
33 Nabel (Umbilicus)
34 Mittleres Nabelband (Lig. umbilicale medianum)
35 Ampulla ductus deferentis

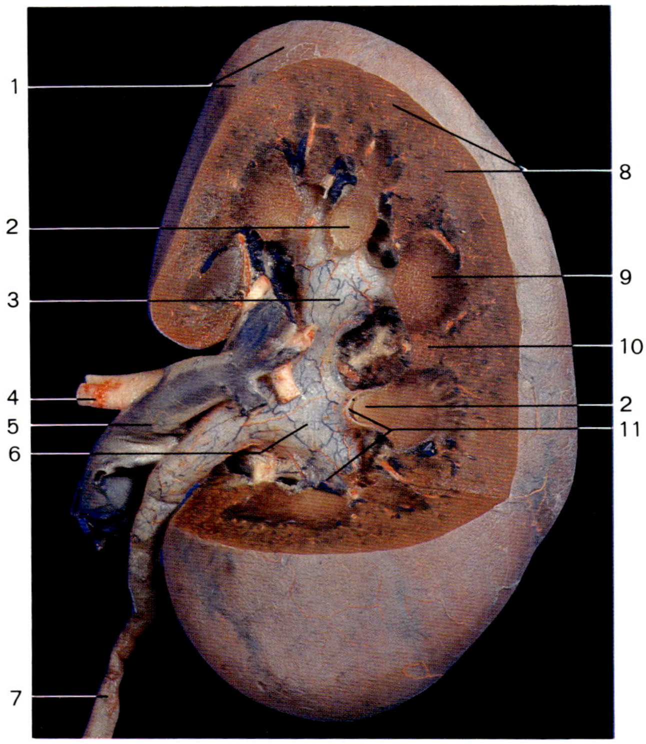

7.6 Rechte Niere (von hinten). Die Gefäße wurden mit farbigem Kunststoff injiziert.

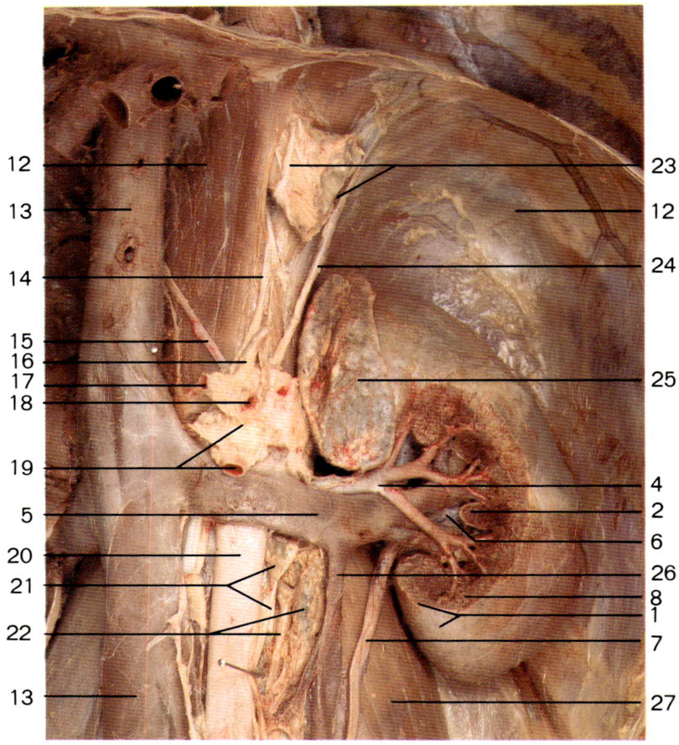

7.7 Linke Niere und Nebenniere in situ (von vorne). Ein Teil des Nierengewebes wurde entfernt, um die Gefäße zu zeigen.

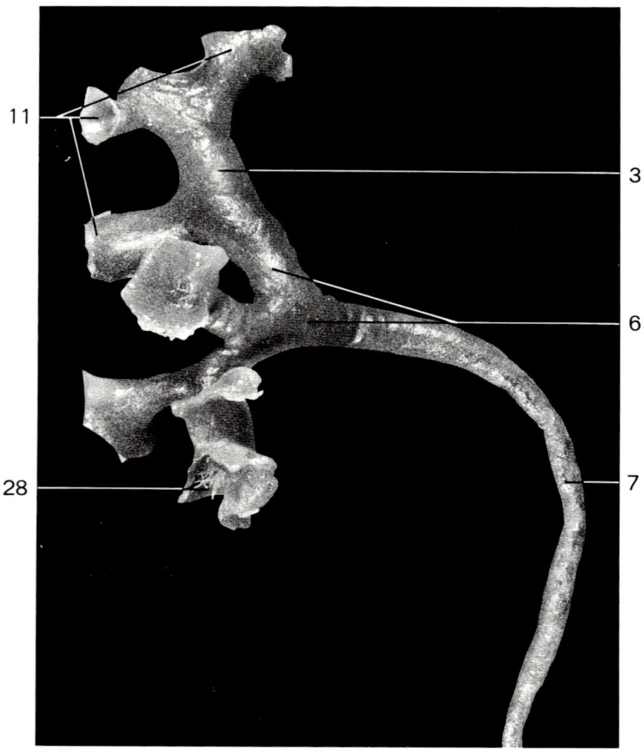

7.8 Ausgußpräparat von Nierenkelchen, Nierenbecken und Ureter.

1 Bindegewebige Nierenkapsel (Capsula fibrosa)
2 **Nierenpapille (Papilla renalis)**
3 Großer Nierenkelch (Calyx renalis major)
4 Nierenarterie (A. renalis)
5 **Nierenvene (V. renalis)**
6 **Nierenbecken (Pelvis renalis)**
7 **Harnleiter (Ureter)**
8 Nierenrinde (Cortex renalis)
9 Nierenmark (Medulla renalis)
10 Nierensäulen (Columnae renales)
11 **Kleine Kelche (Calices minores)**
12 Zwerchfell (Diaphragma)
13 Untere Hohlvene (V. cava inferior)
14 Rechter Vagusnerv (N. vagus dexter)
15 Rechte untere Zwerchfellarterie (A. phrenica inferior dextra)
16 Linke Magenarterie (A. gastrica sinistra)
17 Gemeinsame Leberarterie (A. hepatica communis)
18 Milzarterie (A. lienalis, durchtrennt)
19 Obere Gekrösearterie (A. mesenterica superior), **Ganglion coeliacum**
20 **Bauchaorta (Aorta abdominalis)**
21 Grenzstrang (Truncus symphaticus) mit Ganglion
22 Lymphknoten und Lymphgefäße
23 Speiseröhre (Oesophagus) und N. vagus
24 Untere Zwerchfellarterie (A. phrenica inferior)
25 **Nebenniere (Glandula suprarenalis)**
26 Linke Hodenvene (V. testicularis sinistra)
27 Großer Lendenmuskel (M. psoas major)
28 Sammelröhren des Nierenmarkes (Ductus papillares)

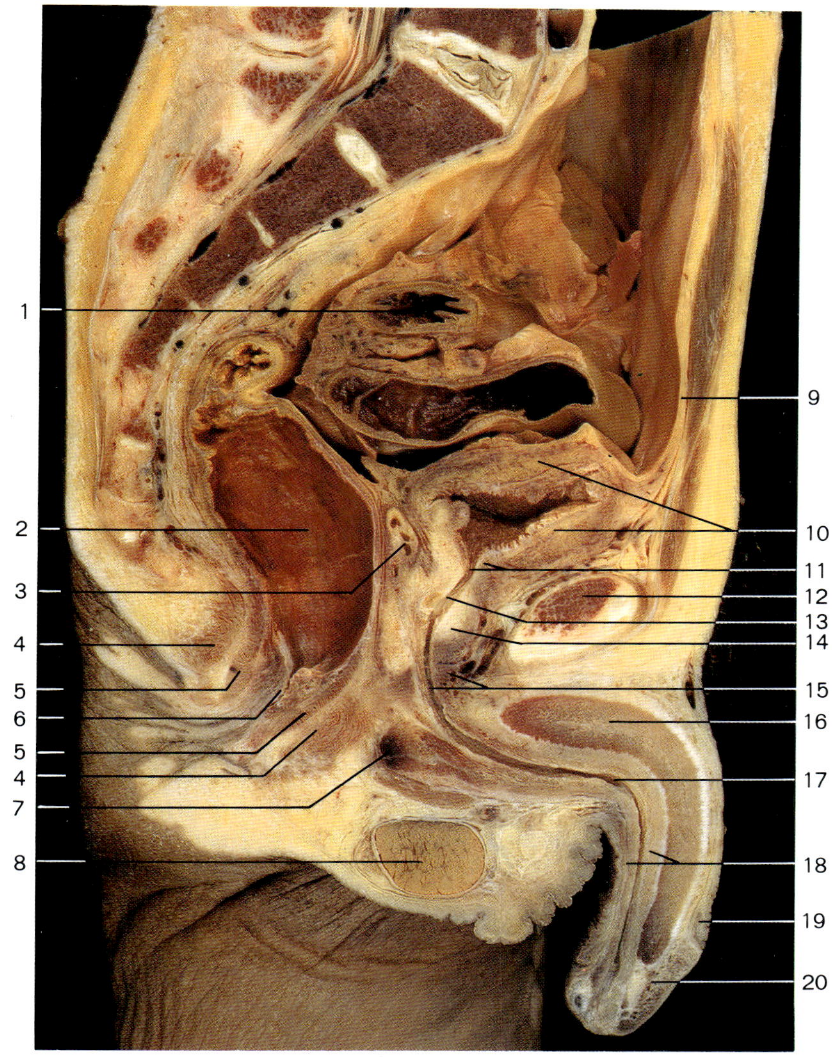

7.9 Sagittalschnitt durch das männliche Becken.

1 S-förmiger Dickdarm (Colon sigmoideum)
2 Ampulle des Enddarms (Ampulla recti)
3 Ampulle des Samenleiters (Ampulla des Ductus deferens)
4 Äußerer Schließmuskel (M. sphincter ani externus)
5 Innerer Schließmuskel (M. sphincter ani internus)
6 **Analkanal (Canalis analis)**
7 Peniswurzel (Bulbus penis)
8 Hoden (Testis)
9 Mittleres Nabelband (Ligamentum umbilicale medianum)
10 **Harnblase (Vesica urinaria)**
11 Innere Harnröhrenmündung (Ostium urethrae internum), innerer, unwillkürlicher Schließmuskel (M. sphincter urethrae internus)
12 Symphyse (Symphysis pubica)
13 **Prostataabschnitt der Harnröhre (Pars prostatica der Urethra)**
14 **Vorsteherdrüse (Prostata)**
15 Pars membranacea der Urethra, äußerer Harnröhrenschließmuskel (M. sphincter urethrae externus)
16 Penisschwellkörper (Corpus cavernosum penis)
17 **Penisabschnitt der Harnröhre (Pars spongiosa der Urethra)**
18 Harnröhrenschwellkörper (Corpus spongiosum penis)
19 Vorhaut (Praeputium penis)
20 Eichel (Glans penis)
21 Harnleiter (Ureter)
22 **Samenbläschen (Vesiculae seminales)**
23 Beckenboden (Diaphragma urogenitale), Pars membranacea der Harnröhre
24 Cowpersche Drüse (Glandula bulbourethralis)
25 Schwellkörperschenkel des Penis (Crura der Corpora cavernosa penis)
26 **Nebenhoden (Epididymis)**
27 **Samenleiter (Ductus deferens)**

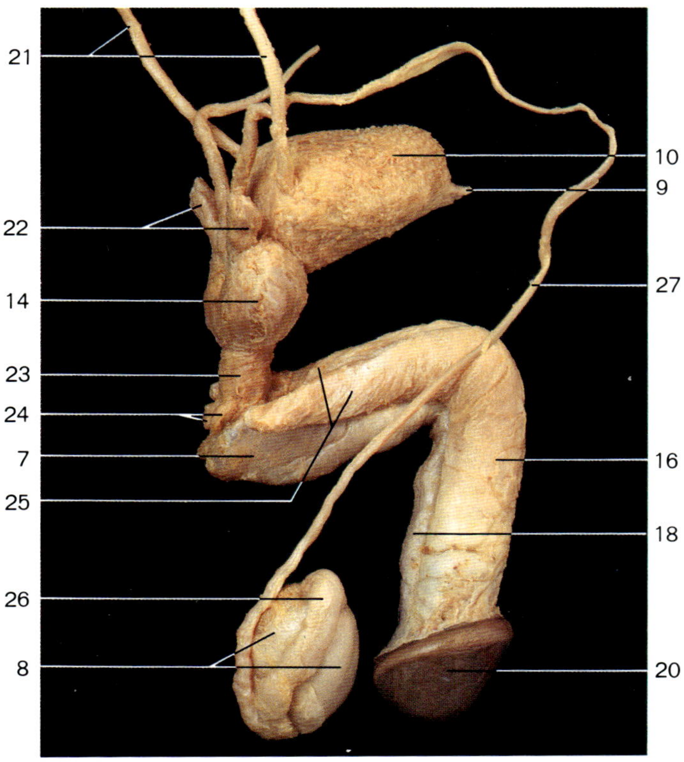

7.10 Männliche Genitalorgane, isoliert (Ansicht von rechts).

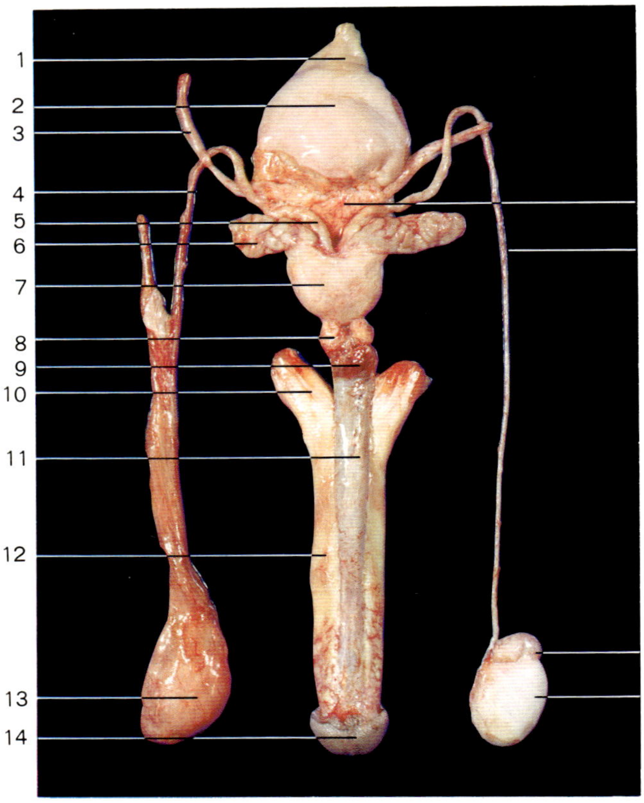

7.11 Männliche Geschlechtsorgane, isoliert (von hinten).

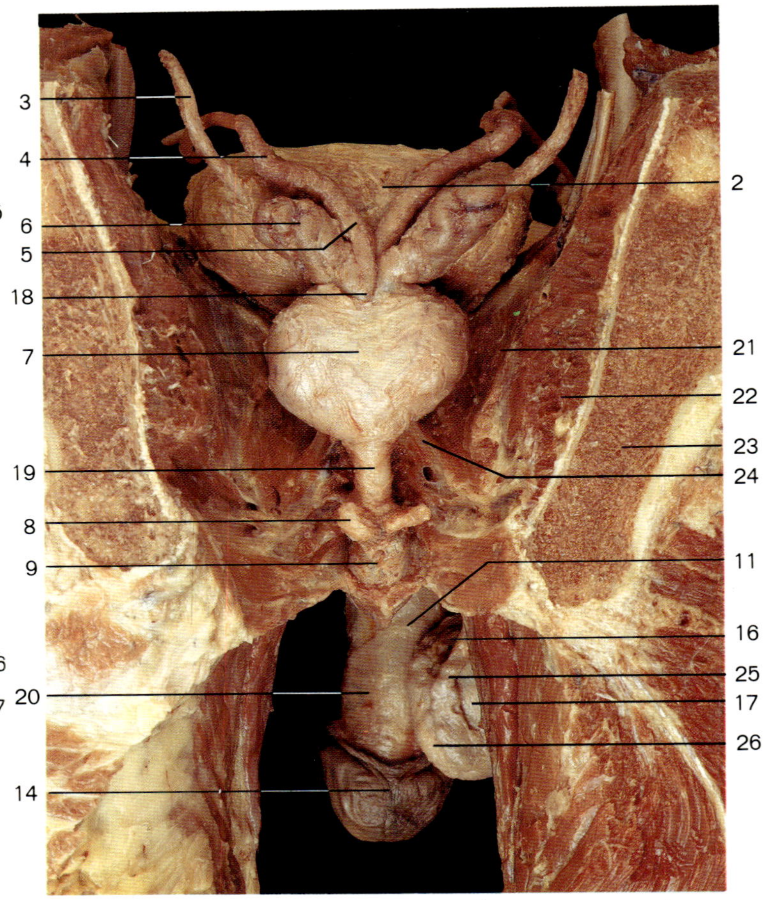

7.12 Akzessorische Geschlechtsdrüsen beim Mann, in situ. Frontalschnitt durch das kleine Becken. Man sieht von hinten auf Harnblase, Prostata und Samenbläschen.

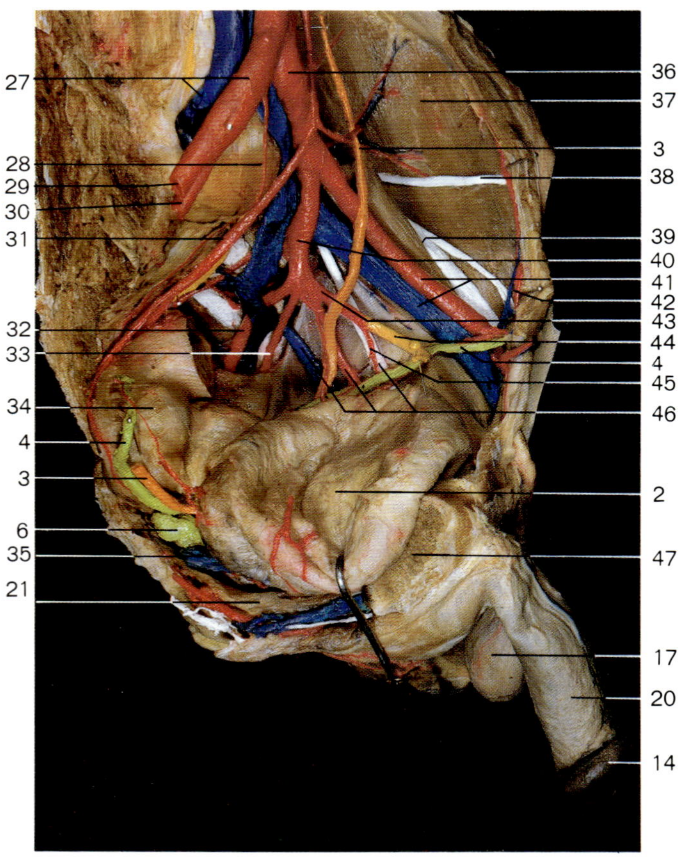

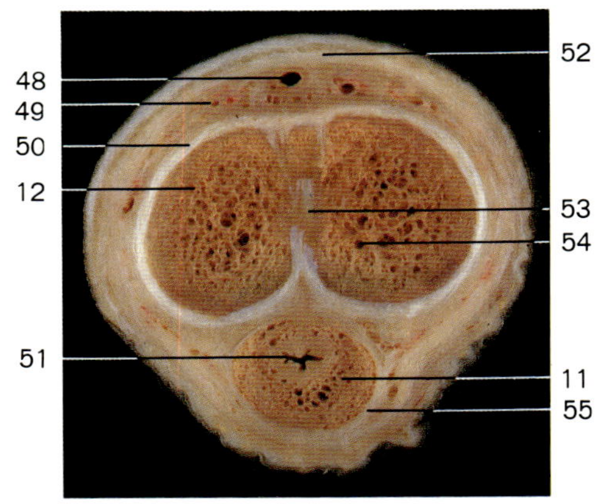

7.14 Querschnitt durch den Penis.

7.13 Männliches Becken mit Gefäßen und Nerven (linke Hälfte, von medial). Die Harnblase wurde nach unten verlagert und das Bauchfell entfernt. Rot = Arterien; blau = Venen; orange = Harnleiter; grün = Samenleiter und Samenbläschen; weiß = Nerven; gelb = Lig. umbilicale mediale.

1 Nabelband (Ligamentum umbilicale medianum)
2 **Harnblase (Vesica urinaria)**
3 Harnleiter (Ureter)
4 **Samenleiter (Ductus deferens)**
5 Ampulle des Ductus deferens
6 Samenbläschen (Vesicula seminalis)
7 Vorsteherdrüse (Prostata)
8 **Cowpersche Drüse (Glandula bulbourethralis)**
9 Peniswurzel (Bulbus penis)
10 Penisschenkel (Crus penis)
11 Harnröhrenschwellkörper (Corpus spongiosum penis)
12 Penisschwellkörper (Corpus cavernosum penis)
13 Hoden u. Nebenhoden mit Hüllen
14 Eichel (Glans penis)
15 Boden der Harnblase (Vesica urinaria)
16 Kopf des Nebenhodens (Caput epididymidis)
17 **Hoden (Testis)**
18 Spritzkanal (Ductus ejaculatorius)
19 **Harnröhre (Urethra, Pars membranacea)**
20 Penis (Penis)
21 Afterheber (M. levator ani)
22 M. obturatorius internus
23 Beckenknochen (Anschnitt)
24 Ligamentum puboprostaticum
25 Anfang des Samenleiters (Ductus deferens)
26 Nebenhodenschwanz (Cauda epididymidis)
27 A. u. V. iliaca communis dextra
28 A. sacralis mediana
29 Äußere Beckenarterie (A. iliaca externa)
30 **Innere Beckenarterie (A. iliaca interna)**
31 Obere Enddarmarterie (A. rectalis superior)
32 Untere Gesäßarterie (A. rectalis inferior)
33 **Innere Schamarterie (A. pudenda interna)**
34 Enddarm (Rectum)
35 Venengeflecht um Blase und Prostata
36 A. iliaca communis sinistra
37 Darmbeinmuskel (M. iliacus)
38 Hautnerv (N. cutaneus femoris lateralis)
39 **Oberschenkelnerv (N. femoralis)**
40 A. iliaca int. sinistra
41 A. u. V. iliaca externa sinistra
42 A. u. V. epigastrica inferior
43 Nabelarterie (A. umbilicalis)
44 Ligamentum umbilicale mediale
45 Obere Blasenarterie (A. vesicalis superior)
46 A. u. V. obturatoria, N. obturatorius
47 Schambein (Os pubis)
48 V. dorsalis penis profunda
49 Penisrückenarterie (A. dorsalis penis)
50 Tunica albuginea der Penisschwellkörper
51 **Harnröhre (Urethra)**
52 Tiefe Penisfaszie (Fascia penis profunda)
53 Scheidewand (Septum pectiniforme)
54 Tiefe Penisarterie (A. penis profunda)
55 Faszie des Harnröhrenschwellkörpers
56 A. iliaca communis dextra
57 M. iliopsoas
58 A. iliaca externa dextra
59 A. u. V. epigastrica inferior
60 Symphyse (Symphysis pubica)
61 Peniswurzel
62 Darmbein-Lendenarterie (A. iliolumbalis)
63 Kreuzbeinarterie (A. sacralis lateralis)
64 Obere Gesäßarterie (A. glutaea superior)
65 Schamgeflecht (Plexus pudendalis)
66 Steißbeinmuskel (M. coccygeus)
67 V. rectalis media, V. vesicalis inferior
68 A. rectalis media
69 Obere Blasenarterie (A. vesicalis superior)
70 **Schamnerv (N. pudendus)**
71 Harnröhre (Urethra)
72 Beckenboden (Diaphragma urogenitale)
73 **Hüftlocharterie (A. obturatoria)**
74 Untere Blasenarterie (A. vesicalis inferior)
75 Untere Enddarmarterie (A. rectalis inferior)

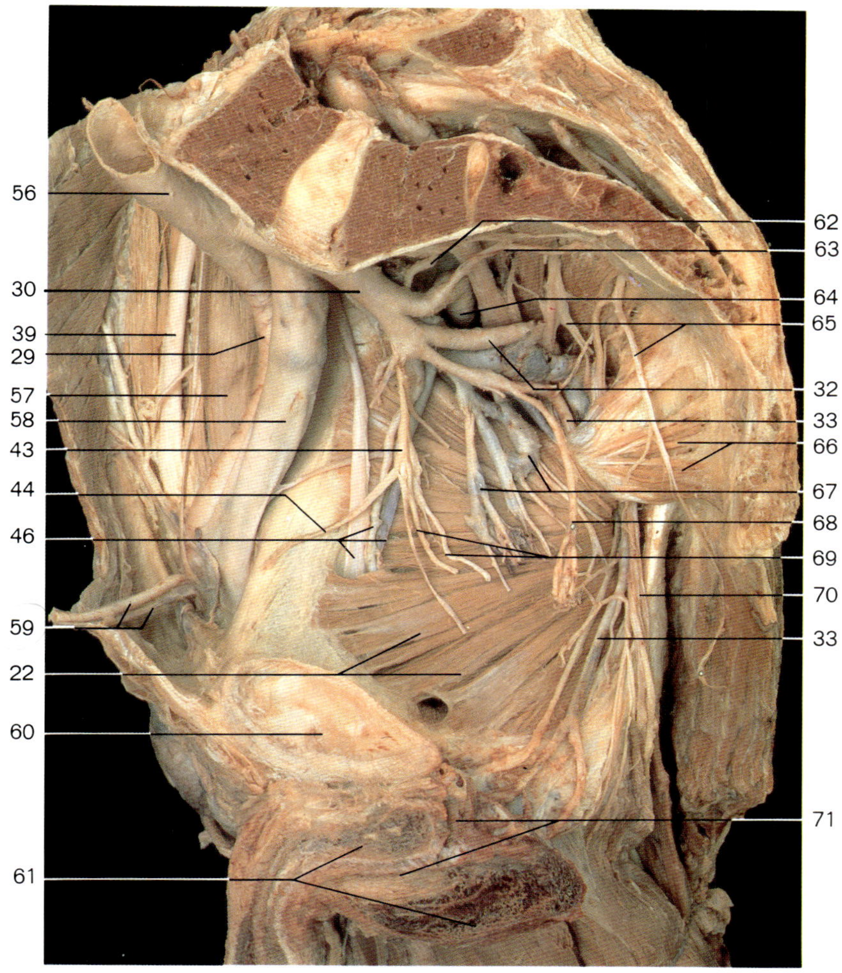

7.15 Gefäße und Nerven im kleinen Becken beim Mann (rechte Beckenhälfte, von medial).

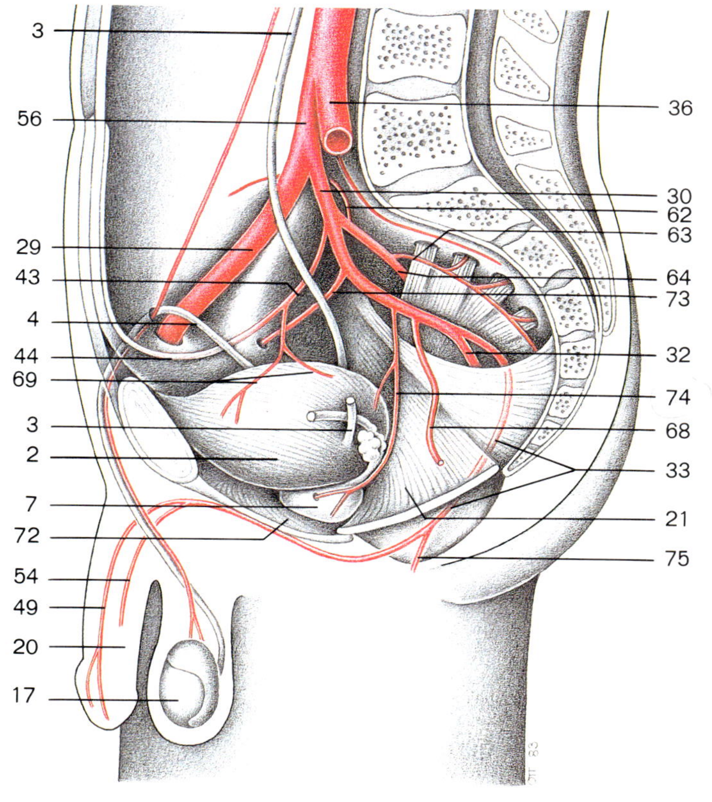

7.16 Astfolge der inneren Beckenarterie beim Mann (Schemazeichnung).

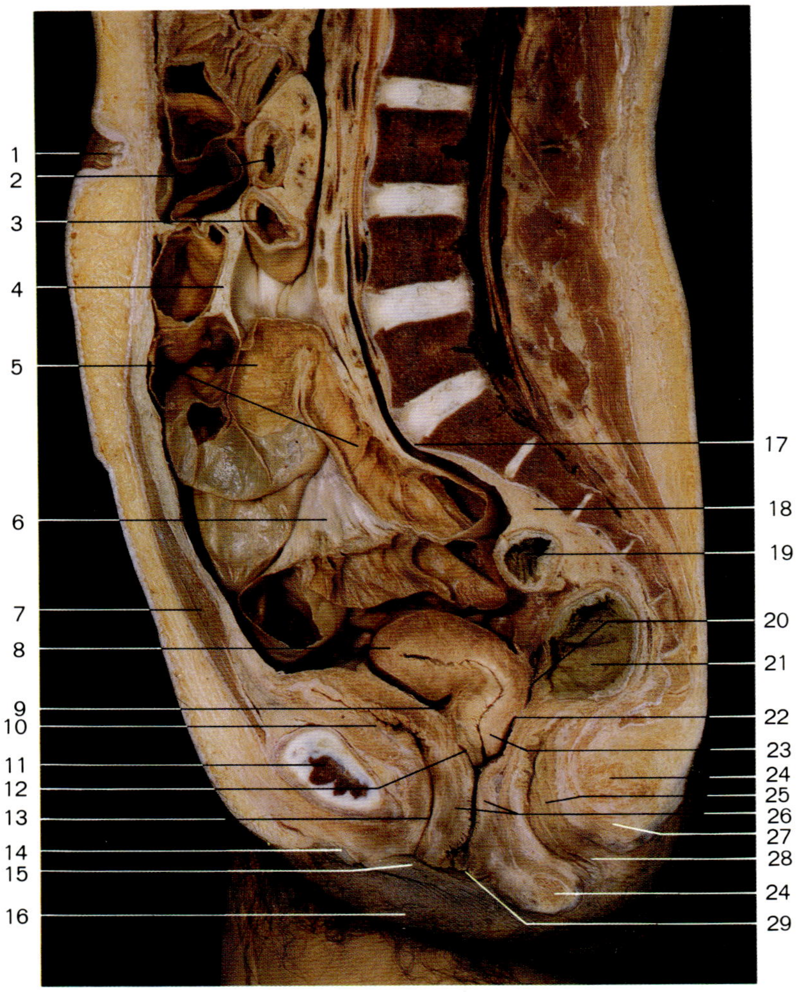

7.17 Medianschnitt durch die untere Körperhälfte der Frau. Die Harnblase ist leer. Die Gebärmutter befindet sich in normaler Lage.

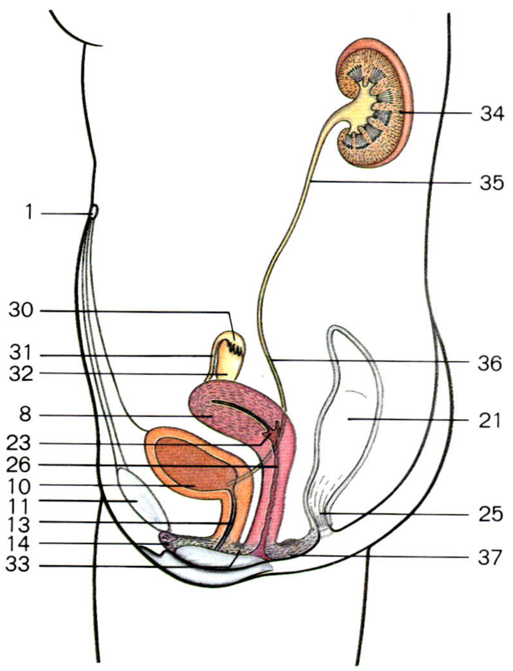

7.18 Lage der weiblichen Urogenitalorgane (Schemazeichnung).

1 Nabel (Umbilicus)
2 Zwölffingerdarm (Duodenum)
3 Aufsteigender Teil des Zwölffingerdarms (Pars ascendens des Duodenums)
4 Gekrösewurzel (Radix mesenterii)
5 Dünndarm (Intestinum tenue)
6 Gekröse (Mesenterium)
7 Gerader Bauchmuskel (M. rectus abdominis)
8 Kuppel der **Gebärmutter (Fundus uteri)**
9 Bauchfelltasche zwischen Harnblase und Gebärmutter (Excavatio vesicouterina)
10 **Harnblase (Vesica urinaria)**
11 Symphyse
12 **Vorderes Scheidengewölbe (Fornix anterior vaginae)**
13 **Harnröhre (Urethra)**
14 Kitzler (Clitoris)
15 Kleine Schamlippe (Labium minus)
16 Große Schamlippe (Labium majus)
17 Promontorium
18 Gekröse des S-förmigen Dickdarms (Mesocolon sigmoideum)
19 S-förmiger Abschnitt des Dickdarms (Colon sigmoideum)
20 Bauchfelltasche zwischen Enddarm und Gebärmutter (**Excavatio rectouterina, Douglasscher Raum**)
21 Enddarm (Rectum)
22 **Hinteres Scheidengewölbe (Fornix posterior vaginae)**
23 **Gebärmutterhals (Cervix uteri)**
24 Äußerer Schließmuskel (M. sphincter ani externus)
25 **Analkanal (Canalis analis)**
26 **Scheide (Vagina)**
27 Innerer Schließmuskel (M. sphincter ani internus)
28 After (Anus)
29 Jungfernhäutchen (Hymen)
30 Infundibulum des Eileiters (Tuba uterina)
31 **Eileiter (Tuba uterina)**
32 Eierstock (Ovar)
33 Tiefer querer Dammuskel (M. transversus perinei profundus)
34 Niere (Ren)
35 Bauchhöhlenabschnitt des Harnleiters (Pars abdominalis des Ureters)
36 Beckenabschnitt des Harnleiters (Pars pelvina des Ureters)
37 Damm (Perineum)

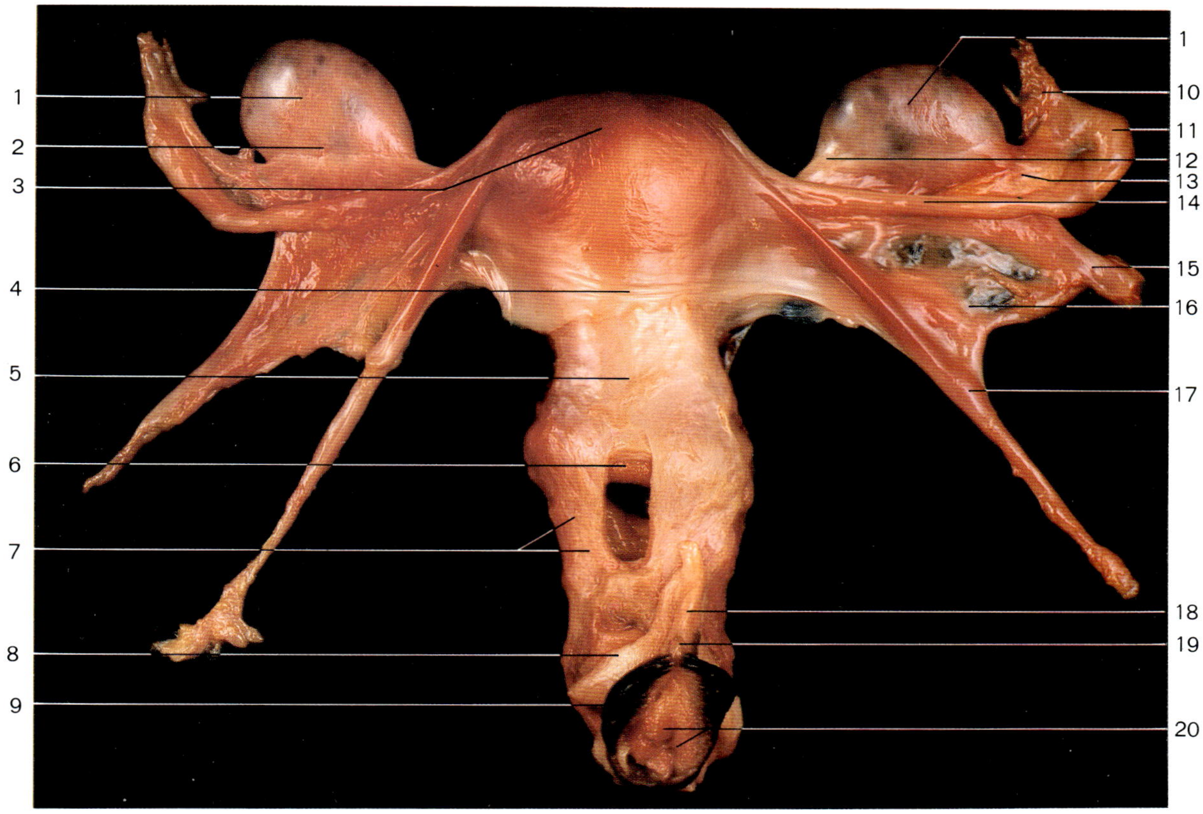

7.19 Weibliche Geschlechtsorgane, isoliert (von vorne). Die Vorderwand der Scheide wurde gefenstert, um den in die Scheide hineinragenden Teil des Gebärmutterhalses (Portio vaginalis) zu zeigen.

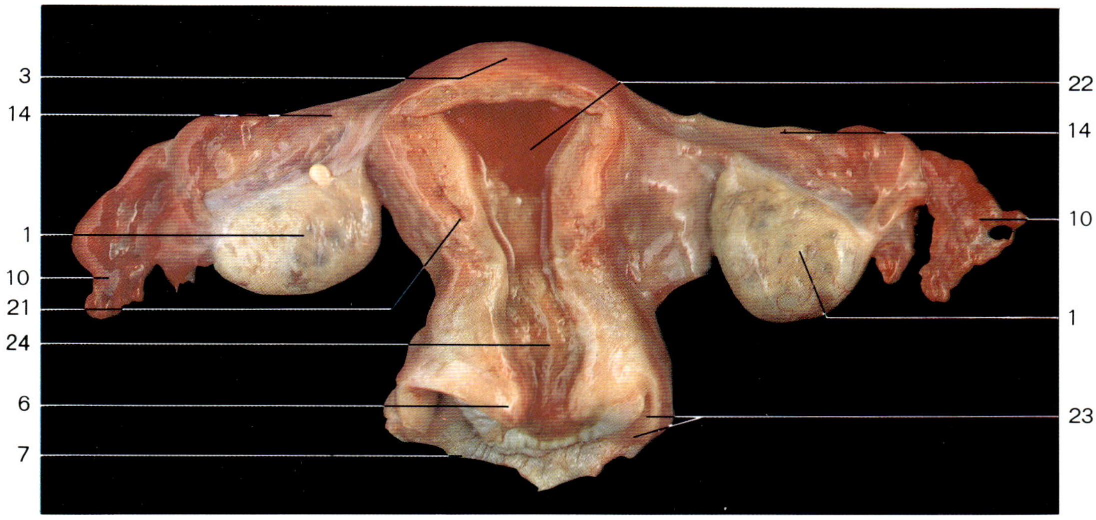

7.20 Gebärmutter und anhängende Organe (Adnexe) (von hinten). Die Hinterwand der Gebärmutter wurde entfernt.

1 **Eierstock (Ovar)**
2 Gekröse des Eierstocks (Mesovar)
3 Kuppel der Gebärmutter (**Fundus uteri**)
4 Bauchfelltasche zwischen Blase und Gebärmutter (Excavatio vesicouterina)
5 **Gebärmutterhals (Cervix uteri)**
6 In die Scheide vorragender Teil des Gebärmutterhalses (**Portio vaginalis cervicis**)
7 **Scheide (Vagina)**
8 Schenkel des Kitzlers (Crus clitoridis)
9 Kleine Schamlippe (Labium minus)
10 Fransen des Eileiters (Fimbriae tubae)
11 Infundibulum des Eileiters (**Tuba uterina**)
12 Band zwischen Eierstock und Gebärmutter (Ligamentum ovarii proprium)
13 Gekröse des Eileiters (Mesosalpinx)
14 Enger Teil des Eileiters (**Isthmus der Tuba uterina**)
15 Aufhängeband des Eierstocks (Ligamentum suspensorium ovarii)
16 Breites Gebärmutterband (Ligamentum latum uteri)
17 **Rundes Gebärmutterband (Ligamentum teres uteri)**
18 Schwellkörper des Kitzlers (Corpus cavernosum clitoridis)
19 Eichel des Kitzlers (Glans clitoridis)
20 Scheidenöffnung (Ostium vaginae), Jungfernhäutchen (Hymen)
21 **Gebärmutterkörper (Corpus uteri)**
22 Gebärmutterschleimhaut (Blutung)
23 Vorderes Scheidengewölbe (Fornix anterior vaginae)
24 Zervikalkanal (Canalis cervicalis uteri)

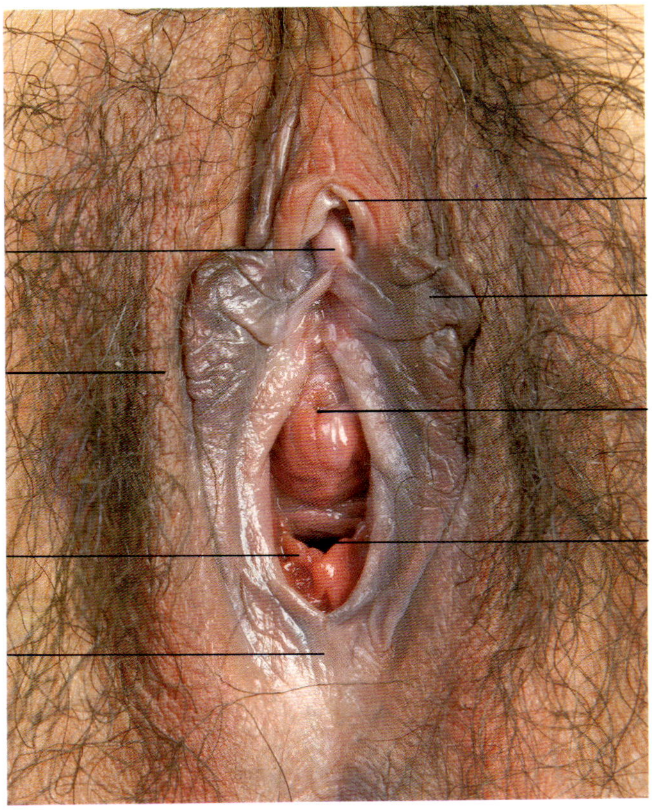

7.21 Äußeres Genitale bei einer Jungfrau (von vorn).

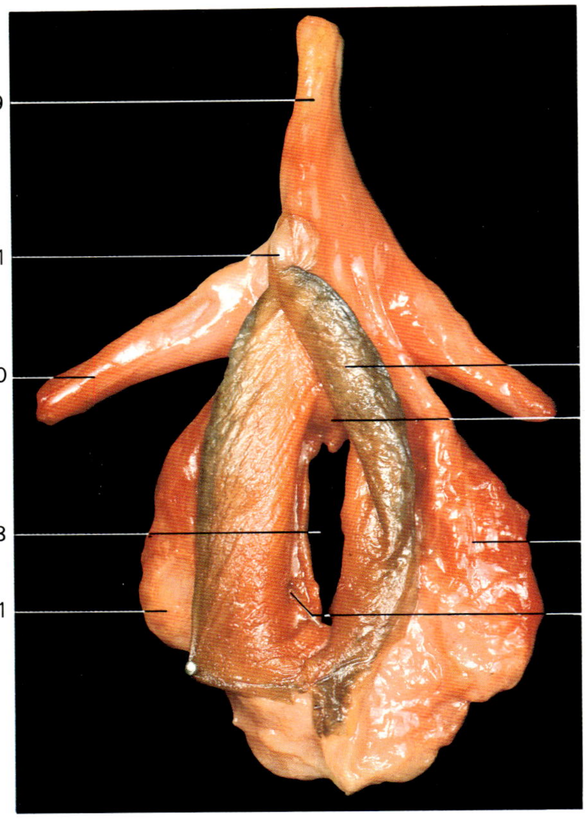

7.22 Schwellkörper im Bereich des äußeren Genitale der Frau, isoliert.

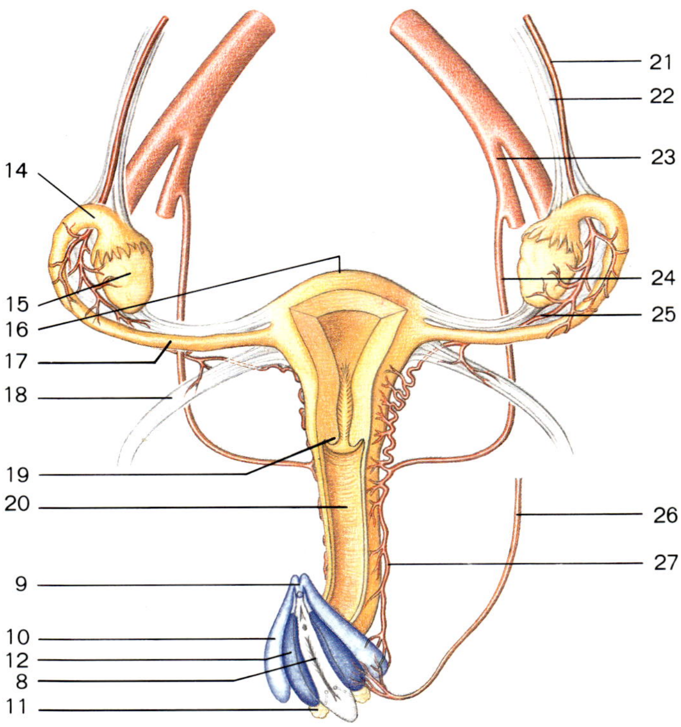

7.23 Gefäßversorgung der weiblichen Geschlechtsorgane (Schemazeichnung).

1 Eichel des Kitzlers (Glans clitoridis)
2 **Große Schamlippe (Labium majus)**
3 **Jungfernhäutchen (Hymen)**
4 Schamlippenkommissur (Commisura labiorum posterior)
5 Vorhaut des Kitzlers (Praeputium clitoridis)
6 **Kleine Schamlippe (Labium minus)**
7 **Äußere Harnröhrenmündung (Ostium urethrae externum)**
8 **Scheidenöffnung (Ostium vaginae)**
9 Körper des Kitzlers (Corpus clitoridis)
10 Schenkel des Kitzlers (Crus clitoridis)
11 **Große Vorhofdrüse (Glandula vestibularis major)**
12 Schwellgewebe (Bulbus vestibuli)
13 Mündung des Ausführungsganges der Glandula vestibularis major
14 Infundibulum der Tuba uterina
15 Eierstock (Ovar)
16 Gebärmutter (Fundus uteri)
17 Enger Abschnitt des Eileiters (Isthmus)
18 Rundes Gebärmutterband (Ligamentum teres uteri)
19 In die Scheide vorragender Teil der Gebärmutter (Portio vaginalis cervicis)
20 Scheide (Vagina)
21 **Eierstockarterie (A. ovarica)**
22 Aufhängeband des Eierstocks (Ligamentum suspensorium ovarii)
23 Innere Beckenarterie (A. iliaca interna)
24 **Gebärmutterarterie (A. uterina)**
25 Ast der Gebärmutterarterie zum Eierstock (sog. Ovarialarkade)
26 Innere Schamarterie (A. pudenda interna)
27 Scheidenarterie (A. vaginalis)

8. Kopf und Hals

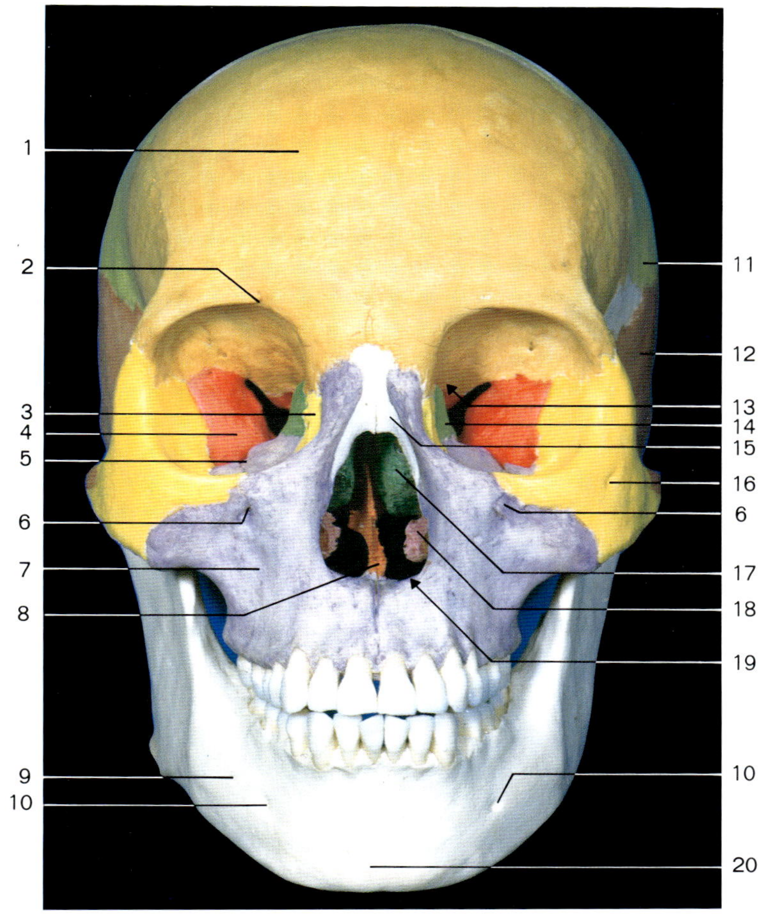

8.1 Knöcherner Schädel des Erwachsenen (von vorne). Die einzelnen Knochen sind durch unterschiedliche Farbgebung gekennzeichnet.

1 Stirnbein (Os frontale) (hellbraun)
2 Foramen supraorbitale
3 Tränenbein (Os lacrimale) (gelb)
4 Großer Keilbeinflügel (Ala major des Os sphenoidale) (rot)
5 Unterer Augenhöhlenspalt (Fissura orbitalis inferior)
6 Foramen infraorbitale
7 Oberkiefer (Maxilla) (violett)
8 Pflugscharbein (Vomer) (orange)
9 Unterkiefer (Mandibula) (weiß)
10 Kinnloch (Foramen mentale)
11 Scheitelbein (Os parietale) (hellgrün)
12 Schläfenbeinschuppe (Pars squamosa des Os temporale) (braun)
13 Sehnervenkanal (Canalis opticus)
14 Siebbein (Os ethmoidale) (dunkelgrün)
15 Nasenbein (Os nasale) (weiß)
16 Jochbein (Os zygomaticum) (gelb)
17 Mittlere Nasenmuschel (Concha nasalis media)
18 Untere Nasenmuschel (Concha nasalis inferior) (rosa)
19 Vordere Nasenöffnung (Apertura piriformis)
20 Kinnvorsprung (Protuberantia mentalis)
21 Vordere Fontanelle (Fonticulus anterior)
22 Kranznaht (Sutura coronaria)
23 Stirnnaht (Sutura frontalis)
24 Pfeilnaht (Sutura sagittalis)
25 Hintere Fontanelle (Fonticulus posterior)
26 Hinterhauptsbein (Os occipitale) (blau)
27 Lambdanaht (Sutura lambdoidea)

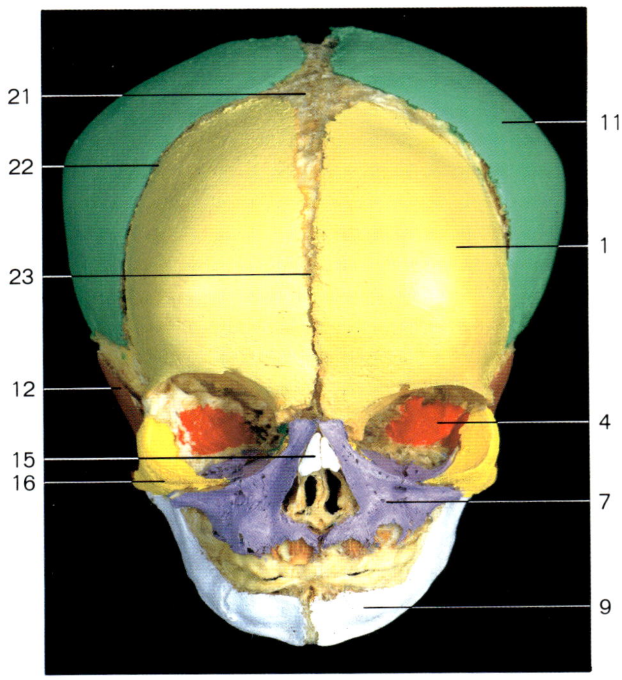

8.2A Knöcherner Schädel eines Neugeborenen (von vorne). Die Schädelknochen sind noch nicht fest miteinander verwachsen. Dadurch können sich die Knochen beim Durchtritt durch den Geburtskanal unter der Geburt noch etwas gegeneinander verschieben.

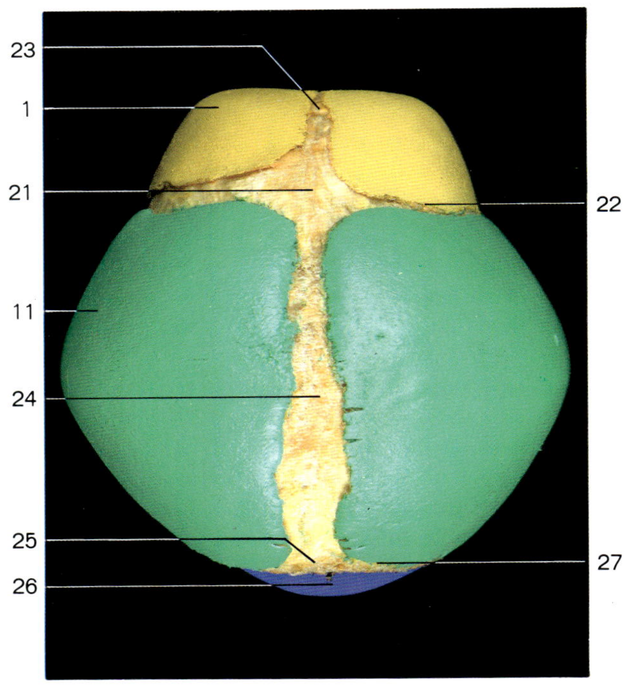

8.2B Knöcherner Schädel eines Neugeborenen (von oben). Die Stirnseite zeigt nach oben.

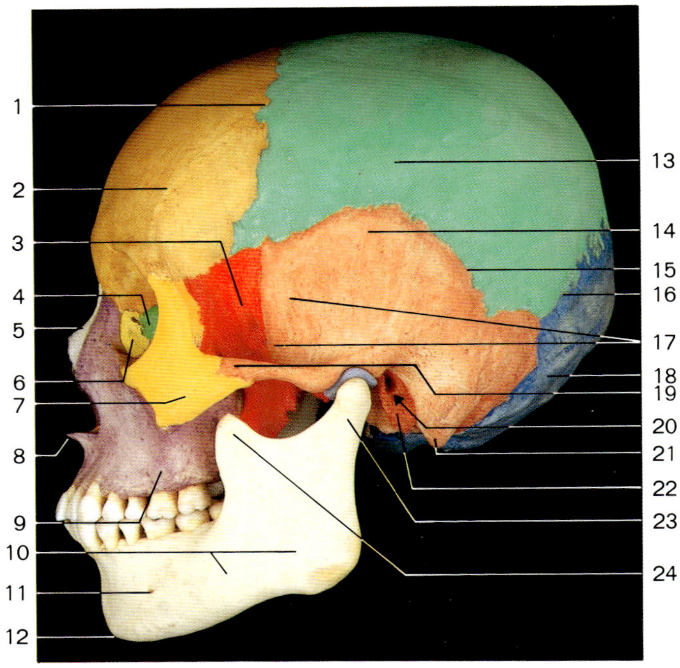

8.3 Allgemeiner Aufbau des Schädels (Seitenansicht). Die Knochen des Gehirnschädels umschließen das Gehirn und die großen Sinnesorgane. Die Gesichtsknochen bilden die knöcherne Nasen- und Mundhöhle; Ober- und Unterkiefer enthalten die Zähne. Die Schädelbasis ist die Grenze zwischen Gehirn- und Gesichtsschädel.

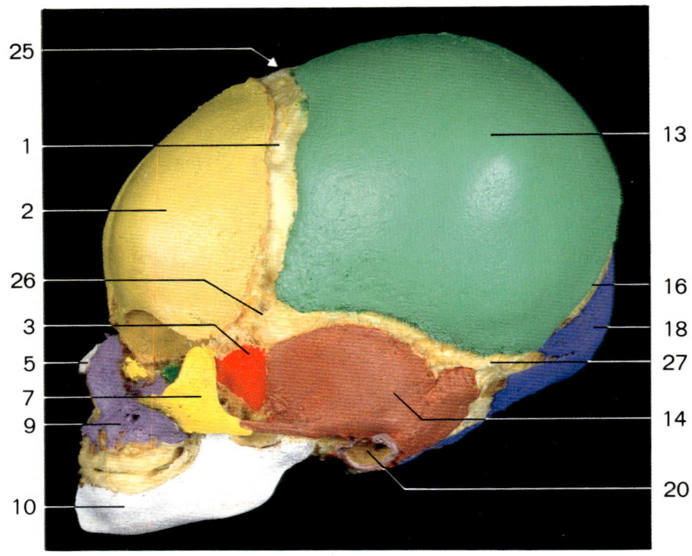

8.4 Knöcherner Schädel eines Neugeborenen (Seitenansicht). Die Zähne sind noch nicht durchgebrochen.

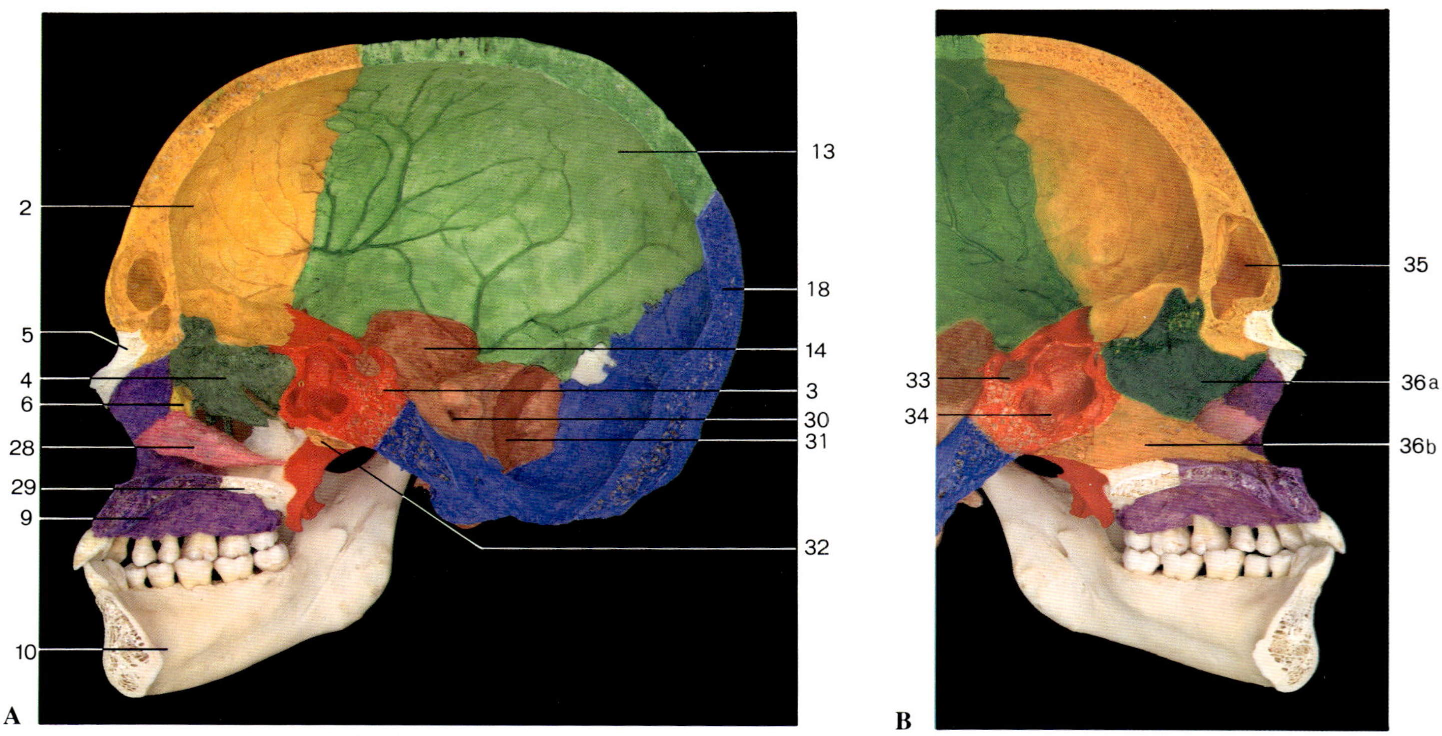

8.5 Längsschnitt durch den knöchernen Schädel des Erwachsenen.
A = rechte Schädelhälfte (ohne Nasenscheidewand) von medial gesehen; B = linke Schädelhälfte (mit Nasenseptum) von medial gesehen.

1 Kranznaht (Sutura coronaria)
2 Stirnbein (Os frontale) (hellbraun)
3 Keilbein (Os sphenoidale) (rot)
4 Siebbein (Os ethmoidale) (dunkelgrün)
5 Nasenbein (Os nasale) (weiß)
6 Tränenbein (Os lacrimale) (gelb)
7 Jochbein (Os zygomaticum) (gelb)
8 Vorderer Nasendorn (Spina nasalis anterior)
9 Oberkiefer (Maxilla) (violett)
10 Unterkiefer (Mandibula) (weiß)
11 Kinnloch (Foramen mentale)
12 Kinnvorsprung (Protuberantia mentalis)
13 Scheitelbein (Os parietale) (hellgrün)
14 Schläfenbeinschuppe (Pars squamosa des Os temporale) (braun)
15 Schuppennaht (Sutura squamosa)
16 Lambdanaht (Sutura lambdoidea)
17 Schläfengrube (Fossa temporalis)
18 Hinterhauptsbein (Os occipitale) (blau)
19 Jochbogen (Arcus zygomaticus)
20 Äußerer Gehörgang (Meatus acusticus externus)
21 Warzenfortsatz (Processus mastoideus)
22 Paukenteil des Schläfenbeins (Pars tympanica des Os temporale) (dunkelbraun)
23 Gelenkfortsatz des Unterkiefers (Processus condylaris)
24 Muskelfortsatz des Unterkiefers (Processus coronoideus)
25 Vordere Fontanelle (Fonticulus anterior)
26 Vordere seitliche Fontanelle (Fonticulus anterolateralis oder sphenoidalis)
27 Hintere seitliche Fontanelle (Fonticulus posterolateralis oder mastoideus)
28 Untere Nasenmuschel (Concha nasalis inferior) (rosa)
29 Gaumenbein (Os palatinum)
30 Innerer Gehörgang (Meatus acusticus internus)
31 Grube für den Sinus sigmoideus
32 Pflugscharbeinflügel (Ala vomeris)
33 Hypophysengrube (Fossa hypophysialis) im Türkensattel (Sella turcica)
34 Keilbeinhöhle (Sinus sphenoidalis)
35 Stirnhöhle (Sinus frontalis)
36 Nasenscheidewand (Septum nasi)
  a Lamina perpendicularis des Siebbeins (grün)
  b Pflugscharbein (Vomer) (orange)
37 Flügelbeinkanal (Canalis pterygoideus) (Sonde)
38 Ovales Loch (Foramen ovale) für N. mandibularis, Foramen spinosum für A. meningea media
39 Karotiskanal (Canalis caroticus) für die A. carotis interna, Foramen jugulare für die V. jugularis interna
40 Foramen stylomastoideum für den N. facialis
41 Foramen jugulare für N.glossopharyngeus, N. vagus u. N. accessorius
42 N. hypoglossus im Canalis hypoglossus
43 Zwischenkieferknochen (Os incisivum) (dunkelviolett)
44 N. oculomotorius u. N. trochlearis in der Fissura orbitalis superior
45 N. ophthalmicus in der Fissura orbitalis superior
46 N. maxillaris im Foramen rotundum
47 N. mandibularis, Foramen ovale
48 A. meningea media im Foramen spinosum
49 Innere Halsschlagader im Canalis caroticus
50 N. vestibulocochlearis u. N. facialis im inneren Gehörgang (Meatus acusticus internus)
51 V. jugularis im Foramen jugulare
52 N. opticus im Sehnervenkanal (Canalis opticus)
53 Rundes Loch (Foramen rotundum) für N. maxillaris
54 Foramen stylomastoideum (Bild 8.6); Foramen spinosum (Bild 8.7)
55 Zerissenes Loch (For. lacerum)
56 N. abducens in der Fissura orbitalis superior

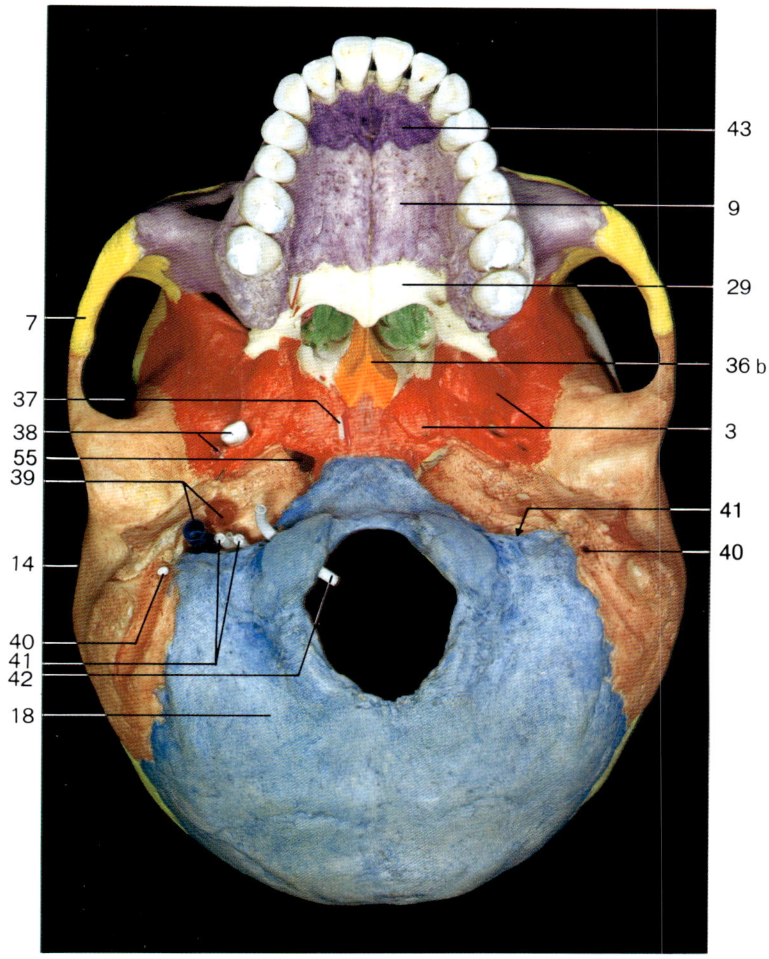

8.6 Schädelbasis (von unten). Durchtretende Leitungsbahnen wurden durch Sonden markiert.

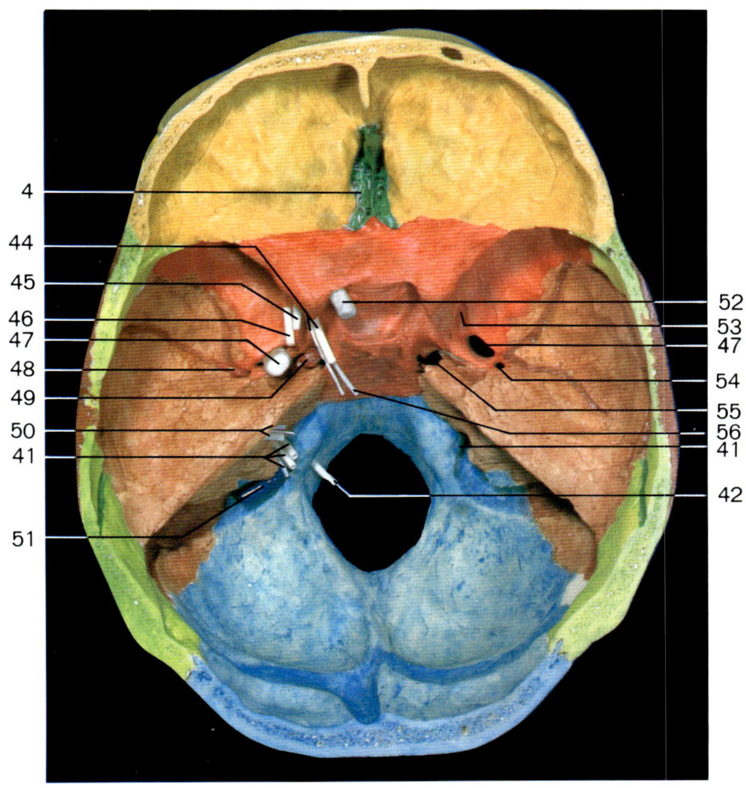

8.7 Schädelbasis (von oben). Die Nerven- und Gefäßdurchtritte wurden durch Sonden markiert.

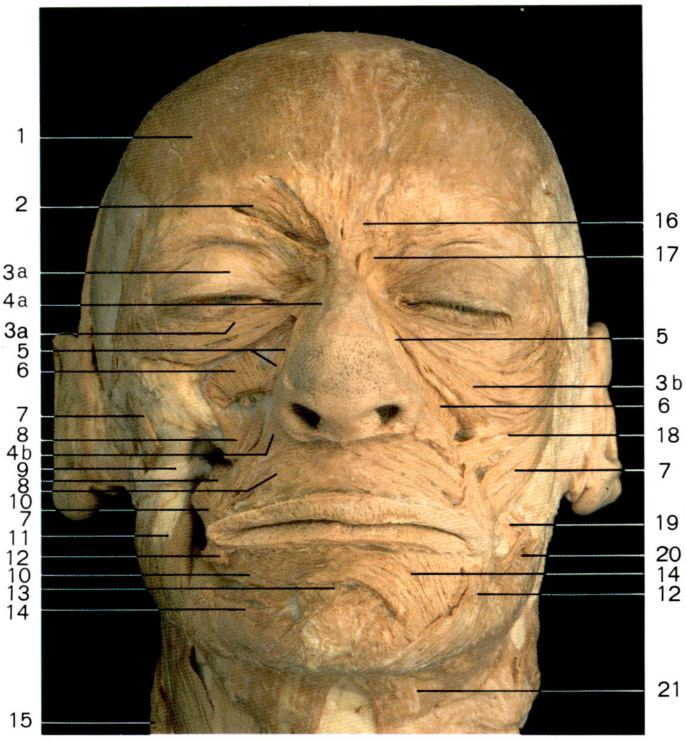

8.8A Mimische Muskulatur (von vorne). Links = oberflächliche Schicht; rechts = tiefe Schicht.

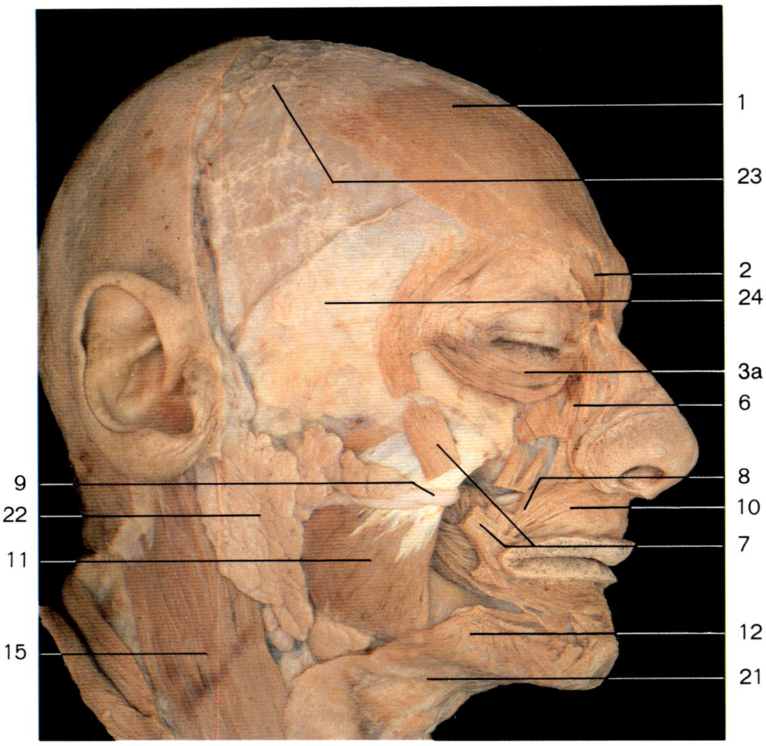

8.8B Mimische Muskulatur (von der Seite).

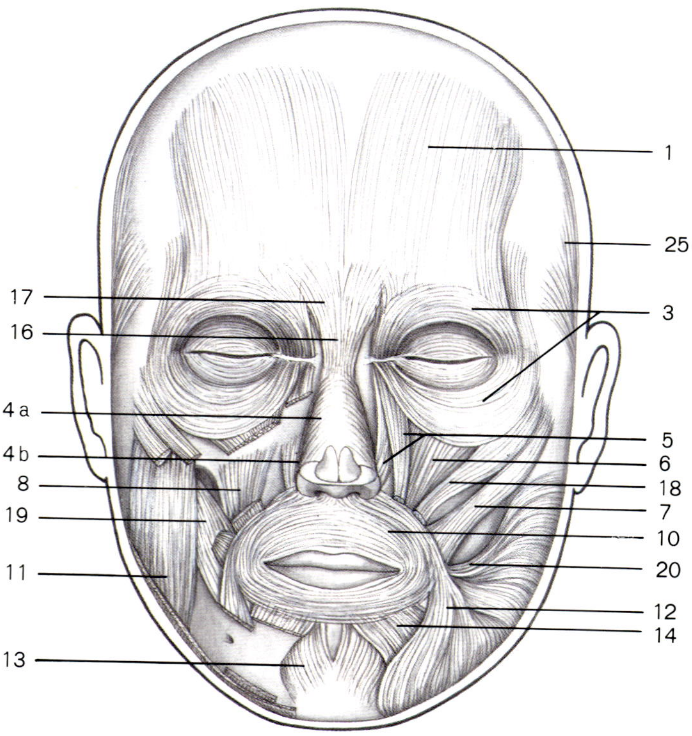

8.9 Mimische Muskulatur (von vorne) (Schemazeichnung).

1 Vorderer Muskelbauch (Venter frontalis) des M. occipitofrontalis
2 Augenbrauenrunzler (M. corrugator supercilii)
3 Ringmuskel des Auges (M. orbicularis oculi)
a Lidanteil (Pars palpebralis)
b Augenhöhlenanteil (Pars orbitalis)
4 Nasenmuskel (M. nasalis)
a Querer Anteil (Pars transversa)
b Flügelanteil (Pars alaris)
5 Nasenflügel- u. Lippenheber (M. levator labii superioris alaeque nasi)
6 Oberlippenheber (M. levator labii superioris)
7 Großer Jochbeinmuskel (M. zygomaticus major)
8 Mundwinkelheber (M. levator anguli oris)
9 Ausführungsgang der Ohrspeicheldrüse (Ductus parotideus)
10 Ringmuskel des Mundes (M. orbicularis oris)
11 Masseter (M. masseter)
12 Mundwinkelherabzieher (M. depressor anguli oris)
13 Kinnmuskel (M. mentalis)
14 Herabzieher der Unterlippe (M. depressor labii inferioris)
15 Kopfnicker (M. sternocleidomastoideus)
16 Herabzieher der Stirnhaut (M. procerus)
17 Herabzieher der Augenbrauen (Depressor supercilii)
18 Kleiner Jochbeinmuskel (M. zygomaticus minor)
19 Wangenmuskel (M. buccinator)
20 Lachmuskel (M. risorius)
21 Hautmuskel des Halses (Platysma)
22 Ohrspeicheldrüse (Glandula parotis)
23 Sehnenhaube (Galea aponeurotica)
24 Faszie des M. temporalis
25 Oberer Ohrmuskel (M. auricularis superior)

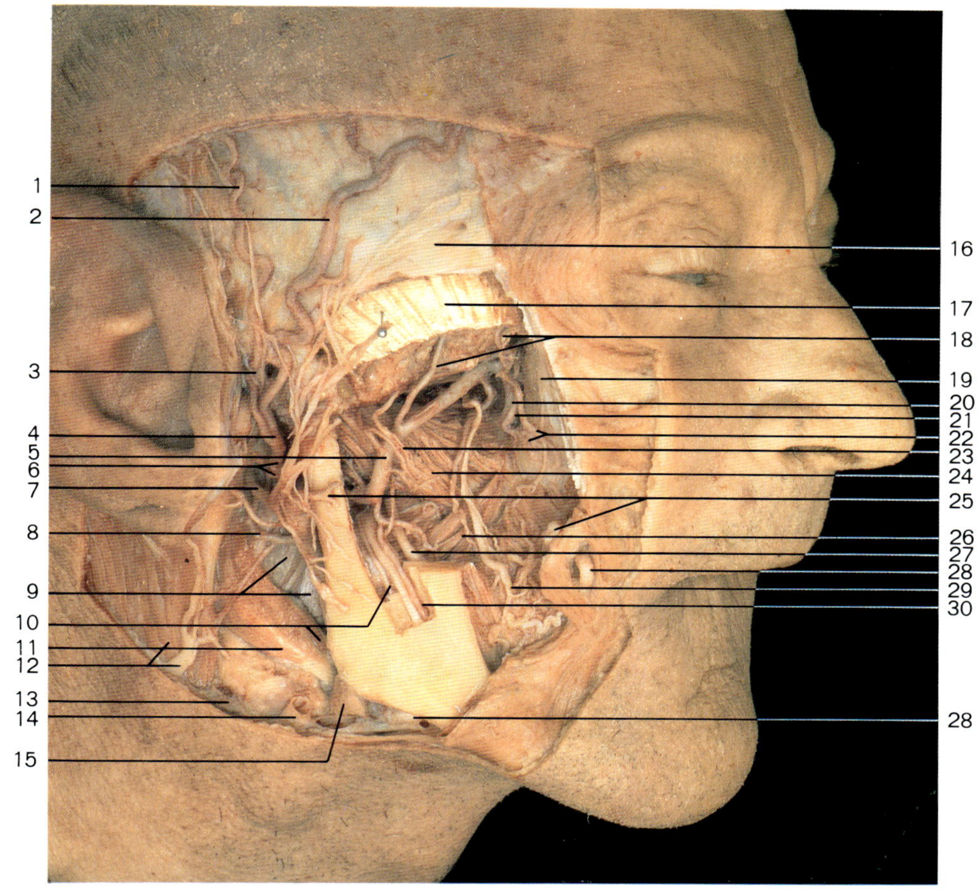

8.10 Präparation der tiefen Gesichtsregion. Der Muskelfortsatz des Unterkiefers sowie der Jochbogen wurden entfernt, um die Oberkieferarterie (A. maxillaris) zu zeigen. Der Unterkieferkanal wurde teilweise eröffnet.

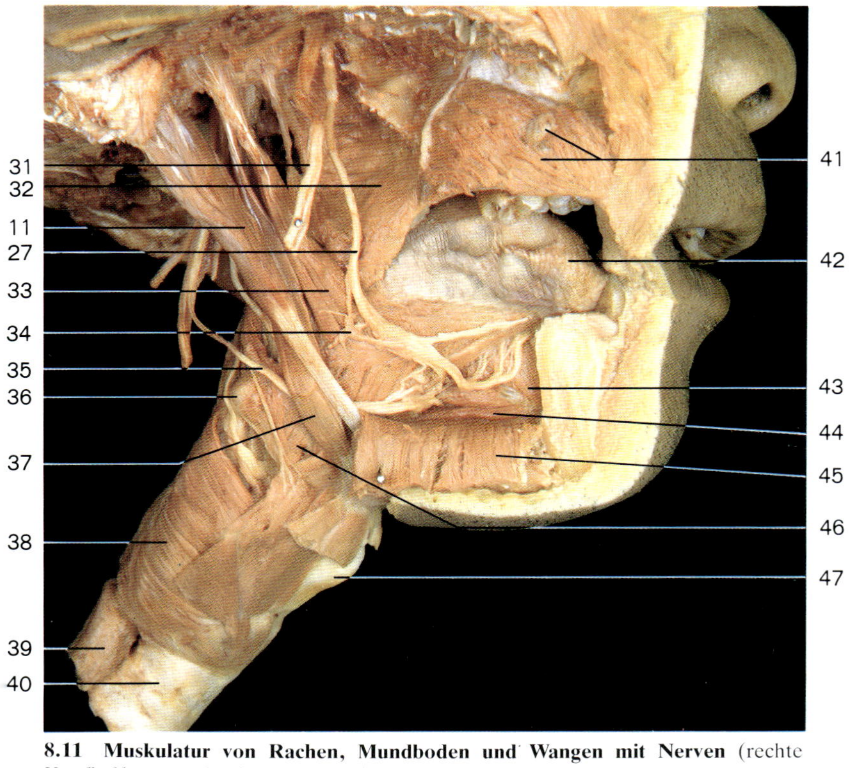

8.11 Muskulatur von Rachen, Mundboden und Wangen mit Nerven (rechte Kopfhälfte, von der Seite gesehen). Die Wange wurde gefenstert.

1 R. parietalis der A. temporalis superficialis
2 R. frontalis der A. temporalis superficialis
3 N. auriculotemporalis
4 Oberflächliche Schläfenarterie (A. temporalis superficialis)
5 **Oberkieferarterie (A. maxillaris)**
6 Verbindung zwischen N. facialis und N. auriculotemporalis
7 **N. facialis**
8 A. auricularis posterior
9 V. jugularis interna
10 N. mylohyoideus, M. stylohyoideus
11 Hinterer Bauch des M. digastricus
12 N. auricularis magnus, M. sternocleidomastoideus
13 V. jugularis externa
14 V. retromandibularis
15 Unterkieferdrüse (Glandula submandibularis)
16 Faszie des M. temporalis
17 Schläfenmuskel (M. temporalis)
18 Tiefe Schläfenarterien
19 N. alveolaris posterior superior
20 A. infraorbitalis
21 A. sphenopalatina
22 A. alveolaris posterior superior
23 A. masseterica, N. massetericus
24 **M. pterygoideus lateralis**
25 A. transversa faciei, Ausführungsgang der Ohrspeicheldrüse (Ductus parotideus)
26 M. pterygoideus medialis
27 **Sensibler Zungennerv (N. lingualis)**
28 Gesichtsarterie (A. facialis)
29 **N. u. A. buccalis**
30 **A. u. N. alveolaris inferior** (Alveolarkanal eröffnet)
31 N. alveolaris inferior
32 Oberer Schlundschnürer (M. constrictor pharyngis superior)
33 M. styloglossus
34 **Ganglion submandibulare**
35 **Motorischer Zungennerv (N. hypoglossus)**
36 Großes Zungenbeinhorn
37 M. stylohyoideus
38 Unterer Schlundschnürer (M. constrictor pharyngis inferior)
39 Speiseröhre (Oesophagus)
40 Luftröhre (Trachea)
41 **Wangenmuskel (M. buccinator), Ductus parotideus**
42 Zunge (Lingua)
43 M. genioglossus
44 M. geniohyoideus
45 M. mylohyoideus (zurückgeklappt)
46 M. hyoglossus
47 Schildknorpel des Kehlkopfes (Larynx)

8.12 Oberflächliche Gesichts- und Halsregionen. Die Faszie der Ohrspeicheldrüse wurde entfernt. **Äste des N. facialis**: a = Schläfenäste (Rami temporales); b = Jochbeinäste (Rami zygomatici); c = Wangenäste (Rami buccales); d = Unterkieferast (R. marginalis mandibulae).

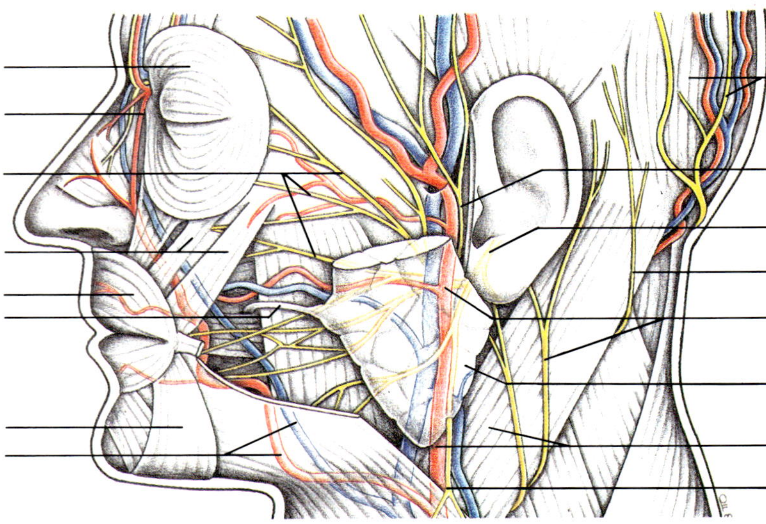

8.13 Oberflächliche Gesichtsregion, Verlauf der Gefäße und Nerven (Schemazeichnung).

1 Ramus medialis des N. supraorbitalis
2 Nasenmuskel (M. nasalis)
3 Nasenflügelheber (M. levator labii superioris alaeque nasi)
4 **Ringmuskel des Auges (M. orbicularis oculi)**
5 Oberlippenheber (M. levator labii superioris)
6 **Gesichtsarterie u. -vene (A. u. V. facialis)**
7 Kleiner u. großer Jochbeinmuskel (M. zygomaticus major u. minor)
8 A. transversa faciei
9 **Ringmuskel des Mundes (M. orbicularis oris)**
10 Nn. buccales; M. depressor labii inferioris; A. u. V. facialis
11 **Ohrspeicheldrüse (Glandula parotis)** mit Ausführungsgang; M. masseter
12 Mundwinkelherabzieher (M. depressor anguli oris)
13 N. transversus colli
14 Äußere Jugularvene (V. jugularis externa)
15 Platysma
16 Schulternerven (Nervi supraclaviculares)
17 Galea aponeurotica
18 Ramus lateralis des N. supraorbitalis
19 Vorderer Bauch des M. occipitofrontalis; Äste der A. u. V. temporalis superficialis
20 Oberflächliche Schläfenarterie u. -vene (A. u. V. temporalis superficialis)
21 **N. auriculotemporalis**
22 A. zygomaticotemporalis, M. temporoparietalis
23 Kleiner Hinterhauptsnerv (N. occipitalis minor)
24 Hinterer Bauch des M. occipitofrontalis
25 Hinterhauptsarterie (A. occipitalis) (Var.)
26 **N. auricularis magnus**, Kopfnicker (M. sternocleidomastoideus)
27 Kapuzenmuskel (M. trapezius)
28 Lidwinkelarterie (A. angularis)
29 Äste des N. facialis
30 Ausführungsgang der Ohrspeicheldrüse (Ductus parotideus)
31 Großer Hinterhauptsnerv (N. occipitalis major); Hinterer Bauch des M. epicranius
32 **N. facialis**
33 **A. temporalis superficialis**
34 Glandula parotis
35 M. sternocleidomastoideus, A. carotis externa
36 Halsast des N. facialis

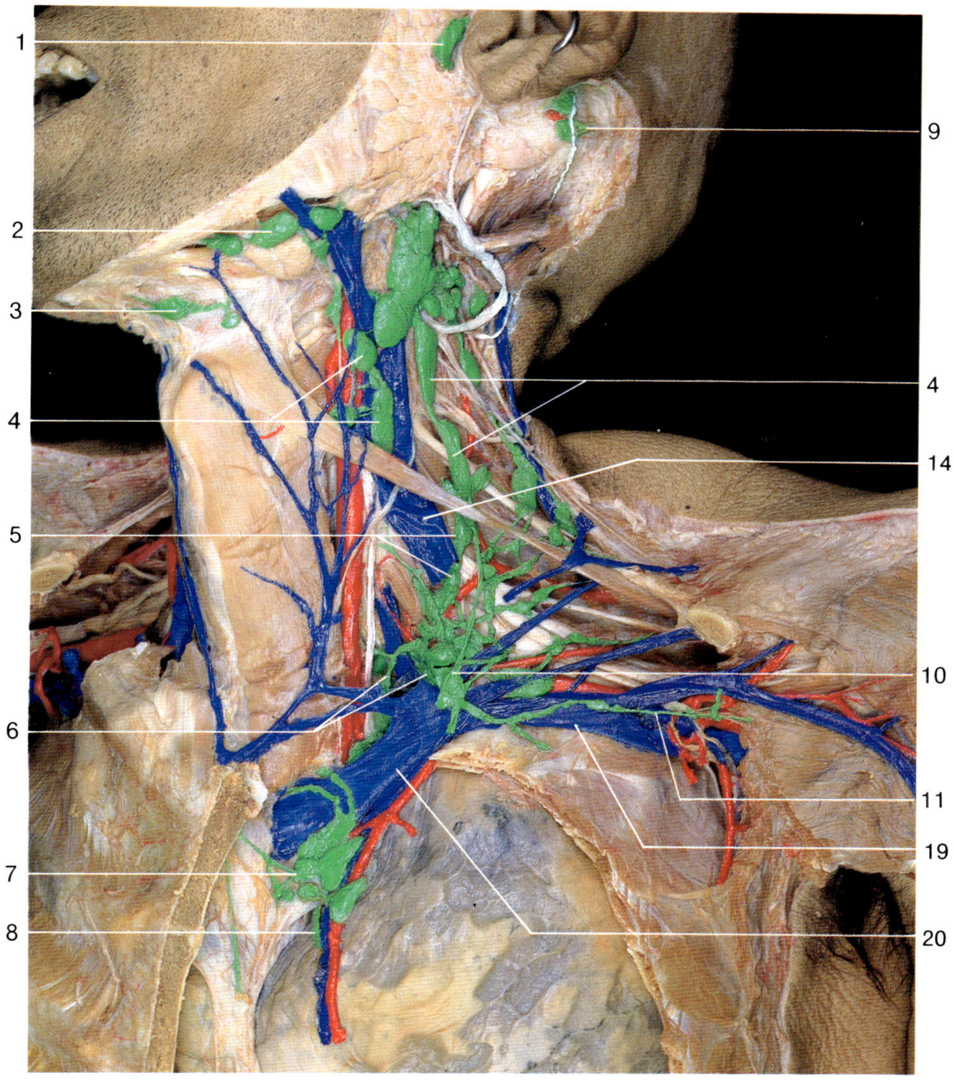

N. l. = Lymphknoten (Nodi lymphatici)

1 Parotislymphknoten (N. l. parotidei)
2 Unterkieferlymphknoten (N. l. submandibulares)
3 Lymphknoten des Kinns (N. l. submentales)
4 **Obere tiefe Halslymphknoten (N. l. cervicales profundi superiores),** Truncus jugularis
5 **Untere tiefe Halslymphknoten (N. l. cervicales profundi inferiores)**
6 **Brustmilchgang (Ductus thoracicus)**
7 Lymphknoten des oberen Mediastinums
8 Bronchomediastinaler Lymphgefäßstamm
9 Retroaurikuläre Lymphknoten (N. l. retroauriculares)
10 Schlüsselbein-Lymphknoten (N. l. supraclaviculares)
11 Hauptlymphgefäßstamm vom Arm (Truncus subclavius)
12 Gesichtsvene (V. facialis)
13 Hinterhauptslymphknoten (N. l. occipitales)
14 Innere Drosselvene (V. jugularis int.)
15 Tiefe Halslymphknoten (N. l. cervicales profundi)
  a **Nodus jugulodigastricus**
  b **Nodus juguloomohyoideus**
16 Äußere Drosselvene (V. jugularis externa)
17 Hauptlymphgefäßstamm des Halses (Truncus jugularis)
18 Infraklavikuläre Lymphknoten
19 Unterschlüsselbeinvene (V. subclavia)
20 Linke V. brachiocephalica

8.14 Lymphgefäße, regionale Lymphknoten und Venen von Kopf und Hals. Clavicula, M. sternocleidomastoideus und Brustkorb wurden teilweise entfernt (von links-vorne). Grün = Lymphknoten und Lymphgefäße, blau = Venen, rot = Arterien, weiß = Nerven.

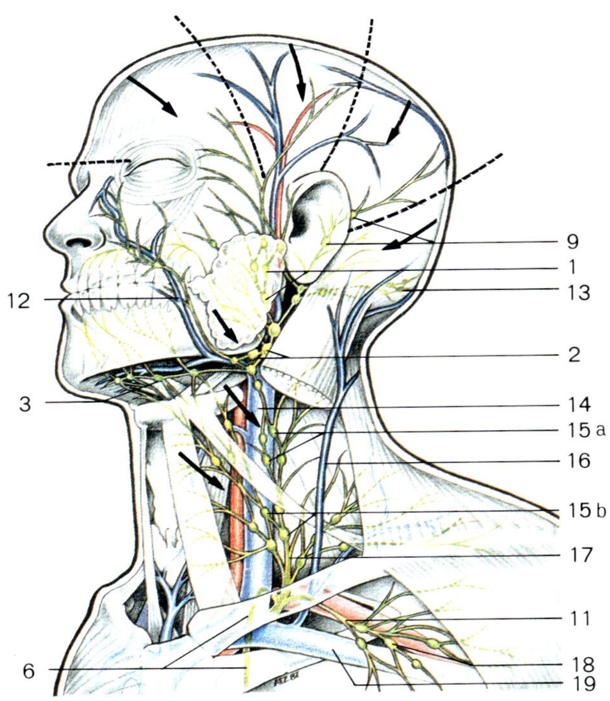

8.15 Lymphgefäße und regionale Lymphknoten von Kopf und Hals. Die gestrichelten Linien stellen die Grenzen der Drainagezonen für die regionären Lymphknotengruppen dar. Pfeile = Hauptabflußrichtung der Lymphwege.

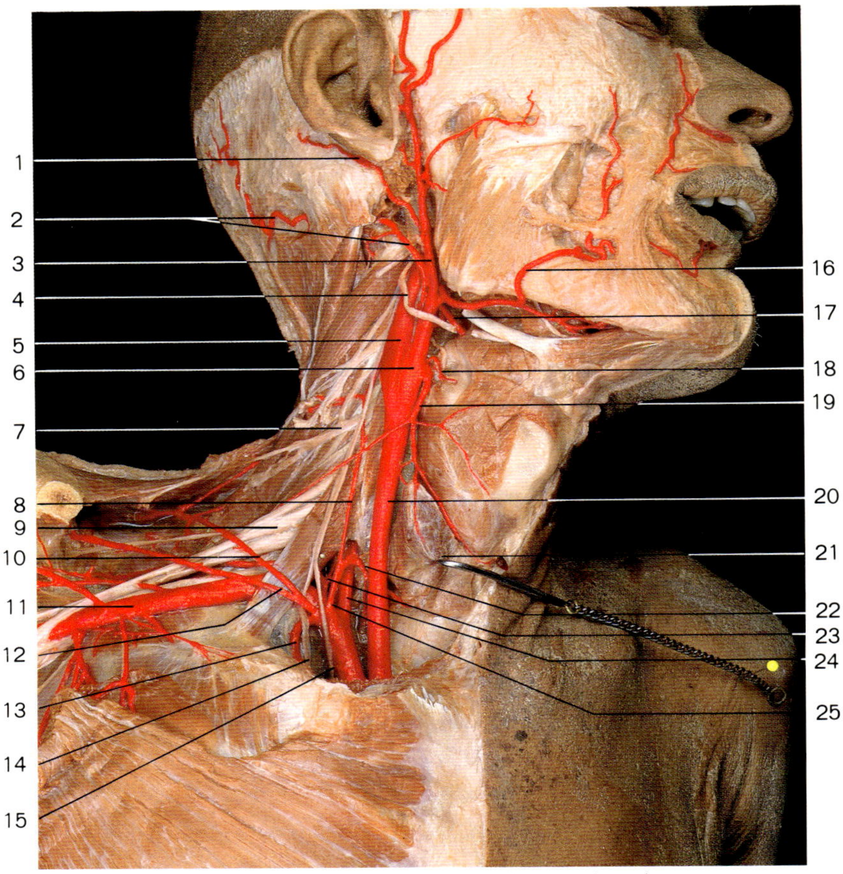

8.16 Arterien des Halses (rechte Seite, oberflächliche Regionen).

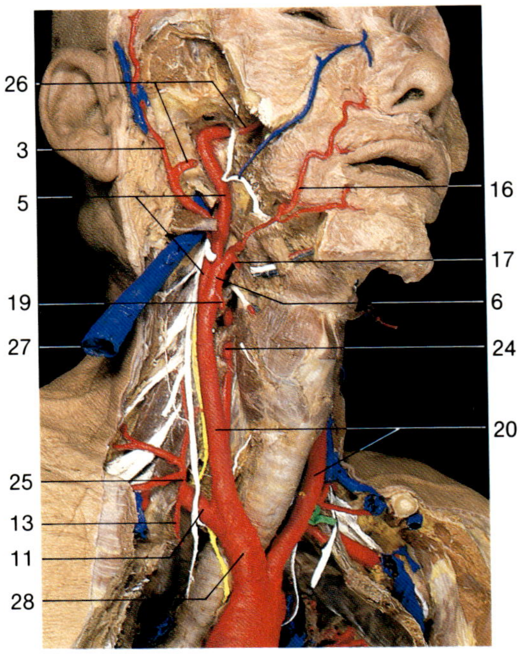

8.17 Arterien des Halses (rechte Seite, tiefe Regionen). Die A. maxillaris wurde durchtrennt, um die A. carotis interna zu zeigen. Gelb = Halsgrenzstrang (Truncus sympathicus); Grün = Lymphgefäße).

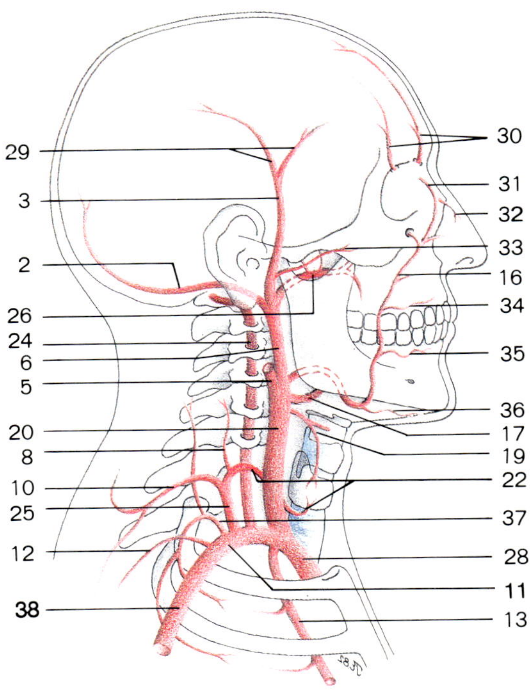

8.18 Arterien von Kopf und Hals. Schema der wichtigsten Äste der A. carotis externa und der A. subclavia.

1 A. auricularis posterior
2 A. occipitalis
3 **A. temporalis superficialis**
4 N. hypoglossus (N. XII)
5 **Innere Halsschlagader (A. carotis interna)**
6 **Äußere Halsschlagader (A. carotis externa)**
7 Nervengeflecht des Halses (Plexus cervicalis)
8 A. cervicalis ascendens
9 Nervengeflecht des Armes (Plexus brachialis)
10 A. transversa colli
11 **A. subclavia**
12 A. suprascapularis
13 A. thoracica interna
14 N. vagus (N. X)
15 Zwerchfellnerv (N. phrenicus)
16 **Gesichtsarterie (A. facialis)**
17 Zungenarterie (A. lingualis)
18 A. laryngea superior
19 A. thyroidea superior
20 A. carotis communis
21 Schilddrüse (Glandula thyroidea)
22 A. thyroidea inferior
23 A. cervicalis profunda
24 **A. vertebralis**
25 **Truncus thyrocervicalis**
26 Oberkieferarterie (A. maxillaris)
27 V. jugularis interna
28 **Truncus brachiocephalicus**
29 Vordere und hintere Äste der A. temporalis superficialis
30 A. supraorbitalis, A. supratrochlearis
31 A. angularis
32 A. dorsalis nasi
33 A. transversa faciei
34 A. labialis superior
35 A. labialis inferior
36 A. submentalis
37 Truncus costocervicalis
38 A. axillaris

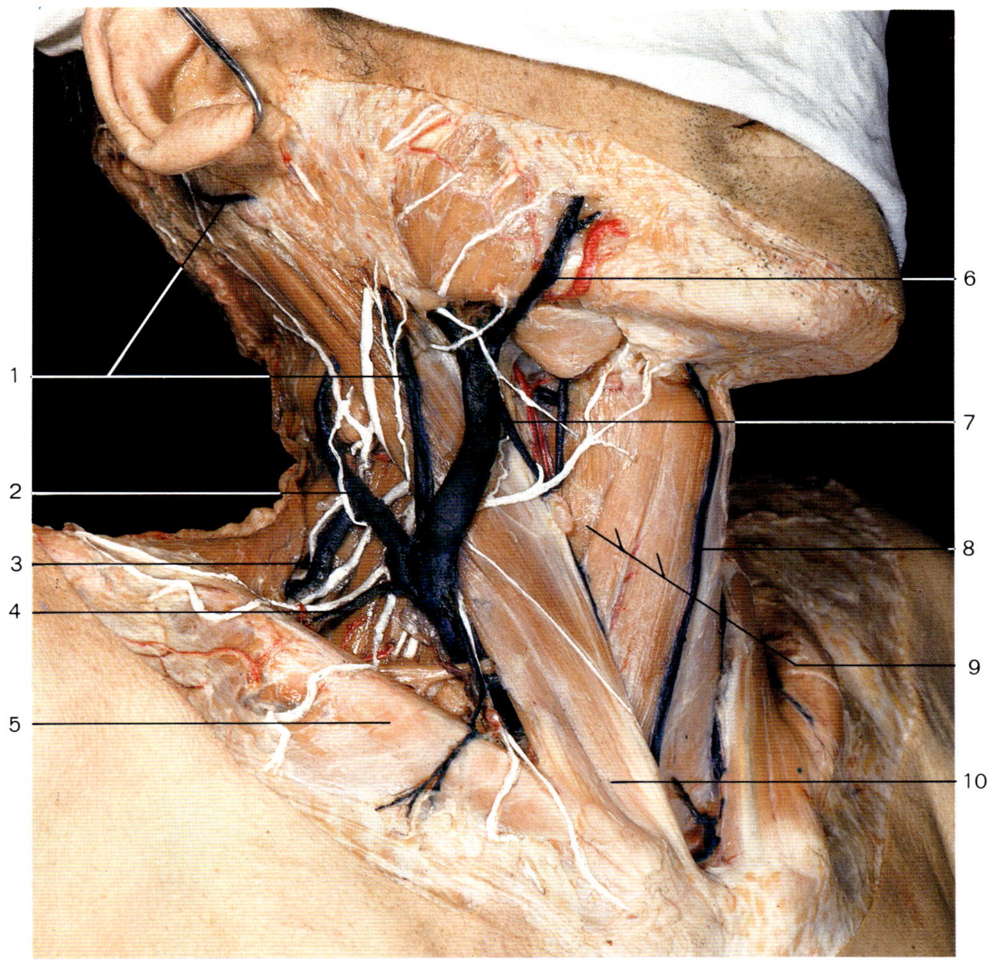

1 V. auricularis posterior
2 Hinterhauptsvene (V. occipitalis)
3 V. transversa colli
4 V. suprascapularis
5 Schlüsselbein (Clavicula)
6 **Gesichtsvene (V. facialis)**
7 **Äußere Drosselvene (V. jugularis externa)**
8 Vordere Drosselvene (V. jugularis anterior)
9 Unterzungenbeinmuskulatur (infrahyale Muskeln)
10 Kopfnicker (M. sternocleidomastoideus)
11 **Oberflächliche Schläfenvene (V. temporalis superficialis)**
12 **V. retromandibularis**
13 Kapuzenmuskel (M. trapezius)
14 **Innere Drosselvene (V. jugularis interna)**
15 Unterschlüsselbeinvene (V. subclavia)
16 V. supraorbitalis
17 Mittlere Schläfenvene (V. temporalis media)
18 Lidwinkelvene (V. angularis)
19 Obere Lippenvene (V. labialis superior)
20 Untere Lippenvene (V. labialis inferior)
21 V. submentalis
22 Obere Schilddrüsenvene (V. thyroidea superior)
23 **Arcus venosus juguli**
24 Venengeflecht zwischen den Kaumuskeln (**Plexus pterygoideus**)

8.19 Venen des Halses (rechte Seite, oberflächliche Schicht).

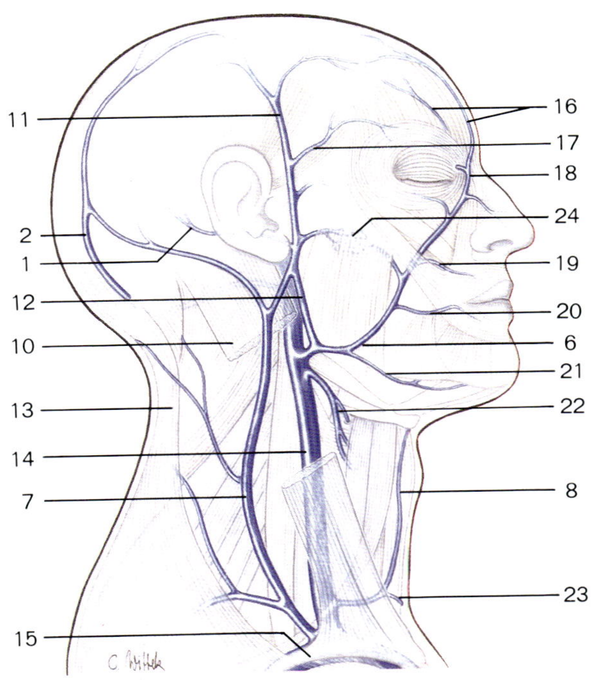

8.20 Venen von Kopf und Hals (Schemazeichnung). Der M. sternocleidomastoideus wurde nur teilweise dargestellt, um die V. jugularis int. zeigen zu können. Der Plexus pterygoideus (24) steht hinten mit der V. retromandibularis und vorne mit der V. facialis in Verbindung.

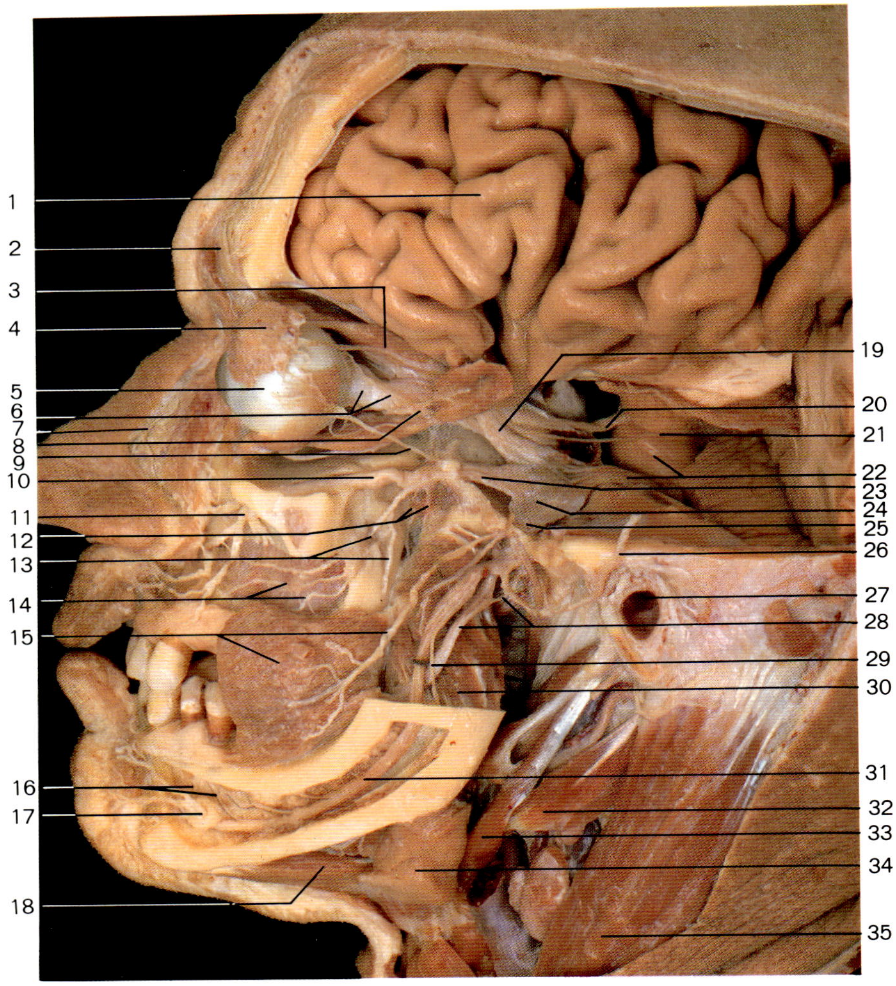

8.21 Präparation des Drillingsnerven (N. trigeminus, N. V). Die seitliche Wand des Schädeldaches und der Augenhöhle sowie der aufsteigende Unterkieferast und der Jochbogen wurden entfernt, um die Hauptäste des N. trigeminus darzustellen.

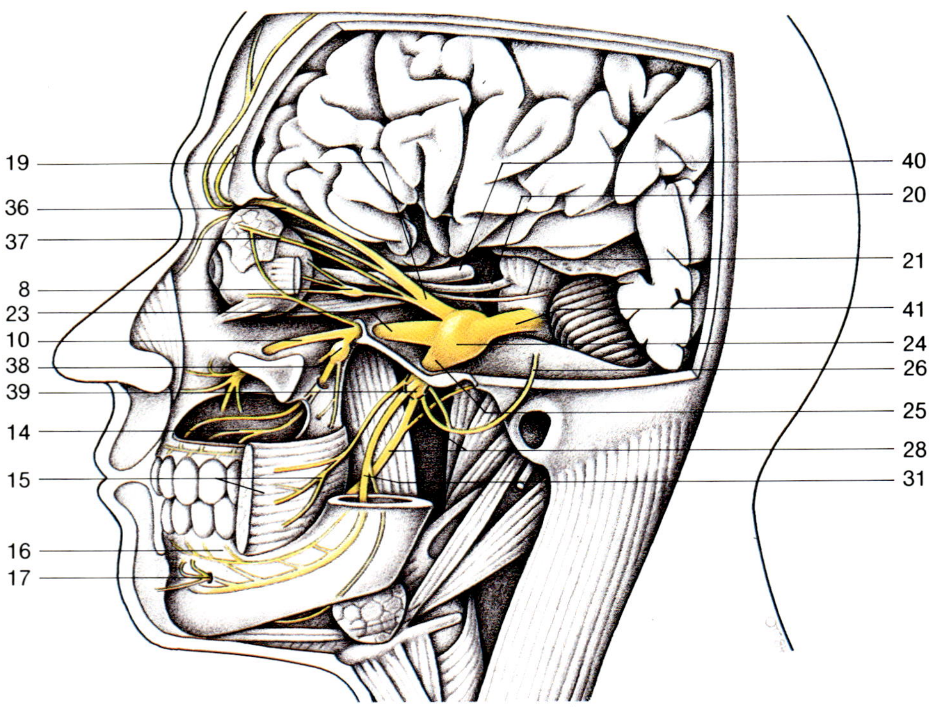

8.22 Lokalisation von N. opticus (N. II), N. oculomotorius (N. III), N. trochlearis (N. IV) und N. trigeminus (N. V). Hauptäste des N. trigeminus (vgl. Abb. 8.21).

1 Großhirn (Cerebrum)
2 N. supraorbitalis
3 N. lacrimalis
4 Tränendrüse (Gl. lacrimalis)
5 Augapfel (Bulbus oculi)
6 **N. opticus** (N. II), Nervi ciliares breves
7 Ast des N. ethmoidalis anterior zum Nasenrücken
8 **Ganglion ciliare**
9 N. zygomaticus
10 N. infraorbitalis
11 Endäste des N. infraorbitalis
12 **Ganglion pterygopalatinum, Nervi pterygopalatini**
13 Rami alveolares posteriores superiores
14 Oberkiefer-Zahn-Plexus (Plexus dentalis superior)
15 M. buccinator, N. buccalis
16 Unterkiefer-Zahn-Plexus (Plexus dentalis inferior)
17 For. mentale, N. mentalis
18 Vorderer Bauch des M. digastricus
19 **N. ophthalmicus** (1. Ast des N. trigeminus)
20 **N. oculomotorius** (N. III)
21 **N. trochlearis** (N. IV)
22 **N. trigeminus** (N. V), Pons
23 **N. maxillaris** (2. Ast des N. trigeminus)
24 **Ganglion trigeminale**
25 **N. mandibularis** (3. Ast des N. trigeminus)
26 N. auriculotemporalis
27 Äußerer Gehörgang (angeschnitten)
28 N. lingualis, Chorda tympani
29 N. mylohyoideus
30 M. pterygoideus medialis
31 N. alveolaris inferior
32 Hinterer Bauch des M. digastricus
33 M. stylohyoideus
34 Unterkieferdrüse (Glandula submandibularis)
35 Kopfnicker (M. sternocleidomastoideus)
36 N. frontalis
37 N. und Glandula lacrimalis
38 Ganglion pterygopalatinum
39 Lokalisation des Ganglion oticum
40 **N. opticus** (N. II)
41 **N. trigeminus** (N. V)

1 Hirnsichel (Falx cerebri)
2 Hinterhauptslappen des Großhirns (Lobus occipitalis)
3 Sinus rectus
4 Kleinhirnzelt (Tentorium cerebelli)
5 Sinus transversus
6 Unterer Hügel des Mittelhirns (Colliculus inferior)
7 Rautengrube (Fossa rhomboidea)
8 Verlängertes Mark (Medulla oblongata)
9 Hinterer Bauch des M. digastricus
10 A. carotis interna
11 Schlund (Pharynx)
12 Zungenbein (großes Horn)
13 **N. trochlearis** (N. IV)
14 **N. facialis** (N. VII), **N. vestibulocochlearis** (N. VIII)
15 **N. glossopharyngeus** (N. IX)
16 **N. accessorius** (N. XI)
17 **N. hypoglossus** (N. XII)
18 **N. vagus** (N. X), A. carotis interna
19 A. carotis externa
20 **Grenzstrang (Truncus symphaticus), Ganglion cervicale superius**
21 Ansa cervicalis
22 Sulcus olfactorius
23 Gyri orbitales
24 Schläfenlappen (Lobus temporalis)
25 Gyrus rectus
26 Trigonum olfactorium, Sulcus temporalis inferior
27 Gyrus occipitotemporalis medialis
28 Gyrus parahippocampalis, Corpus mamillare, Fossa interpeduncularis
29 Brücke (Pons), Hirnschenkel (Pedunculus cerebri)
30 **N. abducens** (N. VI)
31 Pyramide
32 Olive (Oliva inferior)
33 Spinalnerven des Halsmarkes
34 Kleinhirn (Cerebellum)
35 Kleinhirntonsille (Tonsilla cerebelli)
36 Hinterhauptspol (Polus occipitalis)
37 Fissura longitudinalis
38 Riechkolben (Bulbus olfactorius)
39 Sulcus orbitalis des Stirnlappens (Lobus frontalis)
40 **Riechstrang (Tractus olfactorius)**
41 **N. opticus** (N. II), Substantia perforata anterior
42 **Chiasma opticum, Hypophysenstiel**
43 Tractus opticus
44 **N. oculomotorius** (N. III)
45 **N. trigeminus** (N. V)
46 **N. facialis** (N. VII)
47 **N. vestibulocochlearis** (N. VIII)
48 Flocculus cerebelli
49 **N. glossopharyngeus** (N. IX), **N. vagus** (N. X)
50 Kleinhirnwurm (Vermis cerebelli)

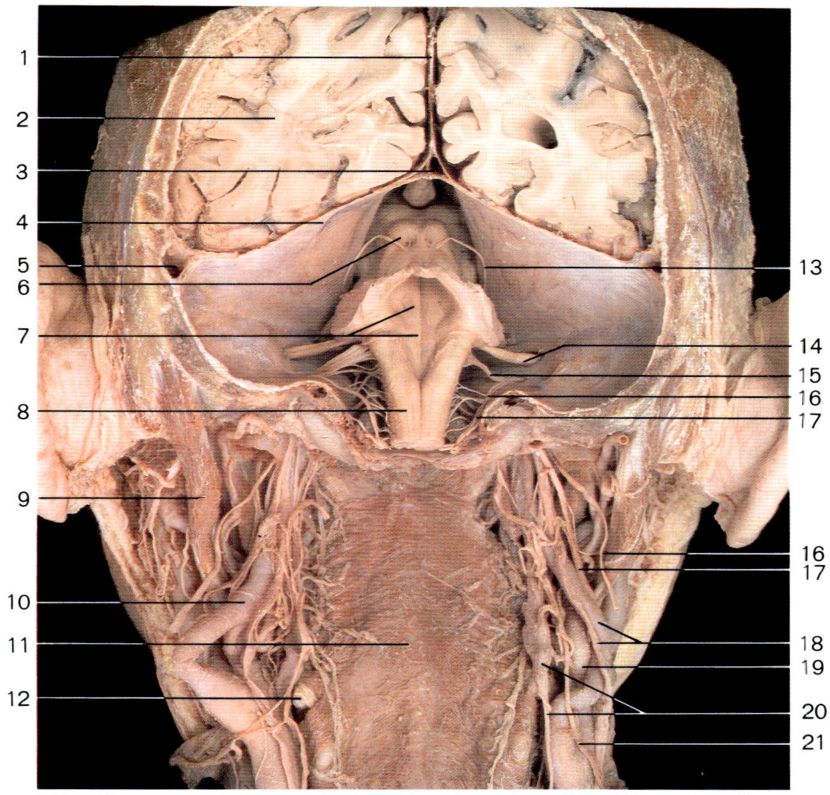

8.23 Hirnstamm mit Hirnnerven (von hinten). Die Schädelhöhle wurde eröffnet und das Kleinhirn entfernt.

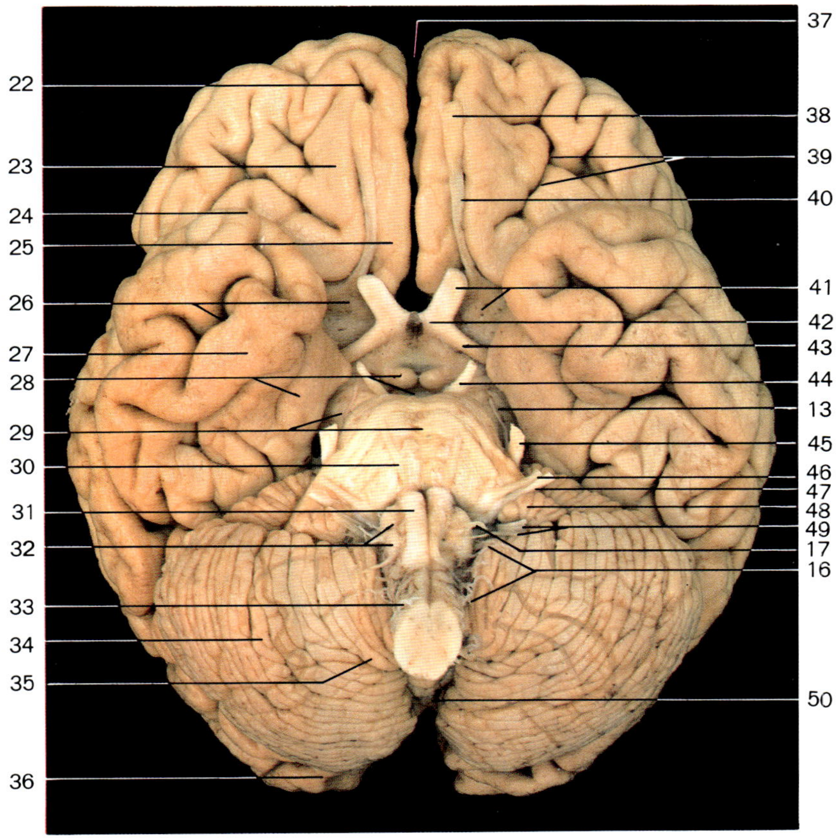

8.24 Hirnnerven. Blick von unten auf das Gehirn.

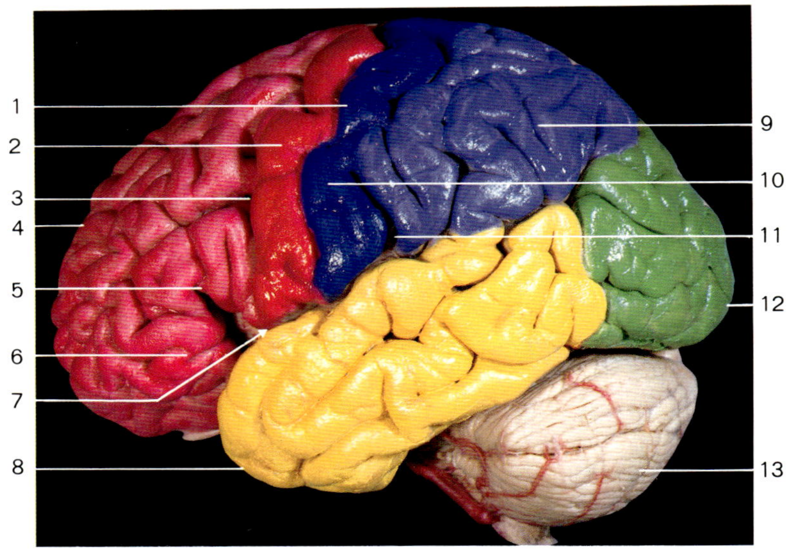

8.25 **Linke Hirnhälfte** (von der Seite, Stirnpol zeigt nach links). Die vier Lappen des Großhirns sind farbig gekennzeichnet.

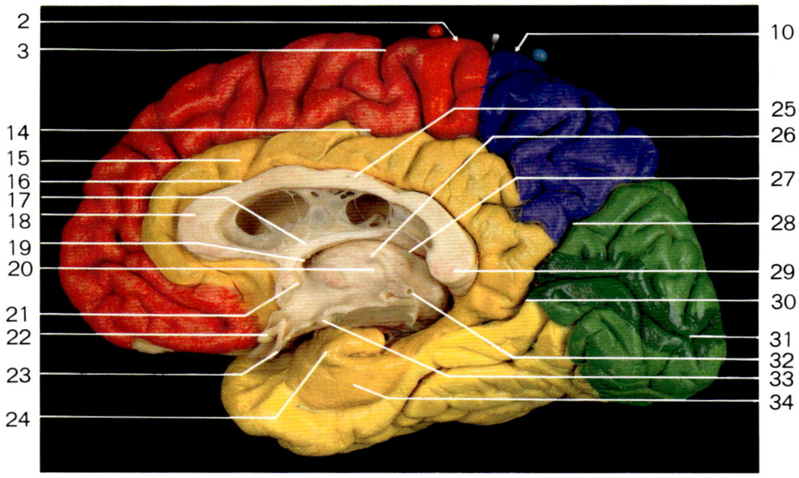

8.26 **Rechte Hirnhälfte** (von innen, Stirnpol zeigt nach links). Kleinhirn und Hirnstamm wurden größtenteils entfernt.

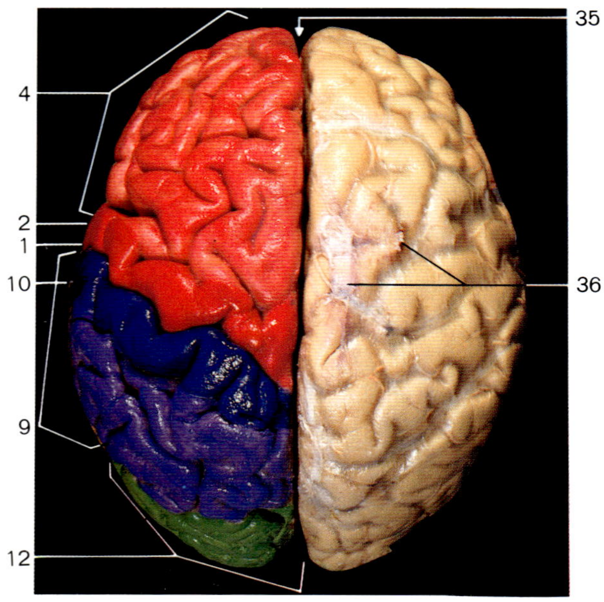

8.27 **Großhirn** (von oben). Die rechte Hemisphäre ist noch von der Pia mater und Arachnoidea bedeckt. Man beachte dort die Granulationes arachnoideales.

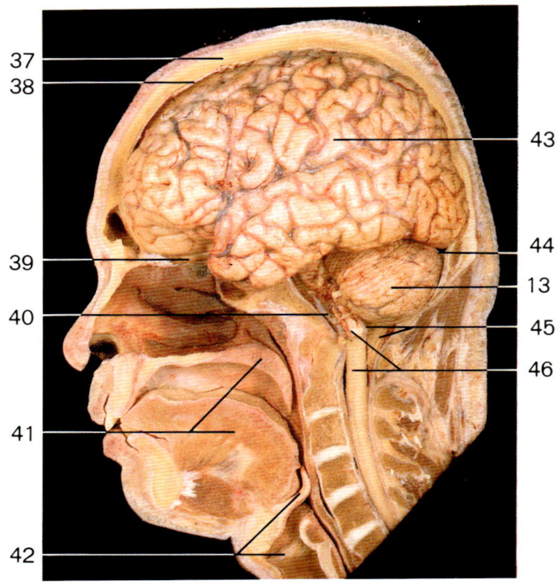

8.28 **Präparation des Gehirns mit Pia mater in situ.** Das Gehirn wurde als Ganzes erhalten, der übrige Kopf halbiert.

1 **Zentralfurche (Sulcus centralis)**
2 Vordere Zentralwindung (Gyrus praecentralis) (dunkelrot)
3 Sulcus praecentralis
4 **Stirnlappen (Lobus frontalis)** (rosa)
5 Ramus ascendens
6 Ramus anterior (motor. Sprachzentrum)
7 Sulcus lateralis
8 **Schläfenlappen (Lobus temporalis)** (gelb)
9 **Scheitellappen (Lobus parietalis)** (blau)
10 Hintere Zentralwindung (Gyrus postcentralis) (dunkelblau)
11 Sulcus postcentralis
12 **Hinterhauptslappen (Lobus occipitalis)** (grün)
13 Kleinhirn (Cerebellum)
14 Sulcus cinguli
15 Gyrus cinguli (orange)
16 Sulcus corporis callosi
17 Fornix
18 Balkenknie (Genu corporis callosi)
19 Foramen interventriculare
20 Massa intermedia des Thalamus
21 Vordere Kommissur (Commissura anterior)
22 Chiasma opticum
23 Infundibulum
24 Uncus
25 **Balken (Truncus corporis callosi)**
26 **III. Ventrikel, Thalamus**
27 Stria medullaris
28 Sulcus parietooccipitalis
29 Splenium corporis callosi
30 Verbindung von Sulcus calcarinus u. Sulcus parietooccipitalis
31 **Sulcus calcarinus mit Sehrinde**
32 Zirbeldrüse (Epiphysis cerebri)
33 Corpus mamillare
34 Gyrus parahippocampalis (orange)
35 Fissura longitudinalis
36 **Pacchionische Granulationen (Granulationes arachnoideae)**
37 Schädeldach (Calvaria), Kopfhaut
38 Harte Hirnhaut (Dura mater)
39 Riechkolben (Bulbus olfactorius)
40 A. basilaris
41 Weicher Gaumen, Zunge
42 Kehldeckel, Stimmlippe
43 Großhirn (Cerebrum)
44 Tentorium cerebelli
45 **Cisterna cerebellomedullaris**
46 Rückenmark (Medulla spinalis)

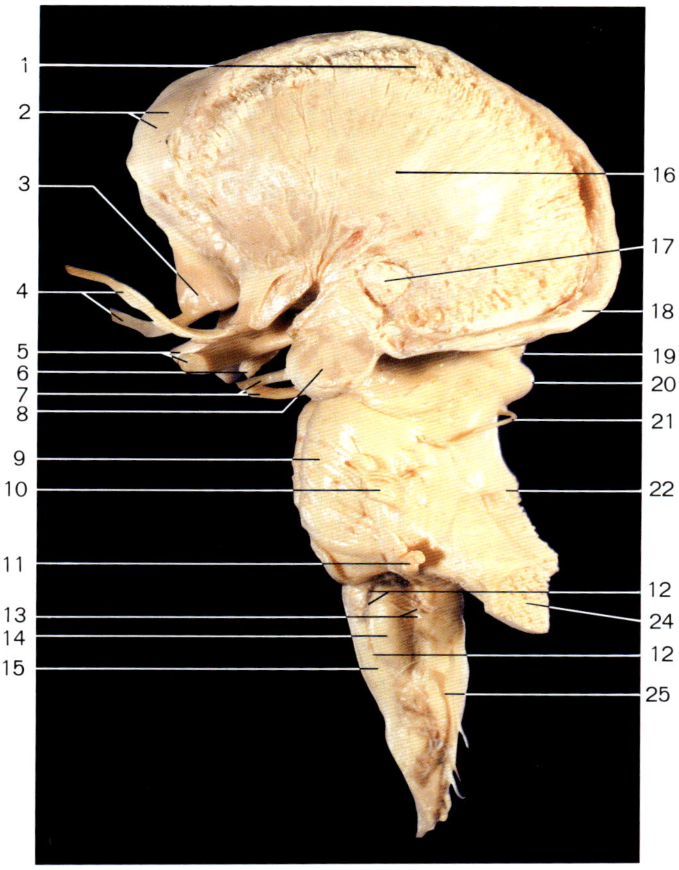

8.29 Hirnstamm (von links, Seitenansicht). Die Stammganglien und die Kleinhirnstiele wurden belassen, während die Großhirnrinde und das Kleinhirn entfernt wurden.

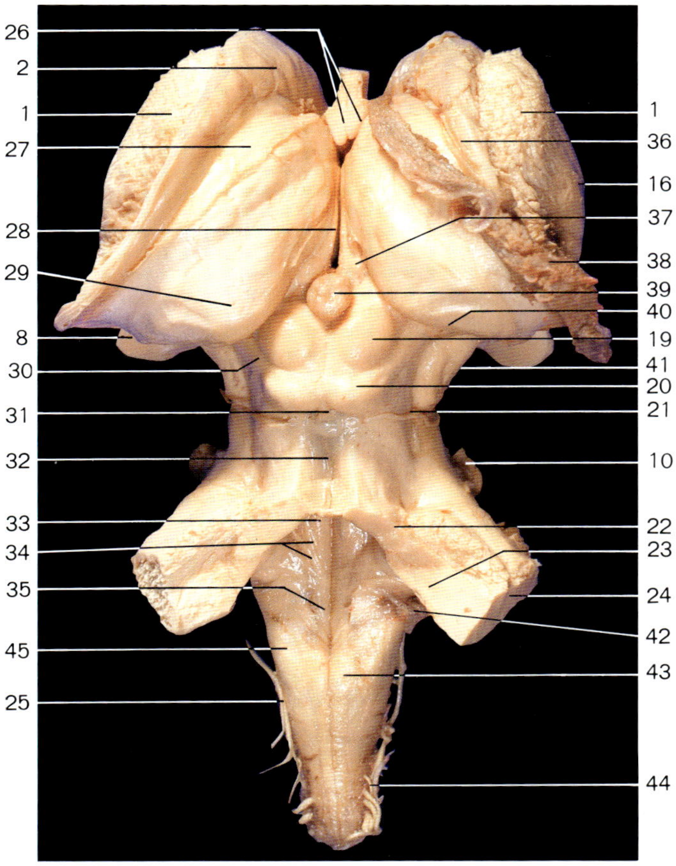

8.30 Hirnstamm (von hinten oben). Kleinhirn und Großhirnrinde wurden entfernt.

1 **Innere Kapsel (Capsula interna)**
2 Kopf des Schweifkerns (Caput nuclei caudati)
3 Trigonum olfactorium
4 Riechstrang (Tractus olfactorius)
5 Rechter und linker **Sehnerv** (**N. opticus**, N. II)
6 Hypophysenstiel (Infundibulum)
7 Rechter und linker N. oculomotorius (N. III)
8 Mandelkörper (Corpus amygdaloideum)
9 **Brücke (Pons)**
10 **Drillingsnerv** (**N. trigeminus**, N. V)
11 N. facialis (N. VII), N. vestibulocochlearis (N. VIII)
12 N. hypoglossus (N. XII)
13 N. glossopharyngeus (N. IX), N. vagus (N. X)
14 Olive (Oliva inferior)
15 **Verlängertes Mark (Medulla oblongata)**
16 Linsenkern (Nucleus lentiformis)
17 Vorderer Verbindungsstrang (Commissura anterior)
18 Schwanzteil des Schweifkerns (Cauda nuclei caudati)
19 **Obere Mittelhirnhügel (Colliculus superior)**
20 **Untere Mittelhirnhügel (Colliculus inferior)**
21 N. trochlearis (N. IV)
22 Oberer Kleinhirnstiel (Pedunculus cerebellaris superior)
23 Unterer Kleinhirnstiel (Pedunculus cerebellaris inferior)
24 **Mittlerer Kleinhirnstiel (Pedunculus cerebellaris medius)**
25 N. accessorius (N. XI)
26 Fornix, Columnae fornicis
27 Anheftungsstelle (Lamina affixa)
28 **III. Ventrikel**
29 Pulvinar thalami
30 Brachium colliculi inferius
31 Frenulum veli medullaris inferius
32 Velum medullare superius
33 Colliculus facialis
34 Striae medullares, **Fossa rhomboidea**
35 Hypoglossusdreieck (Trigonum nervi hypoglossi)
36 Stria terminalis, V. thalamostriata
37 Trigonum habenulae
38 **Plexus choroideus des Seitenventrikels**
39 **Zirbeldrüse (Epiphysis cerebri)**
40 **Medialer Kniehöcker (Corpus geniculatum mediale)**
41 **Hirnschenkel (Pedunculus cerebri)**
42 Adergeflecht (Plexus choroideus) des IV. Ventrikels
43 Tuberculum nuclei gracilis (Clava)
44 Dorsale Wurzeln (Radices dorsales) der zervikalen Spinalnerven
45 Tuberculum nuclei cuneati

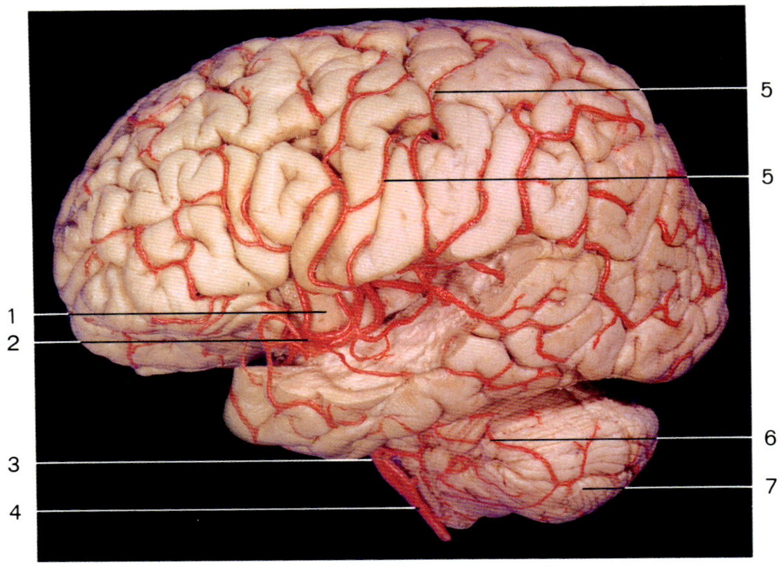

8.31 Hirnarterien. Blick von der Seite auf die linke Hemisphäre. Ein Teil des Schläfenlappens wurde entfernt, um die Insel und die mittlere Hirnarterie (A. cerebri media) zu zeigen.

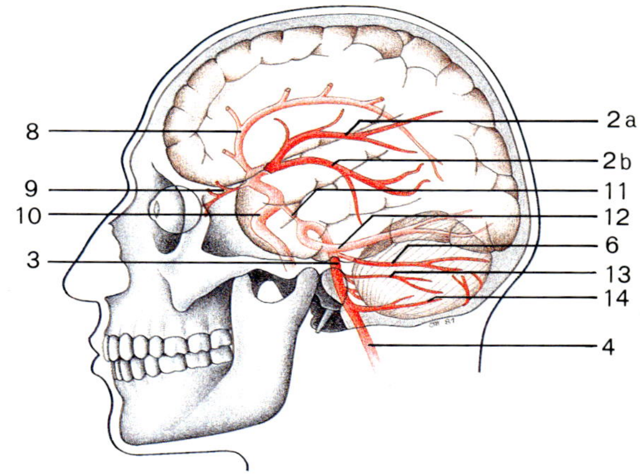

8.32 Hirnarterien. Hauptäste der A. carotis interna und der A. vertebralis (Schemazeichnung).

1 Insel (Insula)
2 **Mittlere Hirnarterie (A. cerebri media)**
  a Rami parietales
  b Rami temporales
3 **A. basilaris**
4 A. vertebralis
5 Zentralfurche (Sulcus centralis)
6 Obere Kleinhirnarterie (A. cerebellaris superior)
7 Kleinhirn (Cerebellum)
8 **Vordere Hirnarterie (A. cerebri anterior)**
9 A. ophthalmica
10 Innere Halsschlagader (A. carotis interna)
11 Hintere Verbindungsarterie (A. communicans posterior)
12 **A. cerebri posterior**
13 A. cerebellaris anterior inferior
14 A. cerebellaris posterior inferior
15 Riechstrang (Tractus olfactorius)
16 Sehnerv (N. opticus)
17 Infundibulum
18 N. oculomotorius, A. communicans posterior
19 N. abducens
20 Vordere Rückenmarksarterie (A. spinalis anterior)
21 A. communicans anterior
22 Brücke (Pons), obere Kleinhirnarterie (A. cerebellaris superior)
23 Äste zur Brücke (Rami pontes)
24 Verlängertes Mark (Medulla oblongata)
25 Hintere Rückenmarksarterie (A. spinalis posterior)

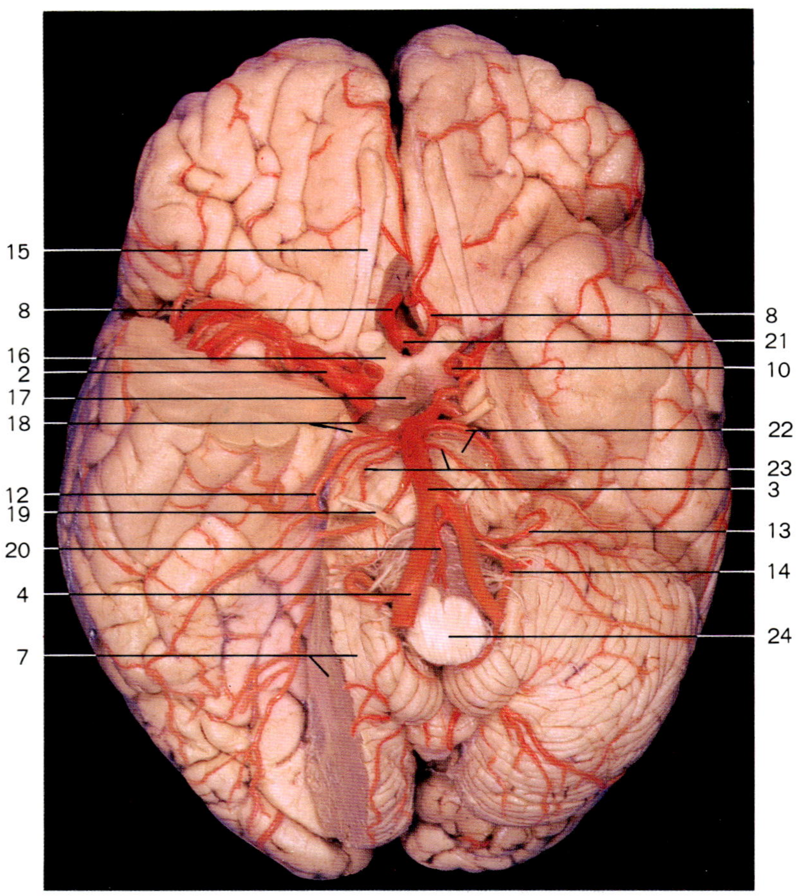

8.33 Hirnarterien (von unten). Der Stirnlappen zeigt nach oben. Kleinhirn und rechter Schläfenlappen wurden teilweise entfernt.

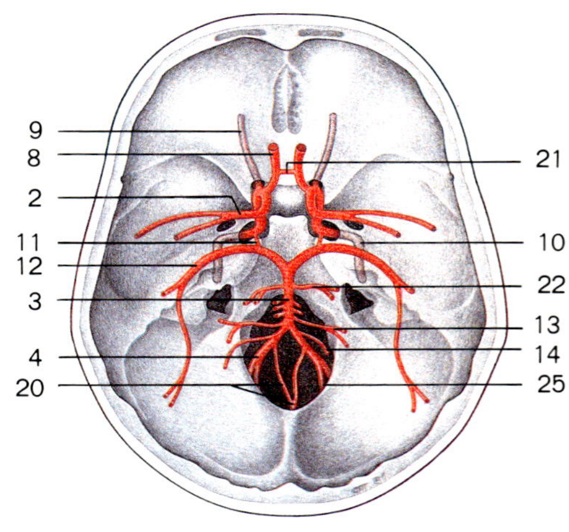

8.34 Hirnarterien an der Schädelbasis (Circulus arteriosus Willisi) (von oben).

1 **Stria longitudinalis lateralis**
2 **Stria longitudinalis medialis**
3 **Balkenknie (Genu corporis callosi)**
4 **Kopf des Schweifkerns (Caput nuclei caudati)**
5 Septum pellucidum
6 Stria terminalis, V. thalamostriata
7 Thalamus
8 Aderhautgeflecht (Plexus choroideus) des III. Ventrikels
9 **Aderhautgeflecht (Plexus choroideus) des Seitenventrikels**
10 Splenium corporis callosi
11 Hinterhorn (Cornu posterius) des Seitenventrikels
12 Vorderhorn (Cornu anterius) des Seitenventrikels
13 Foramen interventriculare
14 Putamen des Linsenkerns
15 **Innere Kapsel (Capsula interna)**
16 Unterhorn (Cornu inferius) des Seitenventrikels
17 Hippocampus
18 **Fornix (Crus fornicis)**
19 Eminentia collateralis
20 Kleinhirnwurm (Vermis cerebelli), weiche Hirnhaut (Arachnoidea und Pia mater)

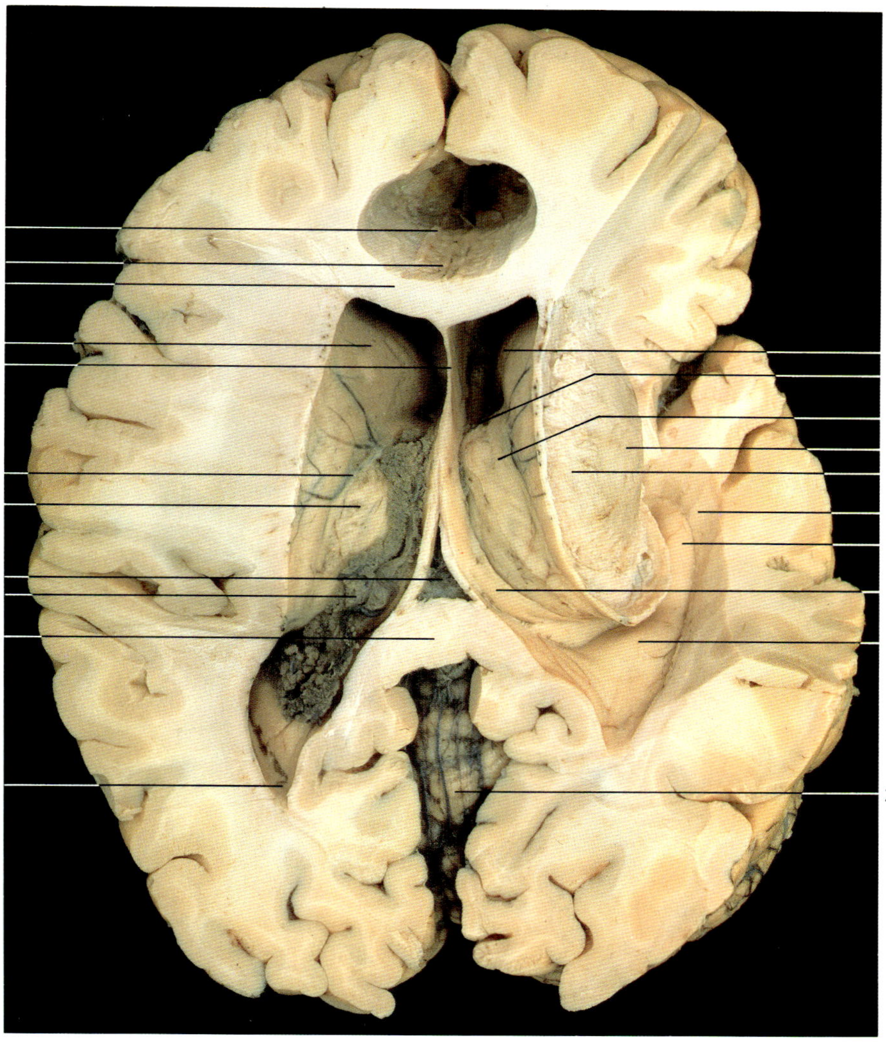

8.35 Seitenventrikel und subkortikale Kerne des Gehirns (von oben). Das Corpus callosum wurde teilweise entfernt. Die beiden Seitenventrikel wurden eröffnet. Rechts wurde die Inselrinde mit Klaustrum, Capsula extrema und externa entfernt, um den Linsenkern und die Capsula interna zu zeigen.

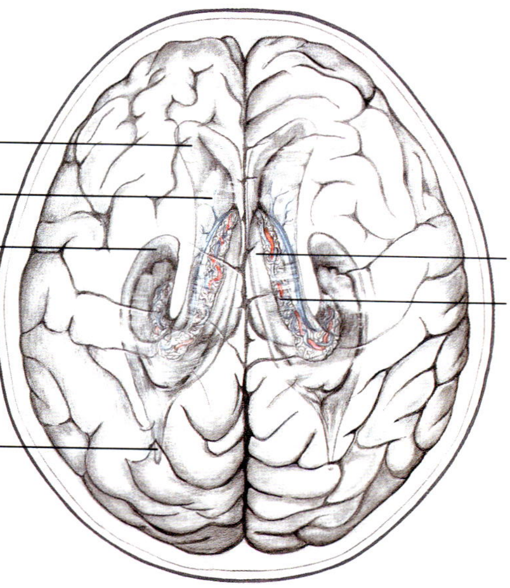

8.36 Lage der Seitenventrikel (von oben) (Schemazeichnung).

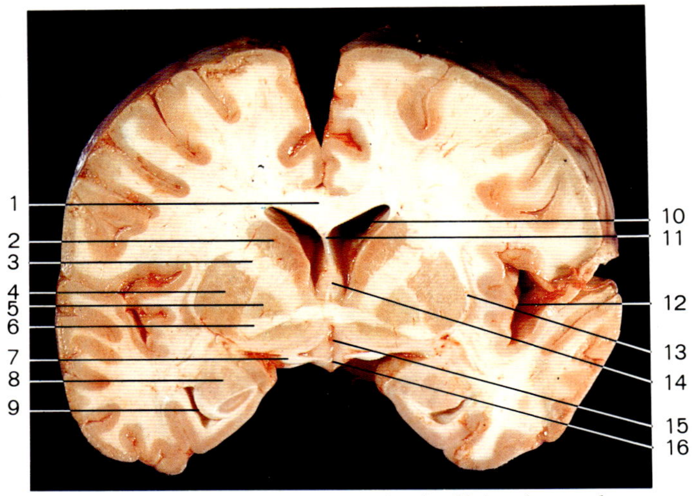

8.37 Frontalschnitt durch das Gehirn in Höhe der vorderen Kommissur (Commissura anterior).

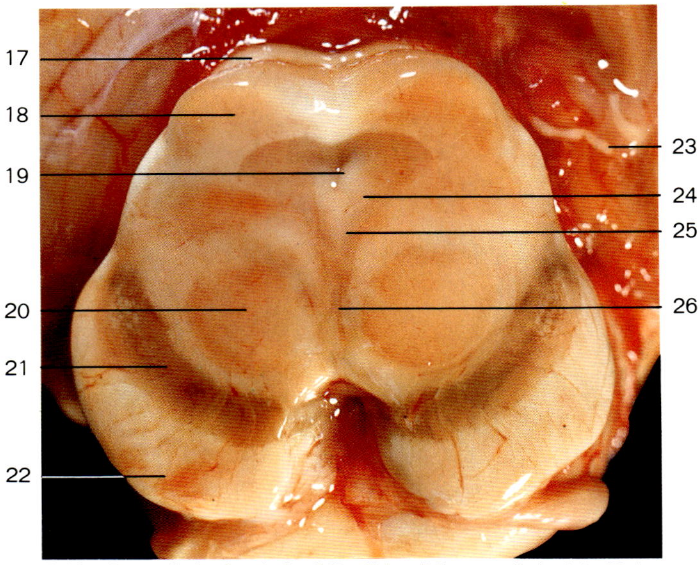

8.38 Querschnitt durch das Mittelhirn (Mesencephalon) in Höhe der oberen Hügel (Colliculi superiores) (von vorne).

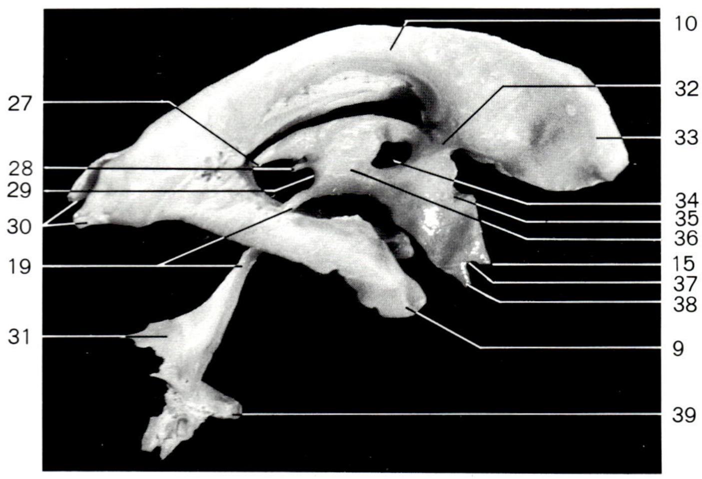

8.39 Ausgußpräparat vom Ventrikelsystem (von der Seite; Orientierung wie Abb. 8.40).

1 Balkenknie (Genu corporis callosi)
2 Kopf des Schweifkerns (Caput nuclei caudati)
3 **Innere Kapsel (Capsula interna)**
4 **Putamen**
5 **Pallidum (Globus pallidus)**
6 Vordere Kommissur (Commissura anterior)
7 Sehbahn (Tractus opticus)
8 **Mandelkern (Corpus amygdaloideum)**
9 Unterhorn (Cornu inferius) des Seitenventrikels
10 **Seitenventrikel (Ventriculus lateralis)**
11 Septum pellucidum
12 **Inselrinde (Insula)**
13 Äußere Kapsel (Capsula externa)
14 Fornixsäule (Columna fornicis)
15 Recessus opticus
16 Infundibulum
17 Unterer Mittelhirnhügel (Colliculus inferior)
18 Oberer Mittelhirnhügel (Colliculus superior)
19 **Sylvischer Kanal (Aquaeductus cerebri)**
20 **Roter Kern (Nucleus ruber)**
21 **Schwarzer Kern (Substantia nigra)**
22 **Hirnschenkel (Pedunculi cerebri)**
23 N. trochlearis (N. IV)
24 Graue Kernmasse (Substantia grisea)
25 Kerne des N. oculomotorius (z. B. Westphal-Edingerscher Kern)
26 Wurzel (Radix) des N. oculomotorius
27 Recessus suprapinealis des III. Ventrikels
28 Recessus pinealis des III. Ventrikels
29 Abdruck der Commissura posterior
30 Hinterhörner (Cornua posteriora) der Seitenventrikel
31 IV. Ventrikel
32 Foramen interventriculare (Monroi)
33 Vorderhorn (Cornu anterius) des Seitenventrikels
34 Lokalisation der Adhaesio interthalamica
35 Abdruck der Commissura anterior
36 III. Ventrikel
37 Abdruck der Sehnervenkreuzung (Chiasma opticum)
38 Recessus infundibuli
39 Recessus lateralis, Apertura lateralis (Luschkae)
40 Apertura mediana (Magendi)
41 Cisterna cerebellomedullaris

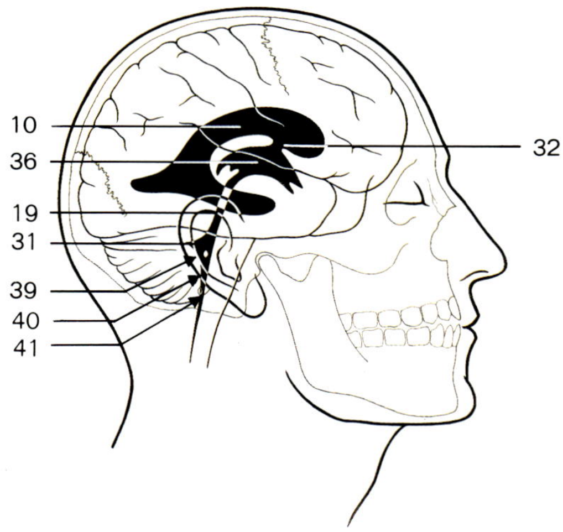

8.40 Lage der Hirnventrikel (Schemazeichnung) (vergleiche Abb. 8.39).

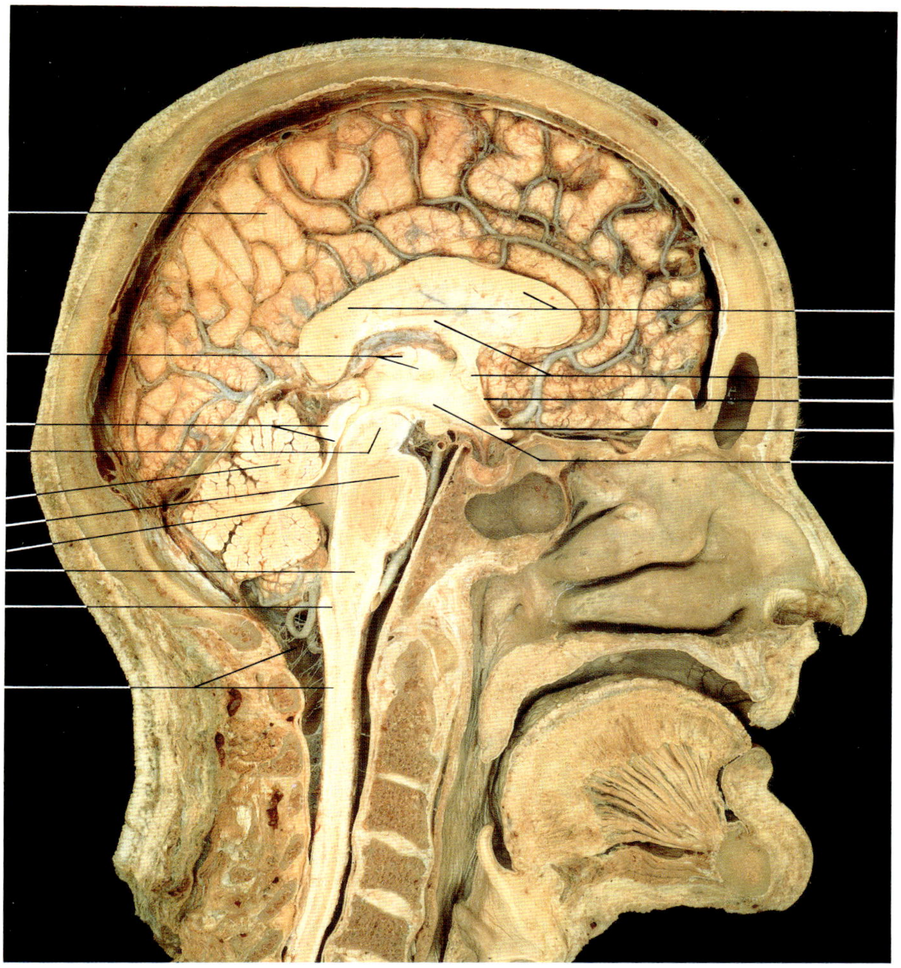

8.41 Medianschnitt durch den Kopf. Die Hirnsichel (Falx cerebri) wurde entfernt. Das Gehirn ist noch von Pia und Arachnoidea überzogen.

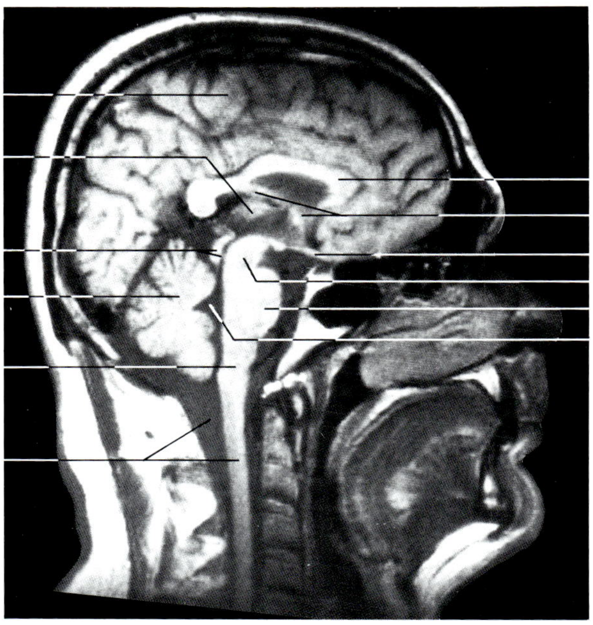

8.42 Medianschnitt durch den Kopf. Kernspintomogramm (MR-Aufnahme).

1 Linke Hirnhälfte
2 Thalamus, Adhaesio interthalamica
3 Vierhügelplatte (Lamina tecti), Aquaeductus cerebri
4 Hirnschenkel (Pedunculi cerebri)
5 **Kleinhirn (Cerebellum)**
6 Brücke (Pons)
7 IV. Ventrikel
8 Verlängertes Mark (Medulla oblongata)
9 Zentralkanal (Canalis centralis)
10 Rückenmark (Medulla spinalis), Cisterna cerebellomedullaris
11 **Balken (Corpus callosum)**
12 Fornix, vordere Kommissur (Commissura anterior)
13 Lamina terminalis
14 Sehnervenkreuzung (Chiasma opticum)
15 Hypothalamus
16 **Großhirn (Cerebrum)**

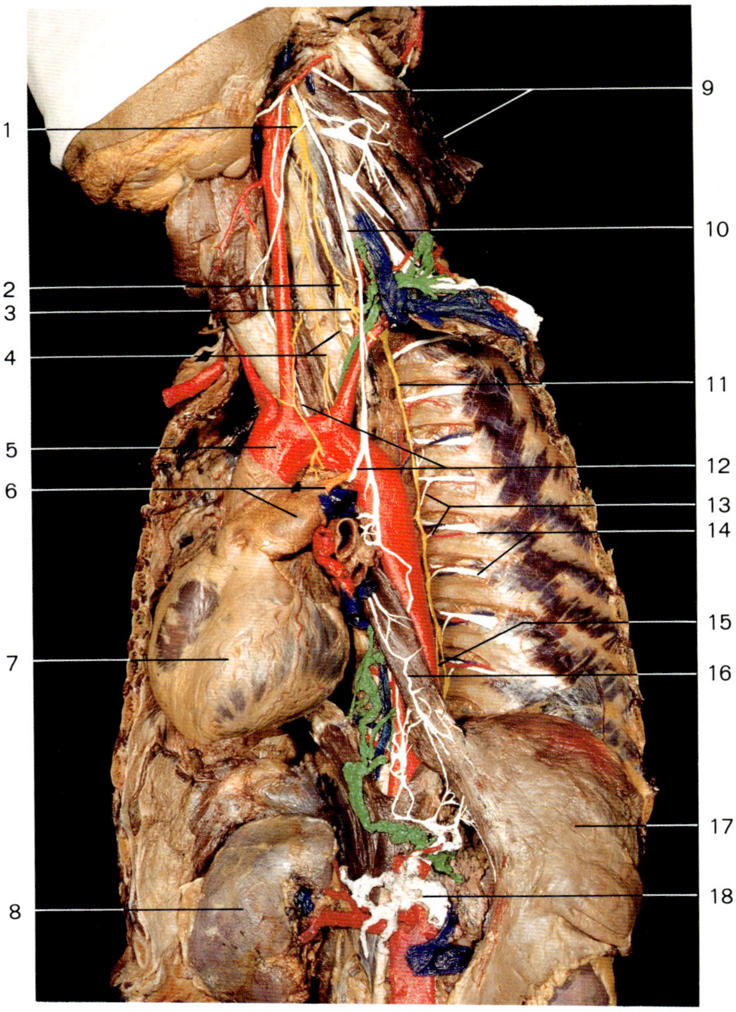

8.43 Autonomes Nervensystem. Der Magen wurde nach links verlagert. Weiß = N. vagus, Spinalnerven; gelb = Nerven und Ganglien des autonomen NS; grün = Lymphgefäße, rot = Arterien, blau = Venen.

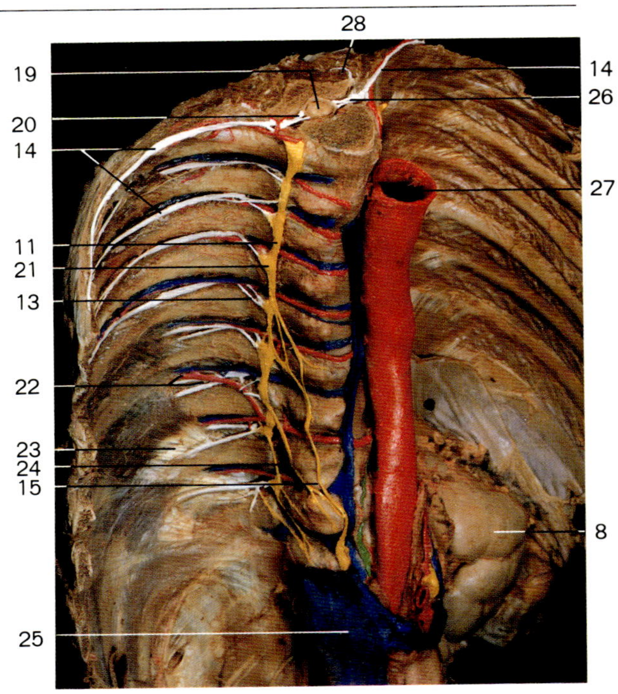

8.44 Hinterwand des Brustkorbs (Querschnitt in Höhe des 5. Thorakalsegmentes). Die Spinalnerven mit ihren Verbindungen zum Grenzstrang des Sympathicus sind dargestellt.

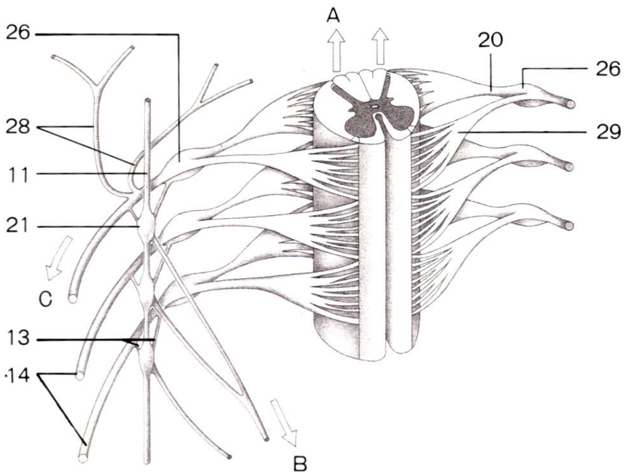

8.45 Aufbau des Rückenmarks mit Spinalnerven (Schema der Segmentgliederung des Rückenmarks). Die Pfeile sollen die Verbindungen mit anderen Bereichen des NS andeuten: A = zum Gehirn; B = zum peripheren, autonomen NS; C = über die Spinalnerven zur Körperwand und zu den Extremitäten.

1 **Oberes Halsganglion (Ganglion cervicale superius)**
2 Mittleres Halsganglion (Ganglion cervicale medium)
3 **Unteres Halsganglion (Ganglion cervicale inferius)**
4 Äste zum Herzen (Rami cardiaci)
5 Aortenbogen (Arcus aortae)
6 Ligamentum arteriosum, Truncus pulmonalis
7 Herz (Cor)
8 Niere (Ren)
9 N. accessorius, M. sternocleidomastoideus
10 **N. vagus**
11 **Grenzstrang (Truncus sympathicus)**
12 Rückläufiger Kehlkopfnerv (N. laryngeus recurrens)
13 **Verbindungsäste (Rami communicantes)**
14 Zwischenrippennerven (Nn. intercostales)
15 **Großer Eingeweidenerv (N. splanchnicus major)**
16 Vorderer Vagusstamm (Truncus vagalis anterior)
17 Magen (Ventriculus)
18 **Ganglion coeliacum**
19 Rückenmark (Medulla spinalis)
20 Hintere Wurzel eines Spinalnervs (Radix dorsalis)
21 Grenzstrangganglion
22 Zwischenrippengefäße (A. u. V. intercostalis)
23 M. subcostalis
24 Kleiner Eingeweidenerv (N. splanchnicus minor)
25 Untere Hohlvene (V. cava inferior)
26 Spinalganglion (Ganglion spinale)
27 Aorta
28 Hintere Äste des Spinalnervs
29 Vordere Wurzel des Spinalnervs

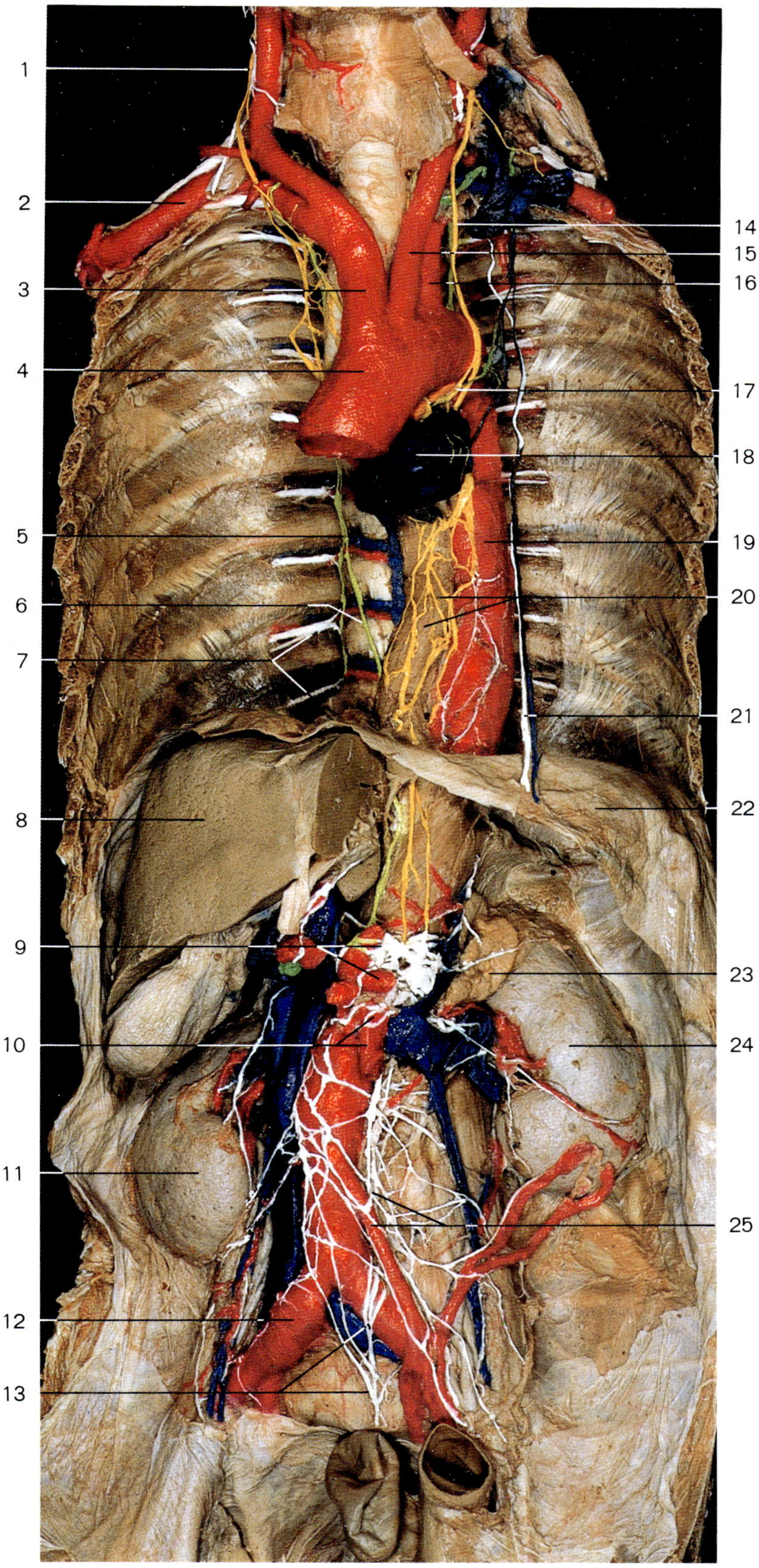

8.46 Hinterwand von Brust- und Bauchhöhle mit den Nervengeflechten und Ganglien des autonomen NS (von vorne). Rot = Arterien; blau = Venen; gelb = Parasympathicus (Nn. vagi); grün = Grenzstrang und Nn. splanchnici; weiß = Spinalnerven und autonome Plexus; orange = Lig. arteriosum (Botalli).

1 Rechter N. vagus
2 Rechte Achselarterie (A. axillaris dextra)
3 Kopf-Arm-Gefäßstamm (Truncus brachiocephalicus)
4 Aortenbogen (Arcus aortae)
5 **Grenzstrang (Truncus sympathicus)**
6 **Großer Eingeweidenerv (N. splanchnicus major)**
7 Zwischenrippennerven (Nn. intercostales)
8 Leber (Hepar)
9 **Truncus coeliacus und Ganglion coeliacum**
10 **Ganglion mesentericum superius**, A. mesenterica superior
11 Rechte Niere (Ren dexter)
12 Gemeinsame Beckenarterie (A. iliaca communis)
13 **Plexus hypogastricus superior**, Ganglion hypogastricum superius
14 Linker **N. vagus**
15 Linke gemeinsame Halsschlagader (A. carotis communis sinistra)
16 Linke Unterschlüsselbeinarterie (A. subclavia sinistra)
17 Linker N. laryngeus recurrens
18 Lungenarterienstamm (Truncus pulmonalis)
19 Brustaorta (Aorta thoracica)
20 **Speiseröhrengeflecht (Plexus oesophageus)**
21 Linker Zwerchfellnerv (N. phrenicus sinister)
22 Zwerchfell (Diaphragma)
23 Linke Nebenniere (Glandula suprarenalis sinistra)
24 Linke Niere (Ren sinister)
25 **Ganglion mesentericum inferius**, A. mesenterica inferior

9. Sinnesorgane

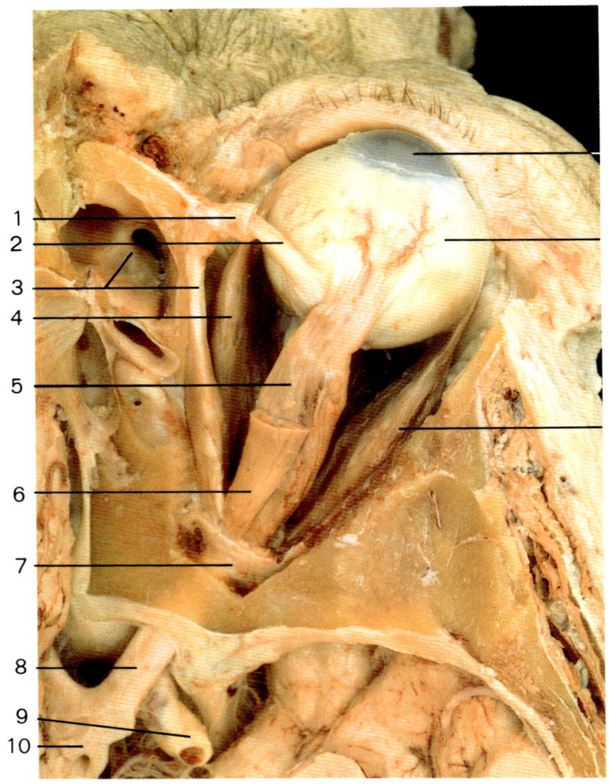

9.1 Rechte Augenhöhle mit Augapfel und Augenmuskeln (von oben). Das Dach der Augenhöhle und der obere Lidheber wurden entfernt.

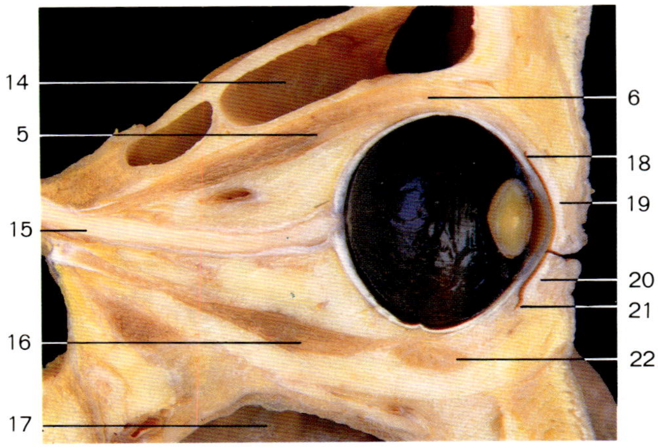

9.2 Medianschnitt durch die Augenhöhle (Orbita) mit Auge, Sehnerv und Augenmuskeln.

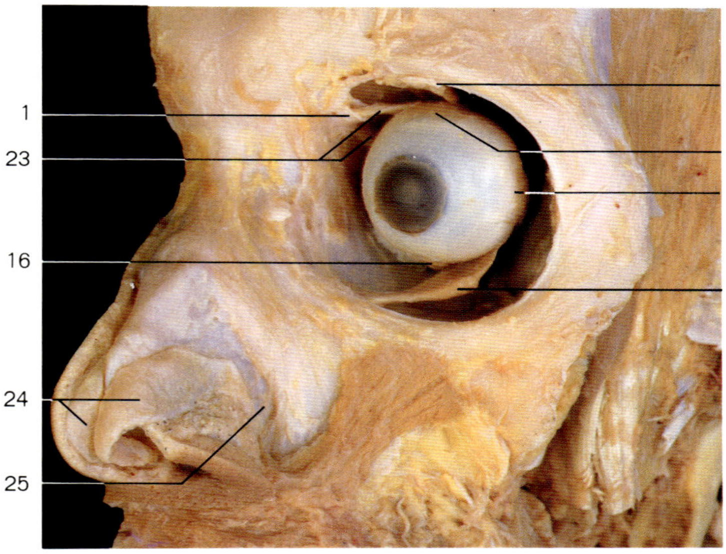

9.3 Auge und Augenmuskeln (von vorne-lateral). Der mediale gerade Augenmuskel (M. rectus medialis) ist bei dieser Ansicht nicht sichtbar.

1 Rollenzug (Trochlea) für den oberen schrägen Augenmuskel (M. obliquus superior)
2 Sehne des M. obliquus superior
3 **M. obliquus superior**, Siebbeinzellen (Cellulae ethmoidales)
4 **Medialer gerader Augenmuskel (M. rectus medialis)**
5 **Oberer gerader Augenmuskel (M. rectus superior)**
6 Oberer Lidheber (M. levator palpebrae superioris)
7 Sehnenring (Anulus tendineus communis)
8 **Sehnerv** (**N. opticus**, intrakranieller Abschnitt)
9 Innere Halsschlagader (A. carotis interna)
10 Sehnervenkreuzung (Chiasma opticum)
11 **Hornhaut (Cornea)**
12 **Augapfel (Bulbus oculi)**
13 **Seitlicher gerader Augenmuskel (M. rectus lateralis)**
14 Stirnhöhle (Sinus frontalis)
15 Sehnerv (N.opticus, extrakranieller Abschnitt)
16 **Unterer gerader Augenmuskel (M. rectus inferior)**
17 Kieferhöhle (Sinus maxillaris)
18 Obere Bindehautumschlagsfalte (Fornix conjunctivae superior)
19 Obere Lidplatte (Tarsus superior)
20 Untere Lidplatte (Tarsus inferior)
21 Untere Bindehautumschlagsfalte (Fornix conjunctivae inferior)
22 **Unterer schräger Augenmuskel (M. obliquus inferior)**
23 Oberer schräger Augenmuskel mit Sehne (M. obliquus superior)
24 Großer Nasenflügelknorpel (Cartilago alaris major)
25 Kleiner Nasenflügelknorpel (Cartilago alaris minor)

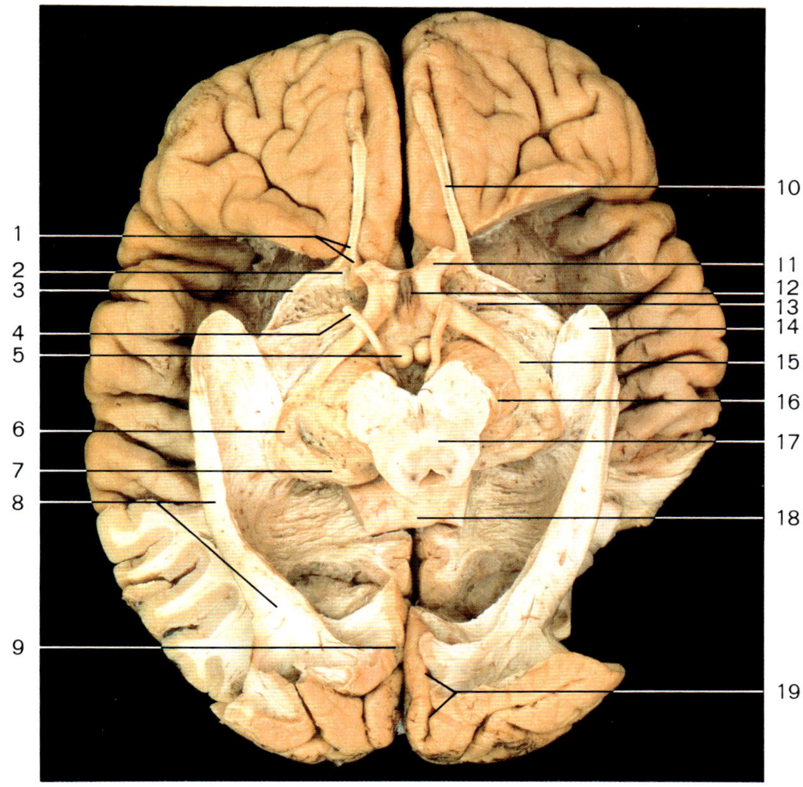

9.4 Präparation der Sehbahn (Ansicht von unten). Der Hirnstamm wurde in Höhe des Mittelhirns durchtrennt. Die Stirnlappen befinden sich am oberen Bildrand.

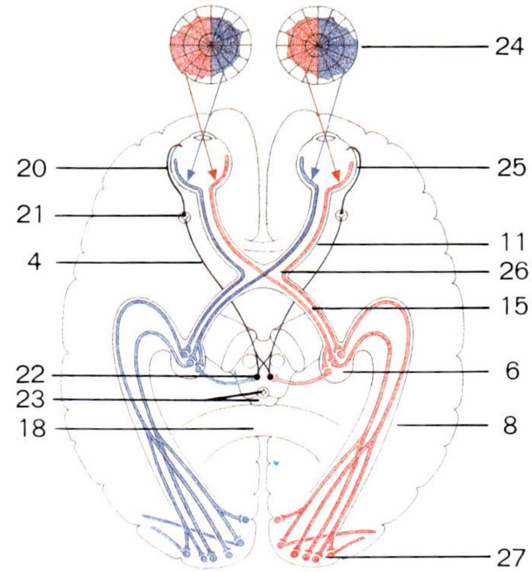

9.5 Schema von der Sehbahn einschließlich der zugehörigen Reflexbahnen.

1 Medialer Riechstrang (Stria olfactoria medialis)
2 Trigonum olfactorium
3 Lateraler Riechstrang (Stria olfactoria lateralis)
4 N. oculomotorius (N. III)
5 Corpus mamillare
6 Lateraler Kniehöcker (Corpus geniculatum laterale)
7 Pulvinar thalami
8 **Radiatio optica**
9 Cuneus des Lobus occipitalis
10 **Tractus olfactorius**
11 **Sehnerv (N. opticus)**
12 Hypophysenstiel (Infundibulum)
13 Commissura anterior
14 Radiatio optica (Genu)
15 **Tractus opticus**
16 N. trochlearis (N. IV)
17 Mittelhirn
18 Balken (Corpus callosum)
19 Sehrinde (Sulcus calcarinus)
20 Nn. ciliares longi et breves
21 Ganglion ciliare
22 Nucleus accessorius des N. oculomotorius
23 Colliculi des Mittelhirns
24 Gesichtsfeld
25 Netzhaut (Retina)
26 **Sehnervenkreuzung (Chiasma opticum)**
27 **Sehrinde** (Area striata)
28 A. u. V. temporalis superior der Netzhaut
29 Sehnervenpapille (Discus nervi optici)
30 A. u. V. medialis der Netzhaut
31 A. u. V. temporalis inferior der Netzhaut
32 A. u. V. macularis superior
33 Stelle des schärfsten Sehens (Fovea centralis)
34 Ziliarfortsätze (Processus ciliares)
35 Ora serrata
36 Lederhaut (Sclera)
37 Aderhaut (Choroidea)
38 Linse (von hinten)

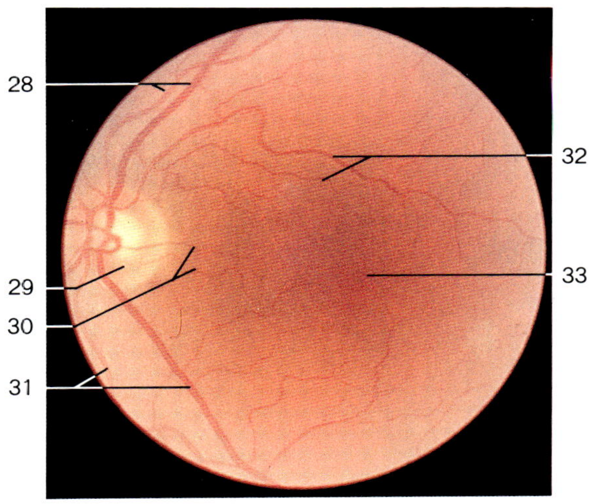

9.6 Augenhintergrund (Fundus oculi) eines normalen Auges.

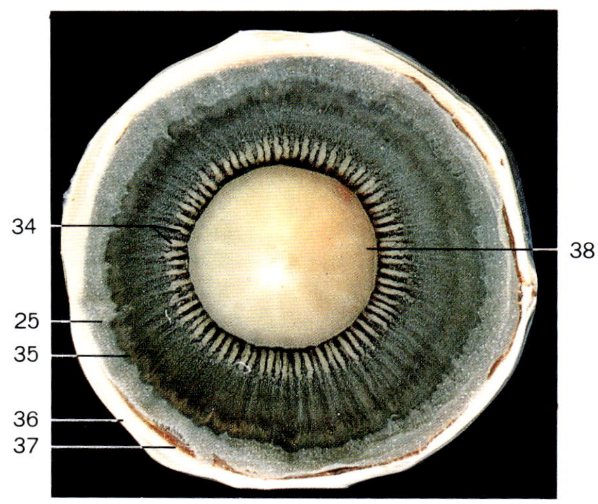

9.7 Vorderes Augensegment (Ansicht von hinten). Die Trübung der Linse ist durch die Fixation bedingt.

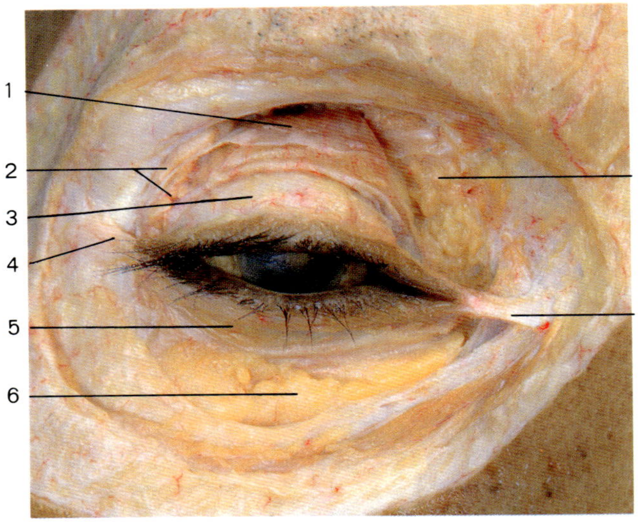

9.8A **Augenlider und Tränenapparat.** Präparation der Tränendrüse und der Lidbänder.

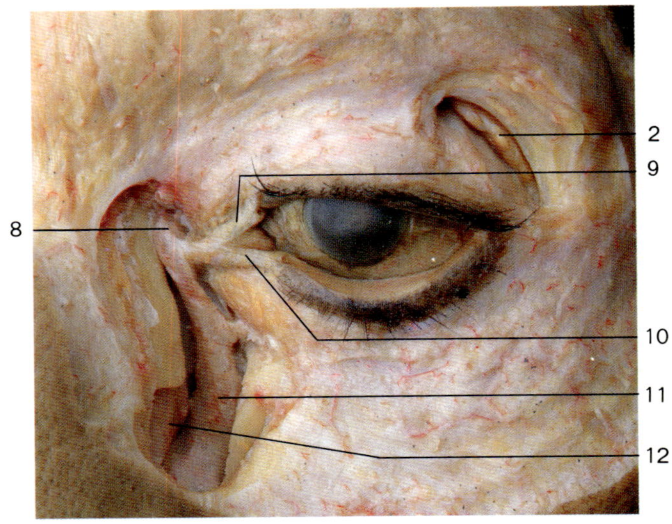

9.8B **Augenlider und Tränenapparat.** Präparation von Tränenkanälchen, Tränensack und Tränennasengang.

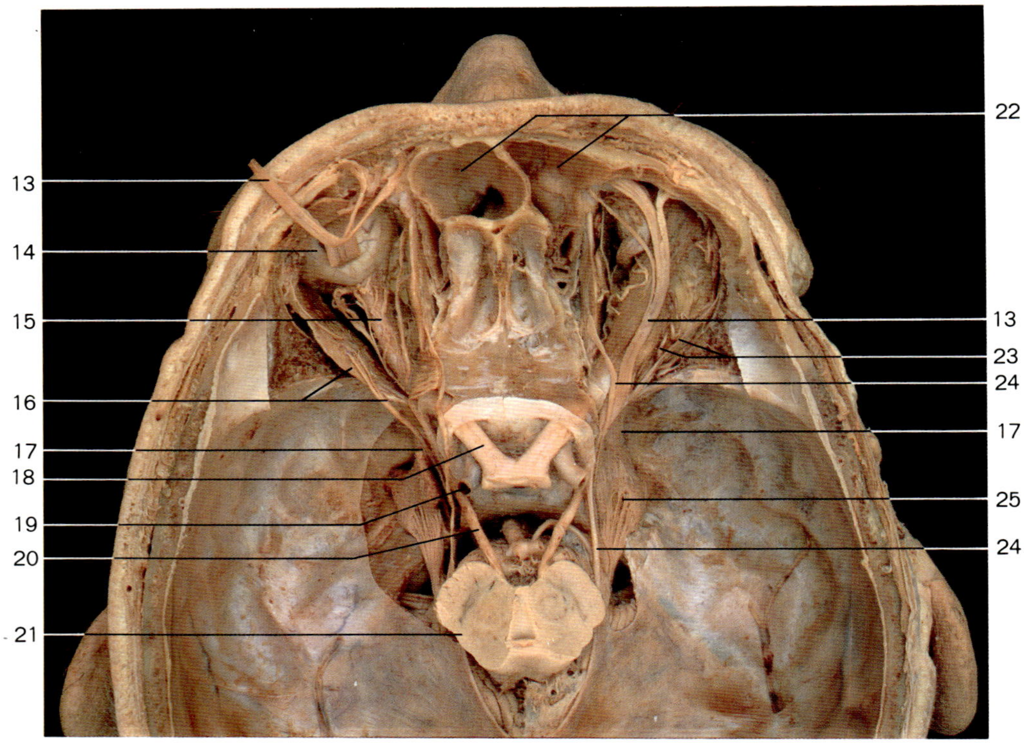

9.9 **Gefäße und Nerven der Augenhöhle.** Innervation der äußeren Augenmuskeln und des Augapfels. Das Ganglion ciliare befindet sich seitlich am Sehnerv. Es ist hier nicht sichtbar.

1 Oberlidheber (M. levator palpebrae superioris)
2 **Tränendrüse (Glandula lacrimalis)**
3 Obere Lidplatte (Tarsus superior)
4 Laterales Lidband (Ligamentum palpebrale laterale)
5 Untere Lidplatte (Tarsus inferior)
6 Fettkörper (Corpus adiposum orbitae)
7 **Mediales Lidband (Ligamentum palpebrale mediale)**
8 Tränensack (Saccus lacrimalis)
9 Oberes Tränenkanälchen (Canaliculus lacrimalis superior)
10 Unteres Tränenkanälchen (Canaliculus lacrimalis inferior)
11 **Tränennasengang (Ductus nasolacrimalis)**
12 Schleimhaut der Nase
13 **N. frontalis**
14 Augapfel (Bulbus oculi)
15 Kurze Ziliarnerven (Nn. ciliares breves)
16 N. abducens, M. rectus lateralis
17 Erster Trigeminusast (N. ophthalmicus)
18 **Sehnerv (N. opticus)**
19 A. carotis interna
20 **N. oculomotorius (N. III)**
21 Mittelhirn
22 Stirnhöhle (Sinus frontalis)
23 A. u. N. lacrimalis
24 N. trochlearis (N. IV)
25 **Trigeminusganglion (Ganglion trigeminale)**

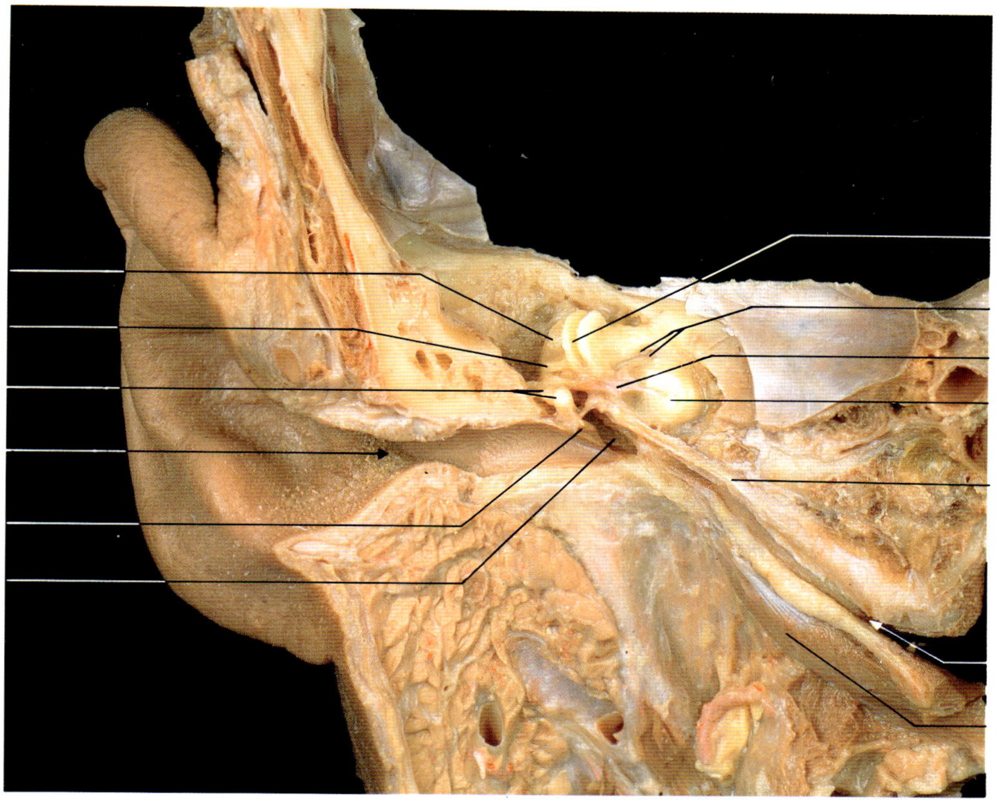

9.10 Längsschnitt durch den äußeren Gehörgang und das Mittelohr (rechte Seite, von vorn). Die Gehörknöchelchen sind zu erkennen; die Ohrtrompete wurde der Länge nach durchtrennt.

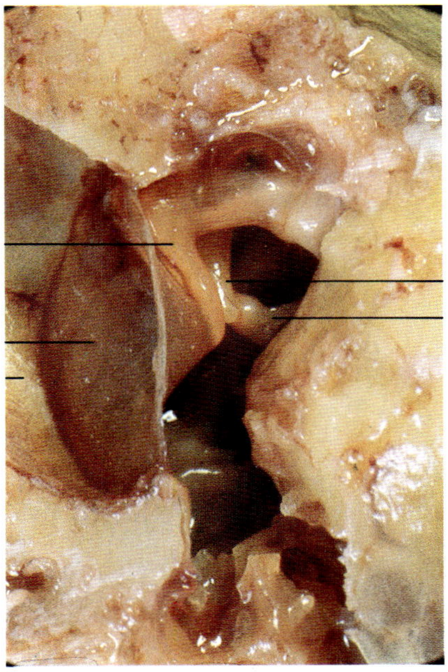

9.11 Trommelfell und Gehörknöchelchen.

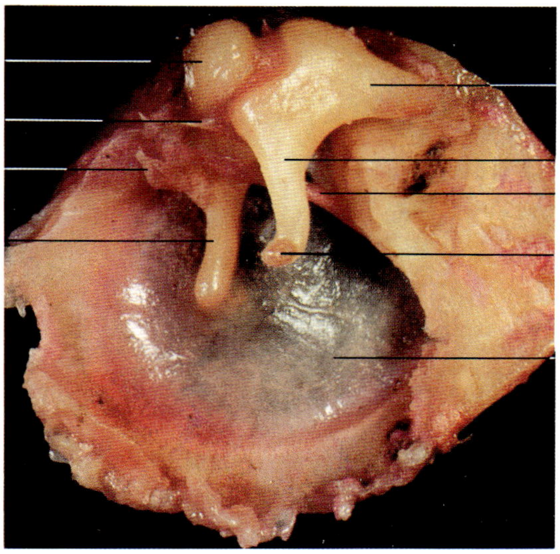

9.12 Trommelfell mit Hammer und Amboß (Ansicht von innen).

1 Hinterer Bogengang (Canalis semicircularis posterior)
2 Seitlicher Bogengang (Canalis semicircularis lateralis)
3 Hammer und Amboß
4 **Äußerer Gehörgang (Meatus acusticus externus)**
5 **Trommelfell (Membrana tympani)**
6 Paukenhöhle (Cavum tympani)
7 Vorderer Bogengang (Canalis semicircularis anterior)
8 N. vestibulocochlearis (N. VIII)
9 Ganglion geniculi
10 **Schnecke (Cochlea)**
11 M. tensor tympani
12 **Ohrtrompete (Tuba auditiva)**
13 Gaumenheber (M. levator veli palatini)
14 **Hammer (Malleus)**
15 **Amboß (Incus)**
16 **Steigbügel (Stapes)**
17 Hammerkopf (Caput mallei)
18 Vorderes Hammerband
19 Sehne des M. tensor tympani
20 Hammerstiel (Manubrium mallei)
21 Kurzer Fortsatz des Amboß
22 Langer Fortsatz des Amboß
23 Chorda tympani
24 Processus lenticularis

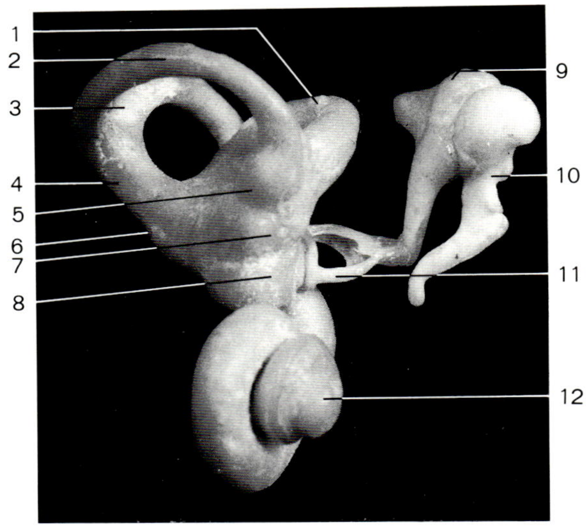

9.13 **Gehörknöchelchenkette mit Innenohr (Ausgußpräparat)** (linke Seite, schräg von vorne gesehen).

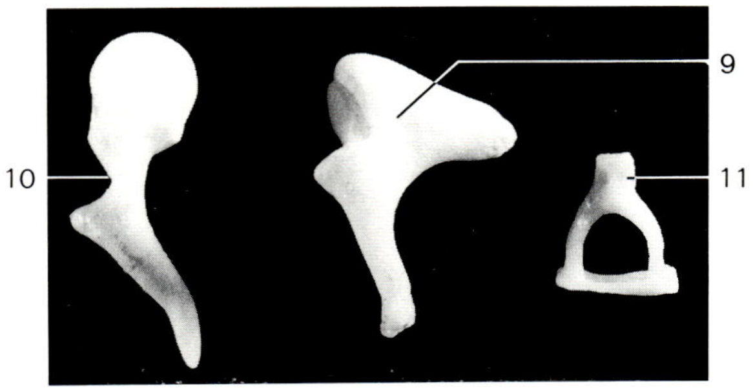

9.14 **Gehörknöchelchen** (isoliert).

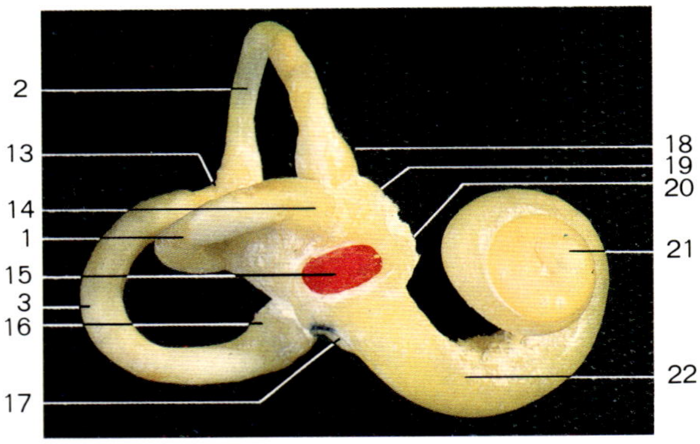

9.15 **Ausgußpräparat des rechten Labyrinthorgans** (von lateral)

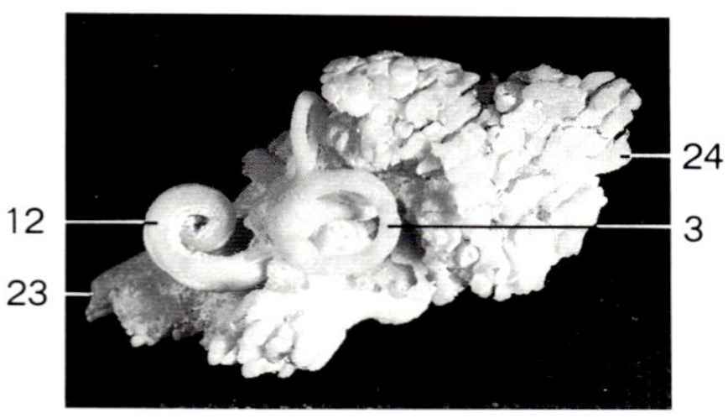

9.16 **Labyrinthorgan und Cellulae mastoideae** (Ausgußpräparat, von hinten, natürliche Größe).

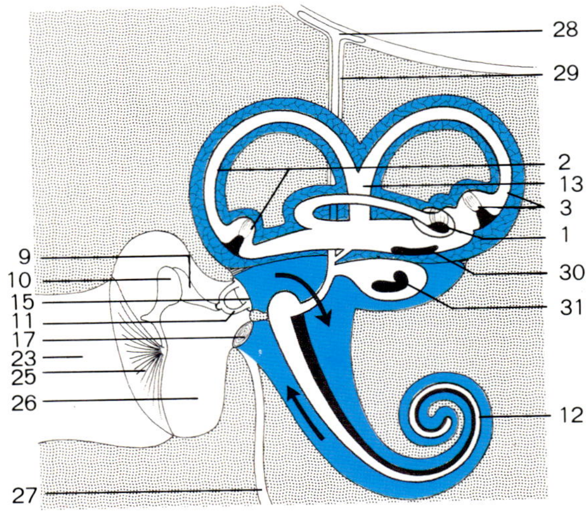

9.17 **Gehör- und Gleichgewichtsorgan** (Schemazeichnung). Die Pfeile zeigen die Richtung der Schallwellenbewegung an. Blau = Perilymphräume.

1 **Seitlicher Bogengang** (Canalis semicircularis lateralis)
2 **Vorderer Bogengang** (Canalis semicircularis anterior)
3 **Hinterer Bogengang** (Canalis semicircularis posterior)
4 Gemeinsamer Schenkel (Crus commune)
5 Ampulle (Ampulla ossea anterior)
6 Aquaeductus vestibuli (Anfangsteil)
7 Utriculus
8 Sacculus
9 **Amboß (Incus)**
10 **Hammer (Malleus)**
11 **Steigbügel (Stapes)**
12 **Schnecke (Cochlea)**
13 Gemeinsamer Schenkel (Crus commune)
14 Ampulle des seitlichen Bogenganges (Ampulla lateralis)
15 **Ovales Fenster für den Steigbügel (Fenestra vestibuli)**
16 Ampulle des hinteren Bogenganges (Ampulla posterior)
17 **Rundes Fenster (Fenestra cochleae)**
18 Ampulle des vorderen Bogenganges (Ampulla anterior)
19 Recessus ellipticus
20 Recessus sphaericus
21 Schneckenspitze (Cupula cochleae)
22 Schneckenbasis (Basis cochleae)
23 Äußerer Gehörgang (Meatus acusticus externus)
24 Cellulae mastoideae
25 Trommelfell (Membrana tympani)
26 Paukenhöhle (Cavum tympani)
27 Aquaeductus cochleae
28 Saccus endolymphaticus
29 Ductus endolymphaticus
30 Macula utriculi
31 Macula sacculi

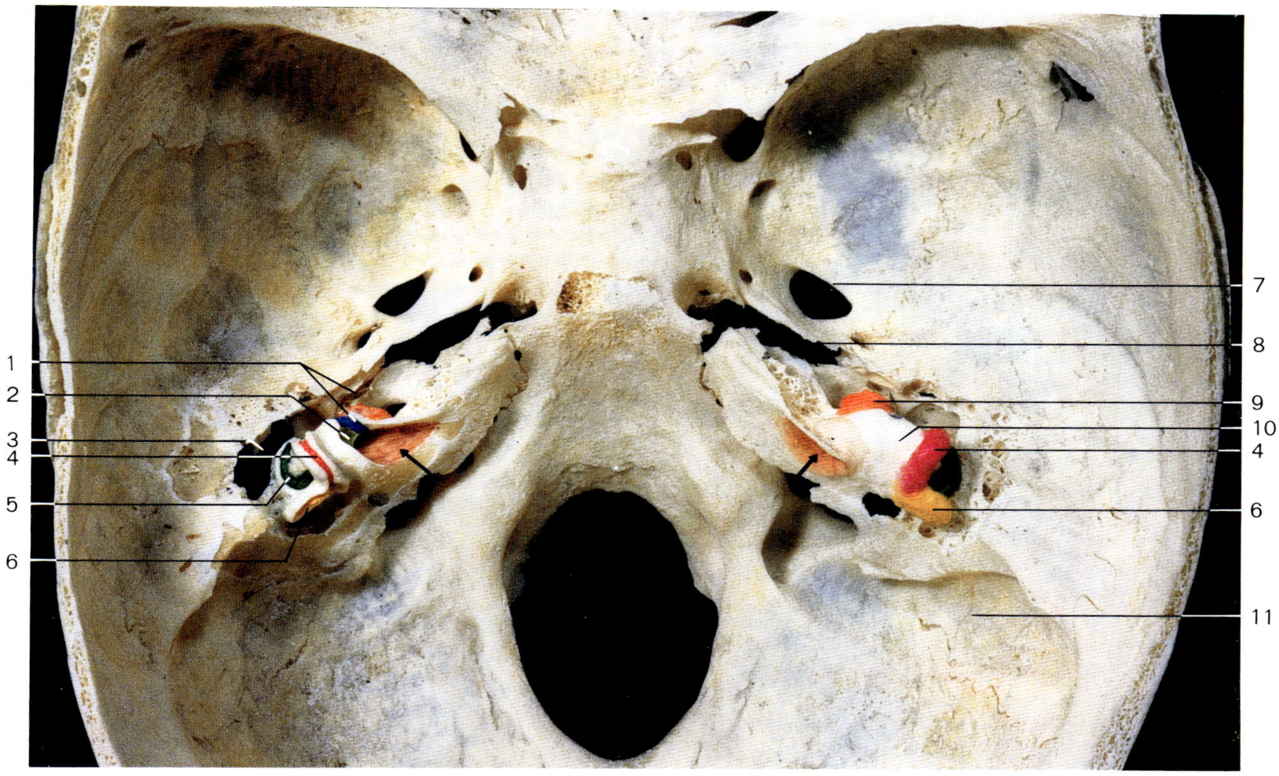

9.18 Knöchernes Labyrinth, Pars petrosa des Schläfenbeins (von oben). Auf der linken Seite wurden die Bogengänge aufgemeißelt. Pfeile = innerer Gehörgang (Meatus acusticus internus).

1 Canalis facialis (blau), Semicanalis tubae auditivae
2 Area vestibularis superior
3 **Paukenhöhle (Cavum tympani)**
4 **Vorderer Bogengang (Canalis semicircularis anterior)** (rot)
5 **Seitlicher Bogengang (Canalis semicircularis lateralis)** (grün)
6 **Hinterer Bogengang (Canalis semicircularis posterior)** (gelb)
7 Ovales Loch (Foramen ovale)
8 Zerrissenes Loch (Foramen lacerum)
9 **Schnecke (Cochlea)** (orange)
10 Vestibulum
11 Rinne (Sulcus) für den Sinus sigmoideus
12 Vordere Zentralwindung (Gyrus praecentralis)
13 **Hörstrahlung (Radiatio acustica)**
14 **Seitlicher Kniehöcker (Corpus geniculatum laterale)**
15 Sehstrang (Tractus opticus), Sehnervenkreuzung (Chiasma opticum)
16 Rechter und linker Sehnerv (N. opticus)
17 N. oculomotorius (N. III)
18 Hintere Zentralwindung (Gyrus postcentralis)
19 **Sehstrahlung (Radiatio optica)**
20 **Innerer Kniehöcker (Corpus geniculatum mediale)**
21 Vierhügelplatte (Lamina tecti)
22 N. trigeminus (N. V)
23 Pars cochlearis des N. vestibulocochlearis
24 Pyramidenbahn (Tractus pyramidalis)

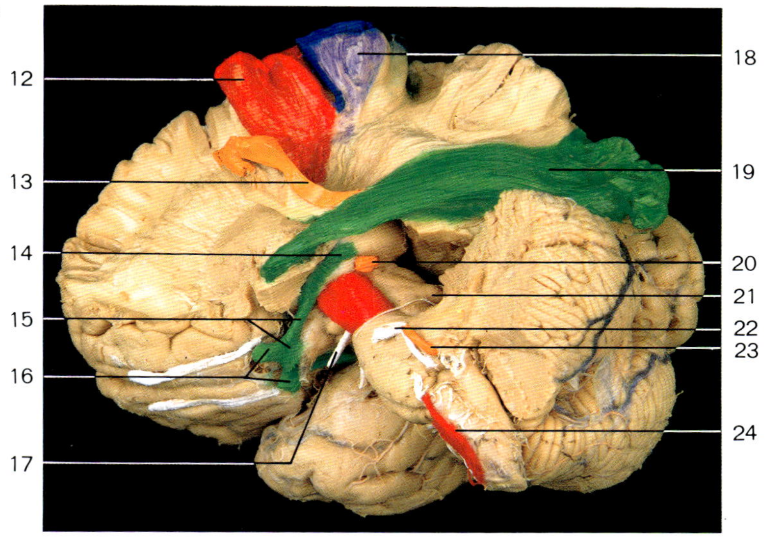

9.19 Seh- und Hörbahn (von links unten). Grün = Sehbahn; orange = Hörbahn; rot = Pyramidenbahn.

10. Atmungs- und Verdauungsorgane im Bereich von Kopf und Hals

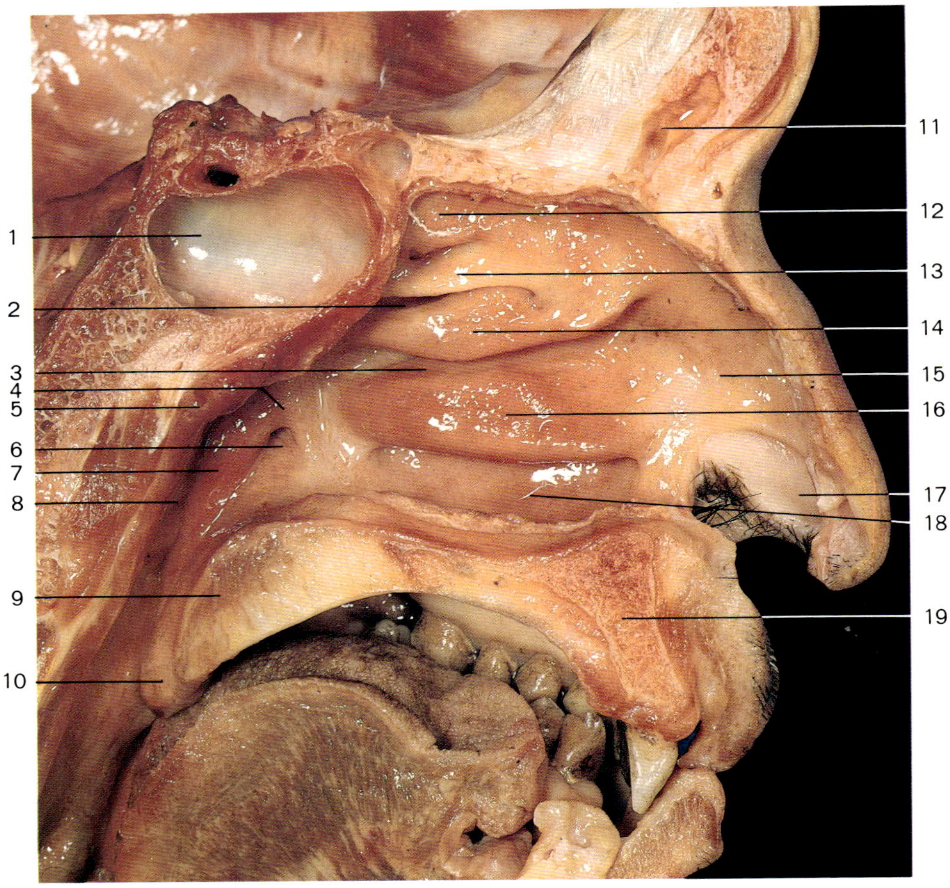

10.1 Seitliche Wand der Nasenhöhle. Das Nasenseptum wurde entfernt.

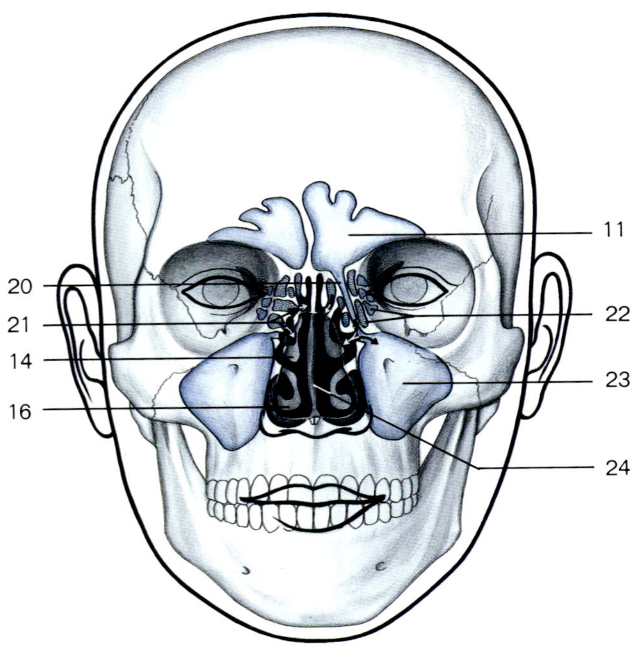

10.2 Nebenhöhlen der Nase und ihre Verbindungen (Pfeile) mit der Nasenhöhle (Schemazeichnung).

1 **Keilbeinhöhle (Sinus sphenoidalis)**
2 Oberer Nasengang (Meatus nasi superior)
3 Mittlerer Nasengang (Meatus nasi medius)
4 Tubenwulst (Torus tubarius)
5 **Rachenmandel (Tonsilla pharyngea)**
6 Öffnung der Ohrtrompete zum Rachen (Ostium pharyngeum tubae auditivae)
7 Plica salpingopharyngea
8 Recessus pharyngeus
9 **Weicher Gaumen (Palatum molle)**
10 **Zäpfchen (Uvula)**
11 **Stirnhöhle (Sinus frontalis)**
12 Recessus sphenoethmoidalis
13 **Obere Nasenmuschel (Concha nasalis superior)**
14 **Mittlere Nasenmuschel (Concha nasalis media)**
15 Atrium meatus nasi
16 **Untere Nasenmuschel (Concha nasalis inferior)**
17 Nasenvorhof (Vestibulum nasi)
18 Unterer Nasengang (Meatus nasi inferior)
19 **Harter Gaumen (Palatum durum)**
20 Zugang zur Stirnhöhle (Ductus nasofrontalis)
21 Zugänge zu den Siebbeinzellen (Cellulae ethmoidales)
22 **Siebbeinzellen (Cellulae ethmoidales)**
23 **Kieferhöhle (Sinus maxillaris)**
24 Nasenscheidewand (Septum nasi)

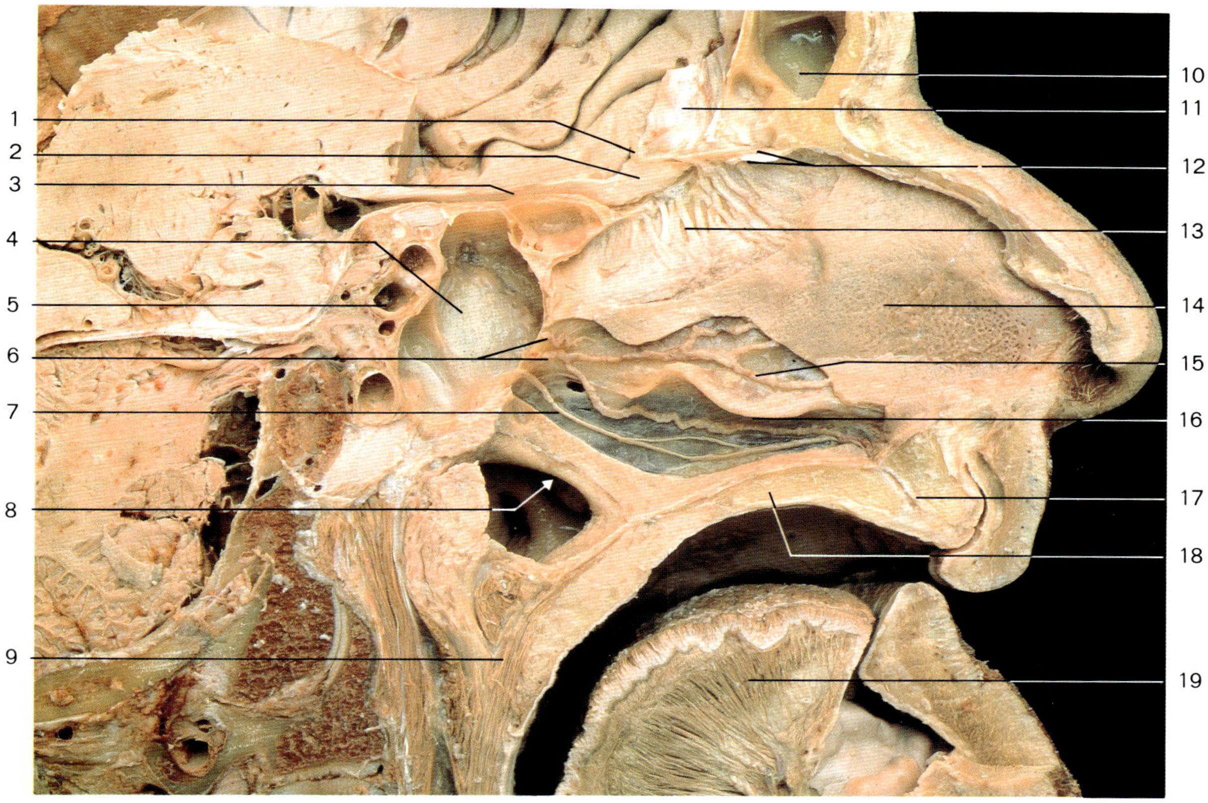

10.3 Nasenscheidewand (Septum nasi). Präparation von Nerven und Gefäßen.

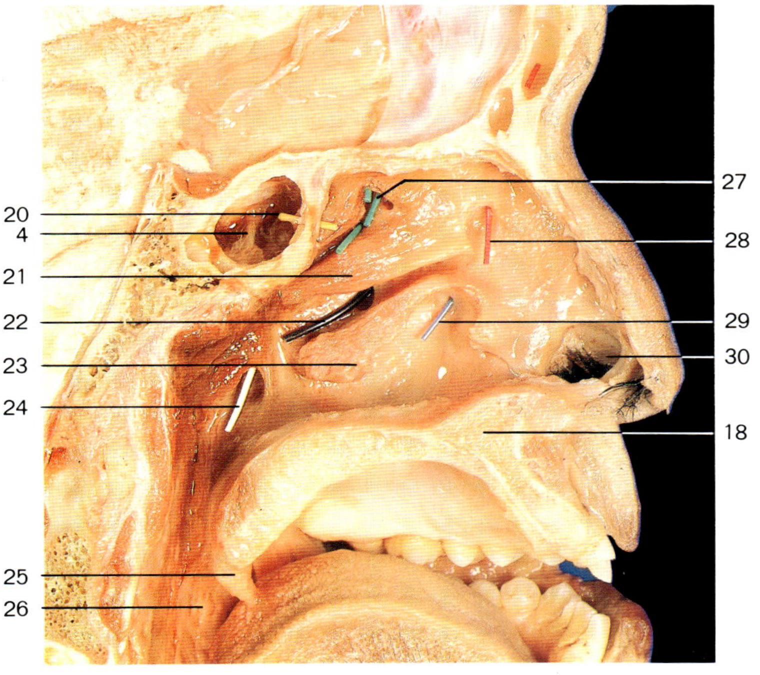

10.4 Seitenwand der Nasenhöhle. Untere und mittlere Nasenmuschel wurden teilweise entfernt, um die Zugänge zu den Nasennebenhöhlen (Sonden) zu zeigen.

1 Vordere Siebbeinarterie (A. ethmoidalis anterior)
2 Riechkolben (Bulbus olfactorius)
3 Riechstrang (Tractus olfactorius)
4 **Keilbeinhöhle (Sinus sphenoidalis)**
5 Innere Halsschlagader (A. carotis interna)
6 Hintere Nasenscheidewandarterien (Aa. nasales posteriores laterales et septi)
7 **Nasenscheidewandnerv (N. nasopalatinus)**
8 Hintere Nasenöffnung (Choana)
9 Weicher Gaumen (Palatum molle)
10 **Stirnhöhle (Sinus frontalis)**
11 Knochenkamm des Siebbeins (Crista galli des Os ethmoidale)
12 Ramus nasalis von A. u. N. ethmoidalis anterior
13 **Riechnerven (Nn. olfactorii)**
14 Nasenscheidewand (Septum nasi)
15 Scheidewandarterie (A. nasalis septi)
16 Sporn des Nasenseptums
17 **Canalis incisivus**
18 Harter Gaumen (Palatum durum)
19 Zunge (Lingua)
20 Zugang zur Keilbeinhöhle (Apertura sinus sphenoidalis)
21 Mittlere Nasenmuschel (Concha nasalis media)
22 **Zugang zur Kieferhöhle (Hiatus semilunaris)**
23 Untere Nasenmuschel (Concha nasalis inferior)
24 **Öffnung der Ohrtrompete zum Rachen (Ostium pharyngeum tubae auditivae)**
25 Zäpfchen (Uvula)
26 Gaumenmandel (Tonsilla palatina)
27 Zugänge zu den Siebbeinzellen (Cellulae ethmoidales)
28 **Zugang zur Stirnhöhle (Ductus nasofrontalis)**
29 **Mündung des Tränennasenganges (Ductus nasolacrimalis)**
30 Nasenvorhof (Vestibulum nasi)

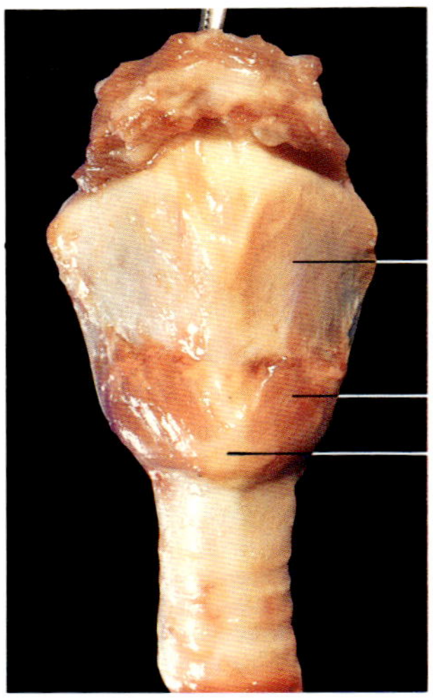

10.5 Kehlkopf (von vorne).

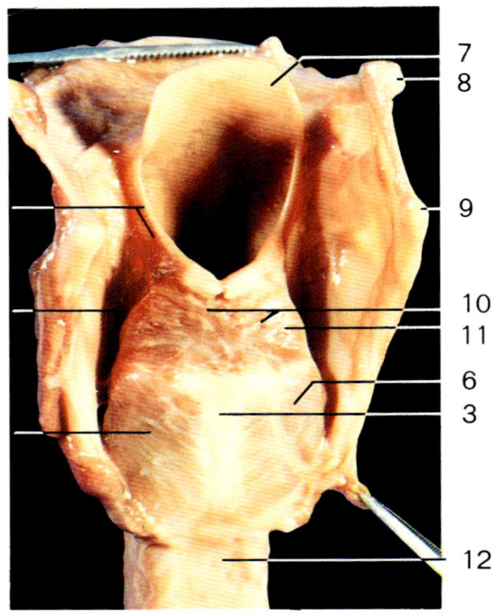

10.6 Kehlkopfmuskeln (von hinten).

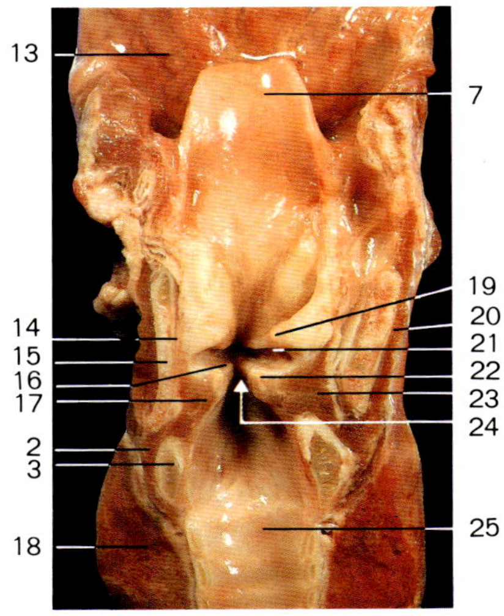

10.7 Frontalschnitt durch den Kehlkopf (Larynx) (von hinten).

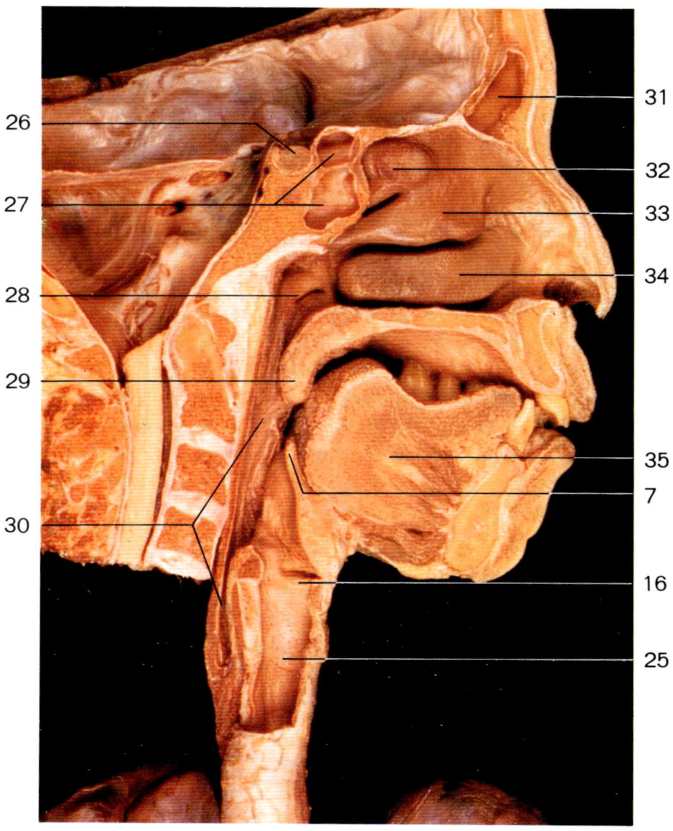

10.8 Medianschnitt durch Nasenhöhle (Cavum nasi) und Kehlkopf (Larynx).

1 **Schildknorpelplatte** (Lamina cartilaginis thyroideae)
2 M. cricothyroideus
3 **Ringknorpel (Cartilago cricoidea)**
4 Plica aryepiglottica, M. aryepiglotticus
5 **Recessus piriformis**
6 M. cricoarytaenoideus posterior
7 **Kehldeckel (Epiglottis)**
8 Großes Zungenbeinhorn (Cornu majus des Os hyoideum)
9 Oberes Horn des Schildknorpels (Cornu superius der Cartilago thyroidea)
10 Schräger Stellknorpelmuskel (M. arytaenoideus obliquus)
11 Querer Stellknorpelmuskel (M. arytaenoideus transversus)
12 Hinterwand der Luftröhre (Paries membranaceus tracheae)
13 Zungenwurzel (Radix linguae)
14 M. aryepiglotticus
15 Schildknorpel (Cartilago thyroidea)
16 **Stimmfalte (Plica vocalis)**
17 **Stimmuskel (M. vocalis)**
18 Schilddrüse (Glandula thyroidea)
19 **Taschenfalte (Plica vestibularis)**
20 Schildknorpel-Zungenbein-Muskel (M. thyrohyoideus)
21 **Kehlkopfkammer (Ventriculus laryngis)**
22 Stimmband (Ligamentum vocale)
23 M. cricoarytaenoideus lateralis
24 **Stimmritze (Rima glottidis)**
25 Luftröhre (Trachea)
26 Hypophyse (Glandula pituitaria)
27 Keilbeinhöhle (Sinus sphenoidalis)
28 Öffnung der Ohrtrompete zum Rachen (Ostium pharyngeum tubae auditivae)
29 Weicher Gaumen (Palatum molle)
30 Mittlerer und unterer Rachenraum (Pars oralis u. Pars laryngea des Pharynx)
31 Stirnhöhle (Sinus frontalis)
32 Obere Nasenmuschel (Concha nasalis superior)
33 Mittlere Nasenmuschel (Concha nasalis media)
34 Untere Nasenmuschel (Concha nasalis inferior)
35 Zunge (Lingua)

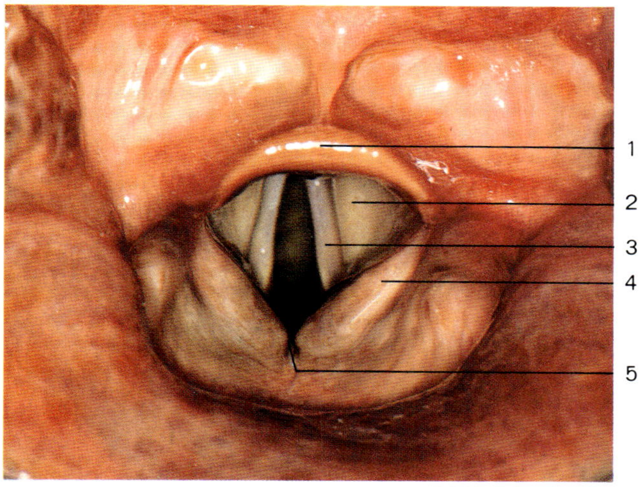

10.9 Kehlkopf in vivo. Einblick in das Kehlkopfinnere von oben (Kehlkopfspiegelbild).

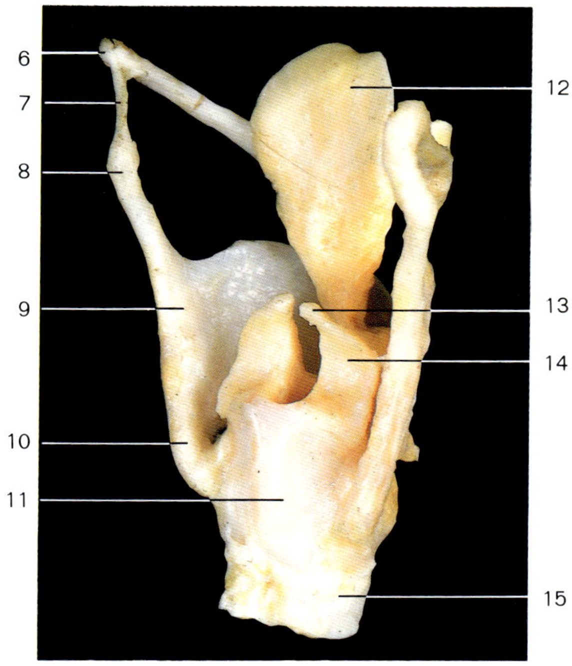

10.10 Kehlkopfknorpel (schräg von rechts-hinten).

1 Kehldeckel (Epiglottis)
2 **Taschenfalte (Plica vestibularis)**
3 **Stimmfalte (Plica vocalis)**
4 Plica aryepiglottica
5 Incisura interarytaenoidea
6 Großes Zungenbeinhorn (Cornu majus des Os hyoideum)
7 Schildknorpel-Zungenbein-Band (Ligamentum thyrohyoideum)
8 Cornu superius der Cartilago thyroidea
9 **Schildknorpel (Cartilago thyroidea)**
10 Cornu inferius der Cartilago thyroidea
11 **Ringknorpel (Cartilago cricoidea)**
12 **Kehldeckel (Epiglottis)**
13 Cartilago corniculata
14 **Stellknorpel (Cartilago arytaenoidea)**
15 Luftröhre (Trachea)
16 M. arytaenoideus transversus
17 **M. cricoarytaenoideus posterior ("Posticus")**
18 Luftröhrenhinterwand
19 Schildknorpelplatte
20 Stimmband (Lig. vocale)
21 **M. cricoarytaenoideus lateralis**
22 Gelenkfläche für den Schildknorpel
23 Luftröhrenknorpel
24 Membrana thyrohyoidea
25 M. arytaenoideus obliquus
26 Lamina cartilaginis cricoidea
27 Stimmritze und Stimmband
28 **Stimmuskel (M. vocalis)**
29 Ringknorpel-Stellknorpel-Gelenk (Articulatio cricoarytaenoidea)
30 Ringknorpelbogen (Arcus der Cartilago cricoidea)

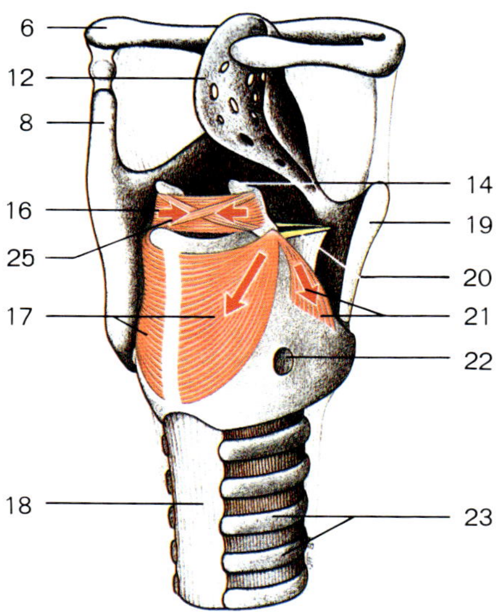

10.11 Lage der inneren Kehlkopfmuskeln (Schemazeichnung). Pfeile = Hauptzugrichtungen der Muskeln.

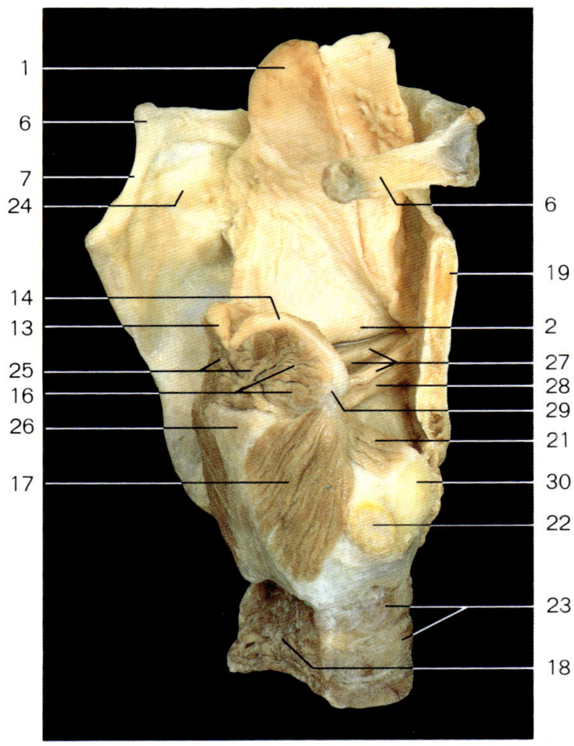

10.12 Innere Kehlkopfmuskeln (von rechts hinten). Die rechte Hälfte des Schildknorpels wurde entfernt (vgl. Abb. 10.11).

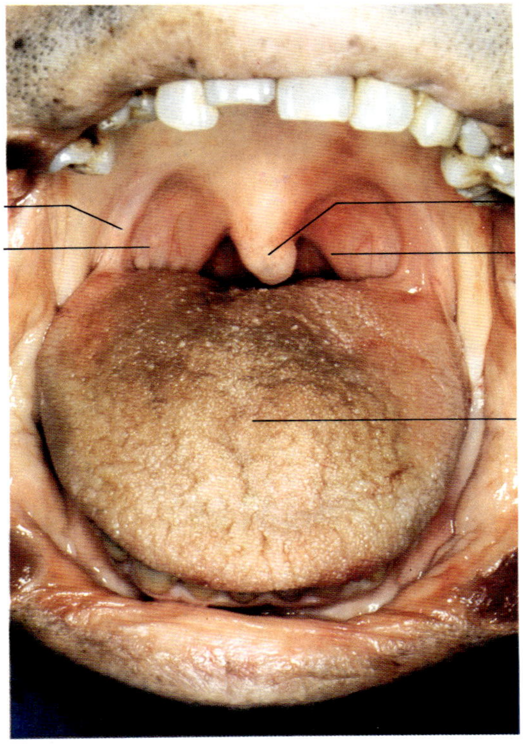

10.13 **Mundhöhle** (Cavum oris) (von vorne).

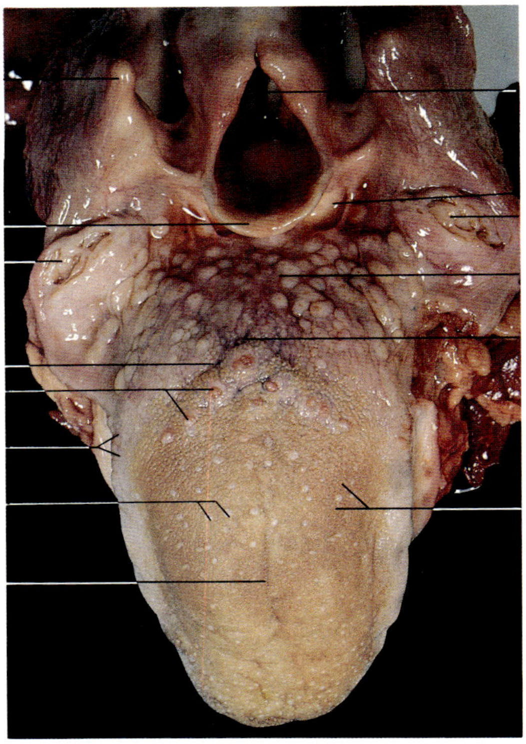

10.14 **Zungenrücken und Kehlkopfeingang** (isoliert, von vorne).

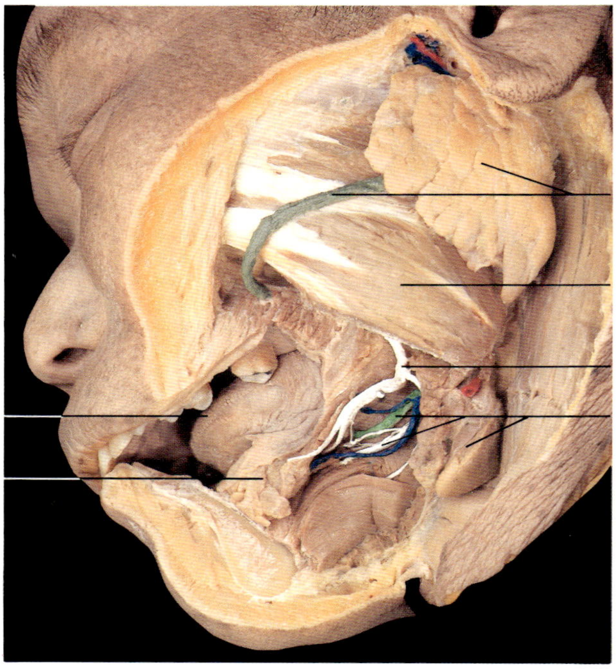

10.15 **Lage der großen Speicheldrüsen** (von links lateral). Die seitliche Mundhöhlenwandung sowie der Unterkiefer wurden entfernt. Grün = Ausführungsgänge; weiß = Nerven.

1 Vorderer Gaumenbogen (Arcus palatoglossus)
2 **Gaumenmandel (Tonsilla palatina)**
3 **Zäpfchen (Uvula)**
4 Hinterer Gaumenbogen (Arcus palatopharyngeus)
5 Zunge (Lingua)
6 Großes Zungenbeinhorn (Cornu majus des Os hyoideum)
7 Kehldeckel (Epiglottis)
8 Grenzfurche (Sulcus terminalis)
9 **Wallpapille (Papilla vallata)**
10 **Blattpapillen (Papillae foliatae)**
11 Pilzförmige Papillen (Papillae fungiformes)
12 Mittlere Längsfurche (Sulcus medianus linguae)
13 Stimmritze (Rima glottidis)
14 Ausbuchtungen des Mundbodens (Valleculae epiglotticae)
15 **Zungenwurzel (Radix linguae)**, Zungenmandel (Tonsilla lingualis)
16 Blindes Loch des Zungengrundes (Foramen caecum)
17 Fadenpapillen (Papillae filiformes)
18 **Unterzungendrüse (Glandula sublingualis)**
19 **Ohrspeicheldrüse** mit Ausführungsgang (**Glandula parotis**, Ductus parotideus)
20 M. masseter
21 Zungennerv (N. lingualis)
22 **Unterkieferdrüse** mit Ausführungsgang (**Glandula submandibularis**. Ductus submandibularis), N. hypoglossus

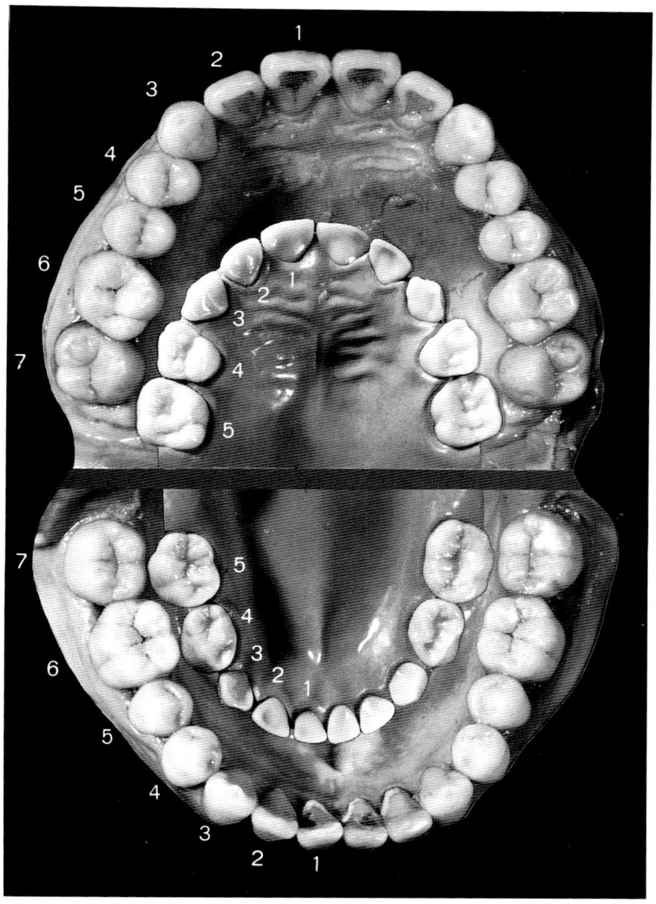

10.16 Vergleich des kindlichen und erwachsenen Gebisses. Man beachte, daß der kindliche Zahnbogen etwa die gleiche Größe und Form hat wie der entsprechende Abschnitt des erwachsenen Gebisses. Oben = Oberkiefer, unten = Unterkiefer.

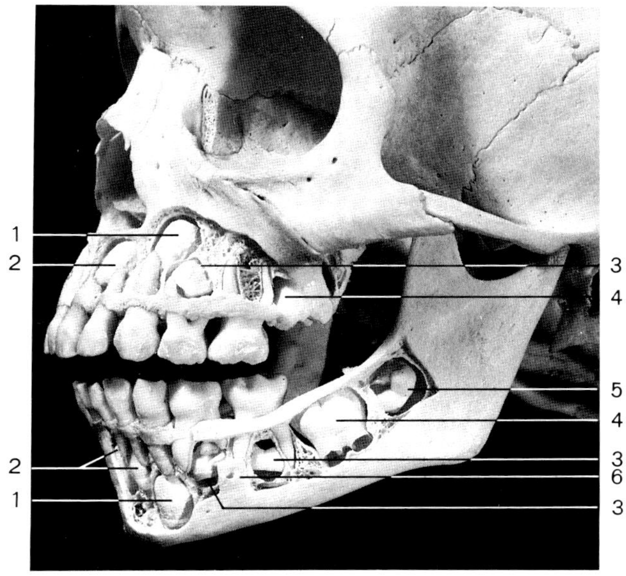

10.17 Milchzahngebiß, kindlicher Schädel. Die Anlagen der bleibenden Zähne (2. Dentition) wurden herauspräpariert.

1 Anlagen der bleibenden Eckzähne (Dentes canini)
2 Anlagen der bleibenden Schneidezähne (Dentes incisivi)
3 Anlagen der bleibenden Backenzähne (Dentes praemolares)
4 Erster bleibender Mahlzahn (Dens molaris)
5 Zweiter bleibender Mahlzahn (Dens molaris)
6 Kinnloch (Foramen mentale) im Unterkiefer

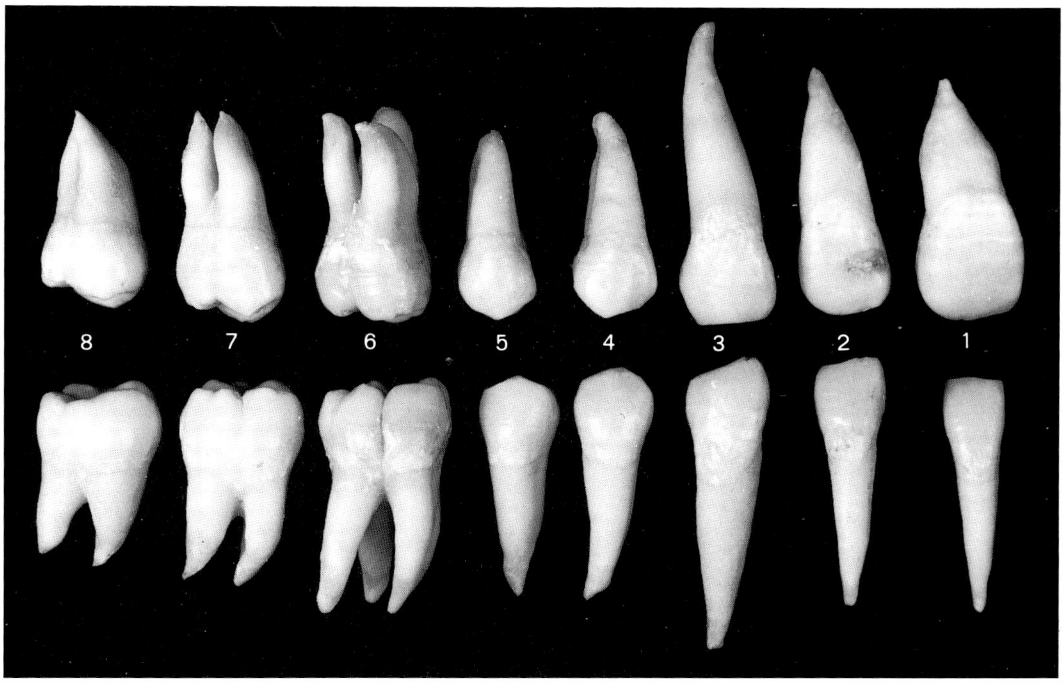

1, 2 Schneidezähne
3 Eckzahn
4, 5 Backenzähne
6, 7, 8 Mahlzähne

10.18 Isolierte Zähne der rechten Gebißhälfte (von bukkal). Oben = Oberkieferzähne, unten = Unterkieferzähne. Die Zähne entsprechen der Zahnformel.

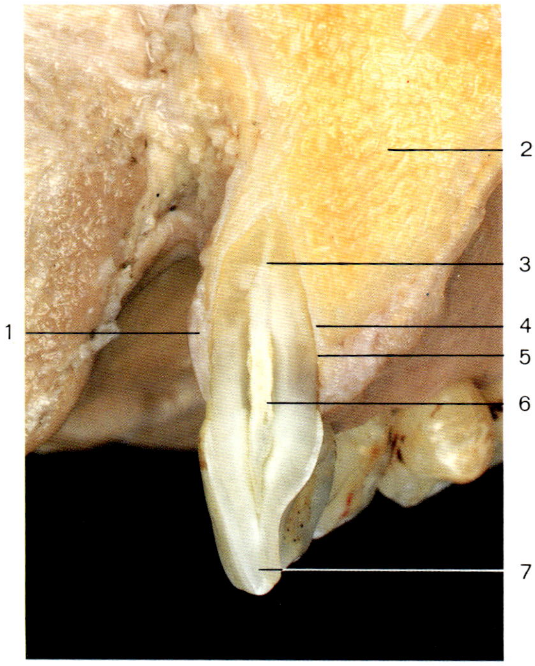

10.19 Längsschnitt durch einen Schneidezahn.

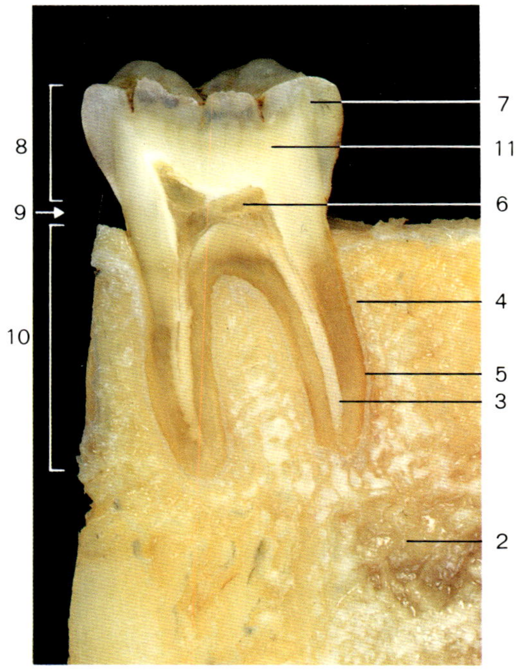

10.20 Längsschnitt durch einen Mahlzahn.

1 Zahnfleisch (Gingiva)
2 Alveolar-Fortsatz des Oberkiefers (Processus alveolaris)
3 Wurzelkanal (Canalis radicis dentis)
4 Knöcherne Alveolenwand
5 Zahnzement (Cementum)
6 Pulpahöhle des Zahnes (Cavitas pulparis)
7 Zahnschmelz (Enamelum, Substantia adamantina)
8 Zahnkrone (Corona dentis)
9 Zahnhals (Collum dentis)
10 Zahnwurzel (Radix dentis)
11 Zahnbein (Dentinum)

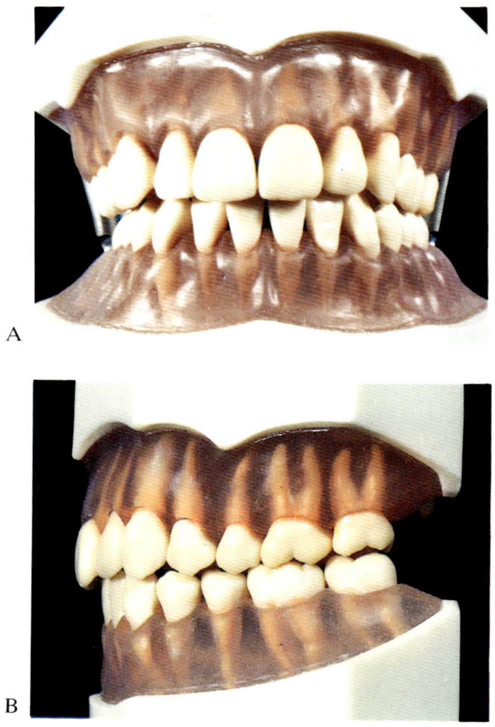

10.21 Okklusionsmodelle des menschlichen Gebisses (A = von vorne, B = von der Seite). Man beachte die Lage der Zahnwurzeln und die Stellung der Zähne zueinander.

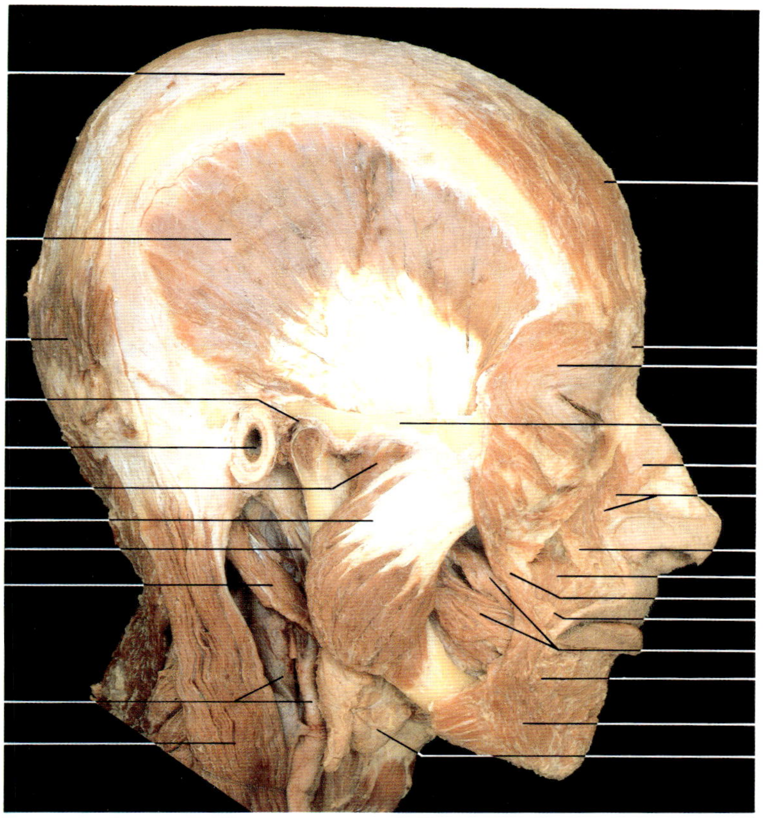

10.22 Kaumuskulatur I. Schläfenmuskel und Masseter. Die beiden Faszien des Schläfenmuskels wurden entfernt, das Kiefergelenk wurde eröffnet und der Jochbogen dargestellt.

1 Sehnenhaube des Kopfes (Galea aponeurotica)
2 **Schläfenmuskel (M. temporalis)**
3 Hinterhauptabschnitt des M. occipitofrontalis
4 **Kiefergelenk (Articulatio temporomandibularis)**
5 Äußerer Gehörgang (Meatus acusticus externus)
6 Tiefer Anteil des M. masseter
7 Oberflächlicher Anteil des **M. masseter**
8 M. stylohyoideus
9 Hinterer Bauch des M. digastricus
10 Innere Drosselvene (V. jugularis interna), äußere Halsschlagader (A. carotis externa)
11 Kopfwender (M. sternocleidomastoideus)
12 Stirnabschnitt des M. occipitofrontalis
13 Augenbrauenherabzieher (M. depressor supercilii)
14 **Ringmuskel des Auges (M. orbicularis oculi)**
15 Querer Anteil des Nasenmuskels (M. nasalis)
16 Nasenflügel- und Lippenheber (M. levator labii superioris alaeque nasi)
17 Oberlippenheber (M. levator labii superioris)
18 Mundwinkelheber (M. levator anguli oris)
19 Großer Jochbeinmuskel (M. zygomaticus major)
20 **Ringmuskel des Mundes (M. orbicularis oris)**
21 **Wangenmuskel (M. buccinator)**
22 Herabzieher der Unterlippe (M. levator labii inferioris)
23 Herabzieher des Mundwinkels (M. levator anguli oris)
24 Unterkieferdrüse (Glandula submandibularis)
25 Jochbogen (Arcus zygomaticus)
26 Gelenkkapsel des Kiefergelenks (Capsula articularis)
27 **Seitlicher Flügelmuskel (M. pterygoideus lateralis)**
28 **Innerer Flügelmuskel (M. pterygoideus medialis)**
29 M. styloglossus
30 M. masseter (durchtrennt)
31 Unterkiefer (Mandibula)
32 Hautmuskel des Halses (Platysma)
33 Gelenkkopf des Unterkiefers (Caput mandibulae)
34 Mundbodenmuskel (M. mylohyoideus)

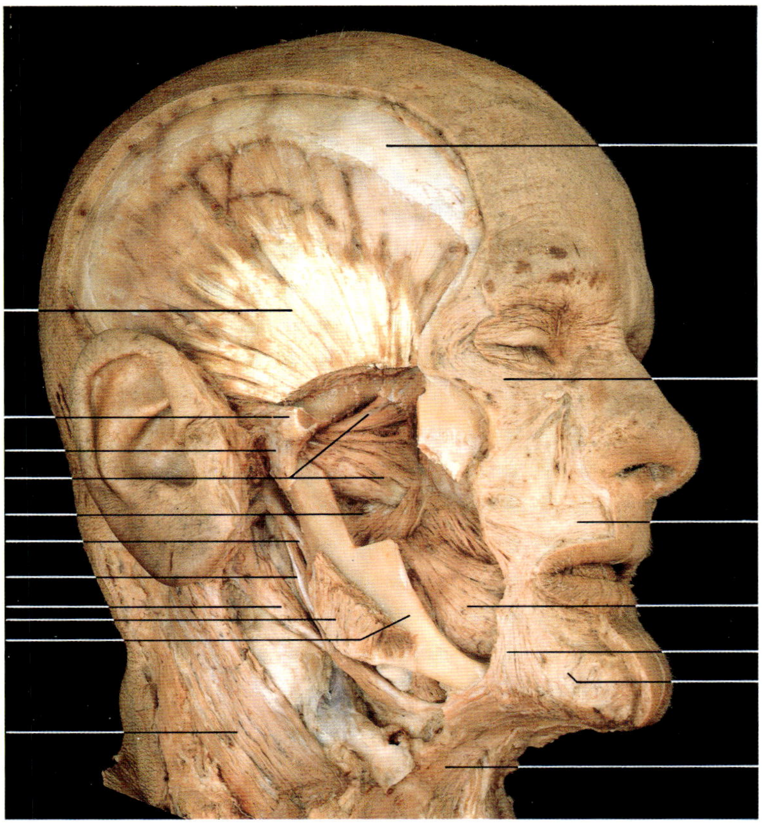

10.23 Kaumuskulatur II. Innerer und äußerer Flügelmuskel. Unterkiefer und Jochbogen wurden teilweise entfernt, um die Flügelmuskeln zu zeigen.

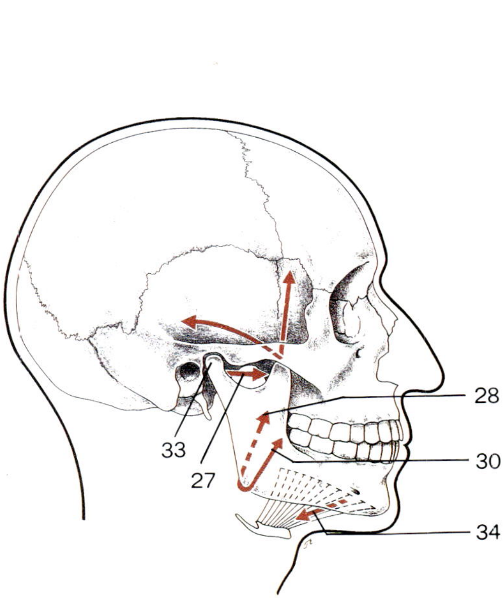

10.24 Bewegungsrichtungen der Kaumuskulatur (Pfeile) (Schemazeichnung).

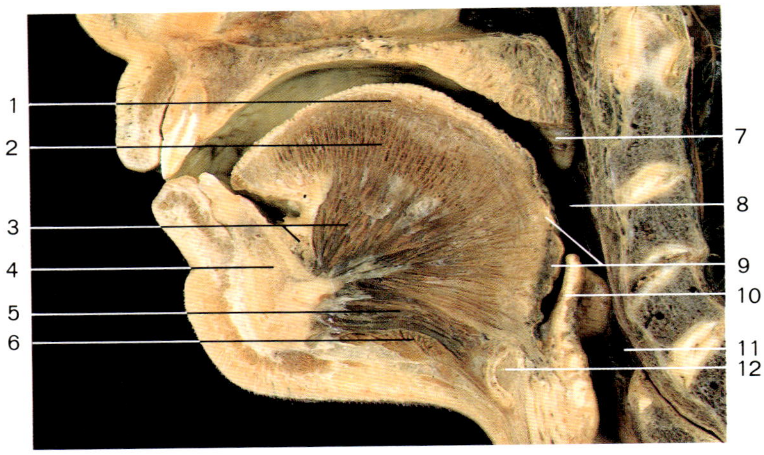

10.25 Medianschnitt durch die Mundhöhle. Man beachte besonders die Form und Lage der Zunge.

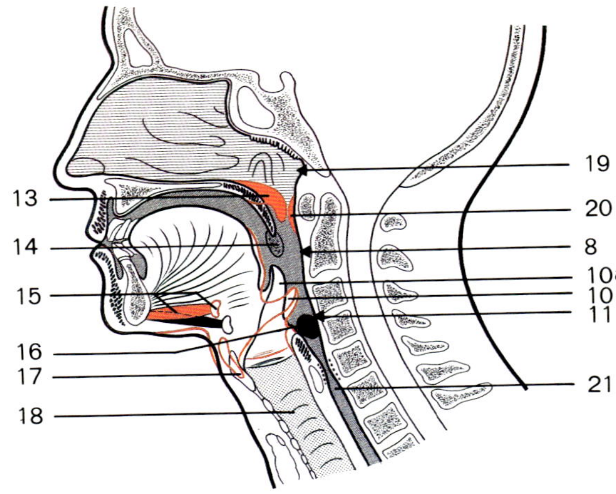

10.26 Schluckakt (Schemazeichnung). Der Schluckakt vollzieht sich in drei Phasen: 1. **Vorbereitungsphase.** Die Lippen werden geschlossen und das Gaumensegel (13) angehoben (Abschluß der Mundhöhle). Durch Kontraktion des M. mylohyoideus (15) werden Zungenbein und Kehlkopf nach vorne-oben gezogen; 2. **Bukkopharyngeale Phase.** Die Zungenwurzel wird wie ein Spritzenstempel ruckartig nach hinten gezogen und der Bissen (Bolus, 16) durch das Gaumentor in den Schlund gestoßen; 3. **Ösophageale Phase.** Der Ösophagusmund (21) erschlafft und leitet Kontraktionswellen der Speiseröhre ein, durch die der Bissen in den Magen befördert wird.

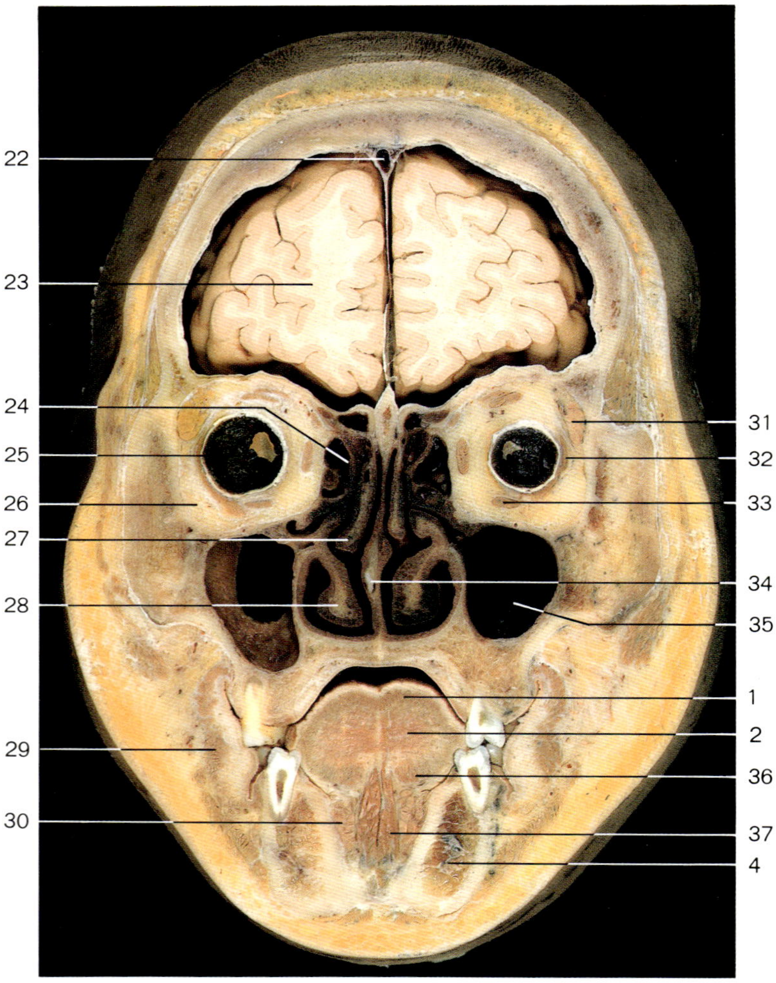

10.27 Frontalschnitt durch den Kopf. Etagengliederung der Kopfhöhlen. Man beachte besonders die Lage der Kiefer-, Nasen- und Mundhöhle.

1 M. longitudinalis superior der Zunge
2 M. transversus u. M. verticalis der Zunge
3 M. genioglossus, Unterzungendrüse (Glandula sublingualis)
4 Unterkiefer (Mandibula)
5 M. geniohyoideus
6 M. mylohyoideus
7 Zäpfchen (Uvula)
8 Mittlerer Rachenraum (Oropharynx)
9 Tonsilla lingualis, Zungenwurzel (Radix linguae)
10 Kehldeckel (Epiglottis)
  a Stellung vor dem Schluckakt
  b Lageveränderung beim Schluckakt
11 Unterer Rachenraum (Laryngopharynx)
12 Zungenbein (Os hyoideum)
13 Weicher Gaumen (Palatum molle)
14 Gaumenmandel (Tonsilla palatina)
15 Os hyoideum, M. geniohyoideus
16 Bissen (Bolus)
17 Schildknorpel (Cartilago thyroidea)
18 Luftröhre (Trachea)
19 Oberer Rachenraum (Nasopharynx)
20 Oberer Schlundschnürer (M. constrictor pharyngis superior)
21 Speiseröhre (Oesophagus)
22 Sinus sagittalis superior
23 Stirnlappen des Großhirns (Lobus frontalis)
24 Siebbeinzellen (Cellulae ethmoidales)
25 Augapfel (Bulbus oculi)
26 Fettkörper der Augenhöhle
27 Mittlere Nasenmuschel (Concha nasalis media)
28 Untere Nasenmuschel (Concha nasalis inferior)
29 Wangenmuskel (M. buccinator)
30 Unterzungendrüse (Glandula sublingualis)
31 Tränendrüse (Glandula lacrimalis)
32 Äußerer gerader Augenmuskel (M. rectus lateralis)
33 Unterer gerader Augenmuskel (M. rectus inferior)
34 Nasenscheidewand (Septum nasi)
35 Kieferhöhle (Sinus maxillaris)
36 M. longitudinalis inferior der Zunge
37 M. genioglossus

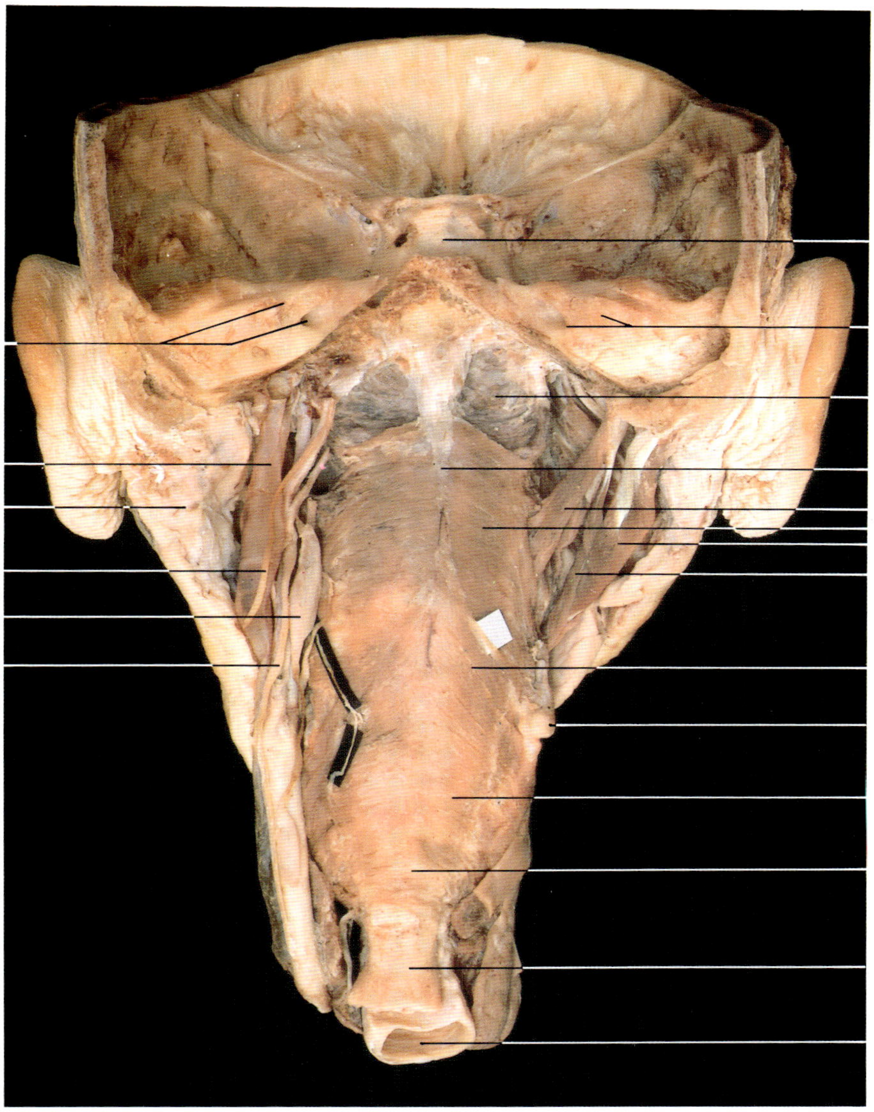

10.28 Rachenmuskulatur, Pharynx (von hinten).

1 Innere Drosselvene (V. jugularis interna)
2 Ohrspeicheldrüse (Glandula parotis)
3 N. accessorius (N. XI)
4 Ganglion superior des Grenzstranges (Truncus symphaticus)
5 N. vagus (N. X)
6 Türkensattel des Keilbeins (Sella turcica)
7 Innerer Gehörgang (Meatus acusticus internus), Felsenbein (Pars petrosa) im Schläfenbein (Os temporale)
8 Fascia pharyngobasilaris
9 **Raphe pharyngis**
10 M. stylopharyngeus
11 **Oberer Schlundschnürer (M. constrictor pharyngis superior)**
12 Hinterer Bauch (Venter posterior) des M. digastricus
13 M. stylohyoideus
14 **Mittlerer Schlundschnürer (M. constrictor pharyngis medius)**
15 Großes Zungenbeinhorn (Cornu majus des Os hyoideum)
16 **Unterer Schlundschnürer (M. constrictor pharyngis inferior)**
17 Muskelfreies Dreieck (Laimer)
18 **Speiseröhre (Oesophagus)**
19 Luftröhre (Trachea)
20 M. pterygoideus medialis
21 Schilddrüse u. Nebenschilddrüse (Glandula thyroidea u. parathyroidea)

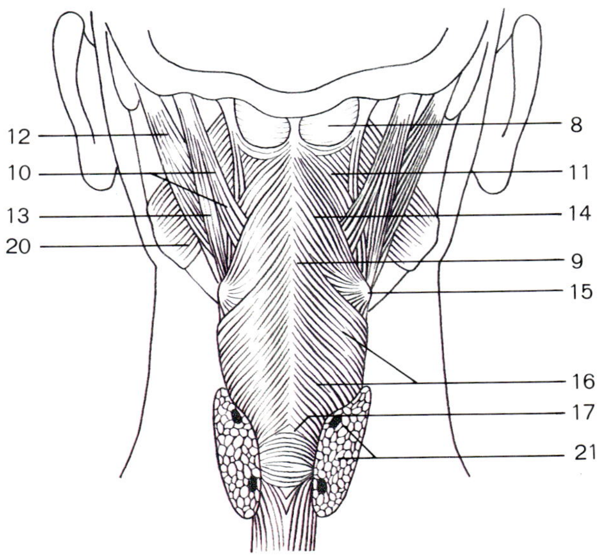

10.29 Rachenmuskulatur, Pharynx (Schemazeichnung).

11. Endokrine Organe

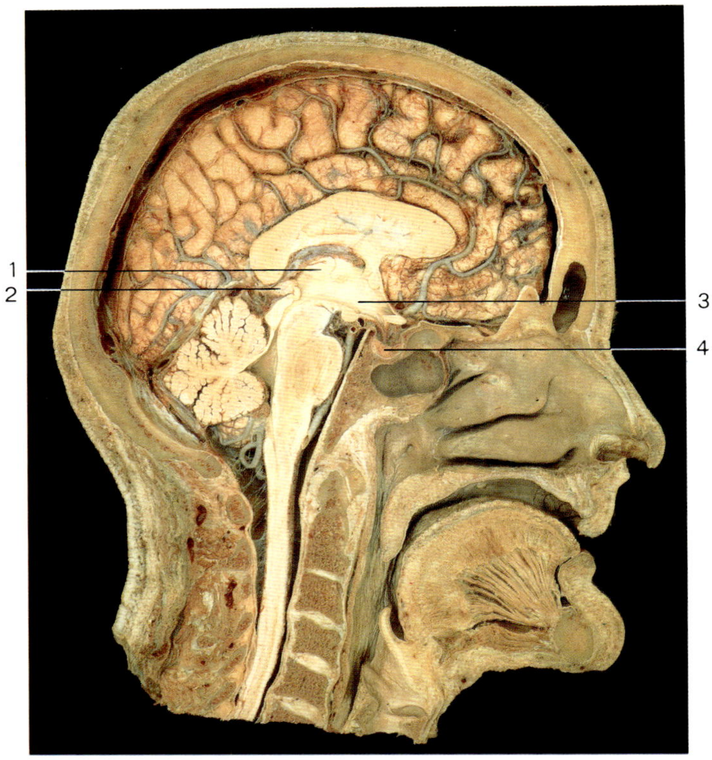

11.1 Medianschnitt durch den Kopf. Man beachte die Lage der Zirbeldrüse (Epiphyse) und der Hirnanhangsdrüse (Hypophyse).

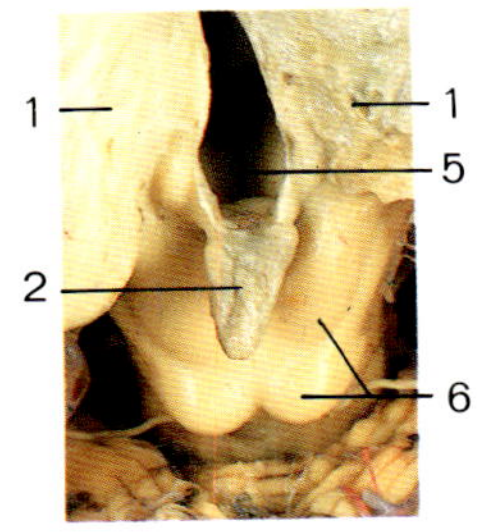

11.2 Zirbeldrüse (Epiphyse, Glandula pinealis, von oben). Natürliche Größe.

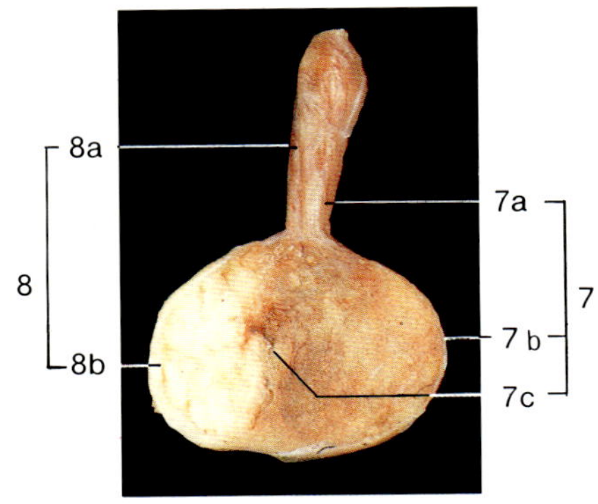

11.3

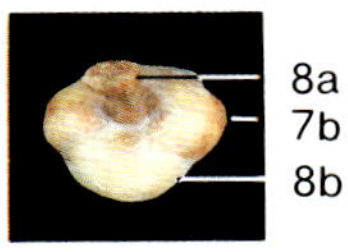

11.4

11.3 Hypophyse (Glandula pituitaria), Sagittalschnitt. Der Vorderlappen zeigt nach rechts.

11.4 Hypophyse (von oben). Der Vorderlappen zeigt nach oben. Natürliche Größe.

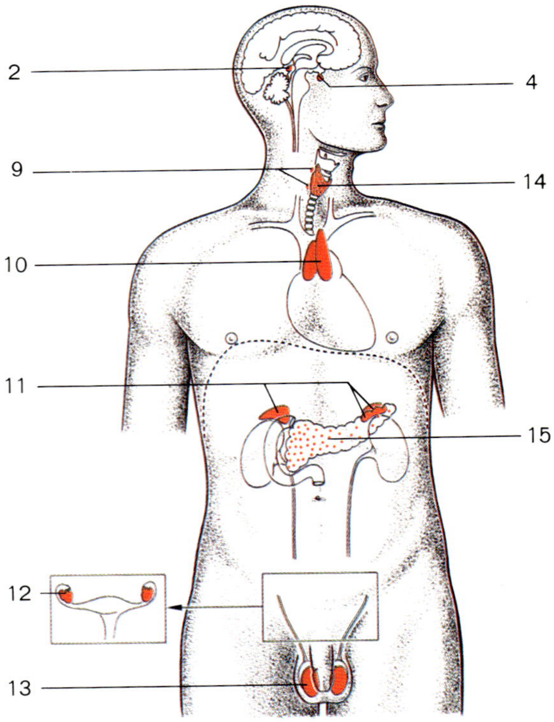

11.5 Lage der endokrinen Drüsen im Körper (Schemazeichnung).

1 Sehhügel (Thalamus)
2 Zirbeldrüse (Glandula pinealis oder Epiphysis)
3 Hypothalamus
4 Hirnanhangsdrüse (Glandula pituitaria oder Hypophysis)
5 Dritte Hirnkammer (Ventriculus tertius)
6 Vierhügelplatte (Lamina tecti)
7 Adenohypophyse
  a Pars tuberalis
  b Hypophysenvorderlappen
  c Zwischenlappen (Pars intermedia)
8 Neurohypophyse
  a Hypophysenstiel (Infundibulum)
  b Hypophysenhinterlappen
9 Nebenschilddrüse (Glandula parathyroidea)
10 Bries (Thymus)
11 Nebenniere (Glandula suprarenalis)
12 Eierstock (Ovarium)
13 Hoden (Testis)
14 Schilddrüse (Glandula thyroidea)
15 Bauchspeicheldrüse (Pancreas) mit den Langerhansschen Inseln (sog. Inselorgan)

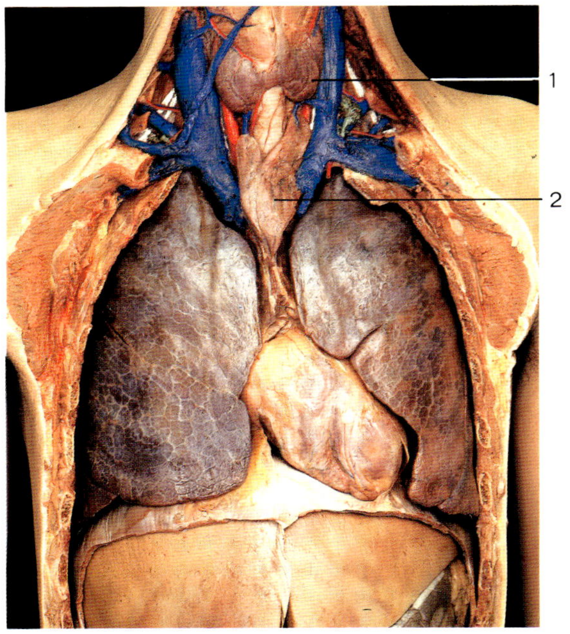

11.6 Schilddrüse (Glandula thyroidea) und Bries (Thymus) beim Erwachsenen, in situ.

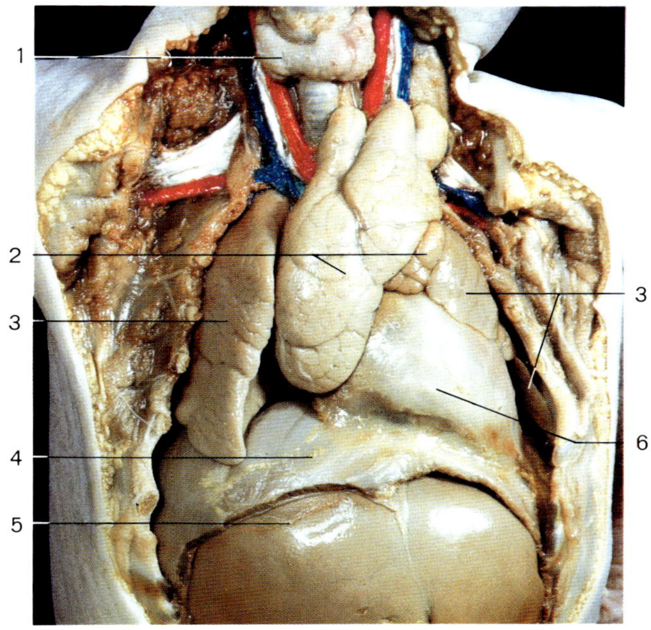

11.7 Schilddrüse und Thymus beim Fetus. Man beachte die Größe des fetalen Thymus im Vergleich zu dem rückgebildeten Organ des Erwachsenen.

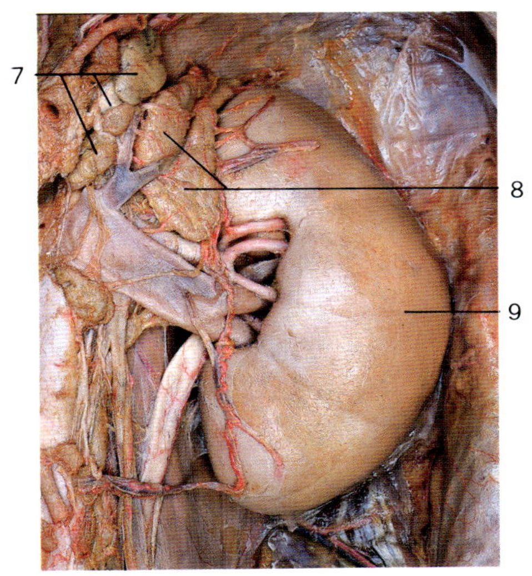

11.8 Nebenniere am oberen Nierenpol (linke Seite, Ansicht von vorne).

1 Schilddrüse (Glandula thyroidea)
2 **Bries (Thymus)**
3 Lunge (Pulmo)
4 Zwerchfell (Diaphragma)
5 Leber (Hepar)
6 Herzbeutel (Pericardium)
7 Lymphknoten (Nodi lymphatici)
8 **Nebenniere (Glandula suprarenalis)**
9 Niere (Ren)
10 Rechter Lappen der **Schilddrüse** (Lobus dexter der **Glandula thyroidea)**
11 Isthmus der Schilddrüse
12 Linker Lappen der Schilddrüse (Lobus sinister)
13 Nebennierenmark (Medulla der Glandula suprarenalis)
14 Nebennierenrinde (Cortex der Glandula suprarenalis)

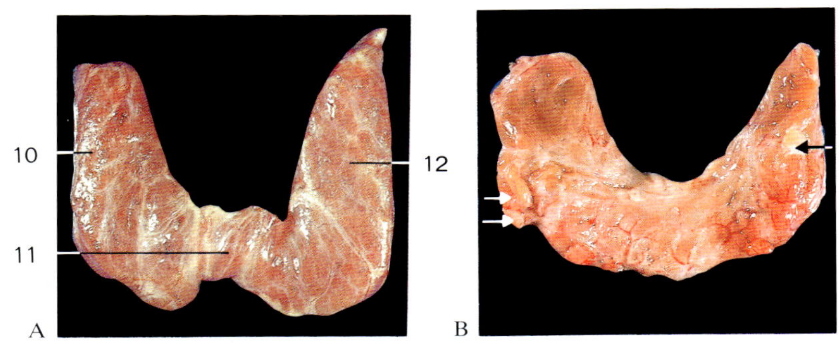

11.9 Schilddrüse (A = von vorne, B = von hinten). Die Nebenschilddrüsen (Pfeile) liegen an der Rückseite der Schilddrüse.

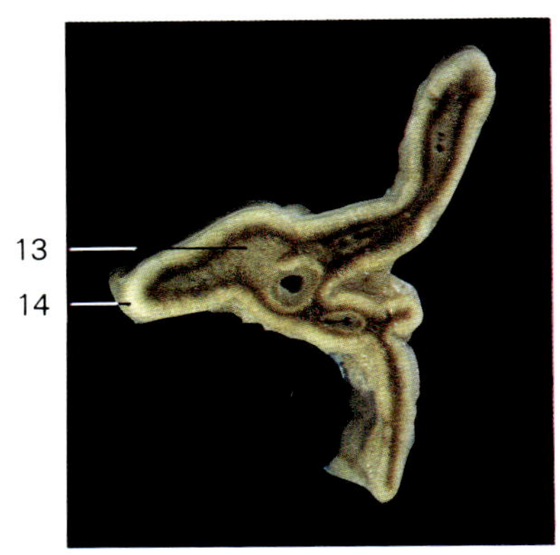

11.10 Schnitt durch die Nebenniere.

12. Querschnitte durch den Körper

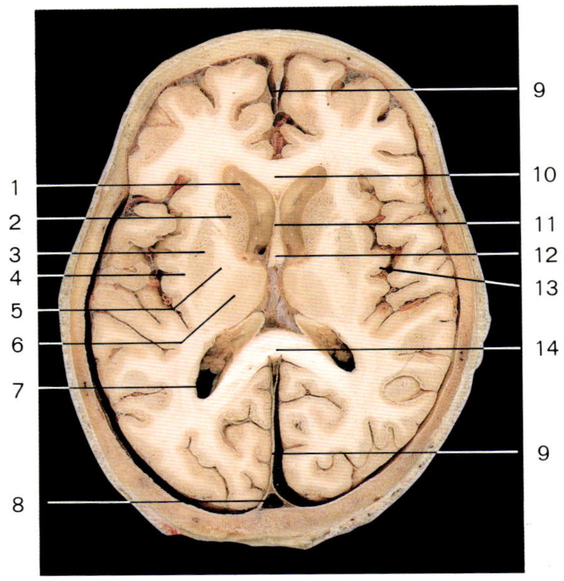

12.1A Querschnitt durch den Kopf in Höhe der Basalganglien und der inneren Kapsel.

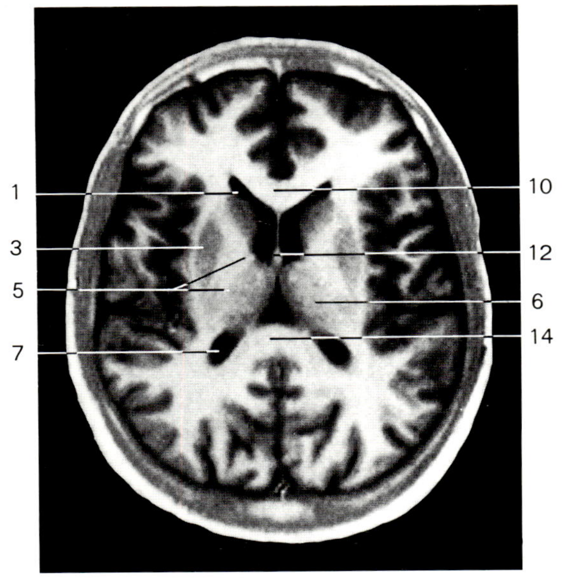

12.1B Kernspintomogramm vom Kopf (MR-Aufnahme) (vgl. Abb. 12.1A).

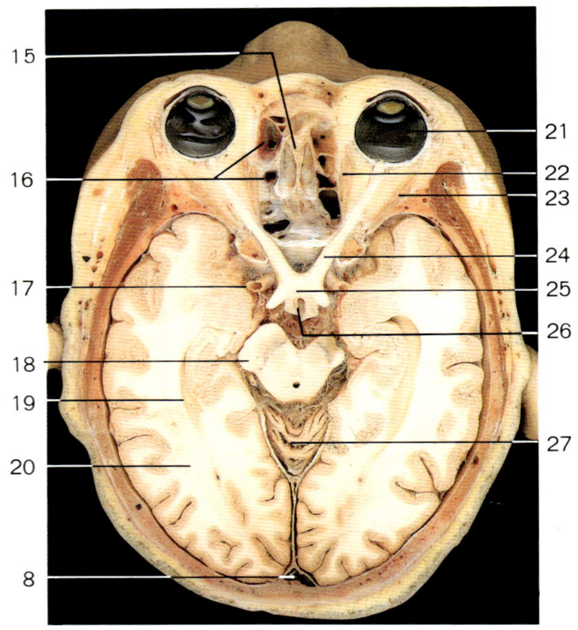

12.2A Querschnitt durch den Kopf in Höhe der Augenhöhle.

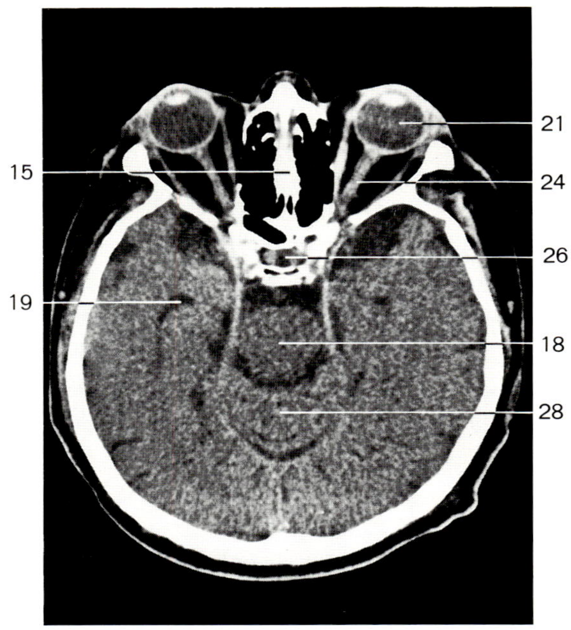

12.2B Computertomogramm vom Kopf (CT) (vgl. Abb. 12.2A)

1 Vorderhorn des Seitenventrikels
2 Kopf des **Nucleus caudatus**
3 **Putamen**
4 Claustrum
5 **Innere Kapsel (Capsula interna)**
6 **Sehhügel (Thalamus)**
7 Hinterhorn des Seitenventrikels
8 Oberer Blutleiter des Gehirns (Sinus sagittalis superior)
9 Hirnsichel (Falx cerebri)
10 Balkenknie (Genu corporis callosi)
11 Septum pellucidum
12 Columna fornicis
13 Insel (Insula)
14 Splenium corporis callosi
15 Nasenscheidewand
16 **Siebbeinzellen (Cellulae ethmoidales)**
17 A. carotis interna
18 Mittelhirn (Mesencephalon)
19 Seitenventrikel
20 **Großhirn (Cerebrum)**
21 **Augapfel (Bulbus oculi)**
22 M. rectus medialis
23 M. rectus lateralis
24 **Sehnerv (N. opticus)**
25 **Sehnervenkreuzung (Chiasma opticum)**
26 Hypophysenstiel (Infundibulum)
27 Kleinhirnwurm (Vermis cerebelli)
28 Kleinhirn (Cerebellum)

* Die CT- und MR-Aufnahmen wurden uns freundlicherweise von der Firma Siemens AG, Erlangen, zur Verfügung gestellt.

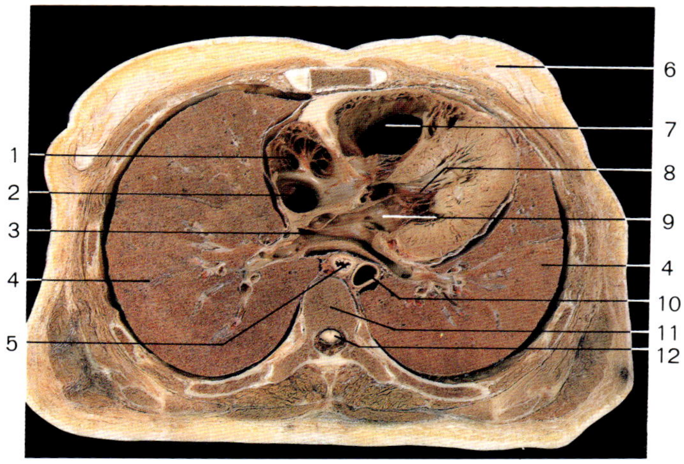

12.3A Querschnitt durch die Brusthöhle in Höhe des Herzens (von unten).

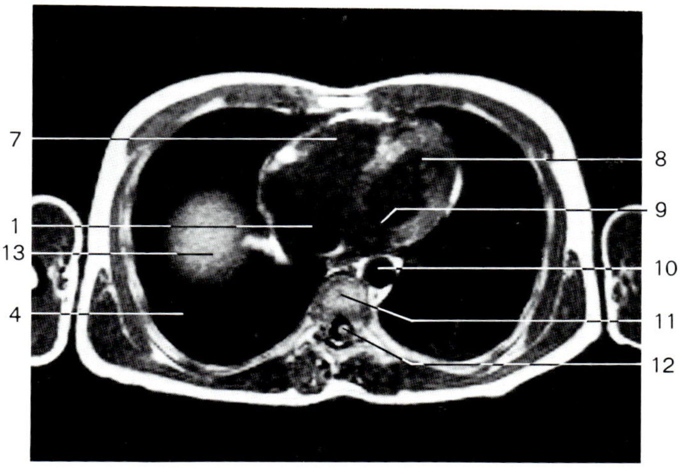

12.3B Kernspintomogramm. Querschnitt durch die Brusthöhle in Höhe des Herzens (MR-Aufnahme, vgl. Abb. 12.3A).

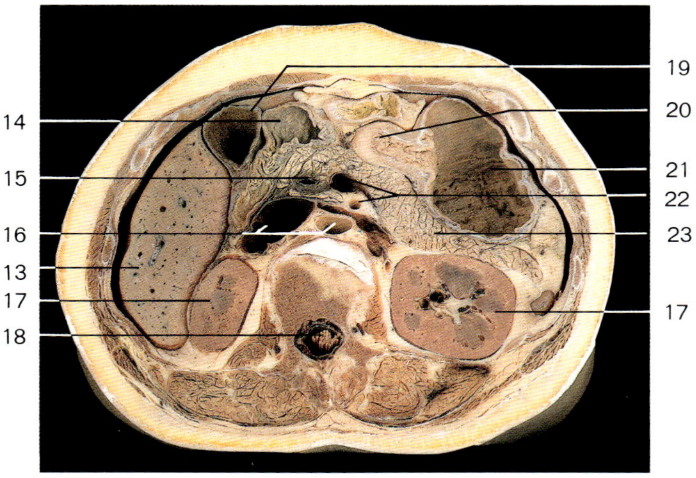

12.4A Querschnitt durch die Bauchhöhle in Höhe der Bauchspeicheldrüse (von unten).

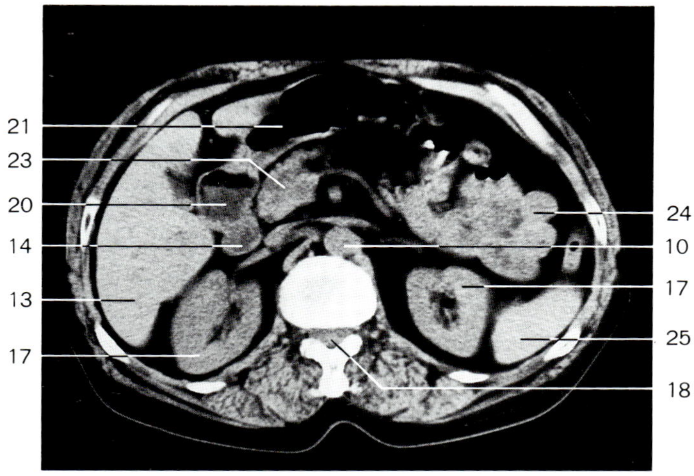

12.4B Computertomogramm. Querschnitt durch die Bauchhöhle in Höhe der Bauchspeicheldrüse (vgl. Abb. 12.4A).

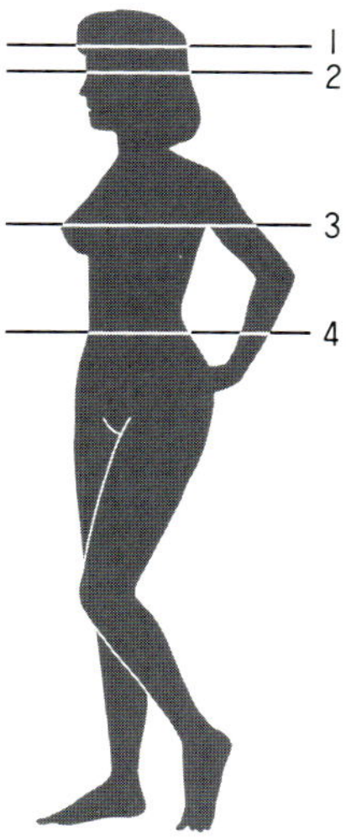

1 **Rechter Vorhof (Atrium dextrum)**
2 Obere Hohlvene (V. cava superior)
3 Rechte Lungenvene (V. pulmonalis dextra)
4 Lunge (Pulmo)
5 **Speiseröhre (Oesophagus)**
6 Milchdrüse (Mamma)
7 **Rechte Herzkammer (Ventriculus dexter)**
8 **Linke Herzkammer (Ventriculus sinister)**
9 Linker Vorhof (Atrium sinistrum)
10 **Brustaorta (Aorta thoracica)**
11 Brustwirbel (Vertebra thoracica)
12 Rückenmark (Medulla spinalis)
13 **Leber (Hepar)**
14 Zwölffingerdarm (Duodenum)
15 Gemeinsamer Gallengang (Ductus hepaticus communis)
16 Untere Hohlvene (V. cava inferior), Aorta
17 Niere (Ren)
18 Ende des Rückenmarks (Cauda equina), Wirbelkanal (Canalis vertebralis)
19 Rechte Dickdarmbiegung (Flexura coli dextra)
20 Pförtner (Pylorus)
21 Magen (Ventriculus)
22 Obere Gekrösearterie und -vene (A. u. V. mesenterica superior)
23 **Bauchspeicheldrüse (Pancreas)**
24 Dünndarm (Duodenum)
25 **Milz (Lien)**

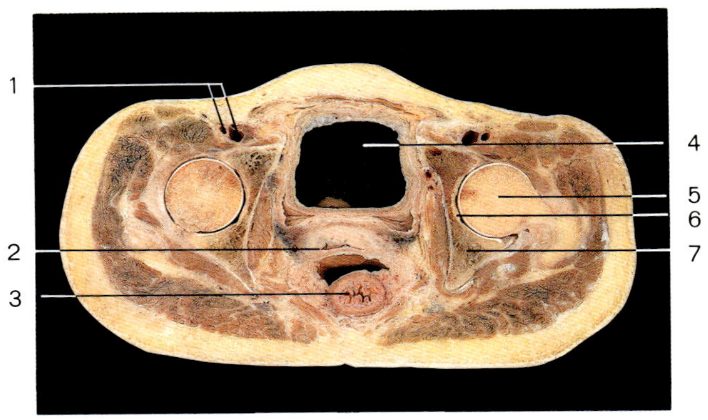

12.5A Querschnitt durch das weibliche Becken in Höhe des Oberschenkelkopfes (von unten).

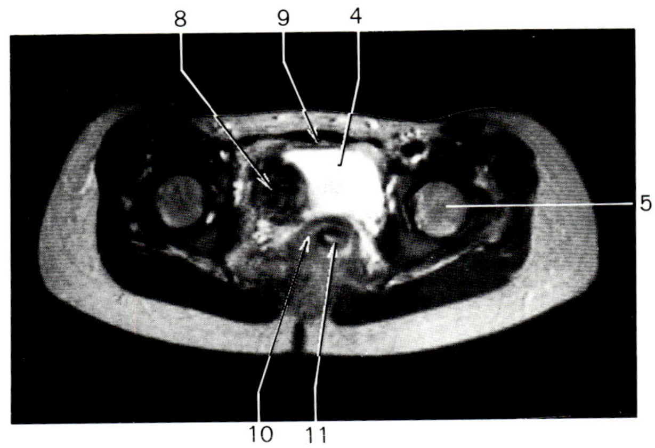

12.5B Kernspintomogramm durch das weibliche Becken (in gleicher Höhe wie der Querschnitt von Abb. 12.5A).

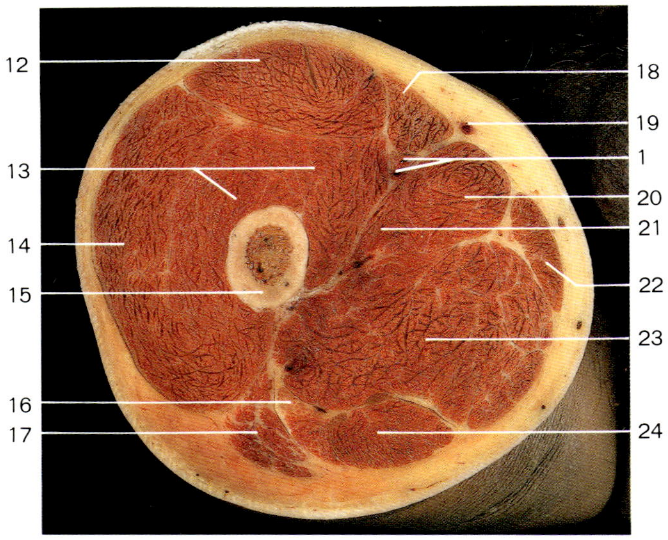

12.6A Querschnitt durch den Oberschenkel (rechtes Bein, von unten). Die Ventralseite zeigt nach oben.

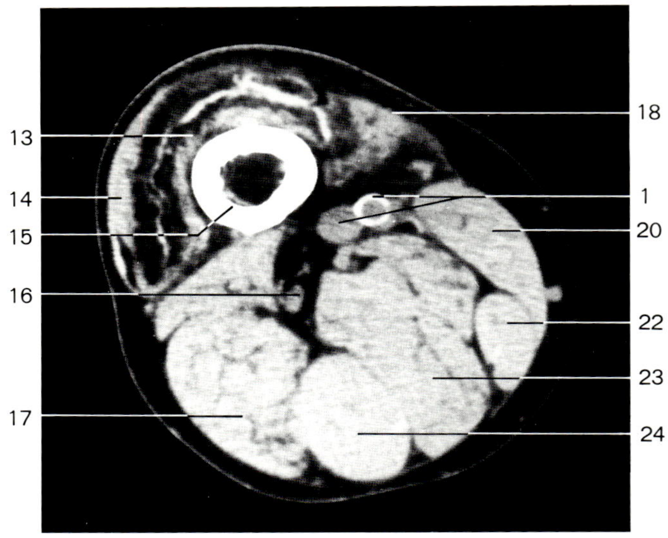

12.6B Computertomogramm des rechten Oberschenkels (von unten). Die Ventralseite zeigt nach oben (vgl. Abb. 12.6A).

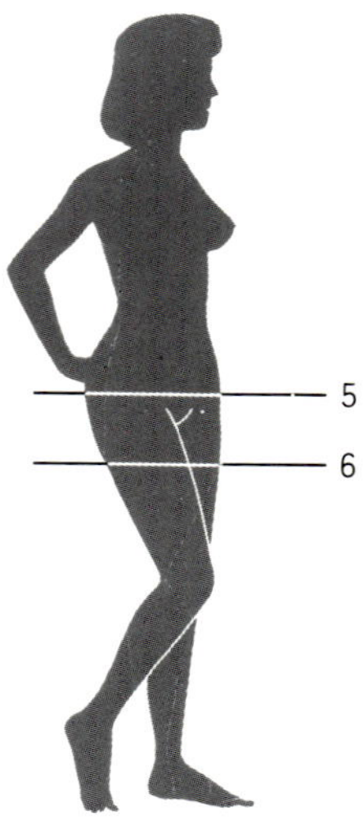

1 Oberschenkelarterie u. -vene (A. u. V. femoralis)
2 **Scheide (Vagina)**
3 **Enddarm (Rectum)**
4 **Harnblase** (gefüllt) **(Vesica urinaria)**
5 **Oberschenkelkopf (Caput femoris)**
6 Schnittrand der Gelenkpfanne (Acetabulum)
7 Anschnitt des Beckenknochens (Os coxae)
8 Dünndarm (Intestinum tenue)
9 **Harnblasenwandung**
10 Muskelschicht der Gebärmutter (Myometrium des Uterus)
11 Schleimhautschicht der Gebärmutter (Endometrium des Uterus)
12 **Gerader Oberschenkelmuskel (M. rectus femoris)**
13 Medialer u. mittlerer Teil des vierköpfigen Oberschenkelmuskels (M. vastus intermedius u. medialis des **M. quadriceps femoris**)
14 Lateraler Teil des vierköpfigen Oberschenkelmuskel (M.vastus lateralis des M. quadriceps femoris)
15 **Oberschenkelknochen (Femur)**
16 Ischiasnerv (N. ischiadicus)
17 Großer Gesäßmuskel (M. glutaeus maximus)
18 **Schneidermuskel (M. sartorius)**
19 Große Rosenader (V. saphena magna)
20 Langer Heranzieher (M. adductor longus)
21 Kurzer Heranzieher (M. adductor brevis)
22 Schlanker Muskel (M. gracilis)
23 **Großer Heranzieher (M. adductor magnus)**
24 Halbsehniger Muskel (M. semitendinosus)

Sachverzeichnis

P

R

S